The Righteous Mind

Why Good People Are Divided
by Politics and Religion

社会はなぜ左と右にわかれるのか

対立を超えるための道徳心理学

ジョナサン・ハイト　訳──高橋 洋

紀伊國屋書店

社会はなぜ左と右にわかれるのか——対立を超えるための道徳心理学

Jonathan Haidt

The Righteous Mind

Why Good People Are Divided by Politics and Religion

亡き父ハロルド・ハイトに捧げる

私は人間の行動を、
笑ったり、悲嘆したり、憎んだりせず、
理解しようと努めている。

——スピノザ『国家論』(一六七六年)

目次

第2部 道徳は危害と公正だけではない
――〈正義心〉は、六種類の味覚センサーをもつ舌だ

◉――本文中の（　）、［　］は著者による注、〔　〕は訳者による注を示す。
◉――＊は著者による注で、章ごとに番号を振り、原注として巻末に付す。
◉――『　』で括った書名については、邦題がないもののみ原題を初出時に併記する。

はじめに

「皆で仲良くやっていこうよ（Can we all get along?）」。これは、一九九二年五月一日に、ロドニー・キングが発した有名な言葉だ。キングはその一年前、ロサンゼルス警察の四人の警官から激しい暴行を受けた人物である。アメリカ中がビデオ撮影されたこの暴行シーンを見ていた。そのため、陪審員が警官たちに無罪の裁定を下したとき、市民のあいだに激しい怒りが巻き起こり、ロサンゼルスでは六日間にわたる暴動が発生した。この暴動で五三人が死亡し、七〇〇〇以上の建物に火がつけられた。その様子は上空を旋回するヘリコプターから撮影され、ニュース番組で生中継された。そして白人のトラック運転手がとりわけひどい暴行を受けたあとで、キングはこの平和へのアピールを発したのだ。

キングのこの言葉はあまりにも頻繁に引用されてきたため、今では一種の決まり文句《クリシェ》と化し、相互理解を求める真剣な訴えというより、笑いをとるためのキャッチフレーズになってしまった感がある。[*1] そのため、本書の冒頭にキングの言葉を取り上げるのを一度は躊躇したが、二つの理由で採用することにした。第一の理由は、今日のアメリカ人がこの言葉を使う場合、人種間の関係ではなく、政治的な関係や、民主党と共和党間の協力関係の崩壊に言及している場合が多いからだ。現在、アメリカ人の多くは、ワシントン発の毎晩のニュースを、あたかも戦場の上空を飛ぶヘリからの特電であるかのように感じている。

第二の理由は、この言葉の続きにある。こちらはめったに引用されないが、とても印象的だ。テレビのインタビューに答えていた彼は、涙をこらえ、同じ言葉を繰り返しながら、次のようにつけ加える。「お願いだよ。ここで仲良くやっていけるはずさ。必ず仲良くやっていけるはず。誰もが、ここでしばらく生きていかなきゃならないんだ。だから、やってみようではないか」と。

本書は、皆で仲良くやっていくことが、なぜかくも困難なのかを考える本だ。実際に私たちは、ここでしばらく生きていかねばならない。だから、なぜ私たちはすぐに敵対するグループに分裂し、おのおのが自分たちの正義を盲目的に信じ込んでしまうのかを理解するために、少なくとも、まずはできることから始めなければならない。

何かの研究に一生を捧げている人は、自分の関心領域で得られた知識がすべてを理解するカギになると考え始めることがある。人類の進歩の歴史のなかで、料理、養育、戦争（あるいは塩さえ）などの果たしてきた役割について書かれた書物が相次いで刊行されているが、本書もその一つと見なせる。私はこれまで道徳心理学《モラルサイコロジー》を研究してきたが、道徳は文明の発達を可能にしてきた、人類のたぐい稀なる能力であることを本書で示したい。だからといって、料理、養育、戦争、塩が文明の発達とは無関係だと言いたいわけではない。道徳心理学の観点から、人類の本性と歴史がどう見えるかを明確にしたいのである。

読者には、本書を読み終わるまでに、人間の営為のなかでももっとも重要で、論争の対象になりやすい二つのトピック、すなわち政治と宗教を考える新しい方法を知ってもらえればとても嬉しい。エチケット指南本では、これらのトピックは礼儀が求められる場では持ち出すべきではないとされているが、私は大いに話し合うべきだと言いたい。政治と宗教は道徳心理の表現形態であり、また、その理解は人々を互いに結びつける際に役立つからだ。本書の目的は、これらのトピックから負の感情や分裂を引き起こす要素を取り除き、畏敬の念、驚き、好奇心で置き換えることにある。たった数千年でサバンナや森林から飛び出し、心地よさと喜び、そして平和に満ちた現代社会の実現を可能にした、この複雑きわまる道徳心理を進化させることができたのは、人類にとってまったくの僥倖《ぎょうこう》だった。[*2] 本書によって、見解を異にする人々のあいだでも、道徳、政治、宗教に関する会話が、礼儀正しい雰囲気で、より活発に、そして楽しく繰り広げられるようになれば、私にとって望外の喜びである。

〈正義心〉とは何か

人間の心は道徳を「実践する」ために設計されているという意味で、本書のタイトルは「道徳心(The Moral Mind)」にすることも考えられた。それは、人間の心が言語、性生活、音楽、あるいはポピュラーサイエンスの本のテーマとしてよく取り上げられる、その他のさまざまな活動を実践するために設計されていると言うのと同じだ。だが実際には、人間は生来道徳的であるのみならず、道学的、批判的、判断的な本性も持つという意味を明確に伝えたかったので、「正義心（*The Righteous Mind*）」というタイトルを選んだ〔本書の原題である righteous mind とは、「道学的、批判的、判断的な本性も持つ」とあるように、「偏狭な正義感」を含意し、「普遍的な正義を求める心」ではない。それとの区別のために、以下〈正義心〉と山かっこ付きで表記する〕。

「正義の（righteous）」という語は、古ノルド語の *rettviss* や、古英語の *rihtwis* に由来し、これらはどちらも「公正な」「まっすぐな」「有徳な」を意味する。[*3] そして、これらの意味は現代英語の righteous と righteousness に流れ込んでいる。ただし今日では、ヘブライ語の *tzedek* を翻訳する際に用いられることが多いため、強い宗教的な意味合いを含むようになった。*tzedek* はヘブライ語聖書でよく目にし、神の望みに従って行動する人々を指す場合が多いが、神の属性や人々に対する判断（ときに厳格だが、つねに公正だとされる）を指すこともある。

「正義（righteousness）」と「判断的な態度（judgmentalism）」の結びつきは、たとえば「正義（justice）、道徳（morality）、公正さ（fair play）の感覚に基づく怒りから生じる」など、「正義の（righteous）」という語の現代的な定義に見て取れる。[*4] また、「とりわけ他人の行動や信念との比較によって自分の正しさ（righteousness）を確信している」「偏狭な道徳性、不寛容」などを意味する語「独善的な（self-righteous）」などによってもわかる。[*5] 私は本書で、人間には、（必然的に独善に至る）正義へのこだわりが一般的な本性として備わっていることを示したい。つまりそれは、進化によって設計された特徴の一つであって、本来は客観的かつ理性的であるはずの私たちの心に混入した、異物や誤りなどではない。[*6]

私たちの〈正義心〉は、親族関係という接着剤なしに、大規模で協力的な集団、部族、国家を形成することを人類に可能にしたものであり、他の動物はこの能力を持っていない。しかし同時に、協力関係によって成立している集団同士が、道徳をめぐる争いに終始するような状況をもたらした。とはいえ、集団間のある程度の競争は、社会の安寧や発展に必要なのかもしれない。私は一〇代の頃、世界の平和を願っていた。しかし現在では、いくつかの対立するイデオロギーのバランスが保たれ、説明責任の名のもとで悪事が見過ごされることなく、「正義のために暴力的な手段を正当化する」などとは誰も考えないような世界の実現を切に望んでいる。それは確かにロマンチックなバラ色の未来像ではないが、実現の可能性は十分にある。

本書の概要

本書は三部に分かれる。第2部と第3部は先行の各部に依存するが、とりあえずこれらを三冊の別の本と見なしてもよいだろう。各部はそれぞれ、道徳心理学の主要な原理を一つずつ提起する。

第1部は、「まず直観、それから戦略的な思考」〔本書で「思考」とある箇所はほぼすべて reasoning

の訳である。したがって厳密には「論理的な思考」「合理的な思考」「推論能力」を含意するが、出現箇所が多いことと、「直観」との対比のため、単に「思考」と訳す〕という道徳心理学の第一原理を提起する。[*7] 道徳的な直観は、道徳的な思考が始まるはるか以前に、すばやく自動的に生じる。そして前者は後者を駆り立てようとする。真理を発見するための道具として道徳的な思考をとらえると、自分の意見に賛成しない人は、愚かで、偏見に満ち、非合理であるように見え、それに対して自分はつねにフラストレーションを感じることだろう。しかし社会的な目的を達成するために、言い換えると自らの行動を正当化し、自分が所属するチームを守るために、人類が発展させてきたスキルとしてとらえれば、ものごとをもっとよく理解できるはずだ。直観に注意を払い、人々の繰り広げる道徳的な議論を額面通り受け取らないようにしよう。それらは、戦略的にその場ででっち上げられた正当化である場合が多いからだ。

第1部を構成する四つの章の基本メタファーは、「心は〈乗り手（rider）〉と〈象（elephant）〉に分かれ、〈乗り手〉の仕事は〈象〉に仕えることだ」である。〈乗り手〉とは、言葉の流れや明確なイメージなど、私たちが持つ意識的な思考を、また〈象〉とは、残った九九パーセントの心のプロセス、すなわち私たちの気づかないところで生じるが、実際には行動のほとんどを支配しているプロセスを指す。[*8] 私はこのメタファーを前著『しあわせ仮説――古代の知恵と現代科学の知恵』で発展させた〔同書では、riderは「象使い」と訳されているが、象を巧みに操る主人という意味との誤解の危険性を考慮して、本書では「乗り手」と訳す〕。そこでは、ときにはぎごちなくなりつつも〈乗り手〉と〈象〉は協力し合い、それとともに私たちは、意味とつながりを求めて人生という苦難の道を歩んでいるのだと述べた。本書では、このメタファーを用いて、なぜ他の誰もが偽善者に見えるのか、[*9]なぜ党派心の強い人々は、ばかげたうそや陰謀論をいとも簡単に信じ込むのか、などの謎を解明していく。またそれに加え、理性的な議論に反応しない人々をうまく説得する方法を示す。

第2部は、道徳心理学の第二原理「道徳は危害と公正だけではない」を取り上げる。第2部を構成する四つの章の基本メタファーは、「〈正義心〉は、六種類の味覚受容器を持つ舌だ」である。世俗的な西洋の道徳は、これら受容器の一つか二つしか活性化しない料理のようなもので、危害と苦痛に、あるいは公正と不正に注意を向けるにすぎない。だが人は、自由、忠誠、権威、神聖など、他にも多くの強力な道徳的直観を持っている。第2部では、これら六つの道徳の受容器が何に由来するのか、それらがいかに道徳という味覚の基盤を形成するのか、そして有権者が好む道徳志向に沿った味覚の醸成という点になると、なぜ右派の政治家は、左派に対して優位性を発揮できるのかを検討する。

第3部は、「道徳は人々を結びつけると同時に盲目にする」という道徳心理学の第三原理を取り上げる。第3部を構成する四つの章の基本メタファーは「人間の九〇パーセントはチンパンジーで、一〇パーセントはミツバチだ」であり、人間の本性は、自然選択が二つのレベルで同時に作用して形成されたことを意味する。その一つは集団内で生じるメンバー同士の競争で、私たちはこの競争に秀でた霊長類の子孫なのである。これは、人類の進化的な起源を解説する本でよく取り上げられている、人間の本性の醜い側面を表す。実際、利己的な偽善者たる人間は、あまりにもうまく高潔なふりをするので、自分自身でさえそれを信じてしまうほどだ。

それと同時に、人間の本性は集団間の競争によっても形作られる。かつてダーウィンが言ったように、一般に結束力が強い集団は、利己的な個人からなる集団を打ち負かす。集団選択〔group selection の訳で、「グループ選択」「群選択」とも表記される〕に関するダーウィンの考え方は一九六〇年代に一度否定されるが、最近のいくつかの発見によって復活の兆しが見られ、その影響は計り知れない。私たちはつねに利己的な偽善者だというわけではない。特定の状況下では、小さな自己を捨て、大きな母体の小さな細胞と化す能力、言い換えると、コロニーに属して集団のために働く、一匹のミツバチのようになる能力を備えている。確かに集団意識のために、それ以外の道徳的な側面に盲目になる場合もあるが、集団への献身は、人間がもっとも大切にする、生活の一断面だ。そして私たちが持つミツバチ的な本性は、利他主義や英雄的な行為を生むとともに、戦争や集団殺戮も引き起こす。

〈正義心〉を、集団意識で上塗りされた霊長類の心としてとらえれば、道徳、政治、宗教をまったく新たな光のもとで見ることができる。第3部では次の点を示す。人間は「高次の本性」によって深い利他性を示すが、その大部分は自集団に向けられる。また、（おそらく）宗教は集団の結束や、同じ道徳を共有する共同体の形成へと導く進化的な適応としてとらえられる。私はこれらの観点から、リベラル（もしくは進歩主義者）もいれば、保守主義者やリバタリアン〔自由至上主義者〕もいる理由を説明する。宗教は、何人かの科学者（「新無神論者」）が最近主張しているような、ウイルスや寄生虫ではない。人々は道徳的な物語を共有する政治的なチームに自分を結びつけ、ひとたびある特定の物語を受け入れると、それ以外の道徳世界には盲目になってしまうのだ。

ここで「リベラル」という語の意味を明確にしておこう。アメリカでは、この語は進歩主義的もしくは左翼的な政治の見方を指し、本書でもこの意味で用いる。しかしヨーロッパや他の地域では、経済活動を含めて、何よりも自由を重視するという元来の意味で用いられている。したがってヨーロッパでリベラルと言う場合、その意味は、アメリカではリバタリアンという用語が示すところに近いが、この語は、左派か右派かの尺度では測りにくい。[*10] 本書でリベラルと書かれた箇所については、アメリカ人以外は「進歩主義者」あるいは「左翼」と読み替えたほうがわかりやすいかもしれない。

本書では、神経科学、遺伝学、社会心理学、進化生物学における最新の研究成果を十全に活用しているが、要は古来から言われてきた、「私たちは皆、独善的である」という実情の認識を訴えたかっただけだ。

あなたは、兄弟の目にあるおが屑は見えるのに、なぜ自分の目の中の丸太に気づかないのか。兄弟に向かって、「あなたの目からおが屑を取らせてください」と、どうして言えようか。自分の目に丸太があるではないか。偽善者よ、まず自分の目から丸太を取り除け。そうすれば、はっきり見えるようになって、兄弟の目からおが屑を取り除くことができる。(「マタイによる福音書」第七章三－五節、『新約聖書』新共同訳)

啓蒙(あるいは知恵と言い換えてもよい)は、自分の目の丸太を取り除いて、分裂をもたらす偏狭な道徳主義を脱するよう私たち全員に要求する。中国の禅師僧璨《そうさん》は、次のように書いている。

完全な道は、それを選ぼうとする者にとってのみ険しい。
好き嫌いをしなければ、すべてが明らかになるだろう。
髪の毛一本分の区別でも天と地は分かたれる。
真理をはっきりと知りたければ、反対も賛成もしてはならない。
「賛成」と「反対」の争いは、最悪の心の病だ。[*11]

私たちも僧璨のように生きるべきだと言いたいのではない。実のところ、道徳主義、ゴシップ、裁判が存在しない世界はすぐに混沌に陥ると、私は考えている。だが自分自身を、そして人間の対立、能力、限界を理解したいのなら、一歩下がって独善的な道徳主義を捨て、道徳心理学を適用しながら自分たちの行動を分析してみる必要がある。

それでは、この「賛成」「反対」を争う心理の検討に取り掛かろう。この争いは〈正義心〉同士の、そして〈正義心〉に満ちたグループ間の闘争なのである。

1

Part I

第1部

まず直観、それから戦略的な思考

Intuitions Come First, Strategic Reasoning Second

「心は〈乗り手〉と〈象〉に分かれる。〈乗り手〉の仕事は〈象〉に仕えることだ」

The mind is divided, like a rider on an elephant, and the rider's job is to serve the elephant.

第1章

道徳の起源

Where Does Morality Come From?

まず短いストーリーを紹介する。これを読んで、この家族が道徳的に何か悪いことをしたかどうかを考えてみよう。

ある家族が飼っていた愛犬が、自宅の前で車にひかれて死んだ。「犬の肉はおいしい」と聞いていたこの家族は、死骸を切り刻んで料理し、こっそり食べてみた。

私の研究の被験者と同様、読者が教養ある一般市民なら、最初はこのストーリーに嫌悪を感じるはずだ。しかし、この家族が道徳的に何か悪いことをしたとは、簡単には言い切れないのではないだろうか。何しろ犬はすでに死んでいたのだから、苦痛は感じなかったはずだ。飼い犬だったので、家族はその死骸を好きに扱う権利を持っているのではないか。それでも、どう思うかを無理に尋ねれば、おそらく次のような微妙な答えが返ってくるだろう。「確かに嫌悪を感じる。家族は飼い犬を手厚く葬ってあげるべきだった。でも道徳的に悪いことをしたとは言えない」と。
ここで、もっと答えにくいストーリーを紹介しよう。

ある男は、週に一度スーパーでチキンを買う。それを使って性行為に耽《ふけ》ったあと、料理して食べるのだ。

死んだ愛犬を食べる家族のストーリーと同様、誰も傷つかないし、誰も見ていない。それは一種のリサイクル、つまり資源の効率的な利用と見なせると指摘する被験者もいた。だがこの例では、嫌悪はさらに強く感じられ、この行為は人間の尊厳を踏みにじるかのように思えるはずだ。だとすると、それは道徳的に間違っているのだろうか？　政治的にリベラルの立場をとる教養ある欧米の読者なら、ここでも次のような微妙な返答をするだろう。「誰も傷つけない限り、その男は自分のしたいことをする権利を持っている」と。
しかし、リベラルやリバタリアンの欧米人でなければ、鶏の死骸で性行為に耽ってからそれを食べるという行為は、道徳的に許しがたいのではないだろうか。世界の大多数の人々にとって道徳の解釈はいたって多様であり、また、たとえ誰を傷つけたわけでなくても、道徳的に間違っている行為はある。文化によって、あるいは同じ社会のなかですら、道徳の解釈が異なり得るという単純な事実の認識は、〈正義心〉とは何かを理解するための第一歩になる。そして次に理解すべきは、かくも多様な道徳がそもそも何に由来するかだ。

道徳の起源

私は学生の頃、生きる意味を見つけようと考えて哲学を専攻した。ウディ・アレンの映画を見過ぎたためか、それには哲学が役立つだろうという誤った印象を抱いていたのだ。[*1] だが受講した心理学の講義を気に入った私は、そのまま続けることにした。一九八七年にはペンシルベニア大学の大学院に通うようになったが、そこでユーモアに関する心理実験をしたいと何となく考えていた。「コメディクラブでの調査はさぞ楽しかろう」などと思っていたのだ。

大学のあるフィラデルフィアに来てから一週間が経った頃、人間の思考と意思決定のあり方を研究していたジョナサン・バロン教授と面談した。哲学の（最低限の）知識を持っていた私は、倫理について興味深い話をしたのを覚えている。そのときバロン教授は、「道徳的な思考は、他の思考と何かが違うのか？」と単刀直入に質問してきた。それに対して私は、「自分の道徳的な判断を誰かに納得させるには強い理由が必要なので、（妊娠中絶は間違っているかなどの）道徳的な問題についての思考は、（今晩どこで食事をすればよいかなどの）それ以外の問題に関する思考とは違うと思います」と答えた。このような熱心なやり取りを通じて、私たちは道徳的な思考とそれ以外の思考を実験によって比較するいくつかの方法を話し合った。その翌日、刺激を受けたという以外に特に大きな理由はなかったが、私はバロン教授に指導教官になってもらえるよう依頼し、かくして道徳心理学の研究を始めることになった。

一九八七年の時点では、道徳心理学は発達心理学の一分野として扱われていた。研究者は、子どもがルール、とりわけ公正に関するルールをめぐる思考をどのように発達させるかなどの問題に焦点を絞っていた。そして研究の最大の課題は、「子どもはどのように善悪を区別するようになるのか」「道徳は何に由来するのか」の解明にあった。

これらの問いには、二つのはっきりした答えがある。生まれ（nature）か、育ち（nurture）かだ。生まれを強調する「先天論者」は、「道徳的な知識は生まれつき心に備わっている」と考える。つまり、（聖書に従えば）おそらくは神によって心に書き記されていたと、あるいは（ダーウィンによれば）進化の過程で獲得された道徳的な情動に、あらかじめ組み込まれていると考えるのだ。[*2]

それに対し、「道徳的な知識は育ちによって獲得される」と主張する「経験主義者」は、[*3]（ジョン・ロックが言うように）「子どもは多かれ少なかれ白紙の状態で生まれてくる」と考える。[*4] 時代や場所によって異なるのなら、道徳は生得的たり得ない。この点については、人はどんな道徳も、正しいことと正しくないことを大人から教わるなどして、子どもの頃の経験から学ぶと考える（「経験的」とは、「経験や観察を通して」ということを意味する）。

しかし、生まれか育ち以外にも答えはある。一九八七年当時、道徳心理学は「合理主義」という三つ目の答えに焦点を絞っていた。子どもは自分で道徳を見出すという考え方だ。高名な発達心理学者のジャン・ピアジェは、祖国スイスで、軟体動物や昆虫を研究する動物学者としてキャリアを開始した。彼は、蝶が毛虫から成虫になるなど、動物が変態の過程を経る事実に大きな関心を抱いた。その後、子どもの発達に研究対象を移したとき、動物の変態への関心をそれに持ち込んだ。ピアジェは、並はずれて洗練された成人の思考（蝶の段階）が、どうやって子どもの限られた能力（毛虫の段階）から生じるのかを知りたかったのだ。

ピアジェは、子どもが犯しやすい間違いに的《まと》を絞った。たとえば、まったく同じ形状、大きさの二つのコップに水を注ぎ、子どもに等量の水が入っているかどうかを尋ねる。子どもは「はい」と答える。それから彼は、一方のコップの水を、細く背の高いコップに移し替え、それともう一方のコップの水の量を比べさせる。六、七歳未満の子どもの多くは、細く背の高いコップに入っている水の量のほうが多いと答える。その年齢の子どもは、コップを替えても水の量は保たれることを理解できず、水位だけで判断するのだ。また彼は、その年齢の子どもに水の量の保存について説明しても無駄だということを発見している。それを理解できるようになるには、特定の年齢（と認知段階）に達しなければならない。そしてその年齢に達すると、子どもはただコップと水で遊んでいるだけで、誰かに説明されなくても自らその点を理解するようになると、彼は考えた。

言い換えると、水量の保存の理解は生まれつきのものでもなければ、大人から教えられるものでもないと考えたのだ。子どもは自分でその事実を見つけ出すが、それが可能なのは、心の準備ができ、なおかつ必要な経験を与えられた場合に限られるのである。

ピアジェは、認知の発達の研究に用いたこのアプローチを、子どもの道徳思考の研究にも適用した。[*5] 子どもたちと一緒にビー玉遊びをし、ときにわざとルールを破ったり、まぬけな振りをした。子どもたちは彼の間違いに反応することで、ルールを尊重したり変えたりする能力、順番を守る能力、あるいは言い争いを解決する能力の発達を示したが、これらの知識は、子どもの認知能力が成熟するにつれ、段階を追って発達した。

ピアジェによれば、子どもにおける道徳の理解は、コップに入っている水量の理解とさほど変わらない。それは生まれつきのものとも、大人から直接学んだものとも言えない。[*6] そうではなく、他の子どもと遊ぶなかで自ら築き上げていくものなのである。遊びのなかで順番を守ることは、こっちのコップの水をあっちのコップへと移し替えることに相当する。三歳児は、水量の保存を把握できないのと同様、何度繰り返しても公正の概念を理解しようとしない。[*7] ところが五、六歳に達すると、子どもはゲームをしたり、言い争いをしたり、一緒に問題を解決したりすることを通して、大人から教わるよりもはるかに効率的に、公正について学ぶようになる。

心理学における合理主義の骨子は、「私たち人間は、毛虫が蝶へと成長するように、合理的な行動を発達させる」というものだ。十分な葉を食べた毛虫は、やがて羽をはやす。それと同様、順番を守ること、ものを共有すること、遊びでルールを守ることなどに関して十分に経験を積めば、子どもはやがて道徳性を育み、理性を行使して難題に対処できるようになる。理性こそが人間の本性であり、すぐれた道徳的思考の獲得は成長の到達点でもある。そう考えるのだ。

合理主義は、哲学の歴史のなかで長く複雑な発展の経緯を持つ。とはいえ、本書で「合理主義者」という用語は、「合理的な思考は、道徳的な知識を獲得するための、もっとも重要で信頼できる方法である」と考えるあらゆる人々を指すものとする。[*8]

ピアジェの洞察は、一九六〇年代に二つの主要な見方を提起して道徳研究を革新した、ローレンス・コールバーグの手で拡張された。[*9] 彼はまず、「子どもの道徳的な思考は成長するにつれ変化する」というピアジェの観察を定量化する方法を開発した。一連の道徳《モラル》ジレンマを考案して、さまざまな年齢の子どもたちに示し、それに対する返答を記録し分類したのだ。道徳ジレンマとは、たとえば「ハインツは、死に瀕する妻のために薬局にしのびこんで薬を盗むべきか?」「ルイーズは、妹がうそをついたことを母親に報告すべきか?」などという問いを指すが、子どもがそれに「はい」と答えるか「いいえ」と答えるかには大した意味はなく、答えの説明として子どもがあげる理由が重要だとする。

コールバーグは、社会環境を対象とする子どもの思考に関して六つの発達段階をあげているが、これはピアジェが発見した物理環境に対する子どもの思考の六つの発達段階と合致する。幼い子どもは、善悪の判断を、その人が罰せられたかどうかなど、きわめて表面的な根拠に基づいて判断する。「大人がある行為を罰したら、その行為は間違っているはずだ」と考えるのだ。コールバーグは、最初の二段階を道徳的な判断の「前慣習的」レベルと呼んでいるが、これはピアジェが主張するところの、物理的な環境を表面的な特徴によって判断する、子どもの発達段階に対応する（「コップが細くて高ければ、水の量は多い」）。

しかし小学校に通っているうちに、ほとんどの子どもは二つの段階からなる「慣習的」レベルに移行し、ルールや社会慣習を理解したり、あるいは巧みに利用したりすらできるようになる。このレベルは狭量な法尊重主義の段階とも見なせる。兄弟姉妹とともに育った人々の多くは、それに類する経験があるはずだ（「おまえをぶってなんかいないよ。おまえの手を使って叩いているだけなんだから。自分をぶつのはやめなよ！」）。一般にこの発達段階の子どもは、規則の遵守に多大な関心を持ち、権威に対して大きな敬意を抱いている（行為に関してではなくても、少なくとも言葉に関して）。そして、大人の課す制限のもとでうまく振る舞えるようになっても、権威の正当性をほとんど疑わない。

コールバーグは、思春期が過ぎ、抽象的な思考が可能になるとピアジェが見なす年齢に達する頃、権威の本質、正義の意味、ルールや法の背後の見方について自分自身で考える子どもが現れ始めるということを見出している。こうして二つの段階からなる「脱慣習的」レベルに達した青年期の若者は、依然として正直であることを重視し、ルールや法を尊重するが、もっと高次の善、とりわけ正義を求めて、ときに不誠実な行為や法の侵犯を正当化するようになる。コールバーグは、合理主義者が描く子どものイメージを、首尾一貫した倫理体系をひとりで構築しようとする「道徳哲学者」と表現する。[*10] こうして脱慣習的レベルに達すると、子どもはうまく道徳的に思考できるようになる。コールバーグの道徳ジレンマは、このような道徳的思考様式の劇的な発達を測定するための一つのツールと見なせる。

リベラルのコンセンサス

かつてマーク・トウェインは、「ハンマーを手にしている人には、何もかもが釘のように見える」と言った。コールバーグによる道徳ジレンマとその採点技術の考案によって、心理学コミュニティは新たなハンマーを手にし、それを使って大勢の大学院生が道徳思考を主題にする論文を叩き出し始めた。しかし大勢の若手心理学者が合理主義的な観点から道徳の研究を始めるようになったのにはもっと深い理由があり、それにはコールバーグのもう一つの大きな革新が寄与している。つまり彼は、自分の研究を利用して、リベラルの世俗的な道徳秩序に、科学的な根拠を与えたのだ。

もっとも大きな影響を及ぼしてきたコールバーグの発見は、「(彼が考案した採点技術によって)もっとも道徳的に発達している(と測定された)子どもは、役割取得の機会——他者の立場でものごとを考え、他者の観点で問題をとらえる——を数多く経験している」というものである。役割取得の機会は、(同級生などとの)平等な関係においては生じるが、(教師や両親などとの)上下関係のなかでは発生しない。子どもは教師になった経験がないので、教師の観点でものごとを見るのは非常にむずかしい。ピアジェもコールバーグも、教師を含めた権威者が、道徳の発達の障害になると考えている。「子どもに物理環境の何たるかを学ばせたければ、コップや水で遊ばせなさい。水量の保存について子どもに教えてはなりません」「子どもに社会環境の何たるかを学ばせたければ、他の子どもたちと遊ばせ、子ども同士の言い争いは自分たちで解決させなさい。十戒について子どもに教えてはなりません。子どもを、無理に神や教師やあなたがた両親に従わせてはなりません。そんなことをすれば、子どもの発達は慣習的レベルで止まってしまいます」というわけだ。

コールバーグの考え方は、とてもタイムリーなものだった。最初のベビーブーマー世代の若者が大学院に入学しようとしていた頃、彼は道徳心理学をベビーブーマー世代に合った正義への賛歌に変え、リベラルとしての成長度を測定する道具を彼らに提供したのだ。それ以来、一九七〇年代から九〇年代にかけての二五年間、道徳心理学者は、道徳ジレンマを用いて若者にインタビューし、彼らが答えた理由の分析をもっぱらの仕事としていた。[*11] 確かにこれらの業績のほとんどは、慎重で誠実な科学的調査であって、政治的な動機に基づくものではなかった。しかしそれらには、権威や階層制《ヒエラルキー》、伝統を軽視し、道徳を正義として定義する枠組みを用いることで、世俗的、懐疑的、平等主義的な世界観を支持する傾向があった。

もっと簡単なテスト

権利と正義に関して対立する利害をどうやって調停するか、などの複雑な概念について子どもに説明を求めれば、年齢による反応の違いを確認できる。というのも、子どもは成長するにつれ、自分の意見をよりはっきりと述べるようになるからだ。しかし道徳的な概念の最初の徴候を確認したいのなら、子どもにそれほど言語能力を要求しない技術を用いたほうがよい。この技術は、コールバーグがかつて指導したエリオット・テュリエルによって開発されている。それは、規則を破った子どもに関する短いストーリーを子どもたちに語って聞かせ、それに関連する一連の探りの質問に「はい」か「いいえ」で答えさせるというものだ。たとえば、制服の着用が義務づけられている学校に、私服で登校する子どものストーリーを語って聞かせる。それからまず「この少年がしていることは正しいと思う?」などの一般的な質問をする。ほとんどの子どもは「いいえ」と答える。次に服装に関する規則があったかどうかを尋ねる。すると子どもは「はい」と答える。それがどんな規則かを確認するために、「先生が私服を着てもいいと言ったら、この生徒の行動は正しいと思う?」「制服に関する規則がない学校だったら、この生徒の行動は正しいと思う?」などの探りの質問をする。

テュリエルの発見によると、まだ五歳の子どもでも、この生徒が学校の規則を破るのは間違っているが、先生が許可した場合や、服装の規則がない学校に通っているのならその行動は正しいと通常は考える。つまり子どもは、衣服や食物に関する規則や他の多くの生活上のきまりが、社会的な慣習であり、恣意的で、ある程度変わり得るということを認識している。[*12]

しかし、自分が遊ぶために、ブランコに乗っている少年を押しのけようとする少女のストーリーなど、他人に危害を及ぼす行動について質問すると、先の質問とはまったく違った反応が返ってくる。ほとんどすべての子どもは、「たとえ先生がそうして構わないと言ったとしても、ブランコの奪い合いを禁じる規則がない学校に通っていたとしても、この少女は間違っている」と言う。つまり子どもは、人を傷つけてはならないとする規則が、「人々が互いにどう振る舞うべきかを決める、正義、権利、福祉に関連するルール」としてテュリエルが定義する、道徳的な規則であることを認識しているのだ。[*13]

言い換えると、ピアジェやコールバーグが想定するように、子どもはすべての規則を同じものと見なしているわけではない。子どもは道徳哲学者のごとく考えるわけではないとしても、洗練された方法で社会的な情報を整理している。子どもは早くから、人を傷つける行為を防ぐ規則を、特別で普遍的、かつ状況によって変わらない重要なものとして把握しているように思われる。テュリエルによれば、この認識こそが、あらゆる道徳的発達の基盤であり、子どもは「人を傷つけるのは悪いことだ」という絶対的な真理の上に、道徳的な理解を発達させていくのだ。個々の規則には文化間で相違が見られるかもしれないが、テュリエルが調査したすべての文化では、子どもは道徳的な規則と慣習的な規則を区別していた。[*14]

道徳の発達に関するテュリエルの理論は、コールバーグのものとは多くの点で異なっているが、政治的な意味合いにおいては類似する。両者とも、道徳は個人を大切に扱うことに関するものだと、つまり、危害や公正さに関するものであって、忠誠、尊敬、義務、信心、愛国心、伝統などとは関係がないと考えている。さらに言えば、一般に階層制や権威は悪いものだと（したがって子どもに自分で考えさせるのが一番だと）、そして学校や家族は、（大人が子どもを訓練したり抑えつけたりすることを奨励する権威主義的な原理ではなく）平等と自主性という進歩的な原理を体現すべきだとしている。

非西欧社会では……

私がバロン教授の研究室に入って道徳の研究をしようと決心したときには、このようなコールバーグとテュリエルの理論が道徳心理学を支配していた。[*15] 当時この分野は揺籃期にあり、成長途上だったが、私には何かが間違っているように感じられた。当時二四歳だった私は、きわめてリベラルな考えを持ち、ロナルド・レーガンや、さも当然のごとくモラル・マジョリティ〔米国の超保守的なキリスト教政治団体〕と名づけられたグループなどの保守派の団体に、大きな憤りを抱いていた。とはいえ、それはまた別の話であり、私が読んでいた道徳心理学の本は、あまりにも無味乾燥に感じられたのだ。私は年の近い二人の姉妹と一緒に育てられた。そして毎日のように、思いつく限りのあらゆる汚いレトリックを駆使して口げんかをしていた。家族のあいだでは、道徳とはそんな熱いテーマだったはずだが、私が読んだ論文は、合理的な思考、認知構造、知識の領域などといったテーマばかりが取り上げられていた。議論があまりにも知性の面に偏りすぎているように思われ、情動への言及はほとんど見られなかった。

私はまだ大学院に入学したばかりで、自分の直感を信頼できなかったこともあって、無理して読み続けた。しかし二年目に文化心理学の講義をとり、それに魅了された。この講義は、何年間も西アフリカで社会関係の心理基盤を研究した実績を持つ、アラン・フィスクという傑出した人類学者が担当していた。[*16] フィスクは私たち全員に、民族誌に関する何冊かの本(人類学者の手によって書かれた、単行本ほどの分量がある野外調査の報告)を読ませた。それらは、親族関係、性、音楽など、独自のトピックを扱っていた。しかしどんなトピックであっても、道徳が中心テーマである点に変わりはなかった。

たとえば、スーダンのアザンデ族の魔術について書かれた本を読んだ。[*17] 魔術信仰は世界中の多くの地域で、驚くほど似たような形態で実践されていることがわかった。その事実は、ほんとうに魔術が存在するか、(それよりもありそうなことだが)魔術という文化的な制度を生む何らかの傾向が人間の心には備わっているかの、いずれかを示唆しているように思われた。アザンデ族は、魔術師が男女どちらでもあり得ると信じており、魔術師の烙印を押されることに対する恐れから、隣人を怒らせたり嫉妬させたりしないよう注意を払う。私にとってこれらの記述は、「集団は、世界の成り立ちを説明するためではなく、社会の秩序を維持するために超自然の存在を作り出す」ということを知る、最初のヒントになった。[*18]

また、人の首を切り落とすことで若者が名誉を手に入れるという、フィリピンのイロンゴット族を取り上げた本を読んだ。[*19] 首狩りは復讐を目的に行なわれる場合もあり、そのケースは欧米人にも動機がよく理解できる。しかしこれらの殺人の多くは、殺人を犯した張本人とは何ら関係のない第三者がその対象になる。著者はこの不可思議な殺人を、「小集団が、結束を強化するために、集団内部の憤りや軋轢《あつれき》を、共同体の祝祭歌を夜通し歌い続けることで完了する〈狩猟パーティー〉へと向け変える手段」として説明している。私にとってこれらの記述は、「道徳はしばしば、集団内の緊張を、集団間の競争へと結びつけることに関わる」ということを知る手がかりになった。

これらの民族誌の本は、みごとな文体で書かれているケースも多く、一風変わった内容にもかかわらず、読者を魅了するばかりか直感的にもわかりやすい。一冊一冊読むごとに、まったく新たな国で過ごしているかのような錯覚に陥ったものだ。最初のうちこそ混乱を覚えても、徐々に慣れてくると、次の展開を予測できるようになる。そして海外旅行をしたときと同様、訪問先の国と同じくらい、自分の国について多くを学べる。こうして私は、欧米諸国が歴史上の大きな例外であるという事実を理解するに至った。つまり、これらの人類学者が記録している、すべてを包み込む道徳秩序という厚い層を削り取って薄くする方法を発見した、まったく新しい社会だということを。

人類学者が「清浄」「汚染」と呼ぶものに関する規則の欠如ほど、欧米における道徳秩序の希薄化を明白に示す現象はない。男女のそれぞれが何を食べてよいかを規定する、食物に関するタブーの精巧な体系を築き上げたニューギニアのフア族と、欧米人を比較してみよう。フア族の少年は、成人するためには、赤いもの、湿ったもの、ねばねばしたもの、穴から出てきたもの、毛の生えたものなど、女性器を連想させる食物はすべて、何としてでも避けねばならない。これは、父系社会でよく見られる性差別と組み合わさった、恣意的な迷信に聞こえるかもしれない。テュリエルなら、この規則を社会的な慣習と呼ぶことだろう。というのも、フア族は、他の種族の少年もこの規則に従うべきとは考えないからだ。だが彼らは、食物に関する規則を、確かに道徳的なものととらえているように思われる。彼らはそれについて常時口にし、食物に関わる習慣を通して互いを判断するのであり、彼らの生活、義務、人間関係は、人類学者のアンナ・メグズが「身体の宗教」と呼ぶものによって支配されている。[*20]

しかし身体による実践が道徳的たり得ると考えているのは、何も熱帯雨林に住む狩猟採集民だけではない。かつて私は、ヘブライ語聖書（西欧世界における道徳の源泉の一つ）を読んだ際、その多くが食物、月経、性、皮膚、死体処理に関する規則で占められているのを知ってショックを受けた。これらの規則のなかには、ハンセン病に関するレビ記〔旧約聖書の一書〕の長い記述など、病気を避けるための試みだとはっきりわかるものもある。しかしその多くは、嫌悪感情をもよおすものの忌避《きひ》に関わる、より情動的な論理に従っているように思われる。たとえば、聖書はユダヤ人に対して、「大地に群がる生物」を食べることを、あるいはそれらに触れることさえ禁じている（ネズミの群れは一匹のネズミよりもはるかに大きな嫌悪感をもたらすことを考えてみるとよい）。[*21] また、それぞれのカテゴリーを純粋なものに保ち、（二種類の繊維から衣類を製作するなど）異なる事物の混合を禁じる規則もある。[*22]

いったいどうなっているのか？　道徳とは危害に関するものだとするテュリエルの見解が正しいのなら、なぜ非西欧文化のもとでは、危害とは何の関係もなさそうなさまざまな実践様式が、道徳として扱われるのだろうか？　なぜキリスト教徒やユダヤ教徒の多くは、「清潔さは信仰の次に大切なものだ」と考えるのか？[*23] また、なぜ欧米では、聖職者でなくても、食物や性に関する選択には道徳的な意義が深く関わっていると見なす人が現在でも多いのだろうか？　ときにリベラルは、「宗教的な保守主義者は、結婚して正常位でセックスすること以外の性行為を、すべて罪悪だと見なす気取り屋だ」と言う。その一方、保守主義者は保守主義者で、リベラルを、道徳的にバランスのとれた朝食（放し飼いで育った鶏の卵、フェアトレードのコーヒー、自然食品など）や、有害な物質（そのなかには、遺伝子操作されたコーンや大豆など、人体よりも精神に大きな脅威をもたらすと考えられているものもある）ばかりを気にかけていると揶揄する。子どもは不道徳な行動を見分ける方法として「危害」に的《まと》を絞る、と主張するテュリエルが正しかったとしても、アザンデ族、イロンゴット族、フア族は言うまでもなく、欧米の子どもたちが、いかに清浄や汚染に関する見解を自分自身で身につけられるのかは依然としてわからない。道徳の発達には、他者の視点を獲得したり、他人の苦痛を感じたりしながら規則を理解していくという以上の何かがなければならない。それには合理性を超えた何かが必要なのだ。

大きな議論

道徳について人類学者が書いた本を読むと、それまで読んでいた心理学者の本とはまったく違う言語で書かれているかのように感じた。ところで、私の心のなかでこれら二つの分野を結びつけてくれたのは、シカゴ大学でかつてフィスクの指導教官を務めていたリチャード・シュウィーダーが書いた論文だった。[*24] シュウィーダーは、インドの東海岸に位置するオリッサ州に住んで研究していた心理人類学者で、オリッサ州の住民とアメリカ人では、自己や個人についての見方に大きな相違があり、それが道徳に対する両者の考え方の違いにつながっていることを発見した。彼は、人々をばらばらの個人としてとらえる欧米人の見方がいかに異常かを論じた、人類学者クリフォード・ギアーツの次のような文章を引用している。

はっきりとした境界を持ち、動機や認知能力によって統合化された単一の実体として、また、明確に識別可能な全体へと組織化され、他者、社会、自然などの背景からはっきりと分離された、気づき、情動、判断、行動の動態的な中心として人間をとらえる欧米の見方は、いかにそれが私たちには根深いものに見えようと、世界の文化という文脈のもとでは相当に特殊な考え方だ。[*25]

シュウィーダーは、文化が異なると「自己」も違ってくる理由を説明する、シンプルな説を提起している。どんな社会も、秩序を維持するためにいくつかの問題を解決しなければならない。そのなかでももっとも重要な問題は、個人と集団のバランスをどうとるかだ。この問いには二つの答えがある。ほとんどの社会は、集団や組織の必要性を第一とし、個人の要求を二の次にする、向社会的な解答を出してきた。それに対し、個人主義的な解答は、個人を中心に据え、社会を個人に奉仕するものとしてとらえる。[*26]古代の世界では向社会的な見方が支配していたが、啓蒙主義の時代になると、個人主義的な考え方がそれに匹敵する影響力を持ち始める。二〇世紀に入って個人の権利が急速に拡大し、消費文化が広がり、西欧世界が超社会主義的なファシストや、共産主義者が支配する悪の帝国の残虐行為に恐怖を感じるようになると、向社会的なアプローチは個人主義的な考え方によっておおかた制圧される。なお、ヨーロッパには、強力な社会的セーフティーネットを提供する国がいくつかあるが、これらの国々が採用している政策は、ここで言う向社会的なアプローチには該当しない。というのも、それは不安定な生活環境からの、個人の保護を目的としているからだ。

シュウィーダーは、コールバーグとテュリエルの理論を、個人主義的な文化に属する研究者によって、それと同じ文化のもとで暮らす人々のために提案されたものと見なしている。したがって、社会を中心に道徳が形成され、人々が相互に依存し、（危害を防止する）道徳的な規則と（危害には直接結びつかない行動を規制する）社会的な慣習のあいだに明確な線を引けないオリッサ州には、彼らの理論は適用できないと考える。シュウィーダーと二人の同僚は、自分の考えを検証するために、アメリカ、またはオリッサ州で、誰かが規則を破る行為を犯す短いストーリーを三九話ほど考案する。それから彼らは、ハイドパーク（シカゴ大学周辺）に住む（五歳から一三歳までの）一八〇人の子どもと六〇人の大人を対象に、これらのストーリーをもとにインタビューした。さらにブヴァネーシュヴァル（オリッサ州にある古くからの巡礼地）で、[27]それに見合った数のバラモン階級の子どもと大人、そして低階級（不可触賤民）に属する一二〇人の人々をインタビューした。まったく異なる文化の二つの都市で、合計六〇〇人に対して長時間のインタビューを実施したこの調査は、途方もない試みだった。

インタビューにはテュリエルの方法が用いられているが、ストーリーはテュリエルの質問より、はるかに多様な行動をカバーしている。図1・1上段を見てのとおり、誰かが他の誰かを傷つけたり不当に扱ったりするストーリーについては、どちらの国の被験者も、「間違っている」「つねに間違っている」「いついかなる場所でも間違っている」と、それらの行為を非難している。しかし、それと同様にアメリカ人の目には明らかに誰かに危害を加えている、もしくは誰かが不公正に扱われているように見えるはずの行為を（図1・1中段）、インド人は非難していない。

図1.1　シュウィーダー、マハパトラ、ミラーが用いた39のストーリーの一部

【インド人とアメリカ人がともに、間違っていると判断した行動】

◉ある男が散歩中、道端で犬が寝そべっているところを見かけた。この男は、わざわざそちらに近づいてこの犬を蹴っ飛ばした。

◉父が息子に「試験で良い点をとったら万年筆を買ってあげよう」と約束した。息子は試験で良い点をとったにもかかわらず、父は彼のために何も買わなかった。

【アメリカ人は間違っていると、インド人は容認し得ると判断した行動】

◉既婚の若い女性が夫に何も言わずにひとりで映画を見に行った。夫は映画から戻ってきた妻に「もう一度同じことをしたら、叩きのめすぞ」と言った。妻が同じことを繰り返したので、夫は彼女を殴った。（夫の行動を評価せよ）

◉ある男には、既婚の息子と娘がいた。この男が死んだあと、息子は遺産のほとんどを相続した。娘はほとんど何ももらえなかった。（息子の行動を評価せよ）

【インド人は間違っていると、アメリカ人は容認し得ると判断した行動】

◉25歳の息子が父を名前で呼んだ。

◉ある女性が米を料理して、夫と兄と一緒に食べた。（女性の行動を評価せよ）

◉あなたの共同体に住む未亡人は、週に二、三回魚を食べている。

◉ある女性が、排便のあとで着替えをせずに料理をした。

また、三九のストーリーの多くは危害や不公正にあたる行為を含んでいないが（少なくとも五歳児の目には、含まれているようには見えないはず）、ほぼすべてのアメリカ人はそれらの行動が「容認し得る」と答えている（図1・1下段）。さて、もしインド人がこれらの行動は間違っていると判断するのなら、彼らはそれらを単に社会的な慣習の侵犯として非難しているのだと、テュリエルなら主張するだろう。ところがほとんどのインド人の被験者は（五歳児ですら）、「間違っている」「つねに間違っている」「いついかなる場所でも間違っている」としてそれらの行動を非難している。インド人はほぼどんな場合でも、食物、性、衣類、男女の役割に関わる行動を、社会的な慣習ではなく道徳的な問題として判断しており（「つねに間違っている」「いついかなる場所でも間違っている」という回答は、それが時代や文化によって異なり得る社会的な慣習に基づく判断ではないことを意味する（著者に確認済））、大人と子どもの回答にもほとんど差異が見られない。言い換えると、シュウィーダーは、「社会秩序は道徳秩序である」と彼が言う、オリッサ州の向社会的な文化のもとでは、社会慣習の侵犯という考え方がほとんど見出せないという事実を発見したのだ。オリッサ州は、道徳によって広範に厚く覆われており、そこではほとんどどんな行動も、道徳の影響を受けている。もしこれが真実なら、テュリエルの理論の信憑《しんぴょう》性は薄れるだろう。子どもは、「他人に危害を及ぼすことは間違っている」という確信をもとに、自分自身で道徳を見出していくのではないことになるのだから。

またシュウィーダーは、シカゴですら、社会慣習による思考様式が浸透していることを示す証拠をそれほど見出せなかった。図1・1下段の魚を食べる未亡人に関するものなど、傷害や不公正がはっきりとは見受けられないストーリーはたくさんあったが、アメリカ人はそれらに対して当然のごとく問題なしと答えた。だが、より重要なことに、アメリカ人はこれらの行動を、一般的な合意によって変わり得る社会的な慣習だとは見なしていなかった。「未亡人であろうがなかろうが、自分の好きなものは何でも食べられる。未亡人の自由を制限する国があれば、その国は間違いを犯している」と考えるのだ。かくして、アメリカにおいてすら社会秩序は道徳秩序だと言える。ただしそれは、個人とその自由の保護を軸に組み立てられた、個人主義的な秩序なのである。道徳と単なる慣習の区別は、世界中の子どもが、それを用いて自分で道徳知識を築いていくためのツールなどではない。むしろこの区別は文化的な産物であることが、すなわち個人と集団の関係についての問いに対する個人主義的な答えによって、必然的に生み出された副産物だということがわかるはずだ。社会よりも個人を優先すると、個人の自由を制限するいかなる規則や社会的な実践も、疑問視される結果になる。「人に危害が及ぶことを防げないような規則は、道徳的に正当化され得ない。だからそれは単なる社会慣習にすぎない」などというように。

シュウィーダーの研究は、合理主義者のアプローチに対する手厳しい攻撃だったが、テュリエルも黙ってはいなかった。彼は、「シュウィーダーの三九のストーリーはトリックだ。それらはインドとアメリカではまったく違う意味を持つ」と指摘する長文の反論を書いた。[*28] たとえば、オリッサ州に住むヒンズー教徒は、魚が人間の性的な欲望を刺激する「ホットな」食物だと信じている。ゆえに未亡人が魚を口にすれば、誰かとセックスする可能性が高くなる。そして実際にそうすれば、死んだ夫の魂を冒瀆《ぼうとく》する結果になり、彼女は高い階級で生まれ変われなくなる。そう彼らは考える。テュリエルは、次のように主張する。「あるべき世界の姿に関するインド人の〈前提情報〉をひとたび考慮に入れると、シュウィーダーの三九のストーリーのほとんどは、実のところアメリカ人には見通せないような様態で犠牲者に危害を及ぼす、道徳的な侵犯であることがわかる」と。つまりシュウィーダーの研究は、テュリエルの主張と何ら矛盾しないと言おうとしているのだ。それどころか、インド人の被験者がストーリーのなかに危害を見出していることを確証できるのなら、テュリエルの主張を裏づけるとさえ言える。

嫌悪と不敬

シュウィーダーとテュリエルの論文を読んだとき、私は二つの強い印象を受けた。一つは、論理的にはテュリエルの反論に賛成できるという点で、シュウィーダーは悪意を持ってではないとしても、食物、衣類、人々のやり取り、あるいは外見では習慣に見えるその他のものごとに関する規則を、すべてひっくるめて道徳の厚い体系へと織り込めることを示唆するために、「被験者をトリックにかける」質問を用いた。いずれにせよ、シュウィーダーの研究には、実験をコントロールする重要な要素が欠けているというテュリエルの指摘には同意できる。シュウィーダーは、危害については質問しなかったのだ。オリッサ州では、道徳は危害以外の事象にも適用されるという点を示したければ、シュウィーダーは、被験者が自ら無害だと主張する行動を、進んで道徳的に非難するという事実を提示しなければならなかった。

二つ目は、「最終的にシュウィーダーは正しい」という本能的な感覚を覚えたことだ。向社会的な道徳に関する彼の説明は、フィスクの講義で読んだ民族誌の資料と完璧に一致していた。脳と認知の発達を解説するさまざまな本を読んだあとでは、道徳的な情動の強調は、私にはとても合点がいくものだった。だから私は、誰かが正しく研究(危害の認知をコントロールしたうえでの研究)を実施すれば、文化的な相違に関するシュウィーダーの主張は検証されるだろうと考え、次の学期を、自分がその誰かになるための方法の考案に費やした。

まず、誰も傷つけずに不快な行為を働く人物が登場するごく短いストーリーを書き始め、これらを「無害なタブー侵犯ストーリー」と呼んだ。本章の冒頭で紹介したもの(犬を食べる話とチキンを食べる話)は、そのなかの二話だ。これらに似たストーリーを何十話か創作したが、もっともすぐれたものは、「嫌悪」「不敬」という二つのタイプに分類可能なことに、すぐに気づいた。道徳的な憤りを喚起する犠牲者を登場させず、被験者にただちに不快感を覚えさせるには、誰かが嫌悪をもよおさせる行為や不敬を働くが、それらが他人の目の届かないところで行なわれるため、誰の感情も害さないというあらすじであればよい。一例として、私が創作した「不敬」なストーリーの一つを紹介しよう。「押入れを整理していた女性が、しまっていたアメリカ国旗を見つけた。

国旗は不要だったので、彼女はそれを小さく切って風呂洗い用の雑巾として使った」

ポイントは、重要な文化規範に対する本能的な感覚と、「それは無害だ」と判断する合理的な思考を対置させるストーリーを大人や子どもに聞かせて、どちらの影響が強いかを確かめることにあった。テュリエルの合理主義的な見解に従えば、危害をめぐる思考が道徳的な判断の基盤に存在するはずであり、ゆえに愛犬を食べるのは間違っていると誰かが答える場合でも、その人はその行動を社会的な慣習の侵犯として扱わねばならないだろう（「私たちは犬を食べたりしない。だが、他国の人々が死んだペットを埋葬せずに食べることを望むのなら、それはそれで私たちが批判すべきことではない」）。対してシュウィーダーの理論によれば、テュリエルの見方は、個人主義的かつ世俗的な社会のメンバーには適用できても、それ以外の社会のメンバーには通用しない。こうして研究方針は定まったが、この調査すべき「それ以外の社会」を選ばなければならなかった。

私はスペイン語をかなりうまく話せるので、一九八九年七月にラテンアメリカの心理学者が集まる大きな会議がブエノスアイレスで開催されることを知って、それに参加することにした。私にコネはなく、国際協力研究プロジェクトの立ち上げ方もわからなかったが、とにかく道徳に関係するあらゆるセッションに顔を出した。だが、ラテンアメリカの心理学はあまり科学的ではないことがわかって少しがっかりした。それには理論偏重の傾向があり、しかもその理論も、抑圧、植民地主義《コロニアリズム》、権力に焦点を置くマルクス主義理論が大勢を占めていた。私はなかば諦めかけていたが、そのときコールバーグの方法論を用いて道徳の発達を研究している、何人かのブラジル人の心理学者が主催するセッションに参加できた。セッション終了後、司会のアンジェラ・ビアッジョと大学院生のシルヴィア・コラーと話をした。彼女たちはコールバーグのアプローチを好んでいたが、他の方法も知りたがっていた。最後にビアッジョは、ブラジル最南州の州都ポルト・アレグレにある彼女たちの大学に招待してくれた。

ブラジルでも、南部はもっともヨーロッパ的な色彩の濃い地域で、一九世紀におもにポルトガル、ドイツ、イタリアからの移民によって開拓された。現代建築が建ち並び、中流階級の繁栄するポルト・アレグレは、想像していたラテンアメリカの都市とはまったく違い、私は最初、失望を禁じ得なかった。オリッサ州のようなエキゾチックな場所で異文化研究を行ないたかったからだ。とはいえシルヴィアはすばらしい研究者で、文化的な多様性を考慮に入れるために、二つのすばらしい提案をしてくれた。社会階級をまたがる研究をするべき、というのがその一つだ。ブラジルでは貧富の差が激しく、まるで富者と貧者がそれぞれ別の国で暮らしているかのように見える。そこで私たちは、下層階級と教育程度の高い中流階級の両方から、大人と子どもの被験者を選んでインタビューすることにした。下層階級からは、富裕階級の使用人として働いている大人（中卒以上の学歴を持つ者はほとんどいない）と、使用人の多くが住む地域の公立学校に通っている子どもを選抜した。コラーの提案の二つ目は、レシフェで大学教授を務める彼女の友人グラサ・ディアスを、翌月に訪問できるよう取り計らってくれたことだ。レシフェはブラジルの北東端に位置する都市で、ポルト・アレグレとはまったく異なる文化を持つ。

シルヴィアと私は、学部生に手伝ってもらいながら、二週間をかけて「無害なタブー侵犯ストーリー」からうまくできた話を選び、探りの質問に改善を加えながらポルトガル語に翻訳した。それから、ほとんど教育を受けていない被験者（実際に何人かは無学だった）にも内容のすべてを理解できるかどうか、インタビューの文案をテストしてみた。それを終えてからレシフェに行き、そこでグラサと私は、ポルト・アレグレのときとまったく同じ方法でインタビューを実施できるよう学生を訓練した。街路のそこら中でサンバが鳴り響き、熟れたマンゴーの実が木から落ちてくるレシフェでは、ようやくエキゾチックな土地で仕事ができるようになったことを実感した。さらに重要なことに、ブラジル北東部の住民は、アフリカ人やヨーロッパ人など系統がさまざまで、またその地域は一般に貧しく、ポルト・アレグレに比べると産業の発達はかなり遅れていた。

フィラデルフィアに戻ったあと、私は自分のインタビューチームを編成して訓練し、フィラデルフィアで募った四つの被験者グループからのデータ収集を監督した。私たちはこの研究方法を「3×2×2」と呼んでいるが、これは三つの都市のおのおので、上流下流二つの階級に属する、大人（一八歳から二八歳）と子ども（一〇歳から一二歳）の被験者を対象に実施するという意味だ。したがって研究は一二のグループで構成され、一グループにつき三〇人の被験者を募ったので、合計三六〇回のインタビューを実施することになった。大勢の被験者を起用したので、統計的な手法を用いて、都市、社会階級、年齢の影響を、それぞれ独立して調査することが可能になった。私は、三つの都市でもフィラデルフィアがもっとも個人主義的な（それゆえテュリエル的な）、そしてレシフェがもっとも向社会的な（オリッサ州と同様な）傾向を示すだろうと予測した。

この調査では、シュウィーダーの主張に有利な結果がはっきりと得られている。まず、フィラデルフィアの四つのグループすべてからは、アメリカ人は道徳と慣習の侵犯を明確に区別するというテュリエルの発見を再確認する結果が得られた。この調査には、テュリエルが用いた、ブランコに乗る少年を少女が押しのけるというストーリー（明白な道徳的侵犯）と、少年が制服の着用を拒むというストーリー（社会的慣習の侵犯）の二つを使った。テュリエルのストーリーを使ったのは調査の有効性を確保するため、すなわち私が自分の手で作成した探りの質問や、インタビュー担当者に施した訓練の何らかの方法的な偏りによって、結果が歪曲されていないという点を示すためだ。この二つのストーリーに対する上流階級のブラジル人の反応は、アメリカ人とまったく同じだった。しかし労働者階級のブラジル人の子どもの多くは、「社会的な慣習を無視して制服を着用しないのは〈間違っている〉〈いついかなる場所でも間違っている〉」と答えている。とりわけレシフェでは、労働者階級の子どもは、制服着用の拒否をブランコから押しのける行為とまったく同じだと判断している。この結果は、「道徳と慣習を区別する程度は、文化によって異なる」というシュウィーダーの見解を支持する。

二つ目の発見は、シュウィーダーの予測通りに、被験者が「無害なタブー侵犯ストーリー」に反応したことだ。つまり、フィラデルフィアに住む上流階級の人々は、それらを社会的な慣習の侵犯として、そしてレシフェに住む下層階級の人々は、道徳的な侵犯として判断している。また、都市（フィラデルフィア、ポルト・アレグレ、レシフェの順に道徳の度合いが高まる）、階級（上流階級、下層階級の順）、年齢（大人、子どもの順）に関して、それぞれ独立して有意な効果が認められている。予測していなかったのは、社会階級のほうが都市より影響がはるかに大きかったことで、三都市の教育程度の高い住民は、同じ都市の下層階級の住民よりも、互いに類似する結果が得られている。ということは、私が勤めていた大学のキャンパスから数ブロック西に位置する貧民街で、はっきりと確認できたはずの道徳的な傾向を確認するために、わざわざ八〇〇〇キロも離れた南方の地まで飛行機に乗って出かけたことになる。

三つ目の発見は次のとおり。私が見出したすべての相違は、危害に対する認識をコントロールした場合でも変わらなかった。それを確かめるために私は、被験者にストーリーを聞かせたあとで、「登場人物がしたことで、誰かが危害を受けたと思いますか？」という探りの質問をした。「道徳は、危害のみならずもっと広い領域をカバーする」というシュウィーダーの発見が、（テュリエルが主張するように）他文化に属する人には見えない犠牲者の認知によって引き起こされていると仮定するなら、この質問に対して「イエス」と答えた被験者を除外することによって、異文化間の相違はなくなるはずだ。ところが実際にそう答えた被験者を除外すると、文化間の相違は、小さくなるどころか大きくなった。この結果は、「道徳の領域は、危害のみならず、より広い範囲をカバーする」という、シュウィーダーの主張を強く支持する。そして私の調査では、たとえ誰にも危害が及んでいなくても、無害なタブー侵犯はいついかなる場所でも間違っていると、被験者の多くが答えている。

つまり、シュウィーダーは論争に勝ったのだ。確かにテュリエルの発見は、彼自身の方法を適用した私の調査によって、個人主義的な文化のなかで育てられ教育された人々を対象にした場合には再確認された。しかしそれとともに、彼の理論はその範囲を越えては適用できないとする、シュウィーダーの主張の正しさも確認された。道徳の領域は、国や階級によって変わり、私の研究の被験者の多くにとっては、傷害や公正のみならず、より広い領域をカバーするという事実が確認されたのだ。

合理主義者はこの結果を説明できないだろう。子どもは嫌悪や不敬に関する道徳的な知識を、危害の分析を通して自分だけで組み立てていけるなどとなぜ言えるのか？（シュウィーダーが提起する）文化的な学習や、（のちに私が主張する）嫌悪や不敬に対する持って生まれた道徳的な直感など、道徳知識の源泉は他にあるはずだ。

私はかつて、インディアナ州北部のマクドナルドのトイレで、コールバーグ流の道徳インタビューが行なわれているのに出くわしたことがある。インタビューされていた被験者は三〇歳くらいの白人男性、していたのは四歳くらいの白人男児だった。それは私の隣の小便器で始まった。

インタビュアー：おとうさん。ここ（小便器）へうんちをしたらどうなるの？
被験者　　　：まずいことになるだろうね。早く流しなさい。こっちへ来て手を洗いなさい。
　　　　　　　［二人は洗面台の前に立つ］
インタビュアー：この洗面台にうんちをしたらどうなるの？
被験者　　　：ここの清掃人が怒るよ。
インタビュアー：うちに帰って流しにうんちをしたらどうなるの？
被験者　　　：私が怒る。
インタビュアー：おとうさんがうちの流しにうんちをしたらどうなるの？
被験者　　　：おかあさんが私に怒るよ。
インタビュアー：みんなでうちの流しにうんちをしたらどうなるの？
被験者　　　：［少し考えてから］みんながとても困ることになると思う。
インタビュアー：［笑いながら］そうだね。みんなが困ることになる。
被験者　　　：早く手を拭いて！　もういかなきゃ。

侵犯の内容を変えて処罰を下す人物を消去していくことで、より深い回答を得ようとしているインタビュアーの技術とねばりに注目されたい。しかし、全員が共犯になったために処罰者がいなくなっても、被験者は家族全員が「困ることになる」という普遍的な正義の概念に執着している。

もちろんこの父親は、最善の道徳的な思考を息子に披露しようとしているわけではない。道徳的な思考は通常、誰かに影響を及ぼすためになされるのであり（第4章参照）、この父親は、トイレでの適切なマナーを身につけさせるために、好奇心の強い息子に正しい情動（嫌悪、恐れ）を感じさせようとしているのだ。

犠牲者をでっちあげる

シュウィーダーが予測するとおりの結果が得られたとはいえ、意外な発見もあった。もっとも大きな驚きは、被害者をでっちあげようとする被験者が大勢いたことだ。私は、危害として受け取れる表現はすべて除外するよう、細心の注意を払いながらストーリーを書いたつもりだった。しかし、無害だが不快なストーリーを用いた合計一六二〇回のインタビューのうち、三八パーセントについては、被験者は誰かが危害を加えられたと主張している。たとえば冒頭で紹介した犬のストーリーでは、「この家族は、犬の肉を食べたのだから、あとで気分が悪くなるに違いない。

だからそのうち危害を受けるはずだ」と、多くの被験者が答えている。これはテュリエルの言う「前提情報」の一例なのだろうか？　ほんとうにこれらの被験者は、危害を見越していたがゆえに家族の行動を非難したのだろうか？　それとも事実はその逆で、彼らはすでに家族の行動を非難することに決めていたがために、危害をでっちあげたのか？

フィラデルフィアで実施したインタビューの多くは、私自身が担当している。だからはっきり言えるが、これらのでっちあげられた危害のほとんどは、あとづけの創作だと見なせる。通常被験者は、登場人物の行動を非難する答えを返すのに、言い換えると自分がそれについて何を考えているのかを把握するのに、ほとんど時間をかけない。だが犠牲者を創作する場合には、しばらく時間をかけるのが普通で、しかも申し訳なさそうに半信半疑で答えることも多い。ある被験者は、「よくわからないけど、たぶん彼女は国旗を雑巾にしたことに対して、あとで罪の意識を感じるんじゃないかな」と回答している。犠牲者の創作にはまったくナンセンスなものも多く、たとえばある子どもは、国旗を雑巾にしたことに対する非難を正当化しようとして、「雑巾がトイレに詰まって汚水があふれ出すかもしれない」と答えている。

しかし私や他のインタビュー担当者が、でっちあげられた犠牲者に疑問を呈すると、さらに興味深い現象が起こった。私は、ストーリーと矛盾する主張を被験者がしたときには、それをおだやかに指摘するようインタビュー担当者に指示していた。たとえば、「隣人が見て不快に感じたかもしれないので、国旗を切り刻むことは間違っている」と被験者が答えたとすると、「ストーリーの状況設定では、誰も見ていないことになっています。それでも国旗を切り刻むことは間違っていると思いますか？」と指摘させていた。しかし被験者は、たとえ犠牲者のでっちあげを認めても、登場人物の行動に問題なしとは答えず、別の犠牲者を探そうとした。そして「間違いだとわかっているんだけど、理由が思いつかない」などと答えるのだ。どうやら彼らは、道徳的に唖然としていたようで、直感的にわかっていることを言葉では説明できないために、口がきけない状態に置かれていたと考えられる。[*29]

被験者は合理的に思考しようと奮闘していた。だがそれは、真実を求めてではなく、自分の情動的な反応を支持するための奮闘であった。このような思考様式について、哲学者のデイヴィッド・ヒュームは一七三九年に、「理性は情熱の奴隷であり、それ以外であるべきではない。情熱に仕え従うものであるという以外の役割は持たない」と書いている[*30]〔ヒュームの本でPassionは通常「情念」と訳されるが、本書では「情熱」とする〕。

私は、ヒュームの主張の正しさを示す証拠を、すなわち「道徳的な思考は、多くの場合情動の召使いと化している」という事実を発見したのだ。この発見は、それまで道徳心理学を支配してきた合理主義的なアプローチへの大きな挑戦だった。一九九三年一〇月、私はこの発見を一流の心理学雑誌の一つに発表し[*31]、緊張しながら反応を待った。もちろん、既存の理論的枠組み《パラダイム》に合致しないデータを提示したからといって、一介の大学院生が一夜にして道徳心理学を変えられるとは思っていなかった。加えて、道徳心理学の論争は、（つねに礼儀をわきまえたものではあるが）苛烈だということも知っていた。ところが反応はまったくないままで、これは予想外の成り行きだった。道徳心理学における大きな論争の一つに決着をつける仕事をしたと思っていたのに、発表してから五年間、ほとんど誰も私の論文を引用しないばかりか、反論すらしなかったのだ。

その理由の一つは、社会心理学の雑誌に論文を発表したためだった。一九九〇年代初期は、道徳心理学はまだ発達心理学の一部門にすぎなかった。さらに言えば、道徳心理学者を自称するからには、道徳的な思考とその経年変化を研究し、賛成か反対かにかかわらず、コールバーグを包括的に引用せねばならないと考えられていたのだ。

だが、心理学そのものは、変化の時を迎えようとしていた。情動に注目が集まってきたのだ。

まとめ

道徳は何に由来するのだろうか？　これまで長く通用してきたのは、生まれつきという（先天論の）解答と、子どもの頃の学習という（経験論の）解答だ。本章では三つ目の可能性、すなわち私が研究を開始した当時道徳心理学を支配していた、合理主義に基づく「道徳は危害に関わる経験をもとにして、子どもが自ら築き上げていくものだ」という解答を検討した。子どもは、自分が傷つけられたくないので、誰かに危害を及ぼすことが間違いだと次第にわかるようになり、公正とは何かを、やがては正義の概念を理解するようになる。そう合理主義者は考えるのだ。ブラジルとアメリカで調査を実施して以来、なぜ私はこの合理主義者の解答を否定するようになったかを説明した。それに代わる私の結論は次のとおりである。

- 道徳の領域は文化ごとに異なる。欧米の啓蒙化された個人主義的な文化のもとでは、その領域は異常なほど狭い。向社会的な文化は、道徳の領域を広げ、生活のより多くの側面をカバーし、規制する。
- とりわけ嫌悪をもよおす行為や不敬に対し、ときに人は本能的な不快感を覚える。また、それによって思考は影響を受ける。道徳的な思考は、あとづけの正当化と見なせる場合がある。
- 道徳は、危害に関する理解の発達に基づいて、子どもが自分で一から築きあげていくようなものではない。合理主義的な理論が想定している以上に、文化的な学習や手引きが大きな役割を果たしている。

道徳の主な源泉を合理的な思考に求められないのなら、残った有力な候補は、生得的な性質と社会的な学習の複合である。第2章からは、道徳は〈進化した一連の本能として〉生得的なものであるとともに、学習されたものでもある〈子どもは、特定の文化のなかで生得的な本能を適用する方法を学習していく〉という点を検討する。私たちは、〈正義心〉を持って生まれてくる。しかし、何に関して正義を貫くべきかについては、学習しなければならない。

第2章

理性の尻尾を振る直観的な犬

The Intuitive Dog and Its Rational Tail

心理学が発見したもっとも重要な真理の一つは、「心は、ときに競合することもある、いくつかの部分に分かれる」というものだ。[*1] 人間であるということは、複数の異なる方向へ引っ張られているように感じ、自らの行動をコントロールできない現実に驚く（ときには恐れを感じる）ことだと言える。古代ローマの詩人オウィディウスは、「病気は胆汁のバランスの悪さによって引き起こされる」と人々が信じている時代に生きていたが、「私は奇妙な力に引かれている。欲望と理性が、おのおの別の方向へ私を引っ張るのだ。私は、何が正しいかを見抜き、認めているにもかかわらず、間違った方向へ引かれていく」と登場人物の一人に嘆かせるほど、人間の心理に精通していた。[*2]

古代の思想家は、この葛藤を理解するためのたとえを数多くあげているが、プラトンの対話篇『ティマイオス』の表現ほど、生き生きとしたものは他に見当たらない。語り手ティマイオスは、神々がいかに人間を含む世界を創ったかを説明する。「完全なもののみを生む、完全な創造主たる神は、新しい世界を魂で満たした。魂のなかでも、完璧な理性ほど完全なものがあろうか？」と、ティマイオスは言う。かくして、完全かつ理性的な魂を無数に生んだ創造神はひと休みすることにし、自分の仕事を位の低い神々に委《ゆだ》ねる。それから神々は、魂の宿るべき器《うつわ》を、全力を尽くして設計し始める。

神々は、もっとも完全な形状たる球に、魂を収めることから開始する。そのために、人間の頭は現在でもいくぶん球状をしているのだ。だが、球状の頭がでこぼこの地面の上を転がる様子を見ていた神々は、すぐに魂が困難と恥辱にさらされていることを悟る。そこで頭を載せる身体を作り、それに第二の魂を吹き込む。しかし理性的でもなければ不死でもない第二の魂は、著しく劣った存在であり、

あのおぞましくも欠くことのできない混乱を宿していた。まず悪のもっとも強力な誘惑たる快楽。そして善きものから顔をそむけさせる苦痛。それから大胆さと恐怖心。どちらも愚かな助言者だ。鎮めがたい怒りと、すぐに常軌を逸する期待。さらに神々は、これらに不合理な知覚と、飽くことのない強い欲望を融合した。ゆえに死すべき魂を作り出す必要があったのだ。[*3]

快楽、情動、感覚——これらはすべて必要悪だ。神聖な頭を、情熱に沸き立つ身体とその「愚かな助言」から少しばかり遠ざけるために、神々はそれらのあいだに首を作る。

ほとんどの創生神話は、特定の種族や祖先を創造の中心に据える。したがって、少なくともプラトンの神話が、哲学者をきわめて優秀な人々であるかのごとく見せようとしているという点に気づくまで、彼が心的な能力に栄誉を与えていることは、奇妙に思われるかもしれない。それは理性の大祭司、あるいは情熱にかどわかされない哲人王の永遠の戴冠を正当化するストーリーであり、合理主義者の究極のファンタジーなのだ。情熱は理性の召使いであって、それ以外であるべきではないとするこの考えは、第1章であげたヒュームの主張とはまったく逆である。情熱に対するプラトンの蔑視に少しでも疑いを抱く向きは、ティマイオスの「感情を支配する者は、理性と正義に溢《あふ》れた生涯を送り、永遠の幸福で満たされた天の王国で生まれ変わるだろう」という主張を考えてみるとよい。彼に従えば、情熱に支配される者は女に生まれ変わるのだ。

西洋哲学はこれまで何千年にもわたって理性を崇拝し、情熱を疑いの目で見てきた。[*4] かくして、プラトンからイマヌエル・カントを経てローレンス・コールバーグに至るまで、一本の直線を引ける。私は本書を通じて、この理性崇拝を「合理主義者の妄想」と呼ぶ。妄想と呼ぶのは、人々の集団が何かを神聖視するようになると、そのカルト集団のメンバーはその事実を明晰に分析する能力を失うからだ。道徳は人々を結びつけると同時に盲目にする。純粋なカルト信者は、現実離れした神聖なファンタジーを生むが、やがて外部から誰かがやってきて、偶像を台座から叩き落とす。まさにそれが、「理性は情熱の召使いにすぎない」[*5]という、当時の哲学を冒瀆する叫びを高らかにあげたヒュームのしたことだ。

トーマス・ジェファーソン〔米・第三代大統領。独立宣言を起草〕は、理性と情動の関係について、それよりもバランスのとれた見方をしている。駐フランス公使を務めていた一七八六年、彼は恋に落ちる。相手のマリア・コズウェイは、イングランド出身の二七歳の美しい芸術家で、共通の友人が二人を引き合わせた。二人は、次の数時間を恋人同士のように過ごす。快晴の日のパリを散歩し、この壮麗な都市の美しさを称賛する。ジェファーソンは、夜もデートができるよう、うその伝言を使者に持たせて夕方の会合をキャンセルする。実はコズウェイは既婚者だったが、それは便宜的な開放結婚〔夫婦共に相手が別の異性と関係を持つことを認める結婚〕であったようだ。なお次の数週間で、ロマンスがいったいどこまで進展したのかは定かでない。[*6]しかしコズウェイは、夫の求めに応じてイングランドに戻り、ジェファーソンに胸の痛みを残す。

ジェファーソンは、その気持ちを緩和するために、既婚の女性に恋愛を語る不作法を隠す修辞的な技巧を駆使して書いたラブレターを、コズウェイに送る。この手紙は、やがて終わりが訪れると知りながら「友人関係」を継続することの利点について、自分の〈頭〉と〈心〉が対話するという形式で書かれている。プラトンの理想である理性を体現するジェファーソンの〈頭〉は、両者をごたごたに巻き込んだ〈心〉を非難する。〈心〉は〈頭〉に赦しを乞うが、〈頭〉は厳しい説教を垂れ始める。

この世のあらゆるものごとは、計算の問題だ。だから天秤をもって慎重に歩まねばならない。一方の皿に、今まさに手にしようとしている快楽を置く。だが公平を期すために、もう一方の皿には、それに続いて起こる苦痛を置く。そして天秤がどちらへ傾くかを確かめる。そうやって前に進むのだ。[*7]

次々に浴びせかけられる悪態に黙って耐えたあと、ようやく〈心〉は自らの弁護のために口を開き、「あなたは人間とは無関係な問題を扱うべきだ」と、〈頭〉に己の身の程を知らしめる。

自然が私たちに同じすみかを割りあてたとき、彼女はそれを二つの領域に分割して与えたのです。あなたには科学の、そして私には道徳の領域を与えてくださったのです。円の面積を求める、彗星の軌道を計算する、頑丈な橋を築く、曲げやすい材料について調査する、そんなときはあなたの出番です。これらの問題を扱う能力を、自然は私に与えてくれませんでした。それと同じように、同情、慈悲、感謝、正義、愛、友情などの感情を与えないことで、自然はあなたに、感情をコントロールする能力を授けなかったのです。自然は、これらを心の働きに委ねたのです。道徳は、人間の幸福にとってとても大切なものなので、うわついた頭の働きには任せられませんでした。だから自然は、道徳の基盤を科学ではなく感情に置いたのです。[*8]

さて、いまや私たちは三つの「心のモデル」を手にしている。プラトンは、「たとえ哲学者だけがそれに値するのだとしても、理性が主人たるべきだ」と言った。[*9] ヒュームは、「理性は情熱の召使いたるべきだ」と主張した。そしてジェファーソンは、「理性と感情は、帝国を東西に分割して統治したローマ皇帝のように、おのおのが独立した共同支配者であり、そうあるべきだ」という第三のオプションを提示した。では、いったい誰が正しいのだろうか？

ウィルソンの予言

プラトン、ヒューム、ジェファーソンは、生物の設計を理解するために発明されたもっとも強力なツール、つまりダーウィンの進化論の助けなしに、人間の心の仕組みを理解しようとした。ダーウィンは道徳に大きな関心を抱いていた。というのも、生物が示す協力は何であれ、彼が主張する生存競争と「適者生存[*10]」によって説明されねばならなかったからだ。「道徳はいかに進化したか」という問いに、ダーウィンはいくつかの説明を与えているが、その多くは、彼が社会的な直観の「礎《いしずえ》」だと見なしている、同情などの情動の働きに言及している。[*11] また、よい評判に対する願望と結びついた、恥や自尊心についても記している。ダーウィンは道徳に関しては先天論者で、自然選択によって、道徳的な情動をあらかじめ備えた心が人間に与えられたと考えた。

しかし二〇世紀に入って社会科学が発達すると、先天論を道徳に反すると見なす、道徳主義の二つの流れによって風向きが変わる。一つは、「社会進化論（social Darwinism）」に対する人類学者らの恐れである。「社会進化論」（ダーウィンも言及しているが支持はしていない）とは、「もっとも豊かで繁栄している国家、民族、個人が適者だ」とする考えだ。それゆえ、貧者に対する施しは、進化の自然な進行を阻害すると考える（貧者に子孫を残す機会を与えるので）。[*12] 特定の民族が他の民族に先天的に優越するという主張は、のちにヒトラーによって擁護された。ゆえに「ヒトラーが先天論者なら、すべての先天論者はナチスだ」と考えられていたのだ（この結論は非論理的だが、先天論を嫌悪する人々には、感情的に理解可能であろう）。[*13]

二つ目の流れは、一九六〇年代から七〇年代にかけて、アメリカ、ヨーロッパ、ラテンアメリカの大学キャンパスを席巻した政治的な急進主義だ。急進主義的な改革者は通常、「人間は、どんな理想をも書き込める、白紙の状態で生まれてくる」と考えたがる。さらに次のように考える。進化によって男性と女性に異なる欲望や能力が与えられたのなら、そのことは多くの職業において男女平等を実現する際の妨げになるはずだ。かくして先天論によって既存の権力構造を正当化できるのなら、それは間違っているに違いない（これも非論理的な主張だが、〈正義心〉はそう考えるように機能する）。

認知科学者のスティーブン・ピンカーは、二〇〇二年の著書『人間の本性を考える――心は「空白の石版」か』で、彼がまだハーバードの大学院生だった一九七〇年代当時、科学者たちは進歩的な考えに忠実であろうとして、従来の科学の価値観にそむいていたと記している。それによると、科学者は大学の大教室に一歩足を踏み入れると「道徳顕示家」に変貌して、同僚の科学者について悪しざまに言い、真理のためより、人種や男女の平等などの進歩主義的な理想に合わせて、さまざまな考え方を評価するよう学生に求めていたのだそうだ。[14]

　科学の価値観に対する裏切りがもっとも明白に見て取れる例に、生涯にわたってアリと生態系を研究してきた学徒、エドワード・O・ウィルソンに対する攻撃がある。彼は一九七五年に『社会生物学』を出版したが、そこで、いかに自然選択が、動物の身体と、さらにはその行動を形作ってきたかを探究している。その点に関しては特に論争の的《まと》にはならなかったが、ウィルソンは大胆にも、最終章で、「自然選択は、人間の行動にも影響を及ぼす」と示唆した。つまり彼は、「人間の本性」というものが確かに存在し、子どもの養育や社会制度の創設に際して、人は何をどのくらいできるのかが、それによって制限されると考えたのだ。

　ウィルソンは、倫理学を用いてこの点を説明している。また、ローレンス・コールバーグや、政治哲学者のジョン・ロールズとともにハーバード大学教授を務めていたので、彼らの提唱する、権利や正義に関する合理主義的な理論に精通していた。[15] ウィルソンにとっては、合理主義者が実際にしていることは、進化によってもっとうまく説明できる「道徳的な直観」という働きに、合理主義的な理由づけを与えているにすぎなかった。人権は、ピタゴラスの定理に寄り添ってプラトン主義者に発見されるのを待っている数学的な真理であるかのごとく宇宙のどこかに実在するがゆえに、人はそれを信じているのだろうか？　それとも人は、拷問の話を聞いて嫌悪や同情を感じるがために、これらの感情の正当化に役立つ、普遍的な権利のストーリーをつむぎ出すのか？

ウィルソンはヒュームの陣営に立ち、「道徳哲学者が実際にしているのは、自分の脳の〈情動中枢と相談〉したあとで、合理主義的な理由をでっちあげることだ」と非難した。[*16] さらに彼は、「倫理の研究は、すぐに哲学者の手から取り上げられて〈生物学化〉され、今まさに誕生しつつある、人間の本性を対象にする最新の科学に適合するよう改変されるだろう」と予測した。このような哲学、生物学、進化論の連携は、ウィルソンが夢みる「新たな総合」の一例で、のちに彼は、それを「統合（consilience）」と呼んでいる。これは、もろもろのアイデアを「一緒に跳躍させ」、知識の統合体系を生み出すことを意味する。[*17]

一般に予言者は、現状に挑戦し、それによって権力者の憎悪を買うことが多い。ウィルソンは、その意味でも道徳心理学の予言者と呼ばれるにふさわしい。印刷物によっても、公共の場でも攻撃され、激しく非難された。[*18] ファシストと呼ばれ、そのレッテルは彼を人種差別主義者として扱うことを正当化し、ウィルソンの講演を妨害する口実になった。抗議者たちが講演を妨害しようと演壇に押し寄せ、「人種差別主義者のウィルソン！　もう逃げられないぞ。われわれはおまえを集団殺戮の罪に問う」と唱和したこともある。[*19]

情動の九〇年代

一九八七年に私が大学院に入る頃には、社会生物学への攻撃は落ち着いていたものの、信用は地に墜ちていた（心理学を進化に還元する無邪気な試みを意味する軽蔑的な言葉として、「社会生物学」という語を科学者が使うのを聞いたとき、少なくとも私はそう理解した）。道徳心理学は情動の進化ではなく、思考と情報処理の発達を扱う学問だとされていたのだ。[*20]

しかし心理学の外に目を向けると、道徳の情動的な基盤を論じたすばらしい本が多数刊行されていた。たとえばフランス・ドゥ・ヴァールの『利己的なサル、他人を思いやるサル――モラルはなぜ生まれたのか』を読んだ。[*21] ドゥ・ヴァールは、チンパンジーが道徳能力を備えていると主張しているわけではないが、チンパンジー（とその他のサル）には、ヒトが道徳システムや共同体を築くのに用いる心理的な要素が備わっていると書いている。そして、これらの要素の多くは、同情、恐れ、怒り、愛情など、情動に関係するとしている。

私はまた、神経科学者アントニオ・ダマシオの著書『デカルトの誤り――情動、理性、人間の脳』を読んだ。[*22] ダマシオは、脳の特定の部位、すなわち前頭前皮質腹内側部（vmPFCと略称される、鼻梁の上の背後の領域）に損傷を受けた患者が示す態度に、異常なパターンが見られることに気づいた。彼らの情動は、ほぼゼロのレベルに落ち、とても愉快な場面やぞっとする場面の写真を見ても何も感じなかった。しかし何が正しく何が間違っているかに関する認識は失っておらず、IQも落ちていなかった。さらに言えば、コールバーグが作成した道徳思考のテストでもすぐれた成績を残している。ところが、私生活や仕事での判断になると、彼らは何も決められなかったり、無分別な決断を下したりした。そして家族や自分の雇用主を遠ざけ、生活はまったく混乱していた。

「合理的な思考には、直観や身体の反応が必須である。vmPFCの働きの一つは、直観を意識的な思考へと統合することだ」というのがダマシオの解釈だ。「両親を殺害することのプラス面とマイナス面は何か？」などとは、普通は考えすらしない。なぜなら、おぞましさの感情がvmPFCから一気に噴出するからだ。

それに対してダマシオの患者は、どんなことでも情動の影響を受けずに考えることができた。vmPFCの機能が停止しているため、いつどんな判断をするにしても、彼らにとってすべての選択肢がまったく等しいものに感じられたのだ。言い換えると、何かを判断するための唯一の方法は、意識的、言語的な思考能力を駆使してそれぞれの選択肢を吟味し、それらの長所と短所を推し量ることだった。それがどんなことかは、次の事実を考えてみればよくわかる。洗濯機など、感情とはほぼ何の関係もない家電製品を買うときに、選択肢が六つか七つを超えると、途端に選択が困難になったと感じる人も多いはずだ（それが私たちの持つ短期記憶の許容量だ）。あらゆる社会状況のもとで、どんな場合にも、言うべきこと、すべきことを決めるプロセスが、一〇の選択肢からベストの洗濯機を選ぶことと同様なものになったら、生活がいったいどうなるかを想像してみればよい。愚かな選択をしないはずがなかろう。

ダマシオの発見は、これ以上ないほど反プラトン的だ。ここには、理性的な魂と、身体に起源を有する「沸き立つ情熱」のあいだの連絡が、脳の障害のために途絶えてしまった人々がいる（プラトンには知るべくもなかったが、情熱は心臓や腹部ではなく、脳の特定の領域に由来する）。彼らの理性的な魂は、「おぞましくも必要不可欠な混乱」や、「愚かな助言者」に惑わされることがない。それにもかかわらず、分断の結果は、情熱からの理性の解放などではなかった。むしろ「合理的な思考は情熱を必要とする」という衝撃的な事実が、それによって明らかになったのだ。ダマシオの症例は、ジェファーソンのモデルにうまく当てはまりそうに思われる。共同で分割統治していた皇帝の一人が倒れて、もう一方の皇帝が全権を握ったとき、一人では仕事を全うできないという事実が発覚したといったたぐいのことなのだから。

しかしジェファーソンのモデルが正しいのなら、ダマシオの患者の〈頭〉に支配されているほうの半分の機能は、依然として問題なく働かねばならないはずだ。ところが、純粋に分析的な課題や整然と組織化された仕事に関してさえ、彼らの意思決定は崩壊をきたしていた。つまり〈頭〉は、〈心〉なしには自分の仕事すらこなせないということだ。したがって、どうやらダマシオの症例にもっとも近いのは、ヒュームのモデルであるように思われる。主人（情熱）が死ねば、召使い（理性）には領地を運営していく能力も、その意思もない。かくしてすべてが廃墟と化すのである。

なぜ無神論者は自分の魂を売らないのか

一九九五年、私はバージニア大学（UVA）に移り、初めて教授職を得た。道徳心理学は、依然として道徳的な思考の研究を意味していた。だが発達心理学の外に目を向けると、ウィルソンの新しい総合がすでに始まりつつあった。何人かの経済学者、哲学者、神経科学者は、道徳に対する新たなアプローチを静かに模索し始めていた。それは情動を基盤とし、情動は進化によって形成されると考えるものだ。[*23] この総合は、一九九二年には、進化心理学という新たな名称を獲得した社会心理学の復活によって後押しされるようになった。[*24]

私は、コズウェイに宛てたジェファーソンの手紙を、シャーロッツビル〔UVAの所在地〕に赴任したその月に読んだ。それが、いわばジェファーソン・カルトへの私の通過儀礼だった（UVAは、ジェファーソンによって一八一九年に創立された。ここ「ジェファーソンの大学」では、彼は神格化されている）。だがいずれにせよ、私はすでに、「道徳においては、情動と思考は別のプロセスである」とするジェファーソンの見方を理解していた。[*25] この考えによれば、これら二つのプロセスは単独で道徳的判断を下す能力を持ち、ときにはその権利を求めて争うこともある（図2・1参照）。

私はUVAでの最初の数年を、これら二つのプロセスの一方を強めたり弱めたりして条件を変えながら、被験者に判断を求めるという方法で、この二重プロセスモデルを検証する実験をいくつか実施することに費やした。一例をあげると、社会心理学者は、数値列7250475を覚

図2.1　初期のジェファーソン流二重プロセスモデル
情動と思考は、道徳的な判断に至る二つの異なる経路である。ただし道徳的な判断は、ときにあとづけの思考を導く場合がある。

えておかせて認知プロセスに重い負荷をかけたり、あるいは7を覚えておかせるなどの軽い負荷をかけたりしながら、被験者に特定の課題を実行させることがある。重い負荷をかけられた被験者の成績が落ちるようなら、その課題には、（意識的な思考などの）「コントロールされた」思考が必要だと結論できる。逆に負荷の程度に関係なく被験者がよい成績を収められるのなら、その課題の遂行には、「（直観や情動などの）自動的な」プロセスのみで十分だということがわかる。

私の疑問は単純で、「人は、認知プロセスに重い負荷をかけられても、軽い負荷をかけられた場合と同じように道徳的な判断ができるのか？」というものだった。実験の結果、その答えは「イエス」だと判明する。負荷の影響はまったくなかったのだ。いくつかのストーリーで試してみたが、結果は同じだった。そこで別のやり方をとってみた。コンピューターを利用して、十分に考える前にただちに答えなければならないよう仕向けたり、答えるまで一〇秒間の余裕を与えたりして、被験者によって条件を変えてみたのだ。このような操作は、道徳的な思考能力を強めたり弱めたりすると考えられ、よって結果も変わるだろうと私は予測した。だがその予測ははずれた。[26]

UVAに来た当初は、ジェファーソン流の二重プロセスモデルが正しいと確信していた。ところが、それを証明しようとする努力は、すべて失敗に終わった。在任期間の期限が迫っていたので、私はあせりを感じ始めていた。というのも、五年以内に何本かの論文を一流の専門誌に発表しなければ、在任期間の延長が却下され、UVAを去らねばならなかったからだ。

そうこうするうちに、数年前に実施したインタビューで観察された、被験者が道徳的に唖然とする現象〔第1章「犠牲者を創作する」参照〕の追試を行なうことにした。今回は、優秀な学部生スコット・マーフィーと研究することになった。私たちの計画は、スコットが優しい面接官ではなく悪魔の使いを演じて、被験者が唖然とする度合いを高めることだった。スコットが議論の欠陥を指摘したとき、被験者は判断を変えるだろうか？　それとも、道徳的に唖然として最初の判断にしがみつき、言葉を詰まらせながら必死に別の理由を探そうとするだろうか？

スコットは三〇人のUVAの学生を一人ずつ研究室に連れてきて、長いインタビューを実施した。まず彼は被験者に、彼らがどう答えようが、自分の仕事は彼らの思考に挑戦することだと説明する。それから被験者に五つのシナリオを聞かせる。その一つはコールバーグの「ハインツのジレンマ」(「ハインツは、妻の命を救うために薬を盗むべきか」)だ。私たちは、被験者がこのストーリーに唖然とすることはほとんどないだろうと予測していた。このストーリーは、生命と危害に対する懸念と、法律や所有権に対する関心を対置するもので、冷静で合理的な道徳的思考を被験者から引き出せるよう巧妙に仕立てられている。予想どおり、被験者はハインツのジレンマには唖然としなかった。被験者は適切な理由をあげられ、スコットは、「命は、ものの所有権よりも重要だ」などの、あげた理由の根拠となる考えを放棄するよう被験者を誘導できなかった。

また、もっと直接的に直観に訴える二つのシナリオを用意した。「ゴキブリジュース」と呼ばれるシナリオでは、スコットはまずリンゴジュースの小さな缶を開けて、中味をプラスチックのコップに注ぎ、被験者にそれを飲ませる。次に、白いプラスチックケースを取り出し、次のように言う。

> この容器には殺菌したゴキブリが入っています。研究室に備品を供給している業者から取り寄せたものです。このゴキブリは清潔な環境で飼育されていましたが、念のため私たちの手で、どんな細菌も生き残れないほど高温になる圧力釜を使って、もう一度殺菌処理を施しています。さて、このゴキブリをリンゴジュースに入れ、茶こしでこします。あなた

はこのジュースを飲めますか？

二つ目のシナリオは、「私――は、死んだら、スコット・マーフィーに魂を二ドルで売り渡すことを約束します」と書かれた用紙にサインした被験者に、二ドルを与えるというものだ。下線部に自分の名前をサインすることになっていたが、その下には「これは心理学実験の一部であり、いかなる点でも法的強制力を有する契約を提示するものではありません」と記されていた。[*27] スコットはさらに、「用紙は、サインしたあとすぐに破り捨てても構いません。それでも二ドルはもらえます」とつけ加えた。

スコットに急き立てられずに文書に進んでサインした被験者は、二三パーセントにすぎなかった。また最初のシナリオでは、ゴキブリジュースを進んで飲もうとした被験者が三七パーセントもいたのには少し驚かされた。[*28] これらの人々に対しては、スコットは悪魔の使いを演じようにも演じられなかった。

しかし「ノー」と答えた被験者にはその理由を説明させ、スコットは全力で挑戦した。これによって、さらに被験者の一〇パーセントにゴキブリジュースを飲むよう、また一七パーセントに魂を売る条項が書かれた用紙にサインするよう説得できた。だがどちらのシナリオでも、多くの被験者は、たとえ理由はうまく説明できなくても拒否の態度を貫いた。「私は無神論者で魂の存在など信じていないが、サインするのは不安だ」と告白する者も何人かいた。

これらの実験でも、唖然とする被験者はほとんどいなかった。ジュースを飲むかどうか、サインするかどうかは、最終的には自分が選択することだと被験者は感じていたのだ。そのため彼らのほとんどは、「理由は思いつかないけど、そうしたくない」と言うのに何の躊躇も感じていないようだった。

ところで、研究の本来の焦点は、以下に述べる二つの無害なタブーの侵犯に対する反応を調査することにあった。つまり、不快だが無害なできごとに対する道徳的な判断は、（思考に密接に関連する）ハインツのジレンマにおける判断と、（直観に従ったと打ち明ける被験者が多かった）ゴキブリジュースや魂を売るシナリオでの判断のどちらに近いのかを、私たちは知りたかったのだ。一つ目の無害なタブー侵犯ストーリーは次のようなものである。

兄のマークと妹のジュリーは、大学の夏休みにフランスを旅行している。二人は、誰もいない浜辺の小屋で一夜を過ごす。そのときセックスしてみようと思い立つ。二人にとっては、少なくとも新たな経験になるはずだ。ジュリーは避妊薬を飲み、マークは念のためコンドームを使う。かくして二人は楽しんだ。だが、もう二度としないと決め、その日のできごとは二人だけの秘密にした。そうすることで、互いの愛情はさらに高まった。さて、あなたはこのストーリーをどう思いますか？　二人がセックスしたことは、間違っていると思いますか？

もう一つのストーリーは、次のとおり。

ジェニファーは、ある病院の病理研究室で働いている。動物を殺すことは間違っているという道徳的な観点から、彼女は普段肉を食べない。ある夜、人間の死体を焼却する仕事が彼女に回ってくる。死体を見た彼女は、まだ十分に食べられる肉を捨てるのはもったいないと思う。そこで彼女は、死体から肉を切り取って家に持ち帰り、料理して食べる。

これらのストーリーは嫌悪を引き起こす。だから被験者は、躊躇なく登場人物の不道徳を非難するだろうと私たちは考えていた。事実、マークとジュリーのセックスに問題なしと答えた被験者は二〇パーセント、ジェニファーの人肉食はとくに非難されるべきことではないと回答したのは一三パーセントにすぎなかった。しかしスコットがその理由を説明させ、その返答に疑問を呈すると、私たちの予想どおり、ヒューム流の行動パターンを確認することができた。これらのシナリオによる調査では、被験者は、他のどんなシナリオを用いた場合より多くの理由を考え出し、そして捨てていったのだ。しかもスコットに不備を指摘されて、思いついた理由を次々に捨てなければならなくても、自分の考えをほとんど変えようとはしなかった。以下に、マークとジュリーのストーリーを用いたインタビューの一例を紹介しよう。

面接者　ジュリーとマークがセックスするのは、間違っていると思う？

被験者　そう思う。兄と妹がセックスするのは、まったく間違っている。僕は宗教を信じているし、どっちにしても近親相姦は悪いことだと思う。でもよくわからない。

面接者　近親相姦の何が悪いのだろう？

被験者　すべてが。ほんとうかどうかはわからないけど、もしそんなケースで妊娠したら、奇形児が生まれる場合があると聞いたことがある。だから。

面接者　でも、ジュリーは避妊薬を飲んでいたし、マークはコンドームを使っていた。

被験者　そうだった。

面接者　だから、子どもができるはずはないよね。

被験者　うーん。僕は、もっとも安全なセックスは、禁欲だと思っているんだ。でも、えーと、その、やっぱりよくわからないけど、とにかく間違っていると思う。あれ、質問は何だったっけ？

面接者　二人がセックスしたのは間違いだと思う？

被験者　そうだった。間違っていると思う。

面接者　私はその理由が知りたいんだ。何が間違っているんだろう？

被験者　そうだった。うーん。あー。そうだね。ちょっと待って。彼らは何歳なの？

面接者　大学生だから二〇歳くらいだよ。

被験者　［がっかりした様子で］よくわからないけど……、そうするように教えられてこなかったからだと思う。というか、僕はそうするように教えられてこなかった。つまり、たいていの人は、そうするようには教えられていない［笑い］。とにかくそんなことをしてはいけないんだ。僕の考えは、うーん、まあそんなところ。えーと、あなたも、そうするようには教えられてこなかった。だからそれがわからないんだ。普通は受け入れられないと思う。そうに違いない。

面接者　そもそも、そうするように教えられてはこなかった何かが間違っているなどと言ったりはしないのでは？　たとえば、「女性も働いている」と教えられてこなかったから、女性が働くことは間違っているなどとは言わないよね？

被験者　うーん、むずかしい。僕が言いたいのは、どうしても僕の考えは変わらないということなんだ。僕がそれについてどう感じているかを説明するのはとてもむずかしい。とにかく、二人がそんなことをするのはばかげてるよ![*29]。

この例や他の多くの例でも、被験者がただちに、そして情動的に道徳的判断を下そうとしているのは明らかだ。思考は情熱の召使いにすぎず、召使いによい理由が見つからないと、主人は判断を変えない。私たちは、被験者が道徳的に唖然とする兆候をはっきりと示すいくつかの行動を定量化してみたが、無害なタブー侵犯ストーリーに対する被験者の反応と、ハインツのジレンマに対する反応とのあいだには、大きな違いがあることがわかった。[*30]

この結果は、ジェファーソンやプラトンではなく、ヒュームを支持する。人々は道徳的な判断を、すみやかに、そして情動的に下そうとする。それに対し、道徳的な思考のほとんどは、すでに決定済みの判断を正当化する理由を、あとから探そうとするものだ。だがこれらの判断は、道徳的な判断一般を代表すると言えるのだろうか？　そもそも私は、簡単には説明できない一瞬の道徳的な直観が喚起されるよう、わざわざ奇怪なストーリーを考え出さねばならなかった。ということは、それらは通常の思考様式とはまったく異なるのではないか？

「見ること」と「理由を考えること」

スコットと私が、「道徳的に唖然とすること」の研究を始める二年前、シカゴ大学で公共政策を担当するハワード・マーゴリス教授の著書『パターン、思考、認知（*Patterns, Thinking, and Cognition*）』を読んだ。この本は、心理学者にはめったに言及されないが、たいへんすぐれた書物である。マーゴリス教授は、政策問題に関する人々の考え方が、なぜ客観性をひどく欠くことが多いのかを理解しようと努め、認知科学による回答を期待する。けれども彼は、一九八〇年代に流行していたアプローチにはうんざりだった。その多くは、心をコンピューターにたとえるたぐいのものだったからだ。

図2.2　ミュラー・リヤー錯視

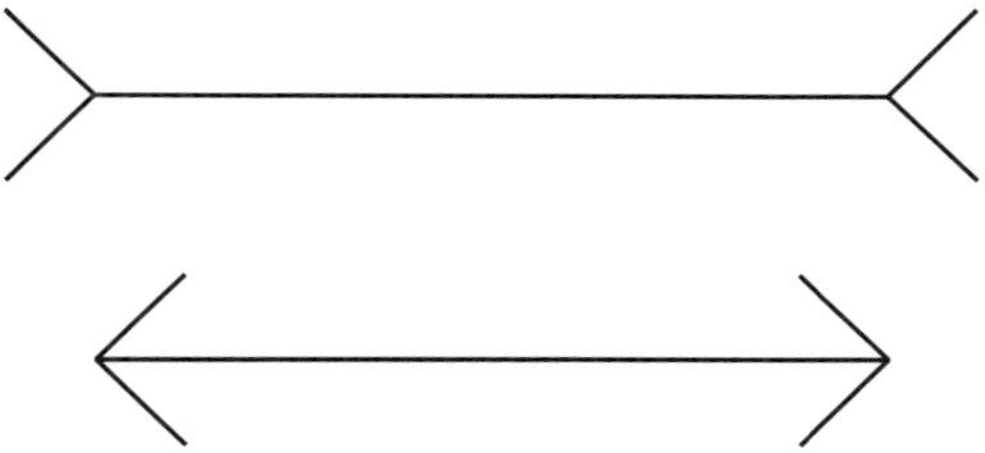

マーゴリス教授によれば、政治的な思考などの高次の認知を研究するのに適したモデルは、無意識下で起こる迅速なパターンマッチングによっておもに機能する、視覚などの低次の認知に見出せる。彼の著書は、有名なミュラー・リヤー錯視（図2・2）など、錯覚の検討から始まる。ミュラー・リヤー錯視とは、二つの線の長さが等しいとわかったあとでも、一方の線が他方より長く見えるという錯覚だ。彼はさらに、次のようなウェイソンの四枚カード問題を検討する。[*31] 被験者は、まず四枚のカードを見せられる。各カードの一方の面には文字が、他方の面には数字が書かれている。問題は、「図2・3のような四枚のカードが、〈一方の面が母音字であった場合、他方の面は偶数でなければならない〉というルールに従っているかどうかを確かめるためには、最低でもどのカードをめくらなければな

図2.3　ウェイソンの四枚カード問題
「一方の面に母音字が書かれていた場合、 他方の面には偶数が記されていなければならない」というルールに従っているかどうかを確かめるためには、最低でもどのカードをめくらなければならないか？

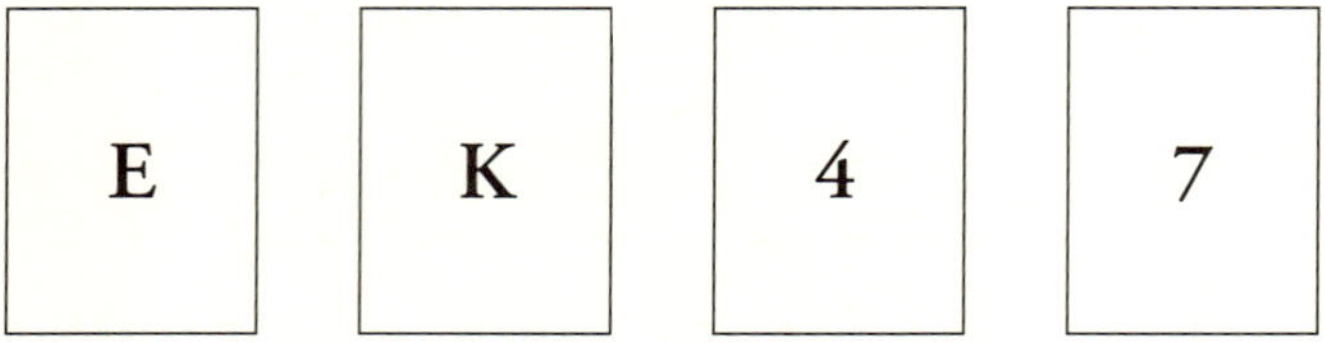

らないか」だ。

〈E〉をめくらなければならないのは、誰にでもすぐわかるはずである。また、多くの人は〈4〉をめくる必要があると答えるだろう。実は、〈4〉をめくるべきだと答えた人は、「問題は母音字と偶数に言及している。ならば母音と偶数をめくればいいのではないか」という思慮の足りないパターンマッチングを実行しているのだ。つまり多くの人は、「〈4〉をめくって〈B〉であったとしてもルールに反しないが、〈7〉をめくって〈U〉だったら反する。したがって〈E〉と〈7〉をめくらなければならない」という単純な論理を、すぐには見抜けないのである。

人々は、前もって解答を教えられ、それが正しい理由を尋ねられると、その問いに答えられる。ところが驚いたことに、教えられた解答が正しかろうが（〈E〉と〈7〉）、間違っていようが〈E〉と〈4〉)、何らかの理由をひねり出し、その推論に変わらぬ自信を持っているのだ。[*32] ウェイソンは、これらの発見に導かれて、「判断と理由づけは別のプロセスである」と結論している。マーゴリスはそれに同意し、次のように述べる。

人は何らかの判断(それ自身、脳の無意識的な認知作用によって生み出されたもので、正しいときもあれば、そうでない場合もある)を行なうと、その正当性を説明すると自分が信じられる理由を作り出す。だが、この理由づけは、あとから考えられた合理化にすぎない。[*33]

さらにマーゴリスは、私たちが判断を下し、問題を解決するときには、「見ること」と「理由を考えること」というまったく異なるタイプの二つの認知プロセスが働いていると主張する。「見ること」とは、脳がこれまで何億年も行なってきたパターンマッチングのことだ。もっとも単純な動物の脳でさえ、(光、糖などの)特定の入力パターンに対し、一定の行動(光から逃れる、止まって糖を摂取するなど)をとることで反応するよう配線《ワイアード》されている。動物は、容易に新しいパターンを学習して既存の行動に結びつけることができる。さらには前者に合うよう後者を再構成することもできる(調教師がゾウに新しい芸を仕込むときのように)。

脳が大型化し複雑になるにつれ、動物は高度な認知能力を示し始め、選択(きょうはどこで獲物を捕らえるか、いつ南方に向けて飛び立つかなど)や、判断(下位のチンパンジーが適切な行動をとっているかなど)が可能になる。とはいえ、これらすべてのケースで基礎となる心理メカニズムはパターンマッチングであり、ミュラー・リヤー錯視で知覚に影響を及ぼしている、迅速で自動的なプロセスと同種のものだ。私たちはミュラー・リヤー錯視を、見たり見なかったりという具合に選択できるわけではない。一方の線が他方の線よりも長いということを、ただ「見る」だけである。マーゴリスは、この種の思考を「直観的」と呼ぶ。

それに対し、「理由を考えること」は、「どのように自分や他の人が、ある特定の判断に至ったと考えるかを、それによって記述する」プロセスを指し、[*34] 言語能力を備え、それを用いて自分の意図を他の個体に明確に説明する必要にせまられた動物にしか生じ得ない。また、自動的ではなく意識的であり、ときに課題のように感じられ、認知的な負荷によって容易に混乱する。コールバーグの理論の影響で、道徳心理学者は、もっぱら「理由を考えること」を研究し、「見ること」は無視すべきだと確信していた。[*35]

すばやい直観的な判断(「とにかくそれは間違っている!」)のあとで、ときに回りくどくなる緩慢な正当化(「えーと、その二つの避妊方法は失敗するかもしれないし、失敗すれば生まれた子どもは奇形になるに違いない」)が生じるとするマーゴリスの考えは、それまでの研究で私が観察してきた何もかもと完璧に一致した。直観は思考を開始させるが、後者による理由づけが成功するかどうかには依存しない。無害なタブー侵犯ストーリーはミュラー・リヤー錯視に似たところがあり、被験者は、ストーリーに描かれている危害の程度がどの程度かを推測して無害だと判断しても、依然として間違いだと感じているのだ。

マーゴリスの理論は、もっと単純なジレンマにもうまく適用できる。たとえばハインツのシナリオについて言えば、被験者の多くは、「ハインツは薬を盗むべきだ（妻の命が危険だ）」と直観的に「見ること」ができたが、このケースでは理由もすぐに思いついた。コールバーグは、どちらに答えても、よい理由が思いつくようにジレンマを組み立てたので、誰も唖然としなかったのだ。

ゴキブリジュースと魂を売るストーリーでは、被験者は拒否したいとすぐに「見ること」ができたが、理由を示す必要に迫られているとはあまり感じていない。ゴキブリジュースを飲みたくないと思うことは、道徳的な判断ではなく個人の好みの問題であり、「なぜなら、飲みたくないから」という返答は、自分の主観的な嗜好の正当化として完璧に受け入れられる。それに対し、道徳的な判断は主観の表明ではない。それは、誰かが何か悪いことをしたという主張のことだ。ある人の行動が気に入らないというだけで、その人を罰するよう社会に働きかけられるわけではない。そのためには、自分の嗜好以外の何かを指し示す必要があり、この指摘のプロセスこそ、道徳的な思考なのである。私たちは、「なぜ自分がある特定の判断に至ったのか」を説明する、現実的な理由を再構成するために道徳的な思考を働かせるのではない。そうではなく、「なぜ他の人たちも自分の判断に賛成すべきか」を説明する、考え得るもっとも有力な理由を見出すために道徳的思考を働かせるのだ。[*36]

〈象〉と〈乗り手〉

マーゴリスの考え方を完全に理解するには何年もかかった。その理由の一つは、当時広く浸透していた、認知と情動を二分して考える無益な見方に凝り固まっていたからだ。しかし、情動とは独立して認知を働かせようとするいくつかの実験を試みて失敗したあと、この二分には意味がないと思い始めた。ここでいう認知とは情報処理を意味し、それには高次のもの（意識的な思考など）と、低次のもの（視覚や記憶の再生など）の両方が含まれる。[*37]

それに対し、情動の定義はややむずかしい。これまで長いあいだ、情動は本能的で愚かなものと見なされてきた。しかし一九八〇年代以後、次第に科学者は、情動が認知に満たされていると認識するようになった。情動は段階的に生じる。その最初のステップの働きは、たったいま起こった何かが、目標の達成を早めるのか、それとも妨げるのかを評価することである。[*38] このような評価は、一種の情報処理、つまり認知であり、この評価プロセスは特定の入力パターンを検知すると、それに適切に反応する準備を整えるために、脳に一連の変化を引き起こす。たとえば、夜道を歩いているときに背後に迫りくる足音を聞くと、恐れのシステムが脅威を検知して交感神経系に働きかけ、「闘争か逃走か」反応を引き起こし、心臓の鼓動は高まり、瞳孔はさらなる情報が得られるように拡大する。

情動は愚かなのではない。ダマシオの患者がおかしな判断をするようになったのは、意思決定の過程に情動を動員するすべを奪われたためだという点を考えてみればよい。情動とは一種の情報処理である。[*39] したがって情動と認知を対比させて考えることは、雨を天気と、あるいは車を乗り物と比べるのと同じくらい無意味だ。

マーゴリスのおかげで、私は情動と認知を対比してとらえる観点を捨て去ることができた。また、あらゆる形態の判断と同様、「道徳的な判断は、認知的なプロセスである」ことを、そして実際には、重要な区分は直観と思考という、二つの異なるタイプの認知能力のあいだにあることを悟った。さらに、道徳的な情動は道徳的な直観の一種だが、後者のほとんどは、情動のレベルにまで達することのない、もっととらえにくいものであることも理解できるようになった。[*40] あなたも今度、新聞を読んだり車を運転したりしているときに、意識をよぎる無数の非難のつぶやきに注意を向けてみよう。それらは情動なのだろうか？

あるいは、一人を犠牲にして五人を救うべきかどうかを考えてみるとよい（他のすべての条件は同じと仮定する）。五人を救うべきだと判断するのに、情動は必要だろうか？　思考は？　否、必要はない。一人よりも五人を救うべきだと、ただちにわかるだろう。私たち皆が毎日行なっている、何十、あるいは何百もの、意識的な努力を必要としない瞬時の道徳的な判断や決断を称する際に、直観という用語は最適だ。これらの直観のほんの一握りが、情動に埋め込まれて私たちの心に到来するのである。

前著『しあわせ仮説』で、私はこれら二種類の認知能力を、それぞれ〈乗り手〉（「理由を考えること」

などの、意識によってコントロールされたプロセス）と〈象〉（情動、直観、そしてあらゆる形態の「見ること」を含む自動的なプロセス）と呼んだ。[*41] 馬ではなく象を選んだ理由は、象のほうが馬よりもはるかに大きく、かつ賢いからだ。人間の心を動かしているのは、動物の心を五億年にわたって支配してきた自動的なプロセスなのである。ゆえにそれは、無数の開発過程を経て改善が重ねられてきたソフトウェアのように、その役割を円滑に果たせるのだ。数百万年前にヒトが言語と思考能力を発達させ始めたとき、脳は、既存の配線を変えて、新たに出現した未経験な〈乗り手〉に手綱を委ねたわけではない。むしろ〈象〉の役に立つからこそ、〈乗り手〉（言語に基づく思考）は進化したのだ。

〈乗り手〉は、いくつか有用なことができる。さまざまなシナリオを思い浮かべながら未来に目を向けられるので、現時点での〈象〉の決定をよりよい方向に導ける。新しいスキルを学び、新技術に習熟し、その知識を用いて、災厄を回避しながら目標に到達できるよう〈象〉を誘導できる。しかしもっとも重要なこととして、〈象〉が実際に何を考えているのかを知らずとも、〈乗り手〉は〈象〉の代弁者としての役割を果たせる。というのも、〈象〉がたったいましたことの根拠をあとから考え出し、これからしたがっていることを正当化する理由を見つけるのに、〈乗り手〉は非常に長けているからだ。ひとたび人間が言語を発達させ、それを使って噂話をするようになると、常勤の広報担当を背負うことは、〈象〉に計り知れない価値をもたらす。[*42]

一九九〇年代には、〈乗り手〉と〈象〉のたとえはまだ思いついていなかったが、「情動」対

「認知」という図式を捨てて、「直観」対「思考」という見方をとると、すべてがうまく理解できるようになった。それから、ジェファーソン流の二重プロセスモデル（図2・1参照）に、二つの大きな変更を加えた。まず、「思考」から「判断」へと向けられた矢印の重要度を下げ、それを点線に変えた（図2・4のリンク5）。この点線は、「思考のみによる判断は理論的には考え得るが、実際はまれにしかない」ことを意味する。この単純な変更により、モデルは「直観は、道徳的な判断の主要な源泉であり（リンク1）、一般に思考は、あとから理由づけを行なうために道徳的な判断に続いて起こる（リンク2）」というヒューム流のモデルに変更された（ただしヒュームの場合は直観ではなく情熱だが）。理性は直観の召使いであり、そもそも〈乗り手〉は〈象〉に仕えるために配置されているのだ。

さらに二つ目の変更点として、道徳的判断の社会的な性質も考慮に入れた。自分の評判を維持したいとき、誰かと協力関係を築こうとする際、あるいは日常生活における言い争いで第三者を味方に引き入れようとする場合などにおいて、道徳を口にすることは、戦略的に有利に働く。そう考えた私は、おもしろい噂話を聞いたり、予期せぬできごとが起きたりした折に人々が下す一回限りの判断だけではなく、参加者の心を変えることもある、繰り返される議論や論争もモデル化したかったのだ。

私たちは、最初の判断をすばやく下し、それに反する証拠を探すのをためらう。[*43] だが友人は、自分にはできないことを代わりにしてくれる。つまり、理由を考えたり論争を挑んだりしてくれ

図2.4 社会的直観モデル
まず直観が生じ、思考は通常、判断が下されたあとで、他者に影響を及ぼすために働く。しかし議論が進行するにつれ、他者の提示する理由によって直観や判断に変化が生じる場合がある。(Haidt 2001, p. 815)

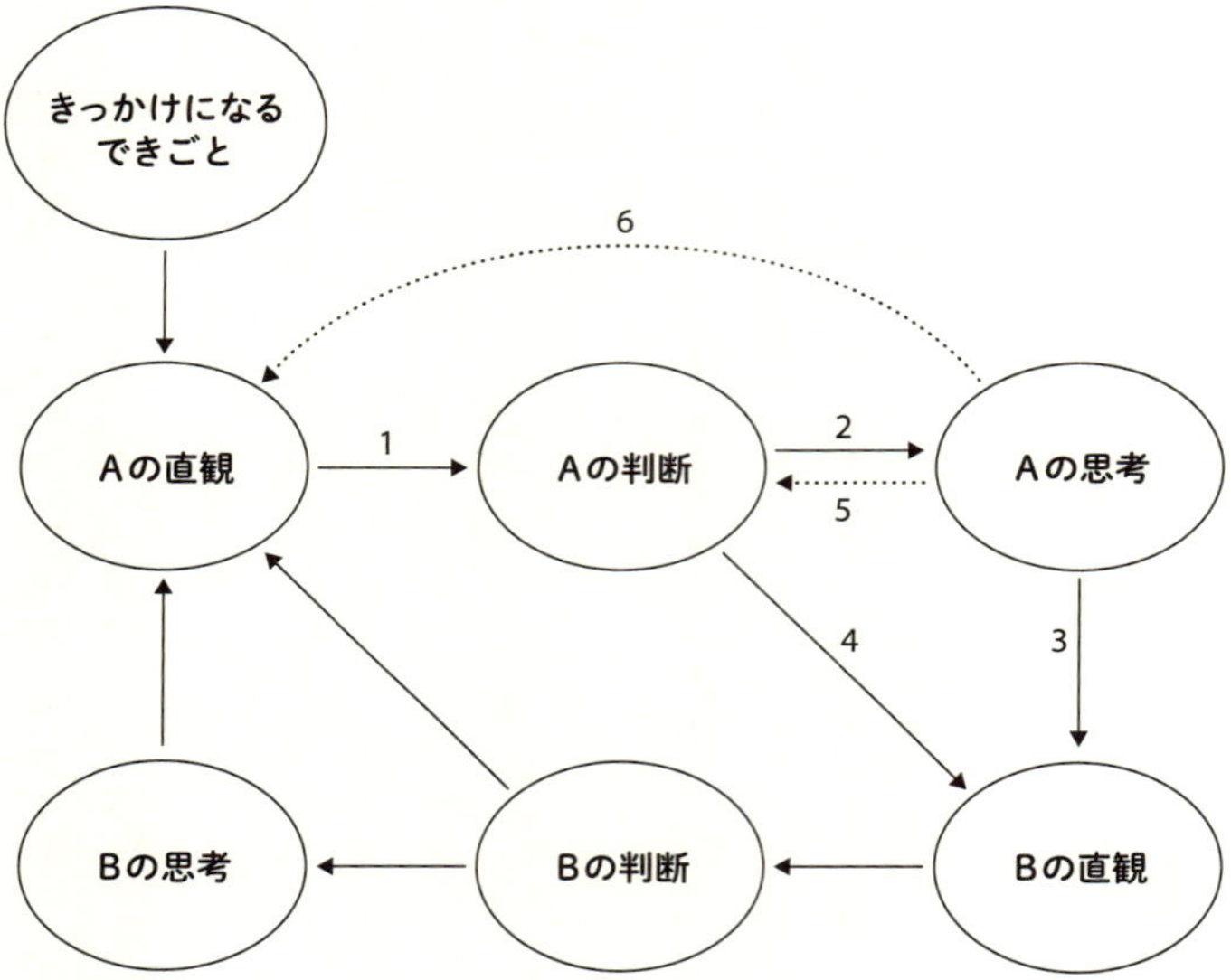

四つの主要なリンク
(1) 直観的な判断
(2) あとづけの思考
(3) 理由づけられた説得
(4) 社会的な説得

めったに用いられない二つのリンク
(5) 理由づけられた判断
(6) 自己省察

るのだ（リンク3）。するとそれを通じて新たな直観が芽生え、私たちは、考えを改める場合もある。同じことは、ときに問題を自分の頭のなかで熟考してみることでも起こる。突然、新たな光のもと、違った視点からものごとを見られるようになるのだ。この自己省察のプロセスは、図のリンク6によって表される。点線になっているのは、このプロセスはそれほど頻繁には生じないからだ。[*44] 誰かに促されずに、道徳的な問題に関して自らの考えを変えることは、通常めったにない。

自ら考えを改めるよりも、社会的な影響によって変えるケースのほうがはるかに多い。たとえば、私たちは他人の評価をいつも気にしている。このような影響は、リンク4（社会的な説得）で示されている。多くの人は、「私は自分自身の道徳的な指針に従っている」と考えるが、人は他人から大きな影響を受け、特に理由や根拠がなくても残酷な行為を受け入れたり、[*45] 利他的な行為をきまり悪く感じたりするよう誘導され得るという事実を、[*46] 社会心理学者はこれまで何度も示してきた。

これら二つの変更を加えたので、この理論を「道徳的な判断の社会的直観モデル」と名づけ、二〇〇一年に「情動的な犬と合理的な尻尾」と題する論文を発表した。[*47] 振り返ると、「情動」対「認知」という二分法にとらわれている心理学者は、このタイトルを見て、「道徳はつねに情動に駆り立てられる」と私が主張していると見なすらしく、それを考えると「情動的な」ではなく「直観的な」にすべきだったと思う。彼らは、認知の重要性を示して直観主義の反証を見出したと考えるが、[*48] 私が言いたいのは、（情動反応を含め）直観は認知の一種であり、思考の一種ではないということだ。

議論に勝つ方法

社会的直観モデルは、道徳や政治の論争をするとひどくフラストレーションが溜まる理由を説明してくれる。なぜなら「道徳的な思考は、直観的な犬によって振られる尻尾」だからだ。犬はコミュニケーションを図るために尻尾を振る。尻尾をつかんで無理やり振っても、犬を満足させることはできない。それと同様、誰かの議論を言下に否定しても、その人の考えを変えることはできない。はるか昔に、ヒュームはこの問題を次のように述べている。

思考は、論争する者がそこから自らの主張を引き出す源泉ではない。よって、感情に訴えかけることのない論理が、論争する者をしてより確たる原理を受け入れられるよう、いつかは導いてくれるだろうと期待しても、その希望は無駄に終わるだろう。[*49]

誰かの考えを変えたいのなら、その人の〈象〉に語りかけなければならない。そして、理由づけではなく新たな直観を引き出すには、社会的直観モデルのリンク3、4を活用する必要がある。デール・カーネギーは、史上もっとも偉大な〈象〉の代弁者の一人だ。名著『人を動かす』で、彼は直接的な対決を避けるよう読者に繰り返し促す。そして「まず友好的な態度で始めよう」「ほほえみを浮かべて」「よき聞き手になろう」「〈あなたは間違っている〉などとは決して言わないようにしよう」とアドバイスする。さらに、説得の秘訣は、敬意、思いやりを相手に伝え、自分の主張を始める前に、まず対話にオープンになることだと説く。つまり彼は、リンク3（理由づけられた説得）を用いる前に、その準備としてリンク4（社会的な説得）を使うよう勧めているのだ。

ここまでの説明から、カーネギーのテクニックは、セールスマン向けの、底の浅い人心操作ではないかと思う読者もいるだろう。しかし彼は実際、論争の本質を把握している、すぐれた道徳心理学者だったと見なせる。彼は、ヘンリー・フォードの次のような言葉を引用する。「成功の秘訣をたった一つあげるとすれば、それは他者の考えを把握して、自分の視点からと同程度に、他人の視点からものごとを見通す能力だ[*50]」

この指摘は当たり前に思われるかもしれないが、実際にそれを道徳や政治の議論で実践しようとする人はあまりいない。というのも、私たちの〈正義心〉は、いとも簡単に戦闘モードに入ってしまうからだ。〈乗り手〉と〈象〉は、円滑に協力しながら、相手の攻撃をかわし、言葉の礫《つぶて》を投げ返す。その行動は味方に強い印象を与え、「われわれは皆、チームに身を捧げているのだ」というメッセージを伝える。しかし、どんなにまっとうな論理を駆使しても、戦闘モードに入っていたのでは敵の心は変えられない。道徳や政治の議論で、誰かの心をほんとうに変えたいのなら、自らの観点ばかりでなく、相手の観点からも、ものごとを見通せなければならない。真に他者の観点から、ものごとを深く直観的に見られるようになれば、それに呼応して自分の心がオープンになるのがわかることもあるだろう。道徳的な議論で共感を保つことがきわめてむずかしいのは確かだが、共感は、独善的になりがちな〈正義心〉の解毒剤になる。

まとめ

人は理性的に思考する能力と、道徳的な直観（情動も含める）能力の両方を備えている。だが、これら二つのプロセスはどのような関係にあるのだろうか？　プラトンは「理性が主人たるべき」と、ジェファーソンは「〈頭〉と〈心〉は、おのおのに割り当てられた領地を統治する平等なパートナーである」と、そしてヒュームは「理性は情熱の召使いであり、それ以外の仕事には向いていない」と主張する。本章では、これら三つの見方のうち、ヒュームのものが正しいことを示した。

◉心は、〈乗り手（理性にコントロールされたプロセス）〉と〈象（自動的なプロセス）〉という二つの部分に分かれる。〈乗り手〉は、〈象〉に仕えるために進化した。

◉誰かが道徳的に唖然としているところを観察すれば、〈乗り手〉が〈象〉に仕えている様子を確認できる。何が正しく、何が間違っているかについて直観を得たあとで、その感覚を正当化しようとするのだ。たとえ召使い（思考）が正当化に失敗しても、主人（直観）は判断を変えようとしない。

◉社会的直観モデルは、ヒュームのモデルから出発し、さらに社会関係を考慮に入れる。道徳的な思考は、友人を獲得したり、人々に影響を与えようとしたりする、生涯を通じての格闘の一部と見なせる。つまり「まず直観、それから戦略的な思考」である。道徳的な思考を、真理を追究するために自分ひとりでする行為としてとらえる見方は間違っている。

◉したがって、道徳や政治に関して、誰かの考えを変えたければ、まず〈象〉に語りかけるべきである。直観に反することを信じさせようとしても、その人は全力でそれを回避しよう（あなたの論拠を疑う理由を見つけよう）とするだろう。この回避の試みは、ほぼどんな場合でも成功する。

本書を執筆するにあたって、私は直観主義の知見を活用しようと考えていた。私の目標は、リベラルか保守主義者か、あるいは無神論者か熱心な宗教信奉者かを問わず、読者が道徳、政治、宗教、そして他者に関して見方を変えられるよう手助けすることにある。私は、あせらずに〈乗り手〉よりも〈象〉に語りかけねばならないということを知っている。それゆえ、いきなり第1章で自分の理論を開陳し、それを裏づける証拠をすべてあげるまで判断を控えるよう読者に要求することは、無益だとわかっていた。その代わり、私自身の個人的な経験、あるいは逸話や賢人の言葉などを織り交ぜながら道徳心理学の歴史を説明し、合理主義から直観主義への移行がどのようなものであったかが実感できるよう文章の構成を工夫した。またそれにあたって、「〈乗り手〉と〈象〉」などのたとえを用いたが、このたとえは本書全体を通じて繰り返し登場する。このような方法をとったのは、道徳心理学に対する読者の直観を「研ぎ澄ます」ためである。ここに至って直観主義、もしくは著者の私に本能的な嫌悪を感じている読者は、本書でこれから提示するいかなる証拠をもってしても、「直観主義は正しい」という主張を受け入れないであろう。しかし「もしかすると直観主義は正しいのではないか」という直観を抱いている読者は、ぜひ本書を読み続けてほしい。いずれにせよ次の二つの章では、〈象〉より〈乗り手〉に語りかける。

第3章 〈象〉の支配

Elephants Rule

二〇〇七年二月三日、私は自分が常習的なうそつきであることに気づいた。その日は自宅で道徳心理学の論文を執筆していたのだが、昼食を運んできた妻のジェインに「マックスのミルクを置いたカウンターの上に、食べ終わった皿を置かないで」と言われた。マックスとは私たちの息子で、まだ乳児だ。彼女の口調はていねいだったが、私はそこに「これまでに百回は言ったでしょう」という皮肉を読み取った。

私の口は、彼女がその言葉を言い終わる前に開き、次のように言った。「朝食のときのことを言っているのなら、マックスが目を覚ましたちょうどそのとき、うちの犬が吠えて散歩に行きたがってたんだよ。だから食べ終わった皿をカウンターの上にさっと置いて散歩に行っちゃったんだ」。ちなみにわが家では、おなかをすかせた赤ん坊と機嫌をそこねた犬は、かっこうの言い訳になる。そういうわけで、私は無罪放免になった。

ジェインは仕事部屋を立ち去り、私は仕事を続けた。そのときちょうど道徳心理学の三つの基本原理について書いていた。[*1] 第一原理は「まず直観、それから戦略的な思考」で、社会的直観モデルをひとことで要約したものだ。[*2] 私は、この原理を実証するために、現在はダートマス大学の教授であるタリア・ホイートリーと共同研究を行なった。[*3] UVAの大学院生だった頃、タリアは催眠術を学び、社会的直観モデルを検証する巧妙な方法を考案した。彼女は被験者に、ある単語（被験者の半分は「take」という単語、もう半分は「often」）を目にしたとき、一瞬嫌悪を感じるように催眠をかけた。[*4] そして被験者がまだ催眠状態にあるうちに、彼女が言ったことは何も思い出せないと暗示してから催眠状態を解いた。

催眠状態から完全にさめた被験者に、六つの短い道徳侵犯ストーリーに対して判断を求める質問用紙を渡した。各ストーリーにつき、被験者の半分は、催眠をかけられているあいだに吹き込まれた単語を含む文を読んだ。たとえば、汚職を追放する宣言をしながら「タバコ産業のロビー活動家から賄賂を受け取る（takes bribes from the tobacco lobby）」議員のストーリーを読む、という具合に。また他の被験者は、ほぼ同じだが二、三の単語が置き換えられたバージョンを読んだ（その議員は、「たびたびタバコ産業のロビー活動家に買収された（often bribed by the tobacco lobby）」など）。平均すると、被験者は、吹き込まれた単語が文中に含まれるストーリーを読んだときには嫌悪を感じ、道徳的に間違っていると判断した。この結果は社会的直観モデルを支持する。ストーリーを読んでいるあいだに嫌悪感を一瞬覚えるよう人為的に仕向けることで、何の追加情報も与えずに、被験者の道徳的な判断をより厳しいものにできたのだから。

しかしもっとも驚くべき結果は、道徳的な侵犯をまったく含まない七つ目のストーリーを、ほとんど思いつきで追加したときに得られた。このストーリーは、学部スタッフと学生が参加する会議のスケジュールを決める役割を担当する、学生部長ダンに関するものだった。被験者の半分は、「ダンは活発な議論を促すために、教授と学生の双方にとって興味のあるトピックを取り上げようとする」という文を、もう半分は、同じ内容だが、「取り上げようとする（tries to take topics）」の部分を「頻繁に採用する（often picks topics）」と変更した文を読んだ。私たちは、直観の力には限界があるということを示すためにこのストーリーを追加したのであって、それを読んで一瞬の嫌悪を感じても、被験者はその感覚を抑えねばならないだろうと予想していた。というのも、文面からはダンを非難する理由がまったく見つからないはずだからだ。

確かに多くの被験者は、「ダンの行動に問題はない」と答えた。しかし、吹き込まれた単語を文中に見つけた被験者の三分の一は、直観に従ってダンを非難した。ダンの行動は「間違っている」、あるいはときに「とても間違っている」と答えたのだ。幸運にも、私たちは被験者全員に判断の理由を一つか二つ書くよう言っておいたので、「ダンは自分の人気ばかりを気にかけている気取り屋だ」「よくわからないが、ダンは何かをたくらんでいる」などといった興味深い回答を引き出すことができた。つまりこれらの被験者は、タリアが催眠術を使って吹き込んだ単語によって引き起こされた嫌悪感という直観に基づいて下した判断を正当化するために、滑稽《こっけい》な理由をでっちあげたのだ。

そのとき私が机に向かって書いていたのは、「人は特に意識せずに、直観によって感じたことの正当化を行なう」という、この調査で見出した結論だったのだが、突然私は、たった今、自分が妻にしたことがまさにそれだと気づいたのだ。私は御多分にもれず人に批判されるのが好きなたちではなく、ジェインが最初の三語も言い終わらないうちから、ネガティブな感覚が一瞬にして湧き上がってきた。そして批判の理由を理解する前ですら、彼女の指摘に反対だとわかっていた（「まず直観」）。さらに批判の内容（「……カウンターの上に、食べ終わった皿を置かないで」）がわかった瞬間には、私の内なる弁護士は言い訳を探し始めていた（「それから戦略的な思考」）。朝食を食べた直後、マックスに朝一番のミルクを飲ませ、愛犬アンディを散歩に連れていったのはうそではない。しかし、これら二つのできごとのあいだには、かなりの間《ま》があった。つまり妻が私を批判したそのときになって初めて、忙しくてバタバタしている父親のイメージへとこれら二つのできごとを融合したのだ。かくして彼女が批判を言い終わるまでには、言い訳は完成していた。間髪を入れず説得的なうそをついたので、自分も妻もそれを信じてしまったというわけだ。

私はいつも、友人との会話の際に話を脚色しようとする妻を嘲《あざわら》っていた。だがこのとき、つまり道徳心理学の研究を二〇年間続けてようやく、自分も話を改ざんしている事実に気づいた。こうして私は、独善的な心のありようを警告してきた賢人たちの戒めを、頭だけでなく心からやっと理解できた。「はじめに」ではイエスの言葉を引用したが（「兄弟の目にあるおが屑」）、ここではブッダの言葉を紹介しよう。

他人の欠点を見つけるのはたやすいが、自分の欠点に気づくのはむずかしい。人は、風でふるい分けられるもみ殻のように、他人の欠点を示すことができるが、悪賢いギャンブラーが細工したサイコロを隠しておくように、自分の欠点をひた隠しにする。[*5]

イエスもブッダも正しい。本章と次章では、独善がどのように自動的に生じるのかを検討する。それはすばやくて説得力のある直観によって始まり（社会的直観モデルのリンク1）、社会に対する戦略的な働きかけを意図する事後の理由づけ（リンク2、3）がそれに続く。本章では、第一原理の最初の半分、すなわち「まず直観」を例証する六つの主要な研究を紹介する（残りの「それから戦略的な思考」については次章で扱う）。〈乗り手〉の説得に応じることもあるとはいえ、支配者は〈象〉のほうだ。

脳はただちに、そして絶えず評価する

脳は、自分にとって脅威か恩恵かという基準ですべてを評価し、後者をもたらすものを求め、前者を引き起こすものを避けるよう行動を調整する。[*6] 動物は、「近づくべきか、避けるべきか？」

という、生存の基本的な問いに対する脳の回答を最適化するため、意識的な思考に訴えることなく、一日に何千回とそのような評価を行なっている。

一八九〇年代、実験心理学の創始者ヴィルヘルム・ヴントは、「感情先行（affective primacy）」という原理を提起した。[*7] ここでいう「感情（affect）」とは、私たちに、何かに近づいたり、何かを避けたりする準備をさせる、ポジティブ、もしくはネガティブな細かい突発的感情を指す。（幸福や嫌悪などの）情動はすべて、このような感情的な反応を含むが、そのほとんどは、持続時間が短すぎて情動とは呼べない（たとえば「幸福」や「嫌悪」という単語を読んだときに生じるかすかな感情）。

ヴントによれば、感情的な反応は知覚ときわめて密接に統合されているので、私たちは、何かに気づいた瞬間、場合によってはそれが何かがわかる前ですら、それに対する好悪の感情を抱くことがある。[*8] この突発的な感情は、当該事象に関して他のどんな思考が浮かぶより以前に、きわめてすばやく生じる。たとえば、何年も会っていなかった人にばったり出くわしたとき、この感情先行を経験できる。その人に対する好悪の感情は、通常一、二秒でよみがえってくるが、その人の名前や、知りあったいきさつを思い出すにはもっと時間がかかる。

一九八〇年、社会心理学者のロバート・ザイアンスは、ヴントが提唱し、長らく忘れられていた感情先行の概念を復活させた。ザイアンスは、「人間は、まず理解し、分類したうえでものごとに反応する、冷静で理性的な情報処理マシンだ」とする、当時の心理学者に流布していた一般的な見方にうんざりしていた。そこで彼は、漢字、架空の言語、幾何学的な形など、恣意的な事物の好感度を被験者に評価させる、いくつかの巧妙な実験を行なった。外国の文字や、無意味ななぐり書きに対する好感度を評価させるというのは奇妙に思われるかもしれないが、私たちが目にするものは、ほとんどどんなものでも小さな突発的感情を引き起こすがゆえ、被験者はそれを評価できる。さらに重要なことに、ザイアンスは、どんな言葉やイメージも、何度か被験者に見せることで、より好ましく見えるよう仕向けられた。[*9] 脳は見慣れたものを好ましいと見なすのだ。彼は、この効果を「単純接触効果」と呼んだが、これは宣伝の基本原理の一つとして利用されている。

ザイアンスは画期的な論文で、「感情」を最初の過程としてとらえる二重プロセスモデルを採用するよう心理学者に強く勧めている。[*10] 感情を優位と見なす理由は、それが最初に生じるからであり（知覚の一部であって、極端にすばやい）、また、より強力だからだ（動機づけに強く結びつき、したがって行動に大きな影響を及ぼす）。第二のプロセスたる思考は、進化の過程で感情よりあとに獲得された能力であり、言語に依存し、動機づけには強く結びついていない。つまり思考は〈乗り手〉で、感情は〈象〉ということだ。思考システムは役に立つ助言者ではあっても、先頭に立って引っ張る能力を持つわけではない（ものごとを引き起こす力は持っていない）。

ザイアンスによれば、理論的には、思考は感情とは独立して機能し得るが、実際には、感情的な反応はきわめて迅速に生じかつ強力であるゆえ、馬のブリンカー〔競走馬などの視野を前方に制限して集中させる馬具〕のように機能し、その後に生じる思考がとれる選択の範囲を狭める。[*11] また、〈乗り手〉は注意深い召使いであり、つねに〈象〉の次の動きを予測しようとする。一歩を踏み出そうとして、〈象〉がわずかでも左に傾くと、〈乗り手〉は左を見て、すぐに開始されるはずの〈象〉の左方向への歩行を手助けする準備を整える。かくして右側にあるすべてのものに対する興味を失うのだ。

社会、政治的な判断はとりわけ直観的である

以下に単語のペアを四つほどあげる。各ペアの二つ目の単語だけを見て、それがよいものか悪いものかを判別してほしい。

花——幸福
憎しみ——日光
愛——癌
ゴキブリ——孤独

とても簡単なはずだ。しかしコンピューターを用いて、最初の単語を〇・二五秒間（その単語を読める最低限の時間）見せた直後に、第二の単語を表示させたらどうなるか。この場合、「幸福」と「孤独」より、「日光」と「癌」を評価するときのほうが、時間がかかることがわかるはずだ。

この効果は「感情プライミング」と呼ばれている。というのも、最初の単語が引き金となって、ある一定の方向に傾くよう、その人の心を準備させる感情の突発が引き起こされるからだ。[*12] それはあたかも、右に行くか左に行くかを見越して、〈象〉を少しばかり右、あるいは左に傾かせるようなものである。感情の突発は〇・二秒以内に生じ、それを補強する何らかの刺激が与えられない限り、一秒ほどで消える。[*13] この短い時間で、最初の単語と同じ色合いの感情を喚起する第二の単語が表示されると、その人はわずかながらもすばやく反応できる。というのも、心はすでにその方向へ傾く準備が整っているからだ。しかし最初にネガティブな意味を有する単語「憎しみ」によってプライミングを施したあとで、ポジティブな単語「日光」を表示させると、〇・二五秒ほど反応が遅れる。ネガティブになろうとする傾向を、まず打ち消さねばならないからだ。

ここまでは、感情の突発が生じる速さと、その起こりやすさに関するザイアンスの理論を確認したにすぎないが、社会心理学者が社会集団をプライミングの材料に使って研究し始めると、大きな成果が得られるようになった。プライミングに黒人と白人の写真を用いると、反応の速さが変わるだろうか？　人種的な偏見を抱いていない限り、反応時間は変わらないだろう。だが人を評価する際、無意識のうちに自動的に予断を下す傾向を持っていれば、それには感情の突発がともなうので反応時間が変わる。

このような潜在傾向を測定するためにもっとも広く用いられている方法は、トニー・グリーンウォルド、マーザリン・バナジ、および私の同僚ブライアン・ノセックが開発した、潜在的連合テスト（IAT）である。[*14] このテストは、ProjectImplicit.org で受けられる。あらかじめ警告しておくと、結果はあまり気分のよいものではないかもしれない。このテストは、次々に表示される黒人か白人の顔と、何かよいことを意味する単語を結びつけるというものだが〔日本語版で試したところ、実際には、一つのキーを白人と悪い意味の単語に、また別のキーを黒人とよい意味の単語に割り当て、ランダムに連続して現れる白人の顔、黒人の顔、よい意味の単語、悪い意味の単語のいずれかに対応するキーを押し、それが一通り終わったら逆の組み合わせで行なうという手順がとられている〕、人種の違いによって反応の速さが変わるのが感じられ、自分の潜在傾向が、日頃意識している価値観と矛盾することがわかるはずだ。このテストによって、被験者の多くは、黒人、移民、肥満者、年長者など、特定の社会集団をネガティブなものと見なす潜在傾向を持つことがわかった。

年長者などの、通常は道徳的な非難を受ける理由のない社会集団を、〈象〉が避けようとするのなら、政敵について考えたときに、心のなかに何らかの偏り（予断）が生じたとしても何ら不思議はない。この効果を確認するため、同僚のジェイミー・モリスは、リベラルと保守主義者の被験者に政治的な言葉を読ませ、脳波を測定した。[*15] このとき彼は、先の例の「花」や「憎しみ」という単語を、たとえば「クリントン」「ブッシュ」「国旗」「税」「福祉」「プロライフ」などの単語に置き換えている。党派心の強い被験者がこれらの単語を読んだ直後に、誰もがよいもの（日光）と、もしくは悪いもの（癌）と見なす単語を目にすると、ときに脳波は葛藤の存在を示した。保守主義者にとっての「クリントン」と「日光」の組み合わせと同様、リベラルにとっては「プロライフ」と「日光」は、感情的に調和しない〔一般にリベラルは妊娠中絶に反対するプロライフではなく、賛成するプロチョイスの立場をとる〕。「プロ」と「ライフ」は、単独ではどちらもポジティブな感情に結びつくのは確かだが、党派心が強いということは、何百もの単語やフレーズに対する独自の直観的な反応を身につけてきたことを意味する。そして、そのような人の心に住む〈象〉は、「プロライフ」などの単語に反応してどちらに傾くべきかをしかと心得ており、自分の〈象〉の揺れにうまく同調する〈象〉を心に宿す人を選り好みし、信用するのだ。

政治的な判断の直観的な性質については、プリンストン大学のアレックス・トドロフの調査によって、さらにはっきりと確認された。トドロフは、私たちがどのように他人の印象を形成するのかを研究している。彼が研究を始めたときには、「私たちは魅力的な人を実際よりも賢く有徳だと見なし、またハンサムな人や美人は、何をしようと、自分に有利な解釈を他人から得られるケースが多い」ことを示す研究が、すでに多数あった。[*16] 陪審には魅力的な被告を無罪に裁定する傾向があり、また、そのような人が有罪宣告を受けると、裁判官は軽い刑を言い渡しがちだ。[*17] これは、感情先行によって陪審員や裁判官の目に被告がよりよく映り、その結果、無罪判決を下したいという〈象〉の望みを支持する方向へと傾いた状態で、〈乗り手〉が証拠を解釈したことを意味する。

トドロフは、魅力だけが影響を及ぼすのではないことを見出している。彼は、アメリカにおける何百もの上院下院議員選挙を対象にして当選者と次点者の写真を集め、被験者に候補者の所属政党と選挙結果を教えずに、各選挙戦について二人のうちどちらが有能に見えるかを尋ねた。その結果、被験者が有能だと判定した候補者のおよそ三分の二は、実際の当選者であることがわかった。[*18] 候補者の身体的魅力や全体的な好ましさについての即断は、それほど効果的に勝利者の予測に寄与していなかった。したがって、この実験で被験者が下した能力判断は、ポジティブな全体印象だけに基づいていたのではない。私たちには、まったく異なる情報を処理する、さまざまな直観が同時に発生することがある。

また奇妙にも、画面上にたった〇・一秒だけ写真を表示させたあとで（これは写真上のイメージに目の焦点を合わせるのにも不十分な時間だ）被験者に判断を求めても、まったく同様な結果が得られた。[*19] その際の脳の働きが何であれ、それはミュラー・リヤー錯視と同様、一瞬にして起こるのだ。

結論を述べよう。動物と同様、人間の心は知覚の対象となるすべての事象に直観的に反応し、それをもとに行動する。誰かを見かけると、あるいは誰かの声を聞くと、ただちに〈象〉は、それに引きつけられたり反発したりし始めるが、この傾向は、私たちの思考や行動に影響を及ぼす。要するに「まず直観」なのだ。[*20]

身体が判断を導く

心の〈象〉には、鼻を通って到達できる。嗅神経は、脳の前部の底面に沿って存在する島《とう》皮質という領域に嗅覚信号を伝達する。脳のこの領域は、かつては「味覚野」と呼ばれていた。というのも、あらゆる哺乳類において、島皮質は鼻と舌から得られた情報を処理するからだ。それによって動物は、どの食物を摂取すべきか、もしくは避けるべきかを判断する。しかし人間に関して言えば、この古くからの食物情報処理センターは新たな役割を担い、人々の嗜好を導く器官になった。たとえば、道徳に反する行為やごくありふれた不正、あるいはとりわけ嫌悪をもよおす何かを目にしたときに活性化するようになったのだ。[*21] もし鼻から島皮質に向けて、小さな電極のついた導線を挿入できるのなら、電極のスイッチを入れて、その瞬間に目にしているものを嫌悪させるよう、被験者の〈象〉をコントロールできるだろう。実は、それに似たものがある。「おならスプレー」だ。

スタンフォード大学の大学院生アレックス・ジョーダンは、嫌悪をもよおす臭気を密かにまいておき、そのあいだに被験者に道徳的な判断をさせるというアイデアを思いついた。それは次のように実行された。彼は、キャンパス内の歩行者通路の交差点に立って簡単な調査票への記入を通行人に依頼する。内容は、いとこ同士の結婚、あるいは監督が被験者をだましてインタビューに答えさせることで制作したドキュメンタリー映画の公開など、物議をかもしそうな四つの問題を判断させるものだ。

被験者の半分には普通に調査票に回答してもらうが、もう半分には次のような細工をする。インタビューを始める前に、まず近くのごみ缶をからにし、ビニール袋を入れておく。誰かが歩いてくるのが見えたら（そしてその人に見られないうちに）、おならスプレーをビニール袋のなかに二回ほど噴霧する。すると歩行者交差点の一帯は、数分間臭いが立ち込める。そしてその状態で被験者に回答してもらう。

その結果、悪臭をかぎながら質問票に回答した人は、より厳しい判断を下した。[*22] また、苦い飲み物か甘い飲み物のどちらかを飲んだあとで質問票に答えてもらうという実験を行なった他の研究者も、同様の効果を見出している。[*23] UVAの同僚ジェリー・クロアが言うように、私たちは「感情を情報として」用いるのだ。[*24] 私たちは、何かについての考えを決める際、内面を観察して、どう感じているかを確かめる。そして、よい気分がすれば「それが好きに違いない」と考え、不快であれば「嫌いに違いない」と思う。

このような効果を得るには、嫌悪感を引き起こす必要すらない。手を洗いさえすればよいのだ。トロント大学のチェンボ・ゾンは、質問票に記入する前にせっけんで手を洗わせると、被験者は（ポルノや麻薬などについての）道徳的な潔癖さに関する問いに答える際、より厳しい判断を下すようになったと報告している。[*25] 身を清潔に保っていると、汚れたものを遠ざけようとするのだ。

ゾンは、不道徳が人々に手を洗わせるという、逆方向の効果も報告している。自分のした不道徳な行為を思い出すよう言われたり、誰かがした不道徳な行為の報告を書き写すよう指示されたりした被験者には、清潔さについて考えをめぐらし、体を洗いたいと強く思い始める傾向が見られた。[*26] 実験が終わったあとで、謝礼として用意した日用品から好きなものを選ばせると、お手ふきなどのクリーニング用品を選択することが多かった。ゾンはこれを「マクベス効果」と呼んでいる。この用語は、ダンカン王の殺害を夫に指嗾《しそう》したあと、強迫的に手を洗うようになったマクベス夫人にちなむ（彼女は「水を少し汲んで来て、そのけがらわしい証拠を手から洗い落しておしまいなさい」「消えてしまえ、呪われたしみ！　消えろというのに！」というセリフを吐く〔シェイクスピア『マクベス』木下順二訳、岩波文庫〕）。

言い換えると、私たちの身体と〈正義心〉のあいだには、両面通行の道路が走っている。不道徳な行為は身体が汚れていると感じさせ、身体の洗浄は道徳的な潔癖さを遵守させることがある。この効果を調査したとても風変わりな実験で、エリック・ヘルツァーとデイヴィッド・ピザロは、コーネル大学の学生を消毒液のディスペンサーの近く（または遠く）に立たせ、政治的な姿勢を尋ねる質問票に答えさせている。その結果、ディスペンサーの近くに立っている人は、一時的により保守的になった。*27

道徳的な判断は、危害、権利、正義などに対する関心の度合いを測定するなどといった、純粋に理性的な働きではない。それは、動物が草原を移動し、さまざまな事象に引き寄せられたり、それらから遠ざかったりする際に下す判断に似た、突発的で無意識的なプロセスである。つまり道徳的な判断のほとんどは、〈象〉が下すのだ。

サイコパスは理性的に思考するが感じない

男性のおよそ一〇〇人に一人（とそれよりもはるかに少数の女性）は、精神病質者《サイコパス》に分類される。実際に暴力に訴える者はほとんどいないが、連続殺人、連続婦女暴行、警官殺害などの、もっとも重い犯罪のほぼ半分はサイコパスによるものだ。[*28] この分野の第一人者ロバート・ヘアは、次のような二つの特徴によって「精神病質」を定義する。サイコパスは、異常な行動をとる（子どもの頃に始まる衝動的で反社会的な行為）。そして道徳的な情動を欠き、同情、罪、恥、きまりの悪さをまったく感じず、そのためすぐにうそをつき、家族、友人、動物を傷つける。

とはいえ、サイコパスは何の情動も持たないというわけではない。ヘアが、あるサイコパスに「心臓がどきどきしたり、胃が痛む思いをしたりすることがありますか？」と尋ねたところ、この男は「もちろん！　私はロボットじゃない。セックスやけんかのときには、ほんとうに興奮した」と答えたという。[*29] だが、他人を気づかっていることを示す情動は見せない。まるで彼らは、物体しか存在せず、それらのいくつかがたまたま二本足で歩き回っている世界で生きているかのようだ。以下は、一人暮らしの老人の家に強盗に入って殺人を犯した、あるサイコパスがヘアに語った話だ。

俺が部屋を漁っているときに、じいさんが二階から降りてきたんだ。それから叫び声を上げ、ひきつけを起こしやがった。(……)だから、やつの頭に一発くれてやったのさ。それでも黙りゃしないから、のどに平手打ちを食わせてやった。そしたらやつは、(……)もんどりうって床に倒れた。ゴボゴボいって、ブタのようだったぜ。[笑い]。すぐに俺はむかついてきて、(……)やつの頭を二、三回けっとばしてやった。そしたらやっと静かになった。(……)その頃には俺も疲れていたから、冷蔵庫にあったビールを飲んで、テレビをつけたまま寝ちまったんだ。誰が俺を起こしたと思う？　警官だ。[笑い][*30]

道徳的な情動を欠いた状態で冷静に考えられる能力は、きわめて危険だ。サイコパスは、自分が望むものを手にできるのなら、話術さえ学習する。たとえば連続殺人犯のテッド・バンディは大学で心理学を専攻し、自殺救済電話相談室でボランティア活動をしていたが、それを通して、女性から信用を得る話術を学んでいた。そして彼は、一九七八年に逮捕されるまでに少なくとも三〇人の若い女性をレイプし、切り刻み、殺害したのだ。

精神病質は、ひどい生育環境や、幼少時のトラウマによって引き起こされるわけではないように思われる。また、他のどのような養育環境の問題によっても説明できそうにない。それは遺伝的な条件の一つであり、[*31]それによって他者のニーズ、苦痛、尊厳にまったく何も感じない脳が形成されるのだ。[*32]サイコパスの〈象〉は、もっとも邪悪な不正義に対してすら、まったく動こうとしないのに対し、〈乗り手〉はまったく正常で、戦略的な思考に著しく長けている。だが、〈乗り手〉

の仕事は道徳的な方針を決めることではなく、〈象〉に仕えることにある。

乳児は感じるが思考しない

かつて心理学者は、乳児の心が白紙《ブランクスレート》であると仮定していた。ウィリアム・ジェイムズが言うとおり、赤ん坊が生まれ落ちてくる場所は「花が咲き乱れ、虫がブンブン飛び回る大きな混乱の世界」であり、[*33] それから数年をかけてそのような世界を理解していく。しかし発達心理学者が幼児の心をのぞき込む手段を発明したとき、白紙の上には、すでに何かが多量に書かれていることが判明する。

それは、赤ん坊が何に驚くかを観察するとわかる。生後二か月の乳児は、予期していたできごとよりは、意外なできごとのほうをより長時間にわたって見つめる。もしすべてが混沌としているのなら、乳児はあらゆるものに等しく驚くはずであろう。しかし、周囲のできごとを、特定のあり方で解釈するようすでに配線された状態で生まれてくるのなら、その期待を破るできごとは乳児を驚かすはずだ。

心理学者はこの考えを応用して、乳児がある種の物理的、機械的作用の知識を備えて生まれてくるという事実を発見した。乳児は、物体がニュートンの法則に従って動くことを予期し、（おもちゃの車が、固体のなかを通り抜けるように見えるシーンなど）物理的に起こり得ない場面を見せると驚いたのだ。心理学者がそう判断した根拠は、(おもちゃの車が、固体の背後を通っていくなど)それほど不思議ではない場面を見せたときより長く、乳児がそのシーンを見つめていたからである。[34] どうやら赤ん坊は、身のまわりの物理環境で起こるできごとを処理する、何らかの先天的な能力を備えているようだ。

研究が進むと、乳児は社会環境を理解する能力も先天的に備えていることがわかった。誰かを傷つける、あるいは手助けするなどの行為を理解していたのだ。[35] イェール大学の心理学者カイリー・ハムリン、カレン・ウィン、ポール・ブルームは、「クライマー(木片に目を貼りつけた人形)」が奮闘しながら山を登るという人形劇を、生後六か月から一〇か月の乳児に見せた。あるシーンでは、もう一体の人形がやってきて、クライマーを下から押して助けた。別のシーンでは、他の人形が頂上に現れて、何度もクライマーを突き落とした。

数分後、乳児は新しいショーを見た。今回、クライマーは登山を助けるお助け人形と邪魔をする意地悪人形を見比べて、後者と仲良くしようとする。乳児にとって、これはおもちゃの車が固体のなかを通り抜けるのに等しい。不可解なこのシーンを見た乳児は、お助け人形と仲良くしようとするシーンを見たときよりも、長時間にわたってその場面を見つめていた。[36]

実験終了時、お助け人形と意地悪人形を入れたトレイを乳児の目の前に置いた。すると、お助け人形に手を伸ばす乳児のほうがはるかに多かった。社会環境の分析をまったく行なっていないのなら、乳児にとってどちらの人形に手を伸ばすかはどうでもよいはずだ。だが明らかに、乳児は好意的な人形のほうを気に入った。このことから三人の研究者は、「社会関係をもとにして個人を評価する能力は普遍的であり、学習によって獲得されたものではない」と結論づけている。[*37]

乳児は、誰が自分に好意的かをすぐに見分けられるという点については、容易に理解できるだろう。犬にでもできるのだから。しかし三人の発見によれば、生後六か月の乳児は、人々が自分以外の人に対してどう振る舞っているのかを見て、悪意のある人ではなく、好意的な人への志向を発達させる。つまり、言語や思考の能力を発揮し始めるはるか以前から、〈象〉は道徳的な判断に似た何かを行ない始めているのだ。

サイコパスと乳児に関する発見を踏まえると、道徳的な直観はいたって早い時期に発現し、道徳の発達には必須であることがはっきりとわかる。[*38] 思考能力はそれよりもはるかに遅く出現し、また、直観をともなわない道徳的な思考は、醜い結果を生む。

感情反応は脳のしかるべき場所でしかるべきときに起こる

ダマシオによる脳に損傷を受けた患者の研究は、情動を司る脳の領域が、道徳の基盤を探求するための最適の場所であることを示す。というのも、それを失うと道徳的な能力が損なわれるからだ。また、この領域が適切なタイミングで活性化されると、そのことはさらにはっきりとわかる。ならば、道徳的な判断や決断を下す直前になると、この領域はさらに活性化するのだろうか？

一九九九年、プリンストン大学で哲学を専攻する大学院生ジョシュア・グリーンは、神経科学の第一人者ジョナサン・コーエンと共同で、人が道徳的な判断を下すときに脳内で何が起こっているのかを調査した。当時彼は、二つの大きな倫理規範が対立するときに起こる道徳《モラル》ジレンマを研究していた。たとえば、有名な「トロッコ問題」、すなわち五人を救うためには、線路にかかる橋の上から一人を突き落としてでも暴走するトロッコを止めるべきかというジレンマなどである。*39

哲学者は、数人を救うために一人を犠牲にすることが認められるのか否かを、長いあいだ議論してきた。「たとえ誰かが傷ついたとしても、つねに個人の利益の合計が最大になるように振る舞うべき」と考える功利主義者は、他に手段がなければ、五人を救うために一人を橋から突き落としても構わないと主張する。その一方、私たちには個人の権利を尊重する義務があると考える哲学者もおり、彼らの主張では、人の命を救うという道徳的な目的が別にあっても、そのために無関係の人間を傷つけてはならない。この見方は、義務論(deontology)と呼ばれている(「義務(duty)」の語源のギリシア語に由来する)。義務論者は、注意深い思考を通して獲得された高度な道徳原理を語る。おそらく彼らは、それがあとから直観を理由づけるものにすぎないとは決して認めないだろう。これらの見方に対し、「直観は人を義務論的な判断に駆り立てることが多いが、功利主義的な判断はもっと冷静で計算高い」のではないかとグリーンは考えた。

この考えを検証するために、グリーンは、トロッコ問題と同様、誰かが何らかの妥当な理由によって他人に危害を及ぼすという筋のストーリーを二〇話ほど書いた。たとえば、「救命ボートが沈みかけている。全員の溺死という最悪の事態を避けるためには、負傷者の一人を海に投げ込むべきか?」などだ。このように、どのストーリーも突発的でネガティブな強い感情を喚起するよう工夫されている。

グリーンはまた、スイッチを倒してトロッコを側線にそらせ、一人を犠牲にして五人を救うというトロッコ問題のバリエーションなど、個人の感情に直接関わらない危害を描いた二〇のストーリーを用意した。五人対一人という客観的な数値は変わらないので、これら二つのケース(「橋の上から人を突き落とす場合とスイッチを倒す場合」)は道徳的に等価だと考える哲学者もいるが、直観主義的な観点からすれば、それらのあいだには天と地ほどの違いがある。[*40] (手で人を突き落とすストーリーの場合には引き起こされる)一瞬にして湧き上がる嫌悪の感覚を覚えずに、被験者はスイッチを倒すべきか否かを考え、より多くの命を救える方法を選択するだろう。

グリーンは、一八人の被験者をfMRI(機能的磁気共鳴画像法)装置に横たわらせ、用意したストーリーを一つずつ画面に映した。被験者はおのおのについて、その行動(たとえば人を押す、スイッチを倒すなど)が適切だと思うかどうかを示すために、二つのボタンのいずれかを押した。

結果は説得力があり、はっきりしていた。個人が直接手を下して誰かに危害を加えるタイプのストーリーを被験者が読んだときには、情動の処理に関わるいくつかの脳領域に大きな活動が検出された。多くのストーリーにおいて比較的強い情動反応が検出され、そのことから通常の道徳的な判断が生じていたと考えられる。

グリーンは二〇〇一年に、現在ではよく知られているこの研究を『サイエンス』誌に発表した。[*41] それ以来、他の多くの研究者も、fMRI装置に寝かせた被験者に、不道徳な行為の写真を見せる、寄付をさせる、刑罰を決めさせる、ズルをするプレイヤーや協力的なプレイヤーとゲームをさせるなどという実験を行なうようになった。[*42] これらの実験によって、「情動の処理を行なう脳の領域が即座に活性化し、これらの領域の高度な活動は、被験者が最終的に下す道徳的な判断や決断と相関関係がある」という結論が、わずかな例外を除いてほぼ一貫して得られている。[*43]

グリーンは、「カントの魂の密かなジョーク」と題する論文で、自身や他の大勢の研究者による発見を要約している。彼がこの論文を書いたときには、「情動センター」に意見を求める哲学者に関してE・O・ウィルソンが述べたことを知らなかったようだが、彼の結論はウィルソンのものと同じだった。[*44]

私たちは、「これはできない」「あれはやらなければならない」と、はっきり伝えてくれる強い感情を抱くことがある。しかし、これらの感情をどう理解すればよいのかは明らかでない。そこで私たちは、とりわけ想像力豊かな哲学者の助けを借りて、(権利についての)合理的なストーリーをでっち上げるのだ。

これは統合知の格好の例である。ウィルソンは一九七五年に、「倫理学はすぐに〈生物学化〉され、脳における〈情動センター〉の活動を解釈するものとして再構築されるだろう」と予言したが、この考えは、当時の支配的な見方に真っ向から逆らうものだった。何しろコールバーグらの心理学者によって、倫理学の中心は情動ではなく思考であるとされていた頃のことだ。当時の政治的な風潮は、進化思考が、人間の行動を探究するための妥当な方法だとあえて示唆するウィルソンのような人物に対し、きわめて辛らつだった。

しかし、それから三三年後にグリーンの論文が執筆される頃には、すべてが変わっていた。多くの研究分野の科学者は、情動を含めた無意識的なプロセスの力と能力を認識するようになり[*45]、進化心理学は、すべての学問領域においてとまでは言わずとも、少なくとも道徳研究の学際的なコミュニティでは尊重されるようになった。[*46] そして、ウィルソンが一九七五年に予言した「新たな総合」は、最近になって現実のものになりつつある。

〈象〉は理性に耳を貸す場合もある

ヒューム流のモデル（理性は召使い）は、プラトン流のモデル（理性は支配することができるし、そうすべき）や、ジェファーソン流のモデル（〈頭〉と〈心〉は共同統治者）より事実にうまく当てはまると私は述べてきた。しかし「理性は情熱の〈奴隷〉だ」と言ったとき、ヒュームは行き過ぎたと思う。

奴隷は決して主人に疑問を呈してはならないとされているが、私たちは、一度下した直観的な判断を疑問に思ったり改めたりする場合がある。〈乗り手〉と〈象〉のたとえは、ここでもうまく当てはまる。というのも、〈乗り手〉は〈象〉に仕えるために進化したとはいえ、両者は互いを尊重するパートナーの関係にあるからだ。それは、奴隷が主人に仕えると言うよりも、弁護士が依頼人のために働くと言ったほうが的《まと》を得ている。有能な弁護士は、依頼人を手助けするために最善を尽くすが、必ずしもすべての要求に応じるわけではない。不可能な要求（「学生部長のダンを非難する理由を探せ」など、少なくとも私が行なった催眠術を用いた実験のほとんどの被験者にとってはそうだった）もあれば、自滅的な要求（〈象〉が三杯目のおかわりをしようとするのを〈乗り手〉が拒否する場合など）もあるからだ。〈象〉は〈乗り手〉よりもはるかに大きな力を持っているが、絶対的な独裁者ではない。

では、〈象〉はいつ理性の声を聞くのだろうか？　道徳的な問題に関して私たちが考えを変えるのは、おもに誰かと話し合っているときだ。人は自分の考えに反する事実をあえて探そうとはしない。だが他の人が代わりに、間違い探しをしてくれる。というのも、私たちは、他人の考えなら、そこにいともたやすく間違いを発見できるからである。論争になると、人はほとんど考えを変えようとしなくなる。〈象〉は論争相手から遠ざかろうとし、〈乗り手〉は相手の挑戦を、むきになって論駁《ろんばく》しようとするのだ。

図3.1　ネッカーの立方体
視覚は二つの対立する方法でこの図を見ることができるが、それらを同時に見ることはできない。同様に、道徳ジレンマは、〈正義心〉によって二つの対立する観点から見ることができるが、両方の直観を同時に感じることは困難である。

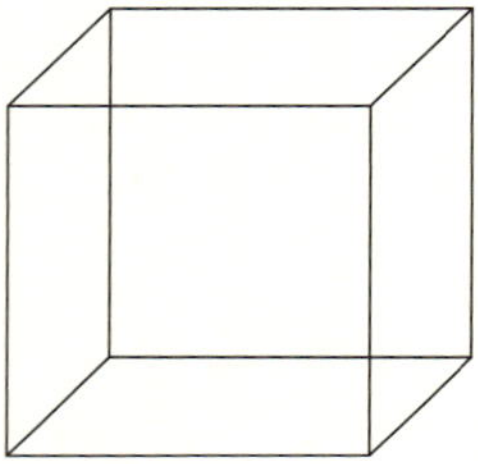

しかし相手に愛情や敬意を抱いていれば、〈象〉はその人に向かって歩み寄り始め、〈乗り手〉は相手の主張に真理を見出そうと努めることだろう。〈象〉は、自分が背負っている〈乗り手〉の反対意見に応えて、考えを簡単に変えようとはしないかもしれないが、それでも友好的な〈象〉がいるというだけで（社会的直観モデルの社会的説得リンクにあたる）、あるいは友好的な〈象〉の〈乗り手〉のすぐれた議論によって（理由づけられた説得リンクにあたる）、容易に態度を軟化させるはずだ。

また、誰かの説得がなくても、自ら考えを変える場合もある。たとえば私たちは、妊娠中絶や、その他の政治的な難題を議論する際など、一つのものごとに二つの対立する直観を抱くことがある。そのとき、誰を犠牲者として考えるのか、あるいは何に論点を絞るのかによって、自分の判断は、ネッカーの立方体（図3・1）を見ているかのごとく、あっちに転んだりこっちに転んだりする。

最後につけ加えておくと、きわめてまれにしか起こらないとはいえ、道徳的な問題に関して、思考を通じて最初の直観的な判断とは反対の結論に至ることもあり得ないわけではない。実験でこのことを示した研究は一つしか知らないが、とても啓発的だ。

ジョー・パクストンとジョシュア・グリーンは、ハーバード大学の学生に、第2章で紹介したジュリーとマークのストーリーを聞かせた。[*47] そして最後に、半分の学生には合意に基づく近親相姦を正当化する非常にできの悪い議論（「ジュリーとマークが愛し合えば、その分世界には愛が増える」）を、またもう半分には堅実な議論（「近親相姦の忌避は、避妊具がなかった太古の世界で、奇形の子孫の誕生を回避しなければならないという挑戦に対する進化的な適応によって生じたものだが、避妊具を使っているジュリーとマークにその心配はない」）をつけ加えた。おそらく読者は、ハーバードの学生なら、できの悪い議論よりも堅実な議論に容易に説得されただろうと考えるのではないか。しかし議論の質の違いによっては、結果は変わらなかった。つまりストーリーを聞いた瞬間、被験者の〈象〉は一方の見方へと傾き、しかるのちに〈乗り手〉が（できがよかろうが悪かろうが）議論を反駁する理由を見つけ、かくして被験者は、どちらのケースでも等しく二人の行為を非難したのだ。

さらにパクストンとグリーンは実験にひねりを加え、一部の学生にはすぐに答えさせなかった。回答を入力する前に、被験者を二分間待たせるよう（コンピューターの）プログラムを組んだのだ。

その結果、〈象〉が一方の見方へと傾いても、突発的な感情の効果は二分間も継続しないことがわかった。画面を眺めているうち、〈象〉の偏りが小さくなって、与えられた議論をよく考えてみる余地が〈乗り手〉に生まれたのである。できの悪い議論を聞かされた被験者は、依然としてジュリーとマークを非難したが（ただちに答えた被験者に比べ、非難した者の数はわずかに多かった）、二分間堅実な議論を熟考した被験者は、二人の行為に対してはるかに寛容な態度を示すようになった。二分間の遅れによって考える時間を与えられた〈乗り手〉は、たいていの被験者の〈象〉が最初に抱いていた直観に反する判断を下したのだ。

言い換えると、通常は、弁護士が依頼人から指示を受けるように、〈乗り手〉は〈象〉からきっかけを受け取るが、両者に数分間会話をさせると、〈象〉は〈乗り手〉の助言に耳を傾け、外部の情報を取り入れるようになる。つまり、まず直観が生じ、通常の状況下ではそれをきっかけに戦略的な思考が引き起こされるのは確かだが、両者の関係をより双方向的にする方法はあるということだ。

まとめ

道徳心理学の第一原理は、「まず直観、それから戦略的な思考」である。この原理を検証するために、本章では次の六つの研究成果を紹介した。

◉（ヴントやザイアンスが主張するように）脳はただちに、そして絶えずものごとを評価する。

◉（トドロフの研究やＩＡＴを用いた調査が示すように）社会的、政治的な判断は、突発的に生じる直観に強く影響される。

◉身体の状態が道徳的な判断に影響を及ぼすことがある。悪臭をかいだり、まずいものを食べたりすると、人はより厳しい判断を下しやすくなる（また、純粋さや清潔さを思い出させる何かを考えているときにも）。

◉精神病質者《サイコパス》は思考するが感じない（そして道徳性を著しく欠く）。

◉乳児は感じるが思考しない（また、道徳の芽を宿している）。

◉（ダマシオ、グリーンらの研究が示すように）感情による反応は、脳のしかるべき場所で、しかるべきときに生じる。


これら六つの項目を総括すれば、〈乗り手〉と〈象〉の明確な全体像、および〈正義心〉の行使にあたって、それらが果たす役割をはっきりと理解できる。〈象〉は、道徳心理学の中心的な位置を占める。もちろん思考も、とりわけ人と人がやり取りする際に、そしてその活動を通して別の直観が引き起こされる場合、大きな役割を果たす。〈象〉は支配する。だが、愚か者でも独裁者でもない。思考が、友好的な会話、あるいは情動的な満足をもたらしてくれる小説、映画、ニュースなどで提供される場合には特に、直観は思考によって形成され得る。*48

しかし、他人がしていることを見たり聞いたりする段になると、私たちの〈象〉はたちまち特定の方向に傾き始める。そして〈象〉の次の動きをつねに予測しようとしている〈乗り手〉は、それを支援する方法を探そうとする。食べ終わった皿をカウンターの上に置いてはならないと妻に叱られたとき、私は「自分は無実なのに」と本気で思っていた。それから思考をめぐらせて弁解を探し、たった三秒で都合のよい理由を思いついた。私の心の弁護士が展開した弁論をよく反省して、それが実際に起こったできごとにわずかに基づくだけのでっちあげだと気づいたのは、ちょうどそのとき、道徳的な思考の本質についての論文を書いていたからにすぎない。

どうして私たちの心は、かくも奇妙な仕組みを備えているのだろうか？　人類の脳は過去五〇〇万年のあいだに三倍の大きさになり、言語を発達させ、思考能力を著しく改善してきたにもかかわらず、なぜ私たちは、判事や科学者ではなく弁護士を心のなかに育んできたのだろう？

自分の信じたいことを支持する証拠をかき集めることだけに脳の力のすべてを投入するのではなく、誰が、何を、どんな理由でしたのかという真実を見出すためにそれを行使したほうが、私たちの先祖にとっては環境への適応という点で有利だったのではないのか？　その答えは、私たちの先祖が生存競争に勝利するにあたり、真実と名声のどちらが重要だったと考えるかによって変わる。

第4章

私に清き一票を

Vote For Me (Here's Why)

あなたが生まれた日に、神様がコインを投げて賭けをしたとしよう。表が出たら、あなたは生涯究極の正直者を貫き通すが、あらゆる人々からならず者だと思われる人になる。裏なら、常習的なうそつきなのに、模範的な人物と見なされる。さああなたは、どちらの人生を選ぶだろうか？

西洋哲学史上で、人類にもっとも大きな影響を与えてきた書物の一つ、プラトンの『国家』は、表を選ぶべきだとする議論を長々と展開している。彼によれば、徳が高く見えるより、実際そうであるほうが重要なのだ。

『国家』の前半に、（単に正義の人という名声がではなく）「正義それ自体が幸福をもたらす」という命題を証明せよと、グラウコン（プラトンの兄）がソクラテスに挑戦する場面がある。グラウコンは、「ギュゲスの指輪」という、それを身に着ければ透明になれる黄金の指輪を手にした男に何が起こるかを考えてみよとソクラテスに言う。

罰せられることなく市場から何でもくすね、人の家に勝手に上がり込み、望む人とセックスし、牢屋にいる囚人を気ままに殺したり釈放したりと、神のごとくやりたい放題何でもできるというのに、正義の道をひたすら歩み、他人の持ち物に手出しすらしないほど清廉潔白でいられる人などこの世にいないだろう。きっと彼は、正義のかけらも持ちあわせていない人たちと同じように行動し、同じ道を歩むことになろう。[*1]

グラウコンの思考実験は、「捕まった場合のこと（とりわけ自分の評判が傷つくこと）を恐れるがゆえに、人は有徳になるにすぎない」と言わんとしている。そしてソクラテスに対し、世間では有徳と見なされているよこしまな男より、評判は悪いが公正な男のほうがより幸福だという点を証明できるまでは納得しないと言っているのだ。[*2]

これはまさに難問だが、ソクラテスは「人の正義は、都市（ポリス、都市国家）における正義と似ている」という類推《アナロジー》を使ってそれに答えようとする。さらに、公正な都市では、すべての階級間に、調和、協力、役割分担があると言う。[*3] 農夫は田を耕し、大工は家を建て、支配者は統治し、あらゆる市民が公共の利益に貢献し、誰かに不幸が起きたときには全員で嘆き悲しむのだ。

それに対し、公正さを欠く都市では、ある集団の利益が別の集団の損失になり、派閥争いがはびこる。強者は弱者を搾取し、都市はやがて分裂をきたす。ソクラテスは、「ポリス」がそんな利己主義のるつぼと化さないようにすべく、哲学者が統治せねばならないと主張する。なぜなら哲学者のみが、自分にとって都合のよいものだけでなく、真に善きものを追求する心構えを持つからだ。[*4]

公正で調和のとれた幸福な都市の理想像を聴衆に納得させたソクラテスは、まったく同じ関係が人間にも当てはまると論じる。幸福な都市が哲学者によって支配されるべきなら、幸福な人は理性によって統治されねばならない。理性が統治すれば、見かけの美徳ではなく、真に善きものが追求されるようになるだろう。

ソクラテスの弟子であったプラトンは、人間性について一貫した見方を持っていたが、その核心には、理性の完全性に対する信頼があった。理性は神によって与えられ、球状の頭部に据えつけられた、人間の本性だと考えていたのである。情熱は理性を堕落させる場合が多々あるが、それをコントロールするすべを学べば、私たちは、神に与えられた輝かしい理性によって、評判ではなく正しきことへと導かれるのだ。

私たちは何をすべきかをめぐる議論は、道徳哲学では人間性と心理に関するいくつかの（暗黙の）前提に依拠していることが多い。[*5] だがプラトンにとっては、心理を前提にすることはまったくの誤りだった。本章では、理性は真実ではなくあとづけの理由を探すために設計されたものであり、統治には向かないこと、および「人々は、現実よりも見かけや評判に、より大きな注意を払う」と主張するグラウコンの意見は正しいということを検討する。実際私は、問題を正しくとらえた人物として、すなわち倫理的な社会を築くためのもっとも重要な原理は、「あらゆる人々の評判がつねに皆の目に入るようにし、不正な行動がつねに悪い結果を生むようにすること」だと悟った人物として、本書では何度もグラウコンを称賛する。

アメリカにおける心理学の創始者の一人ウィリアム・ジェイムズは、心に関して「機能主義的」なアプローチをとるよう心理学者を促した。これは、より大きなシステムのなかで人は何をするのかという観点からものごとを検討することを意味する。心臓の機能は、循環システムのなかで血液を循環させることにあり、その点を考慮せずして心臓という器官は理解できない。ジェイムズは、それと同じ論理を心理学にも適用する。心のメカニズムやプロセスを理解したければ、何らかの大きなシステムのなかでそれが担う機能を知らなければならない。そして思考は行動のためにあると、彼は言う[*6]。

では、道徳的な思考の機能とはいったい何だろう？　それは、正しい行動について理解し、不正を行なう人々を非難する基準になる真理を見出すために、（自然選択によって）形作られ、調整されてきたものなのだろうか？　そう考えるのなら、その人はプラトン、ソクラテス、コールバーグと同様、合理主義者だ[*7]。それともそれは、「自分の評判を守る」、あるいは「議論をするにあたって自分や自グループの弁護を他の人々に納得させる」などの、社会的な目標を戦略的に追求するためのものなのだろうか？　そう考えるとすれば、その人はグラウコン主義者である。

人は皆、直観的な政治家だ

一〇〇匹の昆虫が共通の目的に向かって共同で働いているところを見れば、「この虫たちは兄弟姉妹に違いない」と考えても大きな間違いではないだろう。だが工事現場で働いている、あるいは整然と行進している一〇〇人全員が、実は兄弟姉妹だとわかったら、誰でも驚くはずだ。人類は、親族関係の範囲を超えた協力関係を結ぶという点では無比の存在だと言える。そしてそれを、公式、非公式の責任システムを構築することで達成している。私たちは、他人の行動の責任を問うことに長け、また、他人が自分の行動の責任を問うなかで、実に巧みに生きていく。

「説明責任（accountability）」に関する研究の第一人者フィル・テトロックは、それを「自分の信念、感情、行為を他者に説明し、正当化することが求められるはずだという明白な予想」と、「どれだけうまく正当化できたかに応じて、人々は報酬や懲罰を与えるであろうと推測する予期」を合わせたものと定義している。[*8] 誰もが何の責任も負わなかったり、怠け者やペテン師が罰せられずに済んだりすれば、あらゆるものごとが機能しなくなるだろう（人々がどれほど熱心に怠け者やペテン師を罰しようとするかについては、リベラルと保守主義者の大きな違いの一つとして、のちの章で再度取り上げる）。

テトロックは、人間社会を構成する説明責任の網の目のなかで、人々がどう振る舞うかを理解するのに役立つ、一つのたとえを紹介している。それは「私たちは、有権者を前に自分がいかに高潔な人物かを訴えようと奮闘する、直観的な政治家のごとく行動する」というものだ。コールバーグやテュリエルらの合理主義者は、論理と実験を駆使して自分で真実を発見しようとする小さな科学者として子どもをとらえる。物理環境を理解しようと努める子どもに注目すれば、確かに「科学者」のたとえは適切だ。子どもは実際に、仮説を立てて検証し、徐々にそれを一つの真実に統合していくのだから。[*9] しかしテトロックによれば、社会環境に関しては話が違ってくる。社会環境はグラウコン主義者の世界であり、[*10] そこでは一般に、現実より見かけが重視される。

テトロックの研究では、被験者は問題を解いて、何らかの決定をする。[*11] たとえばある実験では訴訟に関する情報を与えられ、有罪か否かを裁くよう求められるが、ある被験者は、あとで判断の理由を他の人に説明するように、別の被験者は、その必要はないと言われる。その結果、後者には、意思決定の研究によって繰り返し報告されてきた、[*12] 間違い、怠惰、直観への依存などのさまざまな徴候が見て取れた。それに対し前者には、より系統的に、そして自己批判的に考える傾向が確認された。結論に飛びつくことはそれほどなく、新たな証拠に応じて考えを改めることがより多かったのだ。

これは合理主義者に有利なニュースに聞こえるかもしれない。おそらく、私たちは自分が重要だと見なすことは慎重に考えるのではないだろうか？　実はそうではない。テトロックは、まったく異なる二種類の慎重な思考の様式を見出している。一方の「探求思考」は「多様な観点からの公平な思考」で、他方の「確認思考」は「ある特定の見方を合理化しようとする片寄った思考」

である。[*13] 説明責任を全うするにあたって探求思考がより大きなウエイトを占めるようになるには、次の三つの条件が満たされねばならない。①意思決定者は、意見を形成する前に、聞き手の前で説明が必要だと心得ている。②聞き手の考えは不明である。③意思決定者は、聞き手が十分な情報を持ち、正確な説明に関心を抱いていると認識している。

これら三つの条件のすべてが満たされると、意思決定者は全力を尽くして真実を知ろうとする。聞き手が知りたいのは真実なのだから。しかしそうでない場合（ちなみに三つの条件が満たされることはほとんどない）、説明責任が求められているという圧力は確認思考を増やすだけであり、その人は、正しくあろうとするよりも、正しく見えるよう努力する。テトロックは次のようにまとめている。

> 思考の中心的な役割は、他人に対して説得的な理由や言い訳を提示するための準備を整えて、振る舞えるようにすることだ。事実、自分がした選択を正当化しようとするプロセスはきわめて強力なので、意思決定者は、何かを決めるに際して、他人の説得のみならず、正しい選択をしたと自分を納得させるためにも有力な理由を探そうとする。[*14]

テトロックは、「意識的な思考は、発見よりも、おもに説得のために遂行される」と結論し、さらに「私たちは自分自身をも説得しようとする」とつけ加える。私たちは、誰かに言おうとしていることを、自分にも言い聞かせようとしているのだ。以下、テトロックとグラウコンの考えを支持する五つの研究を紹介する。道徳的な思考は、科学者の手になる真理の探究より、政治家の票集めにはるかに近い。

私たちは投票に取りつかれている

一九八〇年代にニューヨーク市長を務めていたエド・コッチは、「きょうの私はどうだい？(How'm I doin'?)」と有権者にあいさつをすることで有名だった。それは、ニューヨーク市民のいつものあいさつ「やあ調子はどうだい？(How you doin'?)」のユーモラスな逆転だが、選挙で選ばれた政治家の慢性的な懸念を表現しているとも見なせる。ニューヨーク市長になる人はごくわずかだが、一般人でも、なるべく多くの人を自分の勢力圏に収めたいと思うものだ。私たちは皆、ほとんどあらゆる人との出会いのなかで、無意識にコッチの問いかけを発しているのだと示唆する、自己評価についての研究もある。

ここ一世紀のあいだ、心理学者は自分自身をポジティブにとらえる必要性を論じてきた。しかし自己意識の研究の第一人者マーク・リアリーは、進化論に従えば、自己を高く評価することへの強い欲求が存在するはずはないと考えた。[*15] 何百万年ものあいだ、人類は、小集団への帰属を認められ、メンバーの信用を取りつける能力を持っているか否かに、自己の生存の可能性がかかっていた。したがって、それを可能にする生得的な本能が存在するのなら、それは自分をよく思う よう他人を仕向ける能力でなければならない。リアリーはこの分野の研究の成果に基づいて、「自己評価は心の目盛りのようなもの、すなわち絶えずパートナーとしての自分の価値を測定する〈ソシオメーター〉だ」と述べる。ソシオメーターの針が落ちてくると警告が発せられ、私たちは態度を変えるのだ。

リアリーは、ソシオメーター理論を構築していた一九九〇年代、他人が自分をどう思うかにはまったく影響されないと言い張る人々によく出会い、「ほんとうに自分の考えだけに従って生きている人がいるのだろうか？」という疑問を抱いた。

そこでリアリーは、自称「一匹オオカミ」の人々をテストしてみることにした。多数の学生を対象に、まず自己評価をしてもらい、それがどれくらい他人の意見に影響されているのかを評価させた。それからさまざまな質問をしたあとで、まったく他人の意見に左右されないと答えた少数の被験者を選抜し、数週間後に実験室に招いた。また比較のために、他人が自分をどう思うかに強く影響されると一貫して答えた被験者にも同様の依頼をし、本番のテストが開始された。

本番では、被験者は個室に座り、マイクロフォンに向かって五分間自己紹介をする。自己紹介をしているあいだは、目の前の画面に一分ごとに数字が一瞬表示される。この数字は、別の部屋でそれを聞いている他の被験者が、次のセッションでその人とどれくらい話をしたいと思っているかを示す指標で、1から7の値をとり、7がベストだ。自分が話をしているときに、「4…3

…2…3…2」などという具合に数値が下がったら、その人はいったいどう思うだろうか？

実は、この数字はリアリーがでっちあげたもので、ある被験者には下降パターンを、別の被験者には「4…5…6…5…6」など、上昇パターンを見せたのだ。数字が上昇したほうが嬉しいのは明らかであろう。だが、どちらのパターンにしろ、（でっちあげられたものにせよ）赤の他人の評価を知ることで、自分自身の価値や長所に対する自己評価は変わるのだろうか？

他人の意見を気にすると答えた人が、数字の変化に大きな反応を示したことに驚きはない。彼らの自己評価は、数字が下降するにつれ下がった。しかし驚くべきは、「一匹オオカミ」を自称する人も、ほぼ同程度のショックを受けたことだ。確かに彼らは、自己の内なる指針に従っていたのかもしれない。だがグラウコンが指摘するように、内なる指針は真実を指すのではなく、世間の評判に従うということに気づかなかったのだ。

「ソシオメーターは、意識的な注意が及ぶ以前の無意識のレベルで機能し、社会環境を精査して、自分の相対的な価値が低い、あるいは低下しつつあるという事実を示すあらゆる兆候を検出しようとする」とリアリーは結論する。[*16] ソシオメーターは〈象〉の一部だと見なせる。他人の意見を気に掛けているような印象を与えてしまうと、自分を弱く見せることになるため、私たちは（政治家同様）、世論には何の関心もないかのごとく振る舞うケースが多々ある。だが実は、他人が自分をどう考えているかが気になって仕方がないのだ。ソシオメーターを備えていない人間など、サイコパス以外にはいない。[*17]

専属の報道官がすべてを自動的に正当化してくれる

あとづけの正当化がどのようなものかを知りたければ、大統領や首相つきの報道官が記者の質問を受けているところを観察すればよい。どんなひどい政策の発表であろうが、報道官はそれを称賛し、擁護する理由を見つけ出す。すると記者はそれに疑問を呈し、大統領や首相がこれまでに発した言葉との矛盾、場合によっては昨日の記者会見の内容との食い違いを指摘する。ときに報道官は、うまい返答を探そうとして、ぶざまにもしばらく言葉に詰まったりするものだが、「あなたの言うとおりだ！　この政策は考え直したほうがよさそうだ」などとは絶対に口にしない。

報道官がそう答えられないのは、彼らには政策を作ったり変更したりする権限がなく、説明している政策に疑義が出されたら、それを正当化する証拠を提示し、世間を納得させるのが彼らの仕事だからだ。これは〈乗り手〉のおもな仕事の一つであり、いわば〈象〉のための専属報道官の役割を担っているのである。

一九六〇年に、（第２章で紹介した四枚カード問題の発明者でもある）ピーター・ウェイソンは「２-４-６問題」について発表した。[*18] この問題は次のようなものだ。ウェイソンは、ある特定のルールに従って並んだ三つの数を被験者に示し、そのルールを推測して、それに従う新たな三つの数を考え、提示するよう求める。次に彼は、被験者が提示した数がルールに適合しているかどうかを答える。このやりとりを何度か繰り返し、被験者は、自分の考えているルールが正しいという確信が得られた時点で、そのルールを言葉によって説明する。

たとえば「2・4・6」と並んだ三つの数を見せたとしよう。

被験者は「4・6・8？」と答える。

ウェイソンは「正解だ」と言う。

「120・122・124？」

「それも正しい」

ここまでで、ほとんどの人は三つの数が、「連続する偶数」というルールに従って並んでいると思うはずだ。しかしウェイソンは、「違う」と答える。被験者は、別のルールを探さなければならない。

被験者は「3・5・7？」と尋ねる。

ウェイソンは「正しい」と答える。

「35・37・39？」

「正しい」

「わかりました。ルールは〈一つ飛びの整数〉ではないでしょうか？」

「違う」

被験者は、ルールについての新たな仮説の提示にはあまり困難を感じないようで、ときには非常に複雑なルールを考え出す場合すらある。しかし、自分の仮説に従わない三つの数を提示することでそれを検証してみようとは、ほとんどしなかった。たとえば「2‐4‐5（正しい）」と「2‐4‐3（誤り）」を提示すれば、「昇順に並べられた整数」という正解に的《まと》を絞れたはずなのに。

ウェイソンは、この「自分の考えを確証する方向で、新しい証拠を探し、解釈しようとする傾向」を「確証バイアス」と呼んでいる。人間は、他人の言葉に異を唱えるのには長けていても、ことが自らの信念になると、ほとんど自分の子どものごとく扱い、疑ったり、失う危険を冒したりはせずに、何とか守ろうとする。[*19]

日常生活における思考の研究の第一人者ディアナ・クーンは、たとえばどんな食物が有害かを知るなど、生存にとって重要な問題を解決する際にも、人々が確証バイアスを示す証拠を見出している。実験でこの現象を確認するために、彼女は八枚のカードのセットを作った。各カードには、チョコレートケーキやキャロットケーキなど、子どもが何かを食べている場面と、それを食べた子どもが、そのあとどうなったかを示す、笑っている場面か、顔をしかめて具合が悪そうにしている場面かのいずれかが描かれている。彼女は子どもと大人を対象にカードを一枚ずつみせ、「証拠（八枚のカード）」から判断して、どちらの食べ物のせいで子どもの具合が悪くなったと思うかを尋ねた。

その結果、大人も子どもも通常は、たとえば「どうやらチョコレートケーキが原因のようだ」などと最初は勘に頼って考え、証拠によってその推測が正しいことが証明されたと早々に結論づけることがわかった。さらにカードをめくり、たとえキャロットケーキと具合の悪さを関連づける証拠のほうがより強力になっても、被験者は、キャロットケーキが原因であることを示す大多数のカードを無視して、チョコレートケーキとの関連を示す一枚か二枚のカードを、自分の推測の正しさを示す証拠と見なし続けたのだ。クーンが言うように、それはまるで、「ここに私の理論を支持する証拠がある。だからそれは正しい」と自分自身に言い聞かせているかのようだった。[*20]

これは、教育によって矯正されるべき悪い思考習慣なのだろうか？　ここでもう一つ、日常生活における思考の著名な研究者デイヴィッド・パーキンスの発見を考えてみよう。[*21] 彼はさまざまな年齢、教育程度の被験者を実験室に連れてきて、学校にもっと補助金を与えれば、教育の質が向上するか否かなどの社会的な問題を尋ね、それに対する判断をまず書かせた。次に、〔自分の最初の判断とは無関係に〕その質問に「はい」と答えるべき理由と「いいえ」と答えるべき理由を可能な限り考え、それらすべてを書き留めておくように言った。それが終わったあと、パーキンスは、被験者が書いた理由を「自分側」と「相手側」に分類した。

もちろん被験者は、「相手側」よりも「自分側」の理由をより多くあげた。また、教育程度の高い被験者ほど、より多くの理由をあげた。これらはいたって当然の結果と言えよう。だが、ハイスクール、大学、大学院の最高学年生と、同じ学校の一年生を比べても、相違はわずかだった。むしろ多数の理由をあげたハイスクールの生徒が大学に行く、またそのような大学生が大学院に行く割合が高いというのが実情なのであろう。学校は思考方法を徹底的に教えるわけではなく、より高いＩＱを持つ志願者を選択しているのだ。そして高いＩＱを持つ人は、それだけたくさんの理由をあげられる。

さらに、もっと人を不安にさせる知見が得られている。ＩＱはその人の議論の巧拙を予測するにあたって最善の手段になるが、「自分側」の理由の数のみを予測するという事実を、パーキンスは見出したのだ。賢い人々は、現実にすぐれた弁護士や報道官になるケースが多いはずだが、「相手側」の理由を見出すという点では、他の人々とほとんど変わらなかった。これについてパーキンスは、「人々は、議論を包括的かつ公平に検討することより、自分の主張を補強するためにＩＱを使う」と結論している。[*22]

かくして、日常生活における思考の研究によって得られた結果は、道徳合理主義者には都合が悪い。これらの研究では、自己の利益が問題になっているわけではない。三つの数、ケーキと病気の関係、学校への補助金などについて質問すれば、被験者は直観的な応答をすばやく返す。「こっちのほうが、あっちより少しばかり魅力的だ」と感じる。かくして〈象〉がほんのわずかでも足を特定の方向に踏み出すと、〈乗り手〉はそれを支持する証拠をただちに探し始めるのだ。そしてその証拠は、例外なく見つかる。

これらは、特定の選択肢を選ぶ根拠がない些細な問題を扱うときに、報道官がとるやり方を示す例だ。このような中立的で単純なケースですら、思考は確証バイアスに影響されるのなら、自己の都合やアイデンティティの維持、あるいは強い感情などのために、ある特定の結論に至りたい、もしくはその必要があると思っているとき、人は心を開いて客観的に考えられるのだろうか？

イギリスでは長いあいだ、ロンドンと本拠地の両方に住む国会議員には、セカンドホームを維持する経費として、公金から相応の補助を支給していた。しかし何が相応なのかを決定する事務所が、ほぼすべての申請を認可したため、議員はそれを自由に使える小切手のように考えていた。加えて、その額が一般公開されていなかったので、ギュゲスの指輪をはめているかのごとしであった。二〇〇九年に申請書のコピーが流出し、新聞紙上ですっぱ抜かれるまでは。*23

グラウコンが予測していたとおり、彼らの振る舞いはひどかった。議員の多くは、大きな改装（どぶ浚《さら》いを含む）が予定されているほうの家をセカンドホームとして申請した。そして改装が終わると、ファーストホームだったほうをセカンドホームとして再申請し、今度はそちらの改装を始めた。しかも、改装した家を売却して多額の利益を得た者すらいた。

ロンドン、ワシントン、あるいはその他の権力中枢から次々に湧き出てくるこの手のスキャンダルは、深夜番組に出演するコメディアンのメシの種にはなる。しかし私たちは、この手の政治家よりまともだと言えるのか？　それとも、まずわが身を振り返るべきだろうか？

多くの心理学者が「否認の態度を装うこと（plausible deniability）」の効果を研究しているが、その一つに次のようなものがある。被験者は、とある課題を遂行したあとで、謝礼額が記載された伝票を、口頭による金額の確認とともに与えられる。しかしその伝票を別の部屋に持って行って謝礼をもらう際、清算係は一桁多い金額を被験者に手渡す。このとき、正直に差額を返金した者は二〇パーセントにすぎなかった。[*24]

ところが、渡した金額が正しいかどうかを清算係が被験者に確認すると結果は変わり、六〇パーセントが「いいえ」と答え、余分な金額を返した。これは、じかに尋ねられることで、「否認の態度を装うこと」が不可能になった、すなわち余分な金額をせしめるには明示的にうそをつかねばならなくなったため、結果として正直に返金する被験者は三倍になったのだ。

誰が正直に返金するかは、被験者が自分の正直度をどう評価しているかに基づいて、言い換えるとコールバーグが実施したような道徳《モラル》ジレンマにどれほど高潔な回答を与えられるかによっては、予測できない。[*25]〈乗り手〉が道徳的な態度の責任者なら、その人の道徳的な思考と態度のあいだに大きな相関関係が見出されるはずだ。しかし〈乗り手〉は責任者ではないので、そのような相関関係は存在しない。

ダン・アリエリーは著書『予想どおりに不合理――行動経済学が明かす「あなたがそれを選ぶわけ」』で、実際よりも多くの数学の問題を解いたと主張して、より多額のお金をかせげる機会を被験者に与えるという一連の研究を報告している。彼は次のように述べる。

正直な人々でも、その多くは機会があればズルをする。実際は、少数の腐ったリンゴが平均値を押し下げているのではなく、人々の大多数がほんの少しずつズルをするのだ。[*26]

人々は可能な限り他人をだまそうとしている、と言いたいのではない。ギュゲスの指輪に類する何かを与えると、自分の正直さに対する信念を保つための正当化が可能な範囲で、ズルをすると言いたいだけだ。

結論すると、不可視性と「否認の態度を装うこと」の機会を与える実験では、被験者のほとんどはズルをした。心の報道官（「心の弁護士」とも呼ばれる[*27]）は、自分がした行為の正当化に恐ろしく長けているので、被験者の多くは、入ってきたときと同様、自分の誠実さをまったく疑わずに実験室をあとにした。

合理的な思考（とグーグル）は自分の行きたいところに連れて行ってくれる

私の息子マックスは、三歳の頃、「しなさい」という言い方にアレルギー症状を起こした。たとえば「学校に行けるよう服を着なさい」というと、顔をしかめて不平をこぼし始めるのだ（ちなみに彼は学校が好きだ）。どうやら彼にとって、「しなさい」という言い方は、あたかも手錠をかけられるかに感じるようで、身をよじって振りほどきたくなるらしい。

たとえば「学校に行けるように、いま服を着る？」など、「（いまXXできるけど）XXする？」という言い回しのほうがより効果があるようだ。これら二つの言い回しには効果の違いがあることを確かめるために、小さな実験をしてみた。ある日の夕食後、「マックス。アイスを食べなさい」

と言って反応を確かめた。すると「アイスなんかいらない！」という答えが返ってきた。五秒ほど経ってから「マックス。アイスが欲しければ食べられるよ」と言うと、今度は「うん、食べる」と答えたのだ。

「しなさい」と「できる」の相違は、思考能力に対する、欲求の強力な影響を理解するうえでカギになる。それはまた、UFO、奇蹟による病気の治癒、陰謀論など、怪しげな信念の多くを解くカギでもある。

社会心理学者のトム・ギロヴィッチは、異常な信念の認知メカニズムを研究している。彼の簡潔な定式化によれば、次のようになる。私たちは何かを信じたいとき、「それは信じられるものなのか？」と自分自身に問う。[*28] そして次に（クーンとパーキンスが発見したように）、それを支持する証拠を探し、一つでもそれらしきものが見つかると、そこで思考を停止してしまう。それを信じる許可が下りたからだ。誰かが質問しても、理由を答えられる。

それに対し、何かを信じたくない場合には、自分自身に「それは信じなければならないものなのか？」と尋ねる。それから反証を探し、たった一つでもそれが見つかれば、信じたくないものを放棄する。「しなければならない」の手錠をはずすには、たった一本のカギで十分なのだ。

心理学者はいまや、「人は自分の望む結論に達するためにさまざまなトリックを使う」という「動機づけられた推論」[*29] の存在を示す証拠を、山ほど抱えている。知能テストの成績が低いと言われた被験者は、IQテストの正当性に疑問を投げかける論文を好んで読む。[*30] カフェイン摂取と乳がんの関係を報告する（架空の）科学論文を読まされると、コーヒーをつねに飲んでいる女性は、男性や、それほどコーヒーを飲まない女性より、そこに多くの誤りを発見する。[*31] カリフォルニア大学アーヴァイン校のピート・ディットーは、重度の酵素欠損症の検査を名目に、被験者に紙切れをなめさせるという実験を行なっている。紙の色の変化（実際にはまったく変化しない）が欠損症の兆候を示すと教えられたときより、変化したほうが望ましいと言われたときのほうが、被験者はより長いあいだ色の変化が現れるのを待った。また、望ましくない診断を下された被験者は、テストが妥当ではないことを示す理由（たとえば「きょうは普段より口のなかが乾いている」など）を何とか見つけ出そうとした。[*32]

「それは信じなければならないものか？」という問いと、「それは信じられるものか？」という問いの違いは非常に大きく、視覚にさえ影響を及ぼす。ある実験では、画面に、数字ではなく文字が表示されたとき、何かよいものがもらえると言われた被験者は、**13**というあいまいな文字を、数字の13ではなく文字のBとして見ようとするという結果が得られている。[*33]

人は、あいまいなものを見せられたとき、自分の見たいものを実際に見るのであれば、科学研究が一般の人々を説得できないことにも何ら不思議はない。科学者は、自分の考え方と矛盾する研究に欠陥を見つけることに長けているが、さまざまな研究を通して、自分の考え方を変えなければならないほど、反証が蓄積する場合がある。それは、私自身や同僚にも何度も起こったし、[*34] 科学の説明責任システムの一部だとも見なせる。反証された理論にいつまでもしがみついていると、周囲から馬鹿にされるだろう。科学者でない人にとっては、自分が信じるべき研究などというものはない。それゆえ、方法に疑問を呈すること、別のデータ解釈を探すこと、あるいは最後の手段として、研究者の誠意やものの見方を疑ってかかることは、つねに可能だ。

携帯電話で検索エンジンにアクセスできるようになった今日では、一日二四時間、より取り見取りの情報を検索でき、ほとんどどんな主義主張であっても、ネット上で何らかの支持を得られる。地球温暖化の原因や、胎児が痛みを感じるか否かなどについて、あなたがどう考えていようが、グーグルで検索すれば、自分の信念を支持してくれる記事が見つかるだろう。自分に都合のよい科学研究を要約する、あるいはときに歪曲する、主義主張に満ちたサイトはいくらでもあるはずだ。科学はバイキング料理であり、グーグルは「あなたのお好みの」研究へと導いてくれるだろう。

私たちは自分のグループを支持するものならほとんど何でも信じる

かつて多くの政治学者は、「人は利己的な目的で投票し、もっとも自分の利益にかなった政策や候補者を選択する」と仮定していた。しかし世論に関する何十年もの研究によって、利己心は、政策に対する選好を予測する指標としては貧弱であるという結論が得られている。公立学校に通う生徒の両親は、そうでない人々に比べて、学校に対する政府の援助をより強く支持するわけではない。また、軍隊に召集された若者は、年齢制限のため、召集されなかった年長者と比較して、軍事力強化により批判的だというわけではない。あるいは健康保険の恩恵を受けている人よりそうでない人のほうが、政府の管理運営する健康保険を支持するとは必ずしも言えない。[*35]

人々は、自己の利益よりもむしろ、人種、地域、宗教、政治を問わず、自分が所属する集団に配慮する。政治学者のドン・キンダーは、この発見を次のように要約する。「世論という点では、人々は〈私にとってどんな利点があるか？〉より、〈私の属するグループにとってどんな利点があるか？〉を自問するようだ」[*36]。政治的な見解は、「社会的な帰属を示す象徴《バッジ》」として機能する。[*37] 要するにそれは、自分の支持する政治的な信条、大学、スポーツチームをひけらかすためにあちこちに貼られた、車のバンパーステッカーと同じで、利己的というより集団中心主義的なものなのだ。

13という文字に自分の見たいものを見るのなら、特定の信条を抱く人が、社会環境のなかに自分の信念とは合致しない事実を見出す余地は、いったいどれくらいあるのだろう。[*38] いくつかの研究によって、異なる信条を持つ多様な人々に、特定の情報を渡したときに起こる「態度の極性化」が報告されている。リベラルと保守主義者は、「死刑によって犯罪が減少するか」などについて論じた研究論文を読んだり、大統領選で候補者が行なった演説の良し悪しを評価したり、アファーマティブ・アクション〔弱者集団の不利な現状を、歴史的経緯や社会環境を鑑みた上で是正するための改善措置〕や銃規制をめぐって議論したりするとき、普段以上に激しく対立する。[*39]

大統領選のさなかにあった二〇〇四年に、ドリュー・ウェステンは、ｆＭＲＩを用いて党派心の強い政党支持者の脳波を測定している。[*40] 彼は共和党と民主党の熱心な支持者をそれぞれ一五人ずつ集め、一人ひとりスキャナーに寝かせて一八セットのスライドを見せた。各セットの一枚目には、ブッシュ大統領、もしくは民主党の挑戦者ジョン・ケリーの言葉が映っていた。たとえば、のちに大掛かりな詐欺が発覚して失脚するエンロン社のCEOケン・レイを称賛する、次のようなブッシュの言葉（二〇〇〇年時点）が映し出される。

私は彼を敬愛している。（……）大統領に再選されたら、私は一人のCEOが国を経営するかのごとく政府を運営するつもりだ。ケン・レイとエンロン社は、そのモデルになる。

次に被験者は、その言葉と矛盾する、エンロン社の不正発覚後のブッシュの行動が記述されたスライドを見せられる。

ブッシュ氏は、ケン・レイへの言及を避け、尋ねられるとエンロン社を批判した。

この時点で、共和党支持者はきまり悪く感じる。しかし次に文脈を明確にして矛盾を解決する三枚目のスライドが映される。

大統領の側近の報告によれば、彼はケン・レイに裏切られたと感じ、エンロン社の経営陣が堕落していたことにほんとうにショックを受けた。

また、ケリーについても、それと同様のシナリオが映された一連のスライドが用意されていた。要するにウェステンは、熱烈な政党支持者に、支持政党の候補者の偽善によって一時的に脅威を感じる状況を作り出したのだ。しかし、相手政党の候補者の偽善には脅威を感じず、おそらく快さすら覚えたことだろう。

実際、ウェステンは心の二つのモデルを対立させたのだ。被験者は、ジェファーソン流の二重プロセスモデル、すなわち、どんな場合でも〈頭〉（合理的な思考を司る脳の部位）が情報を処理するが、〈心〉（情動の領域）のより強い反応によってそれがくつがえされるというモデルの正しさを実証したのか？　それとも、熱烈な政党支持者の脳は、情動と直観のプロセスがおもな仕事をして、望む結論を正当化する必要が生じたときにのみ思考が呼び出されるとする、ヒューム流のモデルの正しさを示したのか？

実験では、ヒューム流のモデルを強く支持する結果が得られた。自分が支持する候補者の偽善という、脅威をもたらす情報によって、情動に関係する脳の領域（懲罰に対するネガティブな情動と反応に関連する領域）がただちに活性化されたのだ。[*41] 手錠（「それは信じなければならないものか？」）をかけられた腕が痛んだのである。

これらの脳領域のなかには、思考に関わっているとされるものもあるが、冷静な思考の遂行に必須の領域の、背外側前頭前野（ｄｌＰＦＣ）[*42]には活動の増加は見られなかった。したがって、被験者が何を考えていたにせよ、それはｄｌＰＦＣが司る、客観的な比較や計算などではなかったはずだ。[*43]

ひとたび被験者が脅威から解放されると、脳の主要な報酬中枢の一つとして知られる、腹側線条体が活性化し始めた。どんな動物の脳も、自らの生存にとって重要な行動をとるとき、一瞬の快を生むように設計されている。この快感情は、腹側線条体内（とその他いくつかの箇所）で、神経伝達物質ドーパミンが放出されることで生み出される。ヘロインやコカインが中毒性を持つのは、これらがドーパミン放出反応を引き起こすからだ。ラットは、脳の報酬中枢に電気的な刺激を与える装置のボタンを、餓死するまで押し続ける。[*44]

ウェストンは、（最後のスライドを見て、支持する候補者への信頼を回復することで）脅威から解放された被験者に、わずかながらドーパミンの放出を検出した。この結果は、極端に党派心の強い人が、一般に外からは奇異あるいは偏執的に見えるほどの、恐ろしく偏狭な信念に凝り固まっている理由を説明する。党派心の強い人は、ボタンをいつまでも押し続けるラットと同じで、客観的に見れば不可解なことを、単純に信じ続けざるを得ないのだろう。要するに彼らの脳は、頭に浮かんでくる望まざる考えを振りほどくために、心のなかで何度も歪曲を繰り返してきたということだ。極端な党派心には、中毒性があるのかもしれない。

合理主義者の妄想

ウェブスター国際英英辞典では、「妄想（delusion）」は、「実際には存在しないものに対する、理性によっては制御できない誤った考えや執拗な信念」と定義されている。[*45] 直観主義者の私としては、理性の崇拝それ自体が、西洋の歴史上もっとも長く生き続けている妄想の一つ、すなわち「合理主義者の妄想」だと言いたい。それは、「合理的な思考能力はもっとも高貴な人間の属性であり、それによって、（プラトンに従えば）人間は神のような存在になり、（新無神論者によれば）神の信仰という『妄想』を脱却できる」という考えのことだ。[*46] 合理主義者の妄想は、人間の本性に関する特定の見方であるばかりでなく、理性のエリート（哲学者や科学者）が大きな力を持つべきだとする主張でもあり、通常それには、理性に満ちた子どもを育てるためのユートピア的なプログラムがともなう。[*47]

プラトンからカントを経てコールバーグに至るまで、多くの合理主義者は、倫理に関するすぐれた思考能力が、善き行ないを生むと想定してきた。思考は道徳的な真実への王道であり、その能力を駆使する人はより道徳的に振る舞うと考えてきたのだ。

それが正しいのなら、日がな一日倫理的な原理について考えている道徳哲学者は、他の人々より徳が高くなければおかしい。はたして実際そうだろうか？　哲学者のエリック・シュヴィッツゲーベルは、それを確かめようとした。彼は、アンケートや、当人には気づかれないような手段で、道徳哲学者がどのくらいの頻度で慈善事業に寄付し、投票し、母親に電話をかけ、血液や臓器を提供し、哲学会議の後片づけをし、学生のEメールに返信しているかを調査した。[*48] その結果、それらのいずれにおいても、道徳哲学者が、他の哲学者や他分野の教授よりも高潔な人物だというわけではないことが判明している。

シュヴィッツゲーベルは、何十もの図書館から紛失図書の一覧を取り寄せることまでしたが、この調査では、ほとんどが倫理学者によって借りられているであろう倫理の専門書のほうが、他の哲学領域の本に比べ、盗まれたり長期未返却のままになったりしているケースが多いことがわかった。[*49] どうやら道徳思考の専門家は、道徳的な態度において立派どころか、劣ってさえいるようだ（おそらく〈乗り手〉の正当化能力のほうが発達しているのだろう）。彼によれば、これまでのところ、道徳哲学者のほうが他の哲学者より道徳的にすぐれていると見なすべきどんな基準も見つかっていない。

真実の追求を是とする人は、理性崇拝をやめるべきだ。証拠を冷静に見つめて、思考とは何たるかをよく考える必要がある。フランスの認知科学者ユーゴー・メルシエとダン・スペルベルは、動機づけられた推論をテーマとする（社会心理学の）論文と、思考におけるバイアスや誤りに関する（認知心理学の）論文を徹底的に調査している。その結果、それらの研究の奇異で気の滅入る発見のほとんどは、「思考能力は、真実を発見するためでなく、誰かと論争する際に、議論、説得、人心操作を巧みに行なうための補助手段として進化したと見なせば、完璧に理解できる」と結論している。「議論の巧みな人は、（……）真実ではなく、自分の見解を支持する理由を探している」と二人は言う。[*50] このことは、確証バイアスが、なぜ非常に強力で根絶しがたいかを説明する。だとすると、自分の考えとは異なる見解に目を向け、自分に都合の悪い証拠を探すよう学生を指導することは、いったいどれほど困難な課題なのだろうか？　実際、それはほんとうに困難であり、その処方箋を見出した者などいない。[*51] というのも、確証バイアスは人間の本性として〔論争好きの心のなかに〕組み込まれているのであって、〔プラトン的な心から〕取り除ける欠陥などではないからだ。

何も私は、思考をただちに中止して、直観のみに頼るべきだと言いたいわけではない。直観は、消費生活や人間関係に関する判断を下すときに、思考よりもよき導き手になることもあるが、[*52] 公共政策、科学、法の基盤としては、一般に劣っていると言わざるを得ない。[*53] ここで私が言いたいのは、どんな人物のものであれ個人の思考能力には、用心深くなければならないということだ。私たちは、ニューロンのように制限された実体として個人をとらえるべきであろう。ニューロンは、いくつかの樹状突起から入力される刺激を総合して、パルスを発火するか否かを「決定」するという、一つの仕事に長けている。単体のニューロンはそれだけで賢いわけではないが、適切なあり方で多数のニューロンが集まると脳になり、単体のニューロンよりはるかに賢く、柔軟性に富んだシステムが創発する〔部分の性質の単純な総和にとどまらない性質が、全体として現れる〕。

それと同様、思考する個人は、自分の立場を支持する証拠を見つけるという、一つの仕事に長けている。とりわけ利害や評判が関わる場合には、当人が心を開いて、優秀な思考能力を駆使して真実を追求するなどとても期待できない。だが、思考能力を駆使して互いの考えを批判できて、なおかつ皆が何らかの紐帯や目的を共有し、礼儀正しくやり取りできるような形態で個人が集まれば、社会システムの創発的な性質としてすぐれた思考を生む集団が形成され得るだろう。（情報機関や科学コミュニティなどの）真実の発見を目標とする機関や、（議会や顧問会議などの）有益な公共政策の発案を目的とする組織は、知的、思想的に多様なメンバーで構成されることがとても重要なのは、この理由による。

とはいえ、私たちの目標がすぐれた思考ばかりでなく、善き行ないを育むことにあるのなら、合理主義を排して直観主義を擁護することがさらに重要になる。教室の外でも倫理的に振る舞えるよう学生を導ける倫理の授業など、誰にも考案できないだろう。授業は〈乗り手〉を対象に行なわれるものであり、〈乗り手〉は新たに学んだ知識を生かして、より効果的に〈象〉に仕えるようになるだけだ。人々をもっと倫理的に振る舞わせたいのなら、できることは二つある。一つは〈象〉を変えることだが、それは困難で時間がかかる。もう一つは、チップ・ハースとダン・ハースの『スイッチ！――「変われない」を変える方法』からの借用だが、[*54]〈象〉と〈乗り手〉が歩む経路を変えるという方法だ。私たちは、倫理的な態度の大きな改善につながるような環境の微調整ができる。[*55]相談役にグラウコンを雇えば、つねに自分の評判を気にかけている現実の人間が、もっと倫理的に行動する社会を築き上げるにはどうすればよいかを尋ねられるはずだ。

まとめ

道徳心理学の第一原理は、「まず直観、それから戦略的な思考」である。道徳的な思考の戦略的な性格を明確にするために、それが真理を探究する科学者というよりは、票集めに走る政治家に近いことを示す五つの研究を紹介した。

- 私たちは、他人が自分をどう考えているかを、執拗なまでに気にする。ただしその大部分は無意識下で生じ、意識的にはとらえられない。
- 意識的な思考は、大統領のいかなる見解も無条件に正当化する報道官のごとく機能する。
- 私たちは、内なる報道官の助けを借りて、ちょくちょくうそをつき、人をだます。そのうえ巧妙にその事実を糊塗するので、自分自身ですらそのうそを信じ込んでしまう。
- 思考は、自分が望むほとんどどんな結論にも導いてくれる。なぜなら、何かを信じたいときには「それは信じられるものか？」と自問し、信じたくない場合には「それは信じなければならないものか？」と問うからだ。その答えは、ほぼどんなケースでも、前者は「イエス」、後者は「ノー」になる。
- 道徳や政治に関係する問題では、私たちは利己的であるより集団中心主義的になる場合が多く、思考能力を駆使して自分の属するチームを支援し、チームへの献身の度合いを示そうとする。

私は、「哲学や科学の世界でときに見受けられる理性崇拝は、妄想である」という警告で本章を締めくくった。それは存在しないものへの信仰の一例である。その代わり、道徳の研究や教育に際して、個人の能力をもっと謙虚にとらえ、人々の思考や行動をよりよいものにする文脈や社会システムへの調和を図る、直観主義的なアプローチをとるよう勧めた。

私は、「人間の道徳的な能力は、直観主義的な観点からもっとも適切に説明できる」という点を、読者の〈乗り手〉に訴えるために、できる限り理路整然と解き明かそうとした。もちろんすべての観点から検証できたと主張するつもりはないし、反論の余地のない証拠を提示できたとも思っていない。克服不可能な確証バイアスのために、私の見解に同意しない人々から、さまざまな反論が必ずや提起されるであろう。いずれにしても、科学コミュニティが正常に機能しているのなら、たとえ一人ひとりの心には欠陥や限界があったとしても、大勢の人々の努力によって、いずれ真実が明らかにされるはずだ。

これにて、「まず直観、それから戦略的な思考」という道徳心理学の第一原理を検討してきた第1部を終了する。この原理を説明するために、私は象（直観）にまたがる乗り手（思考）のたとえを用い、「乗り手の役割は象に仕えることである」と主張した。とりわけ、他者に何らかの影響を及ぼせるという点で理性は重要だが、道徳心理学の肝は直観にある。第2部では、直観とはいったい何かを、そしてそれは何に由来するのかを、もっと詳しく検討する。また、道徳領域の見取り図を描いたうえで、なぜその内容が、通常リベラルより保守主義の政治家に有利なのかを示す。

2 Part II

第2部
道徳は危害と公正だけではない
There's More to Morality than Harm and Fairness

「〈正義心〉は、六種類の味覚センサーをもつ舌だ」
The righteous mind is like a tongue with six taste receptors.

第5章

奇妙（WEIRD）な道徳を超えて

Beyond WEIRD Morality

私はマクドナルドで博士号を取得した。もちろんある意味で、である。論文を書くために、ウエスト・フィラデルフィアのマクドナルドの外に何時間も立ち、労働者階級の成人をつかまえてはインタビューしたのだ。同意する人が見つかれば、屋外の席で、たとえば第1章で紹介した愛犬を食べた家族の話や、国旗を雑巾にした女性の話を聞かせ、それについて質問をした。インタビューが進むにつれ、微妙な表情に変わる人もいたし、笑いを誘うこともあった（とりわけチキンと男の話のときには）。人を驚かせ、ショックを与えることを意図してストーリーを書いたので、これらの反応はもとより予期していた。

しかし予期していなかったのは、判断の理由を尋ねると、これら労働者階級の人々が、ときに当惑の表情を浮かべたことだ。登場人物は間違っていると被験者が答えるたびに、私は「その理由を教えてくれない？」と尋ねた。それより一か月前、ペンシルベニア大学のキャンパスで学生を対象にインタビューしたときには、彼らはごく自然に、自分の答えを道徳的に正当化した。ところが数ブロック西に離れた場所では、まったく同じ質問が、長い沈黙や、信じられないとでも言いたそうな凝視をもたらしたのだ。それらの沈黙や凝視は、あたかも「チキンでそんなことをするのがいかに間違っているか、あんたにはわからんのか？　わざわざ理由を説明しなければならんのか？　あんたはいったいどこの星からやって来たんだ」とでも言いたげだった。

　とはいえ、被験者が驚いたのも無理はない。私はほんとうに奇怪な人物に見えたのだろう。何しろ私はペンシルベニア大学という、彼らにとっては奇妙で異質な道徳世界からやって来た宇宙人だったのだ。ペンシルベニア大学の学生は、私の研究対象だった一二のグループのなかでも、もっとも異質な集団であった。彼らは、ジョン・スチュアート・ミルが一八五九年に「文明社会のどの成員に対してにせよ、彼の意思に反して権力を行使しても正当とされるための唯一の目的は、他の成員に及ぶ害の防止にある」〔『自由論』塩尻公明・木村健康訳、岩波文庫〕[*1]として定式化した「危害原理」に、揺るぎない確信を抱いているという点でとてもユニークだ。あるペンシルベニア大生は、「そのチキンは彼が買ったものだ。それに、食べてしまったのだから、誰も傷つきはしない」と答えた。

　彼らは、他の一一グループの被験者とまったく同様、タブーの侵犯を目撃すれば不快な思いをするだろうと答えるケースが多かったが、嫌悪の感情を無視して、不快だと思っているはずの行為でも道徳的には許容できると見なす、唯一のグループであった。また、チキンと男のストーリーに対して、大多数（七三パーセント）が寛容な態度を示したのも、このグループだけだった。ある学生は「倒錯した話だが、誰も見ていないのなら、それは彼の権利だ」と答えている。

私とペンシルベニア大生は、別の面でも異質だ。二〇一〇年、文化心理学者のジョー・ヘンリッチ、スティーブ・ハイン、アラ・ノーレンザヤンは、「世界でもっとも奇妙な人々？」と題する非常に重要な論文を発表した。[*2] 三人が指摘するところによると、心理学におけるほぼすべての調査は、全人類のうちでもきわめて狭い範囲の人々、すなわち欧米の（Western）、啓蒙化され（educated）、産業化され（industrialized）、裕福で（rich）、民主主義的な（democratic）文化のもとで暮らす人々を対象に行なわれている（略してＷＥＩＲＤと呼ばれる〔weird には「奇妙な」等の意味がある〕）。そして三人は何十もの研究を調査し、ＷＥＩＲＤ文化に属する人々は統計的な例外をなすので、人間性を一般化したいのなら、研究対象としてもっともふさわしくない標本であると主張する。欧米の内部ですら、アメリカ人はヨーロッパ人より例外的であり、さらにはアメリカ国内に限っても、（ペンシルベニア大生のように）高等教育を受けた中流上層階級に属する人々はもっとも特異だと見なせる。

ＷＥＩＲＤ文化の特異性の一つは、「ＷＥＩＲＤであればあるほど、世界を関係の網の目ではなく、個々の物の集まりとして見るようになる」という単純な一般化によってうまく説明できる。これまで長いあいだ、欧米人は東アジア人に比べて、自己をより自立的で独立した存在と見なすとされてきた。[*3] たとえば、「私は……」で始まる文を二〇あげさせると、アメリカ人は自己の内面の状態を表現しようとする（「幸せだ」「社交的だ」「ジャズに興味がある」など）。それに対し、東アジア人は役割や関係をあげようとする（「一人息子だ」「妻帯者だ」「富士通の社員だ」など）。

両文化の相違はさらに深くまで達しており、視覚にすら違いが認められる。たとえば「線と枠課題」と呼ばれるテストがある。このテストでは、被験者はまず正方形のなかに一本の線が引かれた図を見せられる。ページをめくると、もとの図よりも大きい、もしくは小さい空白の正方形が描かれている。課題は、空白の正方形のなかに前ページで見たものと同じ線を、絶対的な尺度（新しい正方形を無視して前ページの線と同じ長さで）か、相対的な尺度（線と正方形の比率が等しくなるように）で引くことだ。この課題では、欧米人、特にアメリカ人は、絶対的な尺度で線を引くテストですぐれた結果を残す。というのも、彼らはそもそも線を独立したものと見なし、正方形とは別のものとして記憶するからだ。それに対し、相対的な尺度で線を引く場合には、東アジア人のほうがよい結果を出す。なぜなら彼らは、無意識のうちに部分間の関係をとらえて記憶するからである。[*4]

知覚の差異は、思考様式の違いにも関係する。世界のたいていの人々は、ものごとを全体的な視点から考える（文脈全体を見渡しながら部分間の関係を考える）が、ＷＥＩＲＤ文化に属する人々は、より分析的に考える（焦点になる対象を文脈から切り離して一つのカテゴリーに分類し、そのカテゴリーについて真である属性は、その対象に関しても真であると想定する）。[*5] これらを総括して考えると、カントやミル以来のＷＥＩＲＤ文化の哲学者が、個人中心主義的、ルール志向的、普遍主義的な道徳システムをおもに提唱してきた理由がよくわかる。それは自立的な個人からなる社会を治めるのに必要な道徳なのだ。

それに対し、全体的にものごとを見る非WEIRD文化の思想家が道徳を説くと、孔子の『論語』のように、ある一つのルールに還元できない格言や逸話のコレクションのようなものになる。[*6] 孔子は、人間関係に特化した、さまざまな義務や美徳について語っている（親孝行や部下の適切な処し方など）。

WEIRD文化と非WEIRD文化で、ものの考え方や世界の見方が異なるのであれば、そこで暮らす人々が互いに異なる道徳的な関心を抱いていても、何の不思議もない。個人の集まりとして世界をとらえるのなら、コールバーグやテュリエルの道徳、すなわち個人とその権利を保護し、危害と公正を強調する道徳を望むだろう。

しかし、ものごとのなかに関係、文脈、集団、制度を見出す傾向が強い非WEIRD社会で暮らしていれば、個人の保護にそれほど大きな焦点を置かなくなるはずだ。つまり、より向社会性の高い道徳観を持つようになる。これは、（シュウィーダーが述べるように）個人よりも、集団や制度の必要性を優先することを意味する。この見方をとるなら、危害と公正を基盤とする道徳だけでは不十分であろう。人々を結びつけるには、それ以外の関心や美徳も考慮しなければならない。

第2部では、この「それ以外の関心や美徳」を、すなわち「道徳は危害と公正だけではない」という、道徳心理学の第二原理を検討する。その際、この原理は記述的な（つまり私たちが目にする道徳状況という意味での）真実である点を明確にしておきたい。したがってここでは、この道徳観がほんとうに善きものなのか、真なのか、あるいは正当と認められ得るのかという点は問わない。直観主義者の私としては、読者が〈象〉をなだめてこの道徳観の目的を正しく理解できるようになるまでは、強い情動に満ちたその手の問いは、提起することすら誤りだと考えている。それまでは、自分の好まない道徳観、政党、宗教には、いかなるものであっても〈乗り手〉は簡単に反論を見つけられるだろう。[*7]ということで、危害と公正以外の道徳観を検討する前に、まずは道徳の多様性を理解することから始める。

三つの倫理

シカゴ大学は、『プレイボーイ』誌上で「パーティースクール〔学生のあいだで猥雑な文化が発達している大学〕としてアメリカ最悪」の大学にランキングされた事実をきっと誇りに思っているはずだ。何しろそこでは、冬は長くて厳しく、バーよりも書店のほうが多く、そして学生は大学の紋章の下に「娯楽の果つるところ」「地獄も凍てつく場所」などといったキャッチフレーズがプリントされたTシャツを着ている。一九九二年九月のある日の夕方、私はシカゴ大学に到着し、トラックから荷物を降ろしてからビールを飲みに行った。隣のテーブルでは、何やら激論が戦わされていた。すると突然、あごひげを生やした男がテーブルを叩いて叫んだ。「何だと。俺はマルクスについて語っているんだ！」

これはリチャード・シュウィーダーの文化だ。私はペンシルベニア大学で博士号をとってから二年間、シュウィーダーと共同で研究する機会を得た。彼は、人類学における文脈や流動性への興味と、心理学の持つ心的プロセスへの関心を結びつけた新たな学問分野たる、文化心理学の第一人者であった。[*8] 文化心理学の考え方では、「文化と心は互いを築き合う」[*9]。つまり、心理学者が通常するように、文化を無視して心を研究することはできない。なぜなら、特定の文化で満たされない限り、心は機能しないからだ。また、人類学者のように、心を無視して文化を研究することはできない。参入儀式、魔術、宗教などの社会的な実践や制度の一部は、人間の心の奥底に根づいた概念と欲求によって形作られるからだ。これらが各大陸で同様な形態をとるのは、そのためだ。

私は、シュウィーダーがオリッサでの研究に基づいて構築した新しい道徳理論（第1章参照）にとりわけ興味を引かれた。シュウィーダーたちは、研究を発表してからも、収集した六〇〇のインタビュー記録の分析を続けていた。その結果、道徳の見方に関して三つの大きなまとまりを見出し、それぞれを自立、共同体、神性の倫理と呼ぶ。[*10] そしてこれらのおのおのは、人間性に対する異なる理解に基づくとする。

「自立の倫理」は、「人間は第一に、欲求、ニーズ、嗜好を持つ自立的な個人である」という前提から出発し、「人々は、思い通りにこれらを満たせるようでなければならない。ゆえに社会は、人々がなるべく邪魔をし合わずに平和共存できるよう、権利、自由、正義などの道徳概念を発達させる」と考える。これはまさに、個人主義的な社会の支配的倫理であり、（人間の福祉を向上させる程度に応じて正義と権利に価値を認める）ジョン・スチュアート・ミルやピーター・シンガー[*11]などの功利主義者、あるいは（全体的な福祉が損なわれても正義と権利を重視する）カントやコールバーグら義務論者の著作に、その典型を見出せる。

しかし、欧米の世俗社会から一歩足を踏み出すと、別の二つの道徳言語が浸透していることに気づくはずだ。その一つ「共同体の倫理」は、「人間はまず、家族、チーム、軍隊、企業、部族、国家など、より大きな集団のメンバーである」という考えに基づいている。この「より大きな集団」とは、それを構成するメンバーの総和以上の現実的かつ重要な実体であり、ゆえに保護されねばならないものでもある。そのなかで人々は、自分に割り当てられた役割を果たさねばならず、そのために共同体の倫理を擁する多くの社会では、義務、上下関係、敬意、評判、愛国主義などの道徳的な概念が発達する。また、「人々は自分で自分の運命を書き記し、自らの目標に向けて邁進すべき」とする欧米流の主張は利己的で危険であり、社会の紐帯を緩めて、誰もが依拠する制度や組織を必ずや解体してしまう考え方だと見なされる。

「神性の倫理」は、「人間はそもそも、神聖な魂が一時的に注入された器《うつわ》である」とする考えに基づいている。[*12]人は単に意識を備えた動物なのではなく、神の子であり、それ相応に振る舞わなければならない。身体は遊び場ではなく神殿であり、したがって鶏の死骸とセックスしても誰も傷つけず、誰の権利も侵さないとはいえ、そんな行為には及ぶべきではないと考える。なぜなら彼の行為は、自らを貶《おとし》め、創造主を侮辱し、宇宙の神聖な秩序を乱すからである。かくして神性の倫理を擁する多くの社会では、神聖、罪、清浄、汚れ、崇高、堕落などの道徳的な概念が発達する。また、世俗的な欧米諸国に浸透している「個人の自由」の概念は、放埓《ほうらつ》で、快楽主義的であり、動物的な本能を賛美するものとしてとらえられる。[*13]

私は一九九一年に、シュウィーダーの三つの倫理について読んだ。それはブラジルでデータを収集したあとではあったが、博士論文を書く前だった。そのとき私は、(犠牲者を登場させずに被験者の情動を喚起させようとして書いた)よくできたストーリーのすべてが、共同体の倫理を侵犯する不敬な行為(国旗を雑巾として使うなど)か、神性の倫理を穢《けが》す醜い行為や肉欲(チキンとのセックスなど)のいずれかを含んでいることに気がついた。

そこで私は、「理由を教えてくれない?」という問いに被験者が返答した理由づけを、シュウィーダーの理論を用いて分析してみたところ、彼の理論がみごとに当てはまることがわかった。ペンシルベニア大生が、ほぼ例外なく自立の倫理をもとに語っているのに対し、他のグループ(とりわけ労働者階級のグループ)は、ペンシルベニア大生よりはるかに強く共同体の倫理を、またやや強く神性の倫理を前面に押し出していた。[*14]

シカゴに到着してからすぐ、フルブライト奨学金を申請した。その目的は、三か月間インドに滞在して、(三つの倫理のうちでも、データがもっとも不足していた)神性の倫理を詳しく調査することだ。調査申請書は、オリッサ州の州都ブヴァネーシュヴァルでシュウィーダーが築いてきた、友人と研究仲間の広範なネットワークを活用できたので、簡単にまとめることができた。そして許可が下りて資金を手にした私は、文化心理学の本を読み、シュウィーダーたちから学ぶシカゴでの一年を過ごしたあと、一九九三年九月にインドへ旅立つ。

私が多元論者になったわけ

インドではとてもていねいな扱いを受け、専属のコックと使用人のついた、すばらしいアパートの一室に住むことができた。[*15] また、一日五ドルで運転手つきの車を借りた。地元の大学では、シュウィーダーの古くからの友人であるビランチ・プーハン教授に歓待され、彼は私のために研究室を用意し、心理学部門のスタッフや学生を紹介してくれた。そのなかから有志を募って、私の研究チームを編成した。こうして一週間も経たないうちに、道徳的な判断を、とりわけ神性の倫理の侵犯を調査する一連の実験を行なう準備が整った。しかしこれらの実験でわかったことより、インドの小都市の社会的なネットワークの内部を歩き回ったり、私のホストやアドバイザーと自分の混乱について語り合ったりして学んだことのほうが多かった。

インドで私が混乱した理由の一つは、二つの両立しないアイデンティティを持ち込んだことにある。私は、一方で、善悪に関して限定された見方を持つ、リベラルで無神論者の二九歳であったのに対し、他方では、本や共同研究を通じてよく知るところとなった、アラン・フィスクやリチャード・シュウィーダーのような開かれた心を持つ人類学者を模範にしたいとも思っていた。そのため、ブヴァネーシュヴァルでの最初の数週間は、ショックと不調和に満ちた日々となった。たとえば、ある男と食事をしたとき、彼の妻が給仕をしてくれたが、その間、彼女は私に一言も話しかけず、黙って料理を運んできてはすぐに台所に下がっていった。自分の使用人には厳格に対応し、感謝してはならないと教えられた。またあるときには、神聖とされてはいるものの明らかに不衛生な川の水で、体を洗ったり料理をしたりしている人々を見かけた。要するに、私は男女の役割が厳然と画され、社会階層が分化した宗教社会のまっただ中に投げ出され、自分の言葉によってではなく、その文化独自の視点から、何とかその社会を理解しようと努めたのだ。

しかし不調和な感覚が消えるのには数週間しかかからなかった。それは何も、私が生まれつきの人類学者だからではなく、普通の人間なら誰もが持つ共感能力がうまく機能し始めたからだ。どこに行っても、人々は親切だったし、さまざまなことを進んで教えてくれた。そのような人々に、私は自然と好意を抱いたのである。そして人はある人々に感謝の念を抱くと、その人々の視点に同化していくものだ。私の内なる〈象〉は彼らのほうに向かって歩み始め、〈乗り手〉は彼らを弁護する道徳的な根拠を探そうとする。私は、無条件に、そこに住む人々を性差別主義者として非難したり、女性、子ども、使用人を社会の無力な犠牲者として憐れんだりするのではなく、個人よりも家族が社会の基本単位になり、(使用人を含む)拡大家族のメンバーが、緊密に依存し合って生活している社会の道徳観に注目するようになった。インドの社会では、平等や個人の自立は、神聖な価値とは見なされていない。年長者、神、来客に栄誉を与え、従者を保護し、自分に与えられた役割を果たすことのほうが重要だと考えられている。

シュウィーダーの共同体の倫理について以前に読んだときには、確かにそれを頭では理解していた。だがインドに住むことで、生まれて初めてそれを肌で感じられるようになった。義務、年長者への敬意、集団への奉仕、欲望の否定を強調する道徳的な規律に美点を見出すようになったが、権力の濫用や尊大さなど、醜悪な部分も依然として見分けられた。とりわけ女性などの従属的な立場に置かれている人が、（男性、女性を問わず）年長者の気まぐれのために、自分の望むことができないケースが多々あることがわかった。だがいずれにしても、私は生まれて初めて、自立の倫理に基づく欧米の道徳世界の外へ、足を踏み出すことができたのだ。新たに獲得した共同体の倫理という視点からすると、自立の倫理は、過剰に個人主義的で自己中心的に思えるようになった。インドでの三か月間、アメリカ人にはほとんど会わなかったが、シカゴに帰る飛行機で、誰かがまごうかたなきアメリカ英語で、「よく見ろ！　この棚は私の座席の真上にあるんだ。私にはそれを使う権利がある」と叫ぶのを聞いて、穴があれば入りたくなった。

神性の倫理に関しても、同様なことが起こった。それまで、「身体は遊び場ではなく神殿のごとく扱わなければならない」という言葉の意味を頭では確かに理解していたが、その理解とは、自分とは大きく異なる人々を理解するために使う、一つの分析的概念にすぎなかった。私は遊び好きであり、それに反対する理由など思い浮かばなかったし、効率を重視していたので、毎日数時間を祈りに費やしたり、儀式を執り行なったりする理由がよくわからなかった。だが私は、ヴァネーシュヴァルでヒンズー教の僧侶や一般人を対象にインタビューを行ない、清浄や穢れの概念について尋ねまわり、理解しようと努めた。ヒンズー社会では、なぜ沐浴や食物の選択を強調し、何に、あるいは誰に触ったかに強い関心を抱くのか？　どうしてヒンズー教の神々は、信者の身体の状態を気にかけるのだろう？（これは何もヒンズー教の神々だけに当てはまるのではなく、『コーラン』や『ヘブライ語聖書』でも、類似の関心を示し、キリスト教徒の多くは、「清潔さは信仰の次に大切だ」と考える）[*16]

大学院では道徳的な嫌悪の研究をしていたので、その知識を通じてこれらの問いを検討する準備は整っていた。当時私は、ポール・ロジン（食物やその摂取に対する人間の心理の研究の第一人者）、およびクラーク・マコーリー（ペンシルベニア大学の近くにあるブリンマー・カレッジの社会心理学者）と共同研究を行なっていた。その内容は、汚染物から私たちを遠ざけるために進化した嫌悪の情動が、裏切りや子どもの虐待によっては引き起こされるのに、銀行強盗や脱税によっては引き起こされないなど、特定の道徳的な侵犯によってのみ喚起される理由の調査である。[*17]

私たちの理論を要約すると、人間の心は、完璧な道徳性を有する神を頂点として、天使、人間、その他の動物、怪物と下降し、悪魔、つまり完全なる悪を最底辺に置く、社会空間の垂直の次元を自動的に知覚する。[*18] 超自然的な存在の種類は文化によって異なり、また、すべての文化にこのような手の込んだ垂直の次元が見られるわけではない。だが、「高い＝善い＝純粋な＝神」に対する「低い＝悪しき＝汚れた＝動物」という観念が広く浸透していることは容易に見て取れる。実際、あまりにも広範に行き渡っているので、一種の「元型」（ユング心理学の用語が好みなら）、あるいは「生得的に準備されている概念」（進化心理学が好みであれば）であるかのように思えるほどだ。

私たちの考えでは、この垂直次元の低い位置にいることを自ずと示すような態度で振る舞う人を見たり、それに類する話を聞いたりしたとき、人は道徳的な嫌悪を感じる。私たちは、徳の高い行ないに接したときに気分が高揚するのと同じように、不道徳な態度に接すると貶められたように感じるのだ。[*19] 銀行強盗は悪事であり、私たちはそんなことをする人を罰したい。それに対し、親を裏切ったり、子どもを性産業に売り飛ばしたりする人は怪物のように見え、人間の基本的な感情を欠いていると考える。その種の行為は、私たちに不快感を覚えさせ、ゴミ箱からネズミが飛び出してきたときと同じような生理的嫌悪を引き起こす。[*20]

これが私たちの打ち立てた理論だったが、その実証はインドで簡単にできた。ヒンズー教の輪廻転生《りんねてんせい》の考え方ほど、これらの点がはっきりと顕れているものはない。これは、現生での私たちの行ないに基づいて、来世では位のより高い、もしくは低い生き物として生まれ変わるとする考え方だ。驚いたことに、共同体の倫理の場合と同様、数か月が経つと、私はこのような神性の倫理を敏感に感じ取れるようになった。

このような感覚の一部は、ブヴァネーシュヴァルの衛生事情にも関係していたかもしれない。

町の至るところで牛や犬が歩き回り、人間は注意深く糞《ふん》をよけて歩かねばならず、そればかりか、人間自身が道端で排便する光景すら見られた。また、ゴミの山のまわりをハエが群れをなして飛び回っていた。そのため個人宅に上がる際には、インドの習慣に従って、ごく自然にくつを脱ぐようになったし、汚れた空間と清浄な空間の区別が際立って感じられるようにもなった。寺院を訪れた際には、建築物のスピリチュアルな空間配置《トポグラフィー》を感じ取れるようになった。中庭は街路より高く（より清浄で）、寺院の控えの間はさらに高く、神が鎮座する内部の聖域は、清浄に関するあらゆる規則を遵守するバラモン階級の僧侶しか入れない。また、個人宅も同様な構造を持ち、神への奉納が行なわれる部屋や台所へは、部外者は絶対に足を踏み入れてはならない。清浄のトポグラフィーは身体にも適用される。食事は（洗った）右手でとり、排便後は左手を使って（水で）ふかなければならない。こうして自然に、「左＝汚れ、右＝清浄」という感覚が身につき、左手で何かを手渡すことなどなくなるのだ。

これらの新たな感覚が、物体から発する「見えない汚れの光線」を検知する能力なら、強迫性障害は理解できても、道徳は理解できないだろう。そこにはそれ以上の何かがある。神性の倫理のもとでは宇宙の秩序が存在し、ものごと（や人）は、受けるに値する敬意や嫌悪をもって取り扱われるべきとされている。私はシカゴに戻ってから、ある種の事物が発するポジティブなエッセンスを感じるようになった。たとえば、しかるべき書物に敬意を払い、それらを床に置きっぱなしにしたり、トイレに持ち込んだりしなくなった。以前は金銭と空間の無駄遣いだと感じていた葬式、あるいは埋葬も、感覚的に理解できるようになった。また、人間の身体は、動物の死骸のように、死の瞬間に突然物体と化すとは思えなくなったし、たとえ痛みを感じる意識がもはやないのだとしても、亡くなった人の身体を扱う正しい方法があると感じ始めた。

それから、アメリカの文化戦争において、なぜ多くの論争が神聖冒瀆をめぐって交わされているのかが理解できるようになった。国旗は、抗議のために燃やしてもよい単なる布なのだろうか？ それとも国旗には、燃やすと（たとえ誰も見ていなくても）邪悪なことをした証《あかし》になる、非物質的な何かが含まれているのか？ アーティストが容器に溜めた尿に十字架を沈めると、あるいは聖母マリアの肖像画に象の糞を塗りつけると、それらは美術館に展示する価値のある作品になるのだろうか？[*21] これらの作品を制作したアーティストは、「見たくなければ、美術館に行かなければいい」とキリスト教信者に言っても構わないのか？ それともそんな作品が存在するだけで、世界はより汚く、不敬で、堕落した場所に変わってしまうのだろうか？

もしあなたがこれらの問いに「問題なし」と思うのなら、政治的な立場を変えてみよう。たとえば保守主義的なアーティストが、イエスやマリアではなく、マーティン・ルーサー・キング・ジュニアやネルソン・マンデラの写真を使ってその手の作品を制作し、多くの黒人リーダーを神聖視する左派を嘲ったとしよう。そんな作品を、何の抗議も引き起こさずに、ニューヨークやパリの美術館に展示できるだろうか？ 展示が終了しても、美術館それ自体が、人種差別によって汚されてしまったと感じる左派もいるのではないだろうか？[*22]

共同体の倫理と同様、神性の倫理についても、インドに赴く以前からさまざまな書物で読んでいたので、頭では理解していた。しかしインド滞在後は、アメリカに戻ってからもそれを感じられるようになった。自制、誘惑への抵抗、気高い自己の形成、欲望の否定、こういったことを強調する道徳的な規律のなかに美点を見出すようになった。それとともに、神性の倫理のマイナス面にも気づいた。神が何を望んでいるかについての信念を、本能的な嫌悪の感情に基づいて築くと、大多数の人々《マジョリティ》に少しでも嫌悪感を覚えさせる少数者《マイノリティ》（たとえば同性愛者や肥満者）は村八分にされ、ひどい扱いを受ける場合がある。つまり神性の倫理は、思いやり、平等主義、基本的人権と相容れないことがある。[*23]

とはいえ、世俗社会の醜い部分を理解し、批判するための貴重な視点も提供してくれる。たとえば、なぜ私たちの多くは、猛威を振るう物質主義に辟易しているのだろうか？　友人に見せびらかす高級品を買うための金を稼ぐことを目的として必死に働きたいと思っている人を、自立の倫理に基づいてどう批判できるのか？

個人的な経験から、もう一つ例をあげよう。ＵＶＡの食堂で昼食を食べていたときのことだ。隣のテーブルに二人の女子学生が座っていたが、一方の子がもう一方の子にしきりに感謝していた。そしてこう叫んだ。「オーマイゴッド！　あんたが男なら、いますぐあれにしゃぶりついているところだわ！」と。私は興味と嫌悪の入り混じった複雑な気持ちになったが、自立の倫理の観点からは、どう彼女を批判できるのか？

神性の倫理は、高揚と堕落の感覚(「より高い」と「より低い」)を目覚めさせる。また、思慮の浅い消費主義《コンシューマリズム》や、無分別でだらしない性的欲望を非難する手段を提供してくれる。そして、それによって私たちは、「人間の務めは自らの欲望を満たすことだ」と考える消費社会の精神の空洞化に対する、伝統的社会の嘆きを理解できるようになる。[*24]

マトリックスからの脱出

さまざまな時代や文化に共通して存在するもっとも深遠な考え方の一つに、「私たちが経験している世界は、夢に似た幻想であり、啓蒙は一種の目覚めだ」というものがある。この考え方は、多くの宗教や哲学で取り上げられ、[*25]とりわけウィリアム・ギブスンが一九八四年に『ニューロマンサー』を発表して以来、SF作品の主要テーマの一つにもなっている。ギブスンは「サイバースペース」という用語を作り出し、無数のコンピューターが接続され、人々が「共感覚幻想」の網の目に組み込まれると「マトリックス」(ある特定の観点から世界を見るように人々を仕向ける文化的な枠組み)が出現すると言う。

映画『マトリックス』は、ギブスンのアイデアを驚くほど豪華な映像にした。もっとも有名なシーンの一つで、主人公ネオは二つの選択肢を与えられる。赤い錠剤を飲めば、マトリックスから自己を切り離し、幻想から目覚め、(培養槽に横たわっている)自分のほんとうの身体を動かす自由を取り戻せる。青い錠剤を飲むと、そんな選択が与えられたことすら忘れ、他のほとんどすべての人々と同様、彼の意識は快い幻想に浸ったままでいられる。ネオは赤い錠剤を選択し、マトリックスは消失する。

そこまで劇的ではなかったが、シュウィーダーの論文は私にとって赤い錠剤だった。どこの国でも、多くの道徳マトリックスが共存しているという事実に、私は気づくようになったのだ。どのマトリックスも、人々に情動的な満足を与える、一つの統合化された世界観を提供する。そしてこの世界観は、観察によって得られた証拠でいとも簡単に正当化されるため、外部から論争をしかけたところで、打ち負かすのはほぼ不可能である。

私はニューヨーク市の郊外で育ったユダヤ人だ。祖父は帝政ロシアを逃れてアメリカに渡り、ニューヨークの繊維業界で仕事を見つけた。祖父の生きていた時代には、社会主義と労働組合が、搾取と劣悪な労働環境に、ある程度効果的に対処していた。フランクリン・ルーズヴェルトは、労働者を保護し、ヒトラーを敗北に追いやった英雄的なリーダーだった。それ以来ユダヤ人は、民主党の堅実な支持者になった。[*26]

とはいえ、私の道徳観は、家族と民族性だけで育まれたわけではない。当時アイヴィー・リーグ〔米・名門私大の八校〕のなかでは二番目にリベラルな大学とされていたイェール大学に通っていたが、教師や学生は講義中に、ロナルド・レーガンや共和党について、あるいは政治的な論争で保守主義者がとる立場に対してジョークを飛ばしたり、批判的なコメントを述べたりしていた。リベラルであることがカッコよく、また、正義だった。一九八〇年代のイェール大生は、アパルトヘイトの犠牲者を、エルサルバドル人民を、ニカラグア政府を、環境保護を、そして私の卒業年度のほぼ全期間にわたって食堂を占拠し学生ストライキを敢行していたイェール大労働組合を、支持した〔当時、内戦状態にあったエルサルバドルには米国が政府軍を梃入れした。ニカラグアでは左派のサンディニスタ民族解放戦線が政権を担っていたが、米国はニカラグアの反政府組織コントラを支援した〕。

リベラリズムこそが倫理にかなっているように見え、支持者は、平和、労働者や市民の権利、教育と宗教の分離を求めてデモ行進に参加していた。それに対し共和党は、（私たちの目には）戦争、大企業、人種差別、キリスト教福音主義を擁護する政党に見えた。私には、正常な思考力をもった人間が、悪の政党を進んで支持する理由がおよそ理解できなかったので、私とリベラルの同僚は、リベラリズムではなく保守主義の心理学的説明を探していた。私たちは世界を明確に見通す能力を持ち、人々を助けたいからリベラリズムを支持しているのに、彼らは純粋に個人的な利害から（「減税せよ！」）、あるいは人種差別を隠蔽《いんぺい》するために（「マイノリティのための福祉プログラムに資金援助するのは止めよ！」）保守政策を支持していると考えていた。リベラルとしての私たちは、道徳の基盤として危害と公正さ以外のものがあるとは考えもしなかったのだ。[*27] それ以外の道徳が思い浮かびさえしないのなら、保守主義者の道徳的な信念が、私たちのものと同じくらい真摯だと考えられるはずもなかった。

イェール大学からペンシルベニア大学を経てシカゴ大学へ移ったときには、マトリックスにほとんど変化はなかった。独り立ちしなければならなくなったのは、インドへ行ってからだ。旅行者としてインドを訪れていたのであれば、滞在した三か月間、既存のマトリックスを維持するのはたやすかったことだろう。折に触れて欧米からの旅行者と出会い、インドで目にした性差別や貧困、あるいは抑圧について情報交換していればよかったのだから。しかし、私は文化心理学の研究のためにインドに行った。だから、自分が慣れ親しんでいないマトリックス、すなわち、おもに共同体と神性の倫理によって織り上げられたマトリックスに適合するために、あらゆる努力を払わねばならなかったのだ。

インドからアメリカに帰ると、社会保守主義はそれほどばかげた考えだとは思えなくなっていた。ジェリー・ファルウェル、パット・ロバートソンら「宗教右派」リーダーの主張も、一種の臨床的な冷静さをもって聞くことができた。「彼らは、学校での祈りや体罰をもっと増やし、性教育や妊娠中絶の機会を減らそうとしているのだろうか？　それによってティーンエイジャーの妊娠やエイズが減るとは思えないが、キリスト教保守主義者が、学校での道徳教育を強化したいと考える理由や、子どもたちができる限り自由奔放に振る舞える環境を整えるべきという見方に反対する理由は、いまやよく理解できる」「社会保守主義者は、福祉プログラムやフェミニズムが、シングルマザーを増やし、子どもは父親がサポートするべしという伝統的な社会の枠組みを弱体化すると考えているのだろうか？　よろしい。いまや私は、自分の見解にこだわるつもりはない。

だから、たとえ女性の男性依存からの解放には多くの利点があるとしても、保守側の主張もよくわかる」と考えるようになっていた。党派心に凝り固まった以前の思考習慣(「とにかくまず反対せよ。理由を考えるのはそれからだ」)を振り払った私は、互いに深く対立するとはいえ、リベラリズムも保守主義も、よき社会を真剣に追求しようと心がけていることに変わりはない、と考えられるようになった。[*28]

党派心に起因する怒りからの解放は、とても気分がよかった。ひとたび怒りを感じなくなると、義憤に駆られて性急な結論(「われわれは正しく、彼らは間違っている」)を下すこともなくなった。こうして私は、おのおのが独自の知的伝統をもつ、さまざまな道徳マトリックスを探求できるようになり、この経験は一種の覚醒であるかのごとく感じられた。

この種の覚醒を引き起こす文化心理学の力に関して、シュウィーダーは一九九一年に次のように述べている。

> 私たちは他人のものの見方をほんとうに理解するとき、自分の理性の内部に秘められた潜在的な可能性の認識に至り、(……)そのような見方が、初めて、あるいは再び重要なものとして立ち現われ始める。私たちの生きる世界に、均質的な「背景」などない。私たちは生まれつき多様なのだ。[*29]

道徳、政治心理学を研究するにあたって、この認識の重要性はいくら強調してもし過ぎではない。私たちは生まれつき多様なのであり、人間の心は、さまざまなものごとに関して正しくあろうとする能力を備えているが、その一部が子どもの頃の成長を通じて発現するにすぎない。残りの部分は未発達のまま潜在し、成人の道徳マトリックスを構成する、意味や価値観のネットワークには結びつかない。たとえばＷＥＩＲＤ社会で育った人は、自立の倫理を徹底的に教え込まれているので、そこかしこに抑圧や不平等の兆候を見つけることができる。たとえ、抑圧されているなどと当事者たちが思っていなくてもだ。しかしそんなＷＥＩＲＤ社会の住人でも、旅行に出かけたり、親になったり、伝統的な社会を舞台にしたすばらしい小説を読んだりしたとき、自分自身の心の奥底に、それまではまったく気づかなかった道徳的な直観が宿っているという事実を発見するかもしれない。あるいは、権威、セクシュアリティ、身体などに関わるジレンマに、言葉では説明しがたい方法で対応し始めた自分に気づくかもしれない。

それとは逆に、より伝統的な社会で育った人、あるいはアメリカではキリスト教福音主義を信奉する家庭で育った人は、共同体や神性の倫理によく馴染んでいるので、あちこちに不敬や侮辱の兆候を見つけられる。だがそんな人でも、（学問の世界で、保守主義者やキリスト教徒がときに経験するように）[*30] じかに差別に直面したり、マーティン・ルーサー・キング・ジュニアの演説「私には夢がある」を聞いたりすれば、抑圧や不平等の問題に対して、それまでは気づきもしなかった道徳的な響きを聞き分けられるかもしれない。

まとめ

道徳心理学の第二原理は、「道徳は危害と公正だけではない」というものだ。この主張を裏づけるために、欧米の（W）、啓蒙化され（E）、産業化され（I）、裕福で（R）、民主主義的な（D）、文化のもとで育った人々は、道徳心理学を含め、さまざまな心理学の基準からすると例外的な存在であることを示す研究を紹介し、次の点を述べた。

◉WEIRDであればあるほど、世界を関係の網の目ではなく、個々の物の集まりとして見るようになる。

◉道徳の多元性は記述的な真理と見なせる。つまり単純な人類学的事実として、道徳領域は文化ごとに変化する。

◉自立の倫理（個人に対する危害、抑圧、欺瞞への道徳的関心）にほぼ限定されるWEIRD文化の道徳領域は非常に狭い。それに対し、それ以外のほとんどの社会、およびWEIRD社会でも、宗教的で保守主義的な道徳マトリックスに依拠する文化のもとでは、道徳領域はもっと広く、共同体や神性の倫理も包含する。

◉道徳マトリックスは人々を結びつけるが、他のマトリックスの存在や一貫性に対して、人を盲目にする。これは、道徳的な真理には複数の形態があり得るということや、人の評価や社会の運営には、さまざまな枠組みが適用できるという可能性を考慮に入れることを、著しく困難にしている。

以下の三つの章では、危害と公正以外にどのような道徳基盤があるのかを示しながら、道徳的な直観を分類する。そして、いくつかの普遍的かつ生得的な道徳基盤を組み合わせることで、さまざまな道徳マトリックスを構築できることを示す。さらに、自分にはなじみのないマトリックスに基づいた道徳的な議論でも、理解できるようにするためのツールを提供したい。

第6章 〈正義心〉の味覚受容器

Taste Buds of the Righteous Mind

数年前、「真の味覚」という名のレストランに入った。インテリアは白で統一され、座席には五本の小さなスプーンが並べられている。テーブルに座ってメニューを眺めると、「砂糖」「はちみつ」「樹液」「人工」という四つのセクションに分かれているだけなので、ウェイターを呼んで説明を求めた。このレストランでは、食べ物は出さないのだろうか？

ウェイターは店のオーナーでもあり、他に従業員はいない。彼は言う。このような店は、世界中でただ一軒しかないと。つまりその店は、甘味料を味わうレストランだったのだ。三二か国からの甘味料が取り揃えられていた。彼は、かつて味覚を研究する生物学者だったそうで、舌の表面には甘味、酸味、塩味、苦味、うま味にそれぞれ対応する、五種類の味覚受容器（味蕾《みらい》）が備わっていると教えてくれた。また、甘味に対応する味覚受容器は、脳内にもっとも激しいドーパミンの放出を引き起こすことが研究でわかったと、したがって人間は、他の四つの味覚より甘味を強く欲するよう固定配線《ハードワイヤード》されていると結論するとも言う。つまり、〈カロリー〉対〈快感情〉の費用対効果を考えれば、甘味料の摂取は、もっとも効率的な食事だ。そう考えた彼は、甘味受容器のみの刺激を目的とするレストランを開業しようと思いついたらしい。「景気はどうだい？」と尋ねると、「さっぱりです。でも、少なくとも元化学者がやっている、向かいの塩味バーよりはマシのようです」と答えた。

もちろん、いまの話は冗談だ。だが、道徳哲学や道徳心理学の本を読んでいると、そんなたとえがうまく当てはまるのではないかと思うことがある。道徳とは、とても豊かでかつ複雑、そしてきわめて多面的で、矛盾をはらんだものだ。シュウィーダーら多元主義者は、文化内、あるいは文化間の道徳の多様性を説明する理論を提起しているが、それでも多くの研究者は、道徳をただ一つの原理に、しかも通常は福祉の最大化（「人々を援助せよ、傷つけてはならない」）を求める原理の、何らかのバリエーションに還元しようとしている。[*1] あるいは、道徳は正義、もしくはそれに関連する公正、権利、個人の尊重、自立などの概念を意味する場合もある。[*2] 甘味（福祉）だけを引き立てた功利主義グリルがあり、塩味（権利）だけで味つけした義務論ディナーがある。そして、人はそれらのいずれかを選択しなければならないと考えるのだ。

シュウィーダーも私も、「何でもよい」「すべての料理、すなわちあらゆる社会が等しくすぐれている」と言いたいわけではない。とはいえ、すべての道徳をたった一つの原理に還元しようとする道徳一元論は、それ以外のあまたの道徳原理をすべて無視するがゆえに非人間化する高いリスクを抱えた、大多数の住民が不満を感じざるを得ない社会を生むと、私たちは考える。[*3]

あらゆる人間は、同じ五種類の味覚受容器を備えているにもかかわらず、誰もが同じ料理を好むわけではない。その違いが何に由来するのかを理解するために、私たちの祖先の栄養価の高い食糧であった、糖分を含む果物や脂肪分の多い肉に関して、進化論的な説明を与えることもできる。しかしそれぞれの文化の歴史も理解しなければならないし、おのおのの幼少期の食習慣も考慮する必要がある。誰もが甘味を検知する味覚受容器を備えていることがわかったからといって、なぜメキシコ料理よりもタイ料理を好む人がいるのか、あるいは、どうして誰もビールに砂糖を入れようとしないのかを理解できるわけではない。誰もが備える味覚受容器を個人の嗜好に関連づけるには、今後相当な研究が必要であろう。

道徳的な判断にも同じことが言える。道徳を論じるにあたって、人はなぜ大きく見解が分かれるのかを理解するには、進化の過程で獲得された共通の遺産の探求から始め、味覚と同様、文化の歴史や個人の習慣を調査する必要がある。「私たちは他人に危害を及ぼさぬよう配慮する」ということがわかったからといって、なぜ人によってバドミントンより狩猟を好むのか、あるいはなぜ貧しい人々を援助しようとする人が少ないのかがわかるわけではない。誰もが備える道徳の受容器を、特定の個人が下す道徳的判断に関連づけるためにさらなる研究が必要なのは、味覚の場合と変わらない。

二三〇〇年前、古代中国の賢人孟子は、「牛や羊や豚の肉が私たちの味覚を満足させてくれるように、道徳原理は心を楽しませてくれる」と述べ、道徳を食物にたとえている。[*4] 私は本章と以下二つの章で、「〈正義心〉は六つの味覚受容器のようなもの」という、道徳を料理にたとえるメタファーを発展させる。道徳は文化的な産物であって、環境や歴史という偶然に左右されるが、何でもありと言えるほど柔軟なものではない。あなたも樹皮の料理など口にしないし、苦味をベースとする料理など食べないだろう。文化によって料理は変わるとはいえ、同じ五つの味覚受容器を備えた舌を満足させる必要がある。[*5] それと同様、文化によって道徳マトリックスは変化すれども、同じ六つの社会的な受容器を備えた、人々の〈正義心〉を満足させなければならない。

道徳科学の誕生

昨今、世間一般では、「啓蒙とは、理性という武器を手にした科学と、迷信という古来の防御盾を持った宗教が睨《にら》みあう、不倶戴天《ふぐたいてん》の敵同士の戦いである。そしてその結果、理性が迷信を打ち負かし、光が闇を制圧した」と見なされている。しかし、デイヴィッド・ヒュームが生きていた頃は、三つ巴の戦いが繰り広げられていた。啓蒙主義を擁護する思想家は、神の啓示を道徳知識の源泉として認めないという点では一致していたが、道徳は人間の本性を超越するもの（すなわちプラトンが考えていたように、合理性に起源を有し、それゆえ思考によって演繹され得るもの）なのか、それとも言語や嗜好のように人間の本性の部分であって、言葉や味覚のように観察に基づいて学習されねばならないものなのかに関しては、[*6]見解が分かれていた。思考能力の限界に関心を抱いていたヒュームは、人間の本性を無視し、理性のみによって道徳的な真理を追究しようとする哲学者が、聖典のなかにそれを発見できると見なす神学者より本質をとらえているとは言えないと考えていた。どちらも超越主義者という点では同じなのだ。[*7]

以前は宗教によって占められていた領域を、新たな自然科学の方法で探究するヒュームの道徳研究は、啓蒙時代の真髄と言えよう。彼の最初の重要な著作『人間本性論』には、「理性的な思考に基づく実験的な方法を道徳的な問題に導入する試み」という副題がついている。どうやらヒュームは、「〈道徳科学〉は、人間性とは何かという問いから出発すべき」と考えていたようだ。そして、歴史や政治、さらには同僚の哲学者を材料に人間の本性を調査し、感情（直観）は道徳的な生活の原動力であるのに対し、理性は無力で偏向しており、そもそも情熱の召使いにこそふさわしいという結論に達した。[*8]また、彼は美徳に多様性があることを見出し、道徳のすべてを「親切」などのたった一つの美徳に還元したり、それを放棄して、いくつかの道徳法則に置き換えようとしたりする同時代人の試みに異を唱えた。

道徳はさまざまな感情に基礎を置き、人はそれを通して、美徳には快を、悪徳には不快を感じると考えていたヒュームは、感覚によるたとえ、とりわけ味覚のたとえを用いることを好んだ。たとえば次のように述べる。

道徳は、ものの抽象的な本性のなかにあるのではなく、個人の感情や心の味覚に比すべきものだ。甘さと苦さ、あるいは熱さと冷たさの区別と同様、それは個々の感覚や器官に由来する特定の感情から生じる。それゆえ道徳的な知覚は、知力の活動ではなく、味覚や感情と一緒に分類されるべきである。[*9]

道徳的な判断は知覚の一種であり、よって道徳科学は、道徳の受容器の注意深い研究から開始する必要がある。その際、五つの味覚の受容器は、純粋な思考によっても、聖典を参照することでも理解できないと心得ておく必要がある。なぜなら、それらは経験を超越するものではないからだ。そうではなく、私たちは舌を調査しなければならない。

ヒュームは正しかった。一七七六年に世を去るまでに、彼と他の感情論者[*10]は、「道徳科学」の実に見事な基盤を築き上げていた。私の見るところ、この基盤は、現代の研究によってほぼ立証されたと考えてよいだろう。[*11]だとすると、彼の死後、道徳科学は急速な発展を遂げたのだろうか？

ところがそうではなかった。彼の死から何十年かが経過すると、合理主義者が台頭して宗教に対する勝利を叫び、二〇〇年ものあいだ道徳科学をあらぬ方向へそらせてしまったのだ。

システム主義者の攻撃

自閉症の分類は、何十年も研究者を悩ませ続けてきた。というのも、それは明確に区分できる単一の病状を指すわけではないからだ。自閉症には程度の差があり、重度の心的障害をともなうケースと、他人の行動をうまく理解できないといった程度のケースのあいだに、明確な線を引くのが困難である。そのため、一般に自閉症は「スペクトル障害」とも呼ばれている〔スペクトル分解とは、ある要素全体に含まれる成分を、小さなものから大きなものまで分けて示す手法〕。このスペクトルの一方の極に、「マインドブラインド」と呼ばれる自閉症患者が存在するが、[*12]彼らは、正常な人が他者の意図や欲求を見分けるために用いる「社会認知ソフトウェア」を欠いている。

自閉症研究の第一人者、サイモン・バロン＝コーエンによれば、実際には、二種類のスペクトル、すなわち共感とシステム化という二つの次元が存在する。共感とは、「他者の情動や思考を見極め、それに対し適切な情動をもって対応する衝動」を意味する。[*13]ノンフィクションよりもフィクションを好む人や、外に出て初対面の人と会話を楽しむことの多い人は、平均以上に共感能力を持つと言えるだろう。もう一方のシステム化とは、「システムの変数を分析し、その振る舞いの基盤にある規則を発見しようとする衝動」のことだ。[*14]地図やマニュアルを読むのが得意な人や、機械いじりが好きな人は、平均以上のシステム化衝動を備えていると考えてよい。

これら二つの特徴を縦横両軸にとると、図6・1のような二次元空間を描くことができ、人々

図6.1　認知スタイルの二つの次元
自閉症を持つ人は、システム化能力が高く共感能力が低い。何人かの重要な道徳哲学者も同様である。（Baron-Cohen 2009）

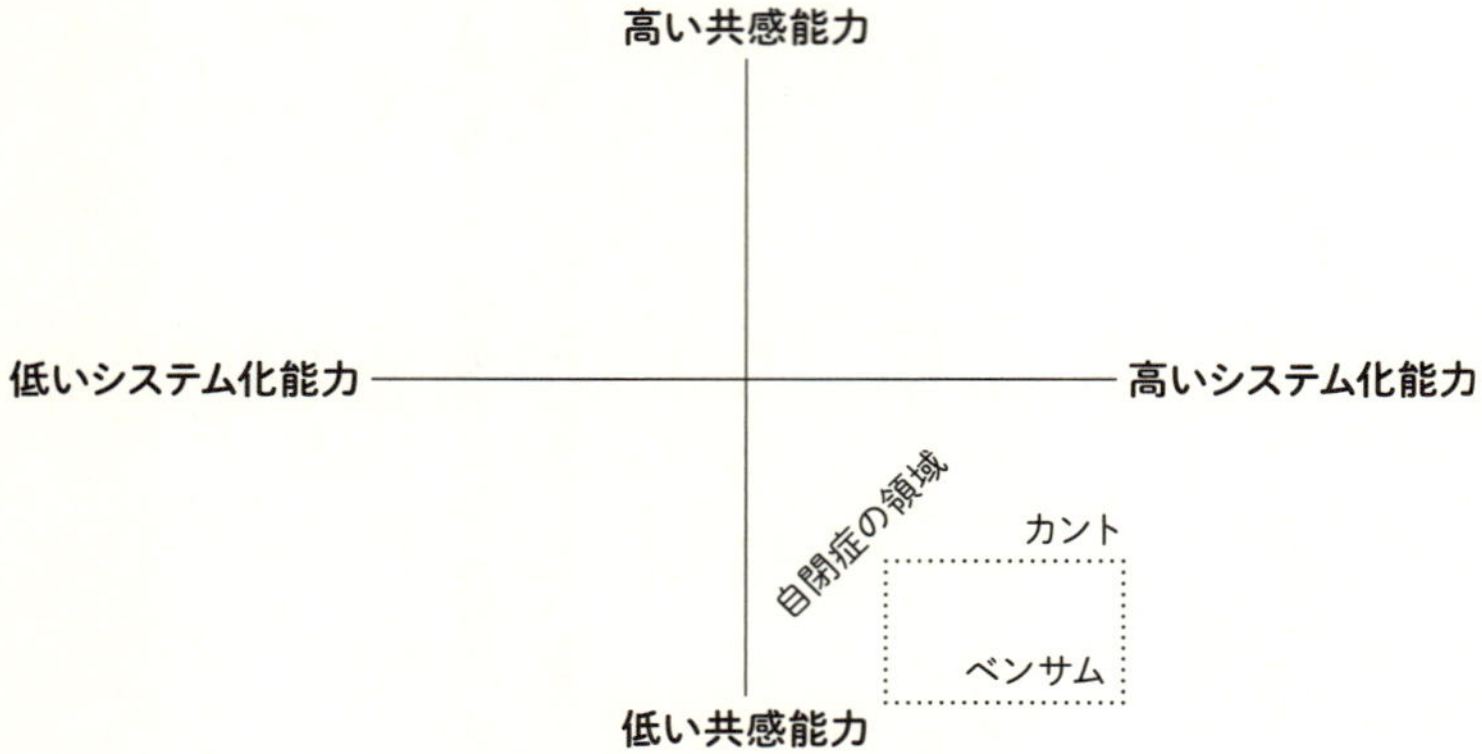

は四つの象限のどこかに当てはめられる。バロン＝コーエンは、遺伝と出生前の何らかの要因が結びつくことで、共感能力が極端に低く、システム化能力が例外的に高い脳が形成されると、自閉症が生じると言う。アスペルガー症候群（高機能自閉症のサブタイプ）も含めて、自閉症は一つのはっきりした症状としてより、パーソナリティ空間の一つの領域（図6・1の第四象限の右下）を表すものとしてとらえたほうがよい（「アスペルガー症候群」という名称は米国精神医学会の定めた診断手引き『DSM－5』からは「自閉症スペクトラム障害」という名称で統一化されているが、まだ一般には浸透していないので旧名を用いる）。[*15]

この見方を採用すれば、西洋哲学における倫理学の二つの主要な理論は、きわめて高度なシステム化能力と、相当に低い共感能力を持つ哲学者によって創始されたと言える。

ベンサムと功利主義グリル

一七四八年にイングランドで生まれたジェレミー・ベンサムは、一二歳でオックスフォード大学に入学し、法律家としての教育を受け、イングランド法が形成される何世紀もの過程で蓄積されてきた矛盾、あるいは無意味な規則や罰則の改革に生涯を捧げた。彼は主著『道徳および立法の諸原理序説』で、あらゆる改革、法、人間の行動は一つの原理によって統治されるべきだと主張する。それは「功利」の原理であり、彼はそれを「当事者の幸福を増大、もしくは減少させると見なせる程度にしたがって、あらゆる行動を承認、あるいは非承認する原理」と定義している。[*16] さらに各法は、各構成員によって獲得が期待される、功利の単純な算術的総和として定義される、共同体の功利性の最大化を目指すべきだとする。次にベンサムは、快と苦の強さ、持続期間、確実さなどといった、功利の計算に必要な媒介変数《パラメーター》をシステム化し、それらの総計を求めて、あらゆる人々の行なうすべての行動に道徳的な判断を下せるアルゴリズム「幸福計算」を考案した。

ベンサムの哲学には、極端なシステム化の傾向が見て取れる。バロン＝コーエンが指摘するように、システム化は力をもたらすが、共感能力を欠くと大きな問題を生む。フィリップ・ルーカスとアン・シーランは、「アスペルガー症候群、およびジェレミー・ベンサムの奇行と天才」と題する論文で、ベンサムの私生活の記録を集め、アスペルガー症候群の診断基準に照らしている。[*17] それによると、共感能力の低さ、社会関係の乏しさなど、主要な基準によく当てはまるとのことだ。

子どもの頃には友だちがほとんどおらず、大人になってからは大勢の友人が怒って彼を見放している。結婚は一度もせず、世捨て人を自称し、どうやら他人のことなどどうでもよいと思っていたらしい。ある同時代人はベンサムのことを、「彼は自分のまわりの人々を、夏場のハエのようなものと考えている」と評している。[*18]

また、関連する基準に、想像力、とりわけ他者の内面を想像する能力の欠如がある。私生活でも、哲学でも、ベンサムは人が持つ多様で繊細な心の動きに気づく能力を欠いていたため、多くの人々に不快感を与えた。自閉症的な資質を持たない功利主義者のジョン・スチュアート・ミルは、ベンサムを軽蔑し、ベンサムの性格は心の〈完全性〉が必要とされる哲学者にはふさわしくないと述べている。

　彼は、人間の持つもっとも自然で強い感情のなかでも、とりわけ共感能力を欠く人物だ。その厳粛な経験から、まったく隔離されている。また、想像力が乏しいために、他人の心を理解し、その人がどう感じるかを、当人の身になって考えることができない。[*19]

ルーカスとシーランは、ベンサムが現代に生きていれば、「アスペルガー症候群の診断を下される可能性が高い」と結論している。[*20]

カントと義務論ディナー

一七二四年にプロイセン〔現ロシア領側〕で生まれたイマヌエル・カントは、ヒュームの著作によく親しみ、美や崇高について著していた若い頃は、感情主義者の理論を好んでいた。しかし彼は、人々が実際に道徳的に振る舞う理由を説明する際に、同情などの感情を考慮に入れることが重要だとは認めていたものの、その種の説明が倫理に主観性を持ち込む点には不安を感じていた。人それぞれが異なる道徳感情を持つのなら、果たさねばならない道徳的な義務は人によって違うのか？　あるいは文化ごとに道徳感情が異なっていたなら？

プラトン同様、カントは、時が経っても変わることのない善の形態を発見しようと努めていた。道徳は、文化や個人の性格の違いによって変わってはならないと考えていたのだ。不変の善の形態を見出すためには、周囲を見回して人々がどのような善を追究しているのかを確かめてみるなどという、観察的な方法では不十分であろう。そう考えたカントは、「道徳の法則は、先験的な（経験に先立つ）プロセスによってのみ確立し得る」と主張する。つまり道徳法則は、理性の働きに固有の原理、またはそれを介して明らかにされる原理によって構成されねばならないということだ。[*21]

カントはさらに、そのような原理が無矛盾であると考えた。要するに、「貧者を救済せよ」「両親を敬え」などといった特定の内容を持つ具体的なルールではなく、他のすべての有効な道徳規則をそこから引き出せる（と彼が考える）、抽象的なルールを提示したのである。彼はそれを定言的

（すなわち無条件の）命令と呼び、「私の格律が普遍的法則になるべきことを私もまた欲し得るように行動し、それ以外の行動を決してとるべきではない」〔『道徳形而上学原論』篠田英雄訳、岩波文庫〕と主張する。[*22]

ベンサムが「正しい振る舞いの何たるかを、算術を用いて割り出せ」と主張するのに対し、カントは「論理を使え」と言う。こうして両者とも、道徳のすべてを、たった一つの文章や公式に還元するというシステム化の奇跡を達成した。カントもアスペルガー症候群を抱えていたのだろうか？

ベンサムと同じく、カントも一匹狼で、生涯一度も結婚せず、内面は凍てついていたらしい。厳密なタイムスケジュールを偏愛していたことで知られ（どんな天気でも、毎日きっかり午後三時半に散歩に出かけていた）、彼もアスペルガー症候群の診断を下されたはずだと言う専門家もいる。[*23] ただしカントの私生活の記録を読む限りでは、ベンサムのケースほど症状は明確でないように思える。健康のためと、笑いや社交を重んじていたという話があるなど、少し計算高いところはあったようだが、カントは多くの人々に好かれ、社交を楽しんでいた。[*24] バロン＝コーエンの図式を借りて言うと、カントは史上もっともシステム化を愛好する哲学者の一人で、共感能力は低かったが、図6・1の右下を占めるベンサムに比べると、その程度はひどくなかった。

元に戻る

単に生みの親がアスペルガー症候群を抱えていた可能性があるという理由だけで、功利主義やカントの義務論が間違っていると言いたいのではない。それでは悪意ある個人攻撃にすぎず、論理的にも誤っている。それは別にしても、功利主義もカントの義務論も、哲学や公共政策の領域において、豊かな実りをもたらしてきたことに変わりはない。

しかし心理学の目的は記述にあり、私たちは道徳的な心がどのように機能すべきかではなく、実際にどう機能しているのかを知りたいのだ。そしてそれは思考、算術、論理によってはなし得ない。それを可能にするのは観察だけであり、観察は通常、共感能力をともなってこそ鋭利なものになる。[*25] しかし哲学は、一九世紀になって観察や共感を放棄し始め、推論やシステム思考にますます重きを置くようになる。西欧社会が啓蒙化、産業化され、豊かで民主的になるにつれ、知識人の心はより分析的になり、ものごとを全体でとらえようとはしなくなった。[*26] そんな状況にあって、功利主義と義務論は、ヒュームの多元的で感情主義的なもつれたアプローチと比べ、倫理学者にははるかに魅力的に見えたのだろう。

この傾向は、大学院で研究を始めたときに道徳心理学がつまらなく感じられた理由を説明する。コールバーグはカントの合理主義を擁護し、道徳の発達の到達点が、正義の完全な理解のみにあるとする理論を提起した。このアプローチは、私には誤りだと感じられた。過剰にシステム化され、共感が過小評価されていると思ったのだ。まさにそれは私にとって、たった一つの道徳の受容器のみに焦点を絞る「真の味覚レストラン」だった。[*27]

味覚を拡張する

では、危害と公正以外に何があるのか？　シュウィーダーの三つの倫理は有益な出発点になるとはいえ、多くの文化人類学者と同様、彼は人間の行動を進化論によって説明することには警戒心を抱いていた。人類学者にこれまで長く浸透していた考え方では、進化は人類に二足歩行、道具、大きな脳をもたらしたが、文化を築く能力を獲得したときに、生物学的な進化は停止したか、もしくは少なくとも人類の進歩には無関係になったと見なされていた。つまり文化はきわめて強力なので、人類は、他の霊長類と共有する、いかなる太古の本能にも優越する行動様式を獲得し得たと考えていたのだ。

私は、この人類学の既存の考え方が間違っており、進化なくして道徳の理解は不可能だと確信していた。しかしシュウィーダーは、ときに還元主義や、単純素朴な機能主義に陥ることのある進化論的な説明には注意しなければならないと私に教えてくれた。前者は文化人類学の焦点である「共有された意味」を無視するからであり、後者はあらゆる行動が特定の機能を果たすために進化すると性急に仮定してしまうからだ。では、還元主義に陥らず、かつ心理メカニズムの進化に関して「目的」や「機能」に言及することに慎重な、道徳的直観の進化の説明を構築できるだろうか？　同情や相互依存などの普遍的とおぼしき道徳的な特徴を取り上げて、どこにでも見出せるという理由だけでこれらが先天的なものだと断定することなど、私にはできなかった。そうではなく、それぞれの特徴について注意深い進化のストーリーを考え、これらの先天的な直観が、文化的な進歩との相互作用のもとに、いかに現在世界中に浸透している種々の道徳マトリックスを形成したのかを説明する必要があった。

私は、世界中の美徳の一覧を作成し、分析することから開始した。美徳は社会的な構築物であり、たとえば戦士の文化、農耕文化、現代の産業社会における文化では、子どもに教える美徳はそれぞれ異なる。文化間の重なりは当然あるが、重なる部分にも微妙な相違がある。ブッダもキリストもムハンマドも思いやりについて説いているが、内容はかなり異なる。[*28]とはいえ、親切、公正、忠誠などに関して、ほとんどの文化に類似の美徳を見出せることがわかれば、社会的なできごとの本質を見極められるよう導く、（味覚受容器にたとえると）人類共通の基本的な社会受容器があるはずだと考え始めるだろう。

味覚のたとえをもう少し続ける。ほとんどの文化では、甘味飲料が少なくとも数種は普及している。これらはたいがい土地の果物を原料とするが、産業化された国では、砂糖と添加物を加えて製造される。とはいえ、マンゴージュース、リンゴジュース、コカコーラ、ファンタのそれぞれに独自の味覚受容器を想定するのはばかげている。実際に存在するのは、甘味受容器だけで、それに刺激を与えるための異なる方法を、おのおのの文化は独自に生んだのだ。[*29] たとえ人類学者が、エスキモーには甘味飲料は普及していないと主張したところで、その事実は、エスキモーには甘味受容器が備っていないことの証拠にはならない。エスキモーが料理に甘味をほとんど使わないのは、最近になるまで果物がほとんど手に入らなかったという明白な事情があるからにすぎない。さらに言えば、チンパンジーやボノボ〔サルの一種〕は果物を好み、ほうびとしてコカコーラをなめられる実験があれば懸命に遂行するなどと霊長類学者から聞けば、生得的な味覚受容器の存在は、より確かに感じられるようになるだろう。

私の目標は、美徳と、確証された進化の理論を結びつけることだった。とはいえ、ある一つの特徴をとらえて、「この特徴が環境に適応し得た理由は何だろうか?」と単純に問うなどの、アマチュア進化論者が犯しがちな過ちを繰り返したくはなかった。このような問いの立て方をすると、答えはほぼつねに「イエス」になる。というのも、自分の望む方向に自在に推論を進められるからだ。書斎に座ってものごとを考えている人は、ラドヤード・キップリングが「なぜなぜ物語」と呼んだもの、すなわちラクダのコブや象の鼻はなぜできたのかなどといった謎を説明する空想物語をつむぎ出せる。だが私の目標は、空想物語の創作ではなく、深く敬意を払っている二つの学問、人類学と進化心理学のつながりを明確にすることにあった。

道徳基盤理論

私は、シカゴ大学時代の友人で、シュウィーダーのもとで研究していたクレイグ・ジョセフと共同で研究することになった。彼の研究テーマは、エジプトとアメリカに住むイスラム教徒が抱く美徳の概念の調査だった。

私たちは、認知人類学者のダン・スペルベルとローレンス・ヒルシュフェルトによる「モジュール性」という概念を導入した。[*30] モジュールとは、すべての動物の脳に備わっている小さなスイッチのようなものを意味する。それらは特定の生態環境のなかで、自らの生存にとって重要なパターンが入力されるとオンになり、その動物の行動を（通常は）適応の方向へ導く信号を発する。たとえば、多くの動物は初めてヘビを見たときでも恐れの反応を示すが、それは動物の脳に、ヘビ検出器として機能する神経回路が備わっているからだ。[*31] スペルベルとヒルシュフェルトは次のように言う。

> 進化した認知モジュール、たとえばヘビ検出器や顔を認知する装置は、（……）太古の環境のもとで、その生物種の祖先が、問題や何らかの好機を引き起こすさまざまな現象に適応した結果獲得されたものだ。そしてその機能は、ある特定のタイプの刺激や入力（たとえばヘビや人間の顔）を処理することにある。

これは、普遍的な道徳の「味覚受容器」がいかなるものかをみごとに示す記述だ。それは社会生活のなかで発生し続ける脅威や好機に適応する仕組みであり、人々の注意をある特定のできごと（残酷な、あるいは不敬な、など）へと引きつけ、ただちに直観的な反応を引き起こし、場合によっては（同情や怒りなどの）特定の情動さえ生む。

このアプローチは、文化の学習やバリエーションを説明する際に役に立つ。スペルベルとヒルシュフェルトは、モジュールのスイッチを入れるトリガーとして、「本来《オリジナル》のトリガー」と「現行《カレント》のトリガー」を区別している。[*32] オリジナル・トリガーとは、モジュールを活性化するトリガーのうちで、本来そのためにモジュールが設計されたものを指す（たとえば、どんなヘビもヘビ検出器のオリジナル・トリガーと見なせる）。[*33] カレント・トリガーとは、トリガーになり得るすべての事物を指す（たとえば草むらで見かけるヘビと混同しやすいもの。本物のヘビも含まれるが、おもちゃのヘビ、曲がった木切れ、太いロープなど）。モジュールはときにミスを犯し、多くの動物は、他の動物のミスにつけ込むトリックを進化させてきた。たとえば、アブは黄色と黒の縞模様を進化させてスズメバチに見せかけ、それがなければアブをエサにしているであろう鳥類のスズメバチ回避モジュールのスイッチを入れる。

文化間で道徳が変化する理由の一つは、どんなモジュールでも文化によってカレント・トリガーの対象となる範囲が変わるからだ。一例をあげると、多くの欧米人は過去五〇年間に、さまざまな動物の苦痛に哀れみを感じるべきだと、また、より多様な性的行為を許容すべきだと考えるようになってきた。モジュールの設計やオリジナル・トリガーの変化には何世代もの遺伝的な進化が必要な一方、カレント・トリガーは、これらの例が示すように、たった一世代でも変化し得る。
さらに言えば、どんな文化でも道徳的な論争の多くには、行動と道徳モジュールを結びつける、競合するいくつかの方法が関係していることがわかる。両親や先生は、言うことを聞かない子どもに体罰を与えるべきか？　政治的に左寄りの立場をとる人は、一般に体罰を残酷で抑圧的なものと見なす。それに対し右寄りの人は、妥当なルールの、とりわけ両親や教師に対する敬意に関するルールの適用としてとらえる。このように、さまざまな方法で行動を認知モジュールに結びつけられるので、少数の限られたモジュールを基盤にしても、立場によって相反するような道徳マトリックスが形成され得る。
クレイグと私は、文化が道徳マトリックスを築く際の基盤になる、普遍的な認知モジュールの最有力候補の特定に努めた。このような方針から、私たちは自分たちのアプローチを「道徳基盤理論（Moral Foundation Theory）」と呼ぶことにした。[*34] そして進化心理学者が言うところの、社会生活における「適応課題（adaptive challenges）」を特定し、多くの文化にさまざまな形で見出される一連の美徳へとそれを結びつけることで、この理論を構築しようと考えた。[*35]
適応課題としては、次の五項目がもっとも際立っていた。「子どもを保護する」「相互依存の恩恵を得るために、親族以外と協力関係を結ぶ」「他の連合体に対抗するために自分たちの連合体を形成する」「階層制のもとで自らの地位を確保する」「人々が密集して暮らすと急速に伝播する

図6.2 五つの道徳基盤（初期バージョン）

	ケア／危害	公正／欺瞞	忠誠／背信	権威／転覆	神聖／堕落
適応課題	子どもを保護しケアする	双方向の協力関係の恩恵を得る	結束力の強い連合体を形成する	階層制のもとで有益な関係を結ぶ	汚染を避ける
オリジナル・トリガー	苦痛、苦境、自分の子どものニーズ	欺瞞、協力、詐欺	グループに対する脅威や挑戦	支配や服従の兆候	廃棄物、病人
カレント・トリガー	赤ちゃんアザラシ、かわいらしい漫画キャラクター	配偶者への貞節、故障した自動販売機	スポーツチーム、国家	ボス、尊敬を集めるプロ	タブー視されている考え方（共産主義、人種差別）
特徴的な情動	思いやり	怒り、感謝、罪の意識	グループの誇り、裏切り者に対する怒り	尊敬、怖れ	嫌悪
関連する美徳	介護、親切	公正、正義、信頼性	忠誠、愛国心、自己犠牲	服従、敬意	節制、貞節、敬虔、清潔さ

病原体や寄生虫から自分や親族を守る」である。なお第8章では、それ以外に六番目の基盤〈自由／抑圧〉を導入する。

図6・2は、私たちが最初に提案した五つの道徳基盤を表にしたものだ。[*36] 一行目は適応課題を示す。私たちの祖先が、表にあるそれぞれの課題に数十万年にわたり直面していたとすると、自然選択は、繰り返し発生する問題の解決にあたって、思考（〈乗り手〉）に依存しなければならない個体より、直観（〈象〉）に従ってすみやかに状況判断できる認知モジュールを備えた個体を優先する。二行目には、オリジナル・トリガー、すなわちこれらのモジュールが検出する社会的なパターンの種類が例示されている。なお実際、道徳基盤は、協調しながら適応課題に対応する、いくつかのモジュールのセット・に・よって構成される。[*37] 三行目は、現代の欧米社会

で暮らす人々に関して、該当モジュールのスイッチを（ときに間違って）入れるカレント・トリガーの一例だ。四行目には、該当する道徳基盤が強く刺激された場合、その出力として引き起こされる情動が列挙されている。最後の五行目には、それぞれの項目に反応する人を形容するにふさわしい、美徳に関する用語があげられている。

各道徳基盤の詳細は次章で説明するが、さしあたり〈ケア／危害〉基盤を用いて、この道徳基盤理論がどのようなものかを述べておきたい。あなたの四歳の息子が、これから病院で盲腸の手術を受けるとしよう。あなたはガラス窓越しに手術の進行状況を見ている。全身麻酔をかけられて手術台に横たわる息子が見える。メスが息子の腹部にあてられる。そのときあなたは、息子の命を救う手術の開始を知り、安堵の息をつくだろうか？ それとも苦痛を感じて目をそむけるだろうか？ 功利主義的観点からすると、このようなケースで「苦」が「快」を上回ることは、理にかなっていないと見なされる。だが、モジュールの出力結果として考えれば完璧に理解できる。私たちは、とりわけ自分の子どもが関わっている場合、暴力や苦痛の兆候に情動的に反応する。たとえ実際には暴力が振るわれているわけではなく、子どもは苦痛をまったく感じていないと頭では理解していたとしても、その点に変わりはない。それは、頭では等しいとわかっているはずの二本の線の長さが、どうしても異なって見えるミュラー・リヤー錯視のようなものだ（八三頁、図2・2参照）。

手術の一部始終を眺めているあなたは、手術台のそばに立つ二人の看護婦に気づく。一人は年長で、もう一人は若い。二人とも手術に十分な注意を払っているが、年長の看護婦は、ときおり慰めるかのようにあなたの息子の頭をなでている。若いほうは、自分の仕事に専念している。ここで、深い麻酔をかけられたあなたの息子はまったく何も聞こえず感じもしないとすると、あなたは二人の看護婦にどう反応するだろうか？　功利主義者なら、どちらにも同じように反応するはずだ。というのも、年長の看護婦の行為は、苦痛を緩和することもなければ、手術の結果にも何ら影響を及ぼさないのだから。カント主義者も、年長の看護婦を特別視したりはしないだろう。カント主義者には、彼女はうわの空で、あるいはもっと悪く言えば感情の赴くままに振る舞っているように見えるのではないか。つまり、普遍的な原理に基づいて行動していないと考えるのだ。しかしヒューム主義者なら、年長の看護婦の行動を称賛することに何のためらいも感じないだろう。彼女はケアの美徳を完璧に備えているので、実益は何もないと知りながらも、ごく自然にそう振る舞えるのだ。いわば彼女はケアの権化であり、看護婦にはこの資質がとても大切だと、ヒューム主義者は考えるはずだ。

まとめ

道徳心理学の第二原理は、「道徳は危害と公正だけではない」である。本章では、その他にどのような道徳の基盤があるのかについて概要を述べた。

◉道徳はさまざまな点で味覚に似ている。このことは、はるか昔にヒュームや孟子がたとえを用いて示している。

◉義務論と功利主義は「たった一つの受容器」に依拠し、システム化に秀で、共感能力が劣る人にもっとも強く訴える。

◉倫理に対するヒュームの多元的、感情主義的、自然主義的なアプローチは、現代の道徳心理学の方法として、功利主義や義務論より有望である。ヒュームのプロジェクトを復活させるための第一歩として、私たちは〈正義心〉の受容器を特定する作業から出発すべきだ。

◉モジュール性という概念は、生得的な道徳受容器について、そしていかにそれが、文化ごとに異なる様態で発達した初期知覚を生むかを考える際に役立つ。

◉〈正義心〉の受容器の有力候補には、ケア、公正、忠誠、権威、神聖の五種類がある。

心理学においては、理論は誰にでも構築できる。だがその進歩は、さまざまな理論が検証され、裏づけられ、そして実験で得られた証拠に基づいて訂正されていくことで達成される。とりわけ、国民の半分が異質な道徳的世界に住んでいるかのように見える理由の説明に役立つ理論ともなれば、この作業はきわめて重要になる。次章では、それを検討する。

第7章

政治の道徳的基盤

The Moral Foundations of Politics

あらゆる利他主義、英雄的行為、礼儀正しさの背後には、利己主義か愚かさが潜んでいる。これが、「ホモ・サピエンスはホモ・エコノミクスである」と見なす多くの社会科学者たちが長く抱いてきた考え方だ。[*1]「経済的な人間」とは、あらゆる人生の選択を、スーパーでたっぷり時間をかけてジャムを選ぶのと同等の行為に見立てる、シンプルな人間を指す。それが人間性の見方なら、人間行動の数学モデルを作るのは実に簡単だ。そこには利己主義というたった一つの原理しか働いていないのだから。人々は、費用対効果がもっともよいオプションを選ぶと考えるのだ。

この見方がいかに間違っているかを確認するため、図7・1の一〇の質問に答えてみよう。ホモ・エコノミクスなら、自分の腕に注射針を突き刺すことにはかなりの値段をつけ、直接自分を傷つけたり、自分がコストを負わない他の九項目には、それより安い金額（おそらくはゼロ）をつけることだろう。

図7.1　あなたならいくら払いますか？

あなたなら、いくら払えばこれらの行為を実行しますか？　支払いは秘密裡に行なわれ、これらの行為の結果として、社会的、法的な制裁を受ける可能性はまったくないものとします。それぞれに対して、0から4の数値で回答してください。

0＝0ドル。タダでもする。
1＝100ドル
2＝1万ドル
3＝100万ドル
4＝いくら積まれてもしない

A	B
1a. 消毒した注射針を自分の腕に突き刺す。＿＿＿	**1b.** 消毒した注射針を見知らぬ子どもの腕に突き刺す。＿＿＿
2a. 友人から液晶テレビをもらう。このテレビは、1年前に、製造会社が間違って無料でこの友人に送ったものであることを、あなたは知っている。＿＿＿	**2b.** 友人から液晶テレビをもらう。このテレビは、1年前に、空き巣が金持ちから盗んだものをこの友人が買ったものであることを、あなたは知っている。＿＿＿
3a. 自国のラジオトークショーの視聴者コーナーに匿名の電話をして、(正しいと考えている)自国批判を行なう。＿＿＿	**3b.** 外国のラジオトークショーの視聴者コーナーに匿名の電話をして、(正しいと考えている)自国批判を行なう。＿＿＿
4a. コメディパフォーマンスのなかで、(許可を得て)男の友人の顔を殴る。＿＿＿	**4b.** コメディパフォーマンスのなかで、(許可を得て)自分の父親の顔を殴る。＿＿＿
5a. 短いアバンギャルド劇に出演する。この劇では、出演者は30分間、愚か者を演じなければならない。たとえば、簡単な問題を解けず、舞台の上で転げまわるなど。＿＿＿	**5b.** 短いアバンギャルド劇に出演する。この劇では、出演者は30分間、動物のまねをしなければならない。たとえば、裸で地面を這いまわり、チンパンジーのような声をあげるなど。＿＿＿
Aの合計：＿＿＿	**Bの合計：＿＿＿**

各項目に設定する数値より重要なのは、両欄の比較である。ホモ・エコノミクスは、B欄の行為に対し、対応するA欄の行為以上に嫌悪を感じたりはしないだろう。しかし、どの欄についても、AよりBの行為により大きな嫌悪を感じるなら、あなたは経済学者がつむぐファンタジー世界の住人などではなく、確かに人間だ。あなたには、私利私欲以外に関心事があり、心には正常に機能する一連の道徳基盤が備わっている。

図の五つの項目は、それぞれ五つの道徳基盤に対応し、ちょうど舌に砂糖か塩をのせたときのように、Bのほうがパッと直観に訴えるよう工夫されている。五つの行はそれぞれ、ケア（子どもを傷つける）、公正（誰かの損失から利益を得る）、忠誠（外国人に自国の批判をする）、権威（父親をあざける）、神聖（動物のように振る舞う）の侵犯を表している。

本章では、これらの基盤について詳しく説明し、いかにそれらが人間性の一部として機能するようになったかを検討する。そして政治的な右派と左派では、道徳マトリックスの構成にあたって、これらの基盤のそれぞれが、異なる方法と程度で動員されているという点を明確にする。

先天性について

かつては、いかなるものであっても人間の行動が生得的であると主張することは、科学者にとって非常に危険だった。そう主張するためには、その特徴があらかじめ固定配線《ハード・ワイアード》され、経験によって変化せず、どんな文化にも見出されるという点を示さなければならなかった。だがそれが定義だとすると、乳児の反射などごく少数の例外を除けば、生得的と言えるものはほとんど何もなくなる。それ以上に複雑な行動（とりわけ性差が関わる行動）が生得的なものだとあえて主張すれば、それを反証する部族が地球上のどこそこに存在するので生得的ではない、と反論されるのがオチだった。

一九七〇年代以来、脳の理解は格段に向上し、いまや私たちは、配線されているか否か、普遍的かどうかにかかわらず、ある特徴が生得的であり得るということを知っている。神経科学者のゲアリー・マーカスが主張するように、「新生児はかなり複雑な脳を持って生まれてくるが、その脳は予備配線《プリ・ワイアード》されている、すなわち柔軟で、変化し得ると見なすべきであり、固定配線されていると、すなわち不変であると見なすべきではない」。[*2]

マーカスは、「配線」という語の意味を変えるために、「脳は本のようなものであり、その草稿は胎児が発達する際に遺伝子の働きによって書かれる」という、より適切なたとえを提案する。誕生時には、どの章もまだ完成しておらず、何章かは子どもの頃に完成されるべく、あらましが書き込まれているといったところだ。とはいえ、セクシュアリティ、言語、食べ物の好み、道徳性など、どのようなテーマを扱う章であっても、社会がいかなる言葉も書き込める白紙のページで成り立っているわけではない。マーカスは、わかりやすいたとえを使って先天性を定義する。

草稿は自然によって与えられ、経験がそれを改訂する。（……）「組み込み《ビルトイン》」という用語は、経験に先立って組織化されているという意味であって、変更が不可能だということではない。*3

五つの道徳基盤は、どのように〈正義心〉が「経験に先立って組織化されている」のかを明確にするために、私が行なった最初の提案であった。それと同時に道徳基盤理論は、草稿が子どもの頃にどのように改訂されると、さまざまな文化のあいだに、もしくは異なる政治的見解を持つ人々のあいだに、道徳の多様性が生じていくのかを説明する。

〈ケア／危害〉基盤

爬虫類は冷たい生き物として毛嫌いされる。しかも単に冷血動物であるというばかりでなく、心が冷たいと見なされている。母親が周囲をうろうろしながら幼な子を保護する種もあるが、多くの種にはそのような行動は見られない。哺乳類が出現して子どもに乳を飲ませ始めたとき、彼らは子どもの養育というコストを引き受けることになった。一頭のメスが多数の子どもを産んで、いずれかの個体が生き残ることには賭けなくなったのだ。

かくして少数の子どもを生んで、一個体あたりに多大な労力をかける哺乳類は、長期間子どもを育て、ケアしなければならない。霊長類に至っては、さらに少数の子どもに賭け、集中投資を行なう。歩行能力を獲得する一年前に、産道を文字通り押し出さねばならないほど胎児の脳が大きくなる人類にあっては、賭けられているものはあまりにも大きく、母親一人では背負いきれない。人間の母親は、妊娠後期の数か月間、分娩時、さらには産後の数年間、他人の手を借りなければならない。これだけ多くが賭けられていれば、そこには巨大な適応課題が存在すると考えてもよいのではないだろうか。脆弱で高くつく子どもを育てるためには、安全な環境を維持しなければならないのだ。

人間の本性を記した書物の「養育」の章がまったくの白紙で、母親は、教育や試行錯誤を通してすべてを学習する必要があるとはとても考えられない。子どもの苦痛やニーズに生来敏感な母親が、そうでない母親に比べてこの点で勝《まさ》ることに間違いはない。

生得的な知識を必要とするのは、何も母親だけではない。それぞれの子どもに何かを賭けている人の数からすると、泣き声など、近くにいる子ども（太古の時代においては親族の可能性が高い）[*4]が示す苦痛や何かを欲しがる表現に、自動的に反応する能力を持つ女性や男性（程度は低いが）は、進化によって優先されるはずである。自分の子どもの苦痛は、〈ケア〉基盤の主要モジュールのオリジナル・トリガーなのだ（道徳基盤の名称を記す際、場面に応じて、〈ケア／危害〉ではなく〈ケア〉と最初の語だけを用いて表記する）。このモジュールは、他の関連モジュールと連携しながら、[*5]子どもを保護しケアするよう求める適応課題に対処する。

図7.2　赤ちゃんゴゴ、マックス、ゴゴ

これはキップリングのなぜなぜ物語ではなく、ボウルビィの「愛着理論」の初歩を私なりに言い直したものだ。愛着理論とは、子どもが保護と自立の機会を最適なバランスで得られるよう、母と子が互いの行動を調整するシステムについての理論で、現在でも広く支持されている。[*6]

ほぼどんなモジュールでも、カレント・トリガーはオリジナル・トリガーよりはるかに範囲が広い。それは図7・2を見れば確認できる。まず、この写真の子どもを目にした途端、「かわいらしい」と思うのではないか。そう思うのは、あなたの心が、人間の大人と子どもを区別する特定の比率やパターンに、自動的に反応するからだ。かわいらしさは、その子どもを保護し、育て、ケアするよう大人を導く。[*7] つまり、特定の方向へと〈象〉に一歩を踏み出させるのだ。第二に、この写真に写っているのは自分の

図7.3 〈ケア／危害〉基盤のカレント・トリガー

子どもではないのに、あなたは瞬間的に情動が喚起されるのを感じるのではないだろうか。というのも、〈ケア〉基盤のスイッチはどんな子どもを見てもオンになるからだ。第三に、私の息子マックスが抱えているぬいぐるみ（ゴゴと赤ちゃんゴゴ）は、人間の子どもではないのにかわいらしく感じられるだろう。なぜなら、玩具製造会社は、あなたの〈ケア〉基盤のスイッチを入れることを意図してぬいぐるみを製作しているからだ。第四に、マックスはゴゴが好きで、私が間違ってゴゴの上に座ろうものなら叫び声すら上げる。また、「ぼくはゴゴのお母さんだ」とよく口にする。彼の愛着システムと〈ケア〉基盤が正常に発達しているからだ。

二体のサルのぬいぐるみを抱えて眠っている子どもを見て〈ケア〉基盤のスイッチが入るのなら、図7・3のように、子どもや愛らしい動物が暴力にさらされているシーンを見せられたら、いったいどう感じるだろうか？

私の息子マックスや、見知らぬ国の飢えた子ども、あるいは赤ちゃんアザラシに起こっていることをあなたが心配するのは、進化の観点からすると筋が通らない。しかしダーウィンには、あなたがある特定のシーンに涙を流す理由を説明する必要はなく、なぜあなたはそもそも涙管を備えているのか、なぜ他人の苦痛によってそれが刺激されることがあるのかが説明されればよい。[*8]つまりダーウィンは、各モジュールのオリジナル・トリガーを説明すればよかった。それに対し、カレント・トリガーは急速に変化する。現在の私たちは、祖父の時代に比べてさえ、より多様な人々へ向けられた暴力に注意を払う。[*9]

政党や利益団体は、自分たちの関心事が、有権者の道徳モジュールのカレント・トリガーになるよう骨を折っている。一般市民の票、金銭、時間を手に入れるためには、少なくとも一つの道徳基盤を活性化しなければならない。[*10]たとえば図7・4の写真は、バージニア州シャーロッツビルで撮ったものだが、持ち主の政治的な見解がわかるのではないか？

バンパーステッカーは、いわば部族的なバッジとして機能することが多く、スポーツチーム、大学、ロックバンドなど、自分が支持するチームを宣伝する手段になる。「ダルフールを救え」と記されたステッカーを貼った車の持ち主は、自分がリベラルであることを宣伝している［ダルフールはスーダン西部の地方の名称で、紛争が続いている。「Save Darfur」は、同地方で発生している虐殺に対して国際的に介入するよう働きかけている団体］。それは直観的にわかるが、もっと理論的な言い方を

図7.4　リベラルと保守主義者の〈ケア〉に対する表現

すると、「アメリカや他の国におけるリベラルの道徳マトリックスは、保守主義者に比べると、〈ケア〉基盤をより重視している。リベラルたるこの車の運転手は、罪のない犠牲者の保護を訴える三種類のバンパーステッカーを選んだ」のである。[*11] この人はこれらのステッカーが指し示す犠牲者とは無縁のはずだが、それを目にした人の、ダルフールや肉食〔写真の HumaneEating.com は菜食主義者のサイト〕に対する見方を、〈ケア〉基盤によって引き起こされる直観に結びつけようとしているのだ。

保守主義者の車に、思いやりに関わるステッカーが貼られているのを見かけることはあまりないが、「負傷兵」とプリントされたステッカーが貼られた車はその一例だ。この車の持ち主も、見る者にケアを求めているが、リベラルとは異なり保守主義者のケアは、他国民や動物に対してではなく、所属する集団のために犠牲を払った人々への配慮を求めている。[*12] それは万人救済的ではなく、よりローカルなもので、忠誠に結びついている。

〈公正／欺瞞〉基盤

同僚から、あなたが予定しているカリブ海旅行の日程を伸ばせるよう、五日間仕事を肩代わりしようかと申し出を受けたとしよう。あなたはどう感じるだろうか？　ホモ・エコノミクスなら、宝くじで大金を当てたかのごとく大喜びするはずだ。だがそうではない私たちは、それがタダではないことくらい知っている。犠牲の程度を考えれば、みやげ程度では済まされないだろう。彼女の申し出を受けたその瞬間、心底からお礼を言い、彼女の親切をほめたたえねばならず、さらには彼女が休暇を取る際には、同じことをして返礼する約束をしたのも同然の状況に置かれる。

進化の理論家は、遺伝子が「利己的」だと主張する。これは「遺伝子は必ず、それ自身のコピーを広く伝播する行動を取らせるよう動物に影響を及ぼす」という意味だ。しかし道徳の起源に関するもっとも重要な洞察の一つに、「〈利己的な〉遺伝子は気前のよい生物を生み出し得る。その生物がそうであることを選択する限りにおいて」というものがある。親族に向けられた利他主義は特に不可解ではないが、非親族に対する利他主義は、進化思考の歴史のなかで長く謎のまま残されていた。[*13] この謎の解決に向けた大きな一歩は、一九七一年にロバート・トリヴァースが「互恵的利他主義（reciprocal altruism）」の理論を提唱したときに踏み出される。[*14]

トリヴァースによれば、利他主義は、進化のプロセスで、個体が他の個体とのやり取りを記憶して、自らが施した恩恵をいずれ返してくれそうな相手のみに親切な態度を示す能力を持つ生物種に生じ得る。私たち人間は、明らかにその生物種だ。さらに、「しっぺ返し」をさせる一連の道徳的な情動を人間は発達させた、とトリヴァースは主張する。私たちは通常、初めて出会ったときこそ、見知らぬ人にも親切な態度で接する。しかし二度目以降はつき合う相手を選ぶ。つまり、自分に親切な人とは協力し合い、自分を利用しようとする人は避ける。

人の一生は、一連の相互協力の機会から成り立っている。正しく振る舞えば、他の人々と協力し合って自分の利益を拡大できる。ハンターは、一人では仕留められない大型の獲物を何人かで協力して追いつめる。人は隣人と、互いの住居の安全に留意し、道具の貸し借りをする。工場では、同僚とシフト勤務で作業する。私たちの祖先は何百万年も、他人につけこまれないようにしながら相互利益を追求することで、適応課題に対応してきた。道徳的な情動に促されて「しっぺ返し」戦略をとる人は、「皆を助ける（この戦略をとる人は他人につけこまれやすい）」、あるいは「もらう一方で与えない（最初だけは相手の協力を得られても、やがて誰もその人を信用しなくなる）」など、その他の戦略を用いる人より、多くの利益を手にできる。[*15]〈公正〉モジュールのオリジナル・トリガーには、他人が自分に示す協力的、もしくは利己的な態度があげられ、やり取りをするのにふさわしい、信用に値する態度を相手が示せば、私たちは喜びや友情を感じる。逆に相手が自分をだまそうと、あるいは利用しようとすれば、怒りや軽蔑を、もしくは嫌悪すら感じる。[*16]

〈公正〉モジュールのカレント・トリガーには、協力や欺瞞に結びついた、さまざまな文化的、政治的事象をあげることができる。左派に関して言えば、平等や社会正義に対する関心は、部分的に〈公正〉基盤に基づき、彼らは、裕福な人々や権力者を、「公正な税負担」の責を負わず、社会の底辺で暮らす人々を搾取して儲けていると非難する。これがまさに、「ウォール街を占拠せよ」運動の主要なテーマだった。図7・5の写真は、二〇一一年一〇月に私がニューヨークでその様子を撮影したものだ。[*17]右派では、ティーパーティー〔アメリカの保守派の一つで、小さな政府を推進する〕が公正さに大きな関心を寄せている。彼らは民主党員を、額《ひたい》に汗して働くアメリカの労働

図7.5　左派と右派の公正
上段：「ウォール街を占拠せよ」運動のメッセージ（ニューヨーク市ズコッティ公園にて）。
下段：ティーパーティー集会のメッセージ。ワシントンDC（エミリー・イーキンズ撮影）。税は「公正」たるべきと誰もが考えている。

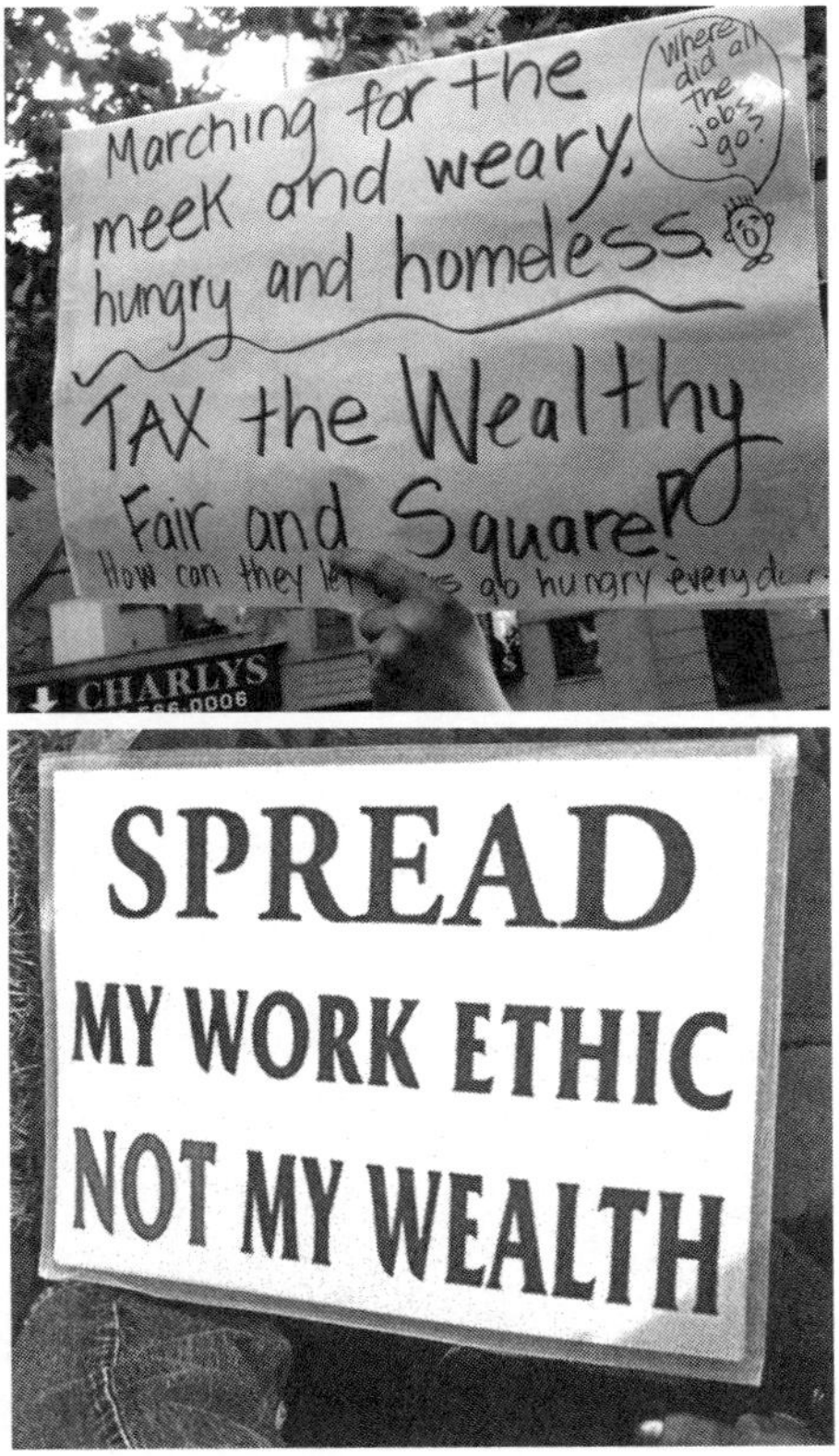

者から稼ぎを奪い、怠け者（失業保険や福祉を受ける者など）や、（無料のヘルスケアや教育という形態で）不法移民に与える「社会主義者」だと見なしている。[*18]

誰もが公正さに配慮しているが、それには大きく分けて二種類がある。左派は、公正を平等としてとらえる場合が多いが、右派は比例配分として考える。比例配分を重視する公正さとは、「結果が不平等になろうと、報酬は各人の貢献の度合いに応じて配分されるべきだ」と見なすことである。

〈忠誠／背信〉基盤

一九五四年の夏、社会心理学者のムザファー・シェリフは、二二組の労働者階級の両親を対象に、彼らの一二歳の息子を三週間実験に参加させるよう説得し、集めた少年たちを、オクラホマ州のラバーズケイブ（強盗の洞窟）州立公園で実施されるサマーキャンプに連れて行った。そこでシェリフは、社会心理学の研究史上もっとも有名な実験の一つを行なった。そしてその成果は、道徳の基礎を理解する際の貴重な資料を提供している。彼はまず少年たちを一人ずつ二組に分け、一日違いで公園に連れてきて、園内の別々の場所にキャンプを張らせた。こうして最初の五日間、少年たちは自分たちのグループしかいないと思っていた。それでも領土を画定し始め、グループのアイデンティティを築いていった。

一方のグループは自分たちを「ラトラーズ（ガラガラヘビチーム）」と、他方は「イーグルス（ワシチーム）」と呼ぶ。ラトラーズは、キャンプ地より上流の区域で、泳ぐのにちょうどよい場所を発見する。そしてひと泳ぎしたあとで、岩を運んできて川のなかに飛び石として並べるなど、いくつかの改良を施す。こうして彼らは、その場所を秘密の遊び場にし、毎日そこで遊ぶようになる。ところがある日、ラトラーズの少年たちは、自分たちの遊び場に紙コップが落ちているのを発見して不安を感じ（実際には、自分たちが前日に置き忘れたものだったが）、「よそ者」に自分たちの遊び場を荒らされたと思い込み腹を立てる。

各グループには、メンバーの総意によってリーダーが選ばれていた。何をすべきかを決める際には、全員で意見を出し合ったが、最終決定は通常リーダーが下した。やがて各グループのなかで、規範、歌、儀式、独自のアイデンティティ（「ラトラーズはタフで決して泣かない」「イーグルスは悪態をつかない」など）が形成され始める。確かに彼らは楽しむためにサマーキャンプに参加していたし、自分たち以外に誰もいないと思っていたが、両グループとも、領地をめぐって敵と争っているかのような行動をとり始める。というより、彼らは実際に敵同士だった。

六日目になると、シェリフは、イーグルスが使っている野球グラウンドの近くまでラトラーズを連れてきて、彼らが楽しそうに遊んでいる声を聞かせる。グラウンドは自分たちのものだと主張するラトラーズのメンバーは、イーグルスに野球の試合を申し込みたいとスタッフに懇願する。そこでシェリフは、あらかじめ計画していたとおり、スポーツ競技会や、野外活動のスキルを試すコンテストを一週間にわたって開く。シェリフによれば、それ以後は「テントの設営、野球など、競技になり得るあらゆる行動が、溢れんばかりの熱意で効率よく行なわれるようになった」。[19] そしてさらに、部族的な行動が劇的に増え始める。両グループとも独自の旗を作成し、競合するエリアに吊るしておく。それから互いの旗を引きちぎり、相手を蔑称で呼び、互いの本拠地を荒らし、武器を作り始める。スタッフが制止しなければ、実際に殴り合いになったであろう一触即発の危機が何度も発生する。

　私たちは誰でも、このような少年たちの行動を理解できる。男性の心は、先天的に部族的であるように思われる。すなわち、(戦争を含めて)グループ間の争いで自グループの結束と勝利をもたらしてくれるものごとを楽しむよう、経験に先立って組織化されているかのように見える。[20] とはいえ忠誠の美徳は、男女どちらにとっても非常に重要である。ただし、男子の場合、忠誠はチームや集団が対象になるのが普通だが、女子の場合には、一対一の対人関係におけるものになりやすい。[21]

　一九七〇年代の人類学者の主張がどうであれ、同じ種に属する他の個体を殺したり、戦争をしたりするのは何も人間だけではない。チンパンジーは、自分たちのなわばりを守り、敵のなわばりを攻撃し、可能なら隣接グループのオスを殺し、領土とメスを奪うことが今や明らかにされている。[22] さらに言えば、どうやら人類の戦争は、農業や私有財産が発達するはるか以前から常態化していたらしい。[23] したがって、私たちの祖先は数百万年間、ライバルグループの攻撃から自己を防御するために、連合体を形成し、維持していかねばならないという適応課題に直面していた。ということは、私たちは生存競争を勝ち抜いた部族主義者の子孫であって、利己的に振る舞っていた個体の子孫なのではない。

多くの心理システムは、部族主義の効果的な推進や、グループ間競争の勝利に役立つ。〈忠誠／背信〉基盤は、堅固な連合体の形成という適応課題への対応に向けられた先天的な準備の一つにすぎない。〈忠誠〉基盤のオリジナル・トリガーには、とりわけ自グループが他グループと争っているときに、チームプレイヤーと裏切り者を区別するのに役立つあらゆる兆候が含まれる。しかし部族主義をこよなく愛する私たちは、競争のための競争をするために、グループやチームを形成しようとする。また、スポーツ心理の大部分は、危害のともなわないトロフィーの獲得を目指して結束することに喜びを感じられるように、〈忠誠〉基盤のカレント・トリガーの範囲を拡大する（トロフィーは勝利の証しであり、敵の首をとるなど、それを獲得しようとする衝動は、戦争においても、それも現代の戦争にさえ広く見受けられる[*24]）。

図7・6の車の所有者は、男性かどうかはわからないが、〈忠誠〉基盤に基づくメッセージのみを用いて車を飾っているところから考えて、共和党支持者だとほぼ確実に言える。二本の剣のあいだにVとあるステッカーは、UVAのスポーツチーム「騎士たち」のシンボルだ。また車の持ち主は、アメリカ国旗とアメリカ統合の栄誉を讃えるべくカスタマイズされたナンバープレートをつけるために、追加料金として年間二〇ドルを支払っている。

図7.6　忠誠の象徴で飾られた車と、ある種の忠誠を拒否するためにいたずら書きされた道路標識

背信者は、通常は敵以上に忌み嫌われる。その度合いは、忠実なチームメイトに向けられる愛情に匹敵するほど強い。たとえばコーランは、外部の人間、とりわけユダヤ人の不誠実に対する警告で満ちてはいるが、そこにはユダヤ人を殺すべしとは書かれていない。だが、イスラム教の戒律に背いた、あるいは棄教した者は、ユダヤ人よりはるかに邪悪だと見なされ、それゆえコーランは背教者を殺すことを命じている。アラーも「われわれのしるしを信じない者は、いまに火に投げこんでやる。皮膚が焼けただれるたびに、われらは何度でも皮膚をとりかえて、彼らに懲罰を味わわせてやろう。まことに神は威力あり、聡明であらせられる」〔『コーラン I』藤本勝次・伴康哉・池田修訳、中公クラシックス〕と言明する。[*25] 同様にダンテは『神曲』の地獄篇で、地獄の中心と、もっとも激烈な苦痛を、裏切り

者に割り当てている。そこでは、肉欲、大食、暴力、さらには異端よりも邪悪だとされているのが、自分の家族、チーム、国家に対する裏切りなのだ。

愛情と憎悪に、かくも密接に関連しているという点を考慮すると、政治において〈忠誠〉基盤が果たしている役割の大きさがよくわかるであろう。左派の政治家は、国家主義《ナショナリズム》から遠ざかって普遍主義《ユニバーサリズム》に向かう傾向にあるが[*26]、そのため〈忠誠〉基盤を大事にする有権者にうまく訴えられない。実際アメリカのリベラルは、〈ケア〉基盤への依存が強すぎるため、政府の対外政策に批判的になりやすい。たとえばジョージ・W・ブッシュが大統領を務めた最後の年、わが家の近くの道路標識に、図7・6右のようないたずら書きを見かけた。いたずら書きの下手人が、あらゆるチームやグループを否定しているのかどうかはわからないが、「OGLORY」の車の所有者よりも、はるかに左寄りだと断言できる。アメリカがイラクやアフガニスタンで戦争を繰り広げているときに、アメリカ人がチームプレイヤーたるべき必要性に関して、これら二枚の写真はまったく正反対の見解を表明しているのだ。リベラルの活動家は、リベラリズムを〈忠誠／背信〉基盤の「背信」のほうにいとも簡単に結びつけられるよう、保守主義者を手助けしているかのように思える場合すらある。二〇〇三年に出版されたアン・コールターの著書のタイトル『リベラルたちの背信――アメリカを誤らせた民主党の60年』がすべてを物語っている。[*27]

〈権威／転覆〉基盤

インドから帰国した直後、父親になったばかりの、ヨルダンから来たタクシー運転手と話をする機会があった。アメリカに住み続けるのか、いつか祖国のヨルダンに帰るのかを彼に尋ねたときの返答を、私は一生忘れないだろう。「ヨルダンに帰るつもりだよ。息子が私に向かって〈ファック・ユー〉などと叫ぶのを聞きたくないからね」。アメリカの子どものほとんどは、親に向かってそんなことを言わないだろうが、なかには言う子どももいるし、間接的に言う場合もある。いずれにしても、両親や教師、あるいは権威者に示すべき敬意の程度は、文化ごとに大きく異なる。

上下関係を尊重しようとする衝動は人間の本性の奥深くに刻み込まれており、それが言葉に組み込まれている言語も数多くある。フランス語の場合、他のロマンス系言語同様、誰かに二人称で話しかけるとき、敬称（vous）と親称（tu）を使い分けねばならない。文法に上下関係の配慮が組み込まれていない英語でも、それは別の方法によって表現される。最近までアメリカ人は、初対面の人や目上の人には敬称＋姓（Mrs. Smith や Dr. Jones など）で、また、親しい人や目下の人には名前で呼びかけていた。たとえばセールスマンに名前で呼ばれてカチンときたときや、ずっと尊敬してきた年長者に名前で呼んでくれと言われてとまどいを感じたときは、〈権威／転覆〉基盤を構成するモジュールのスイッチが入ったのだ。

〈権威〉基盤の進化を検討するためのもっとも手っ取り早い方法は、ニワトリ、イヌ、チンパンジー、あるいはその他の群居性動物が示す順位制を考えてみればよい。順位の低い個体には、種を超えて類似の態度が見られる。どの種でも、従順な態度を示し、小さくて脅威にならないように自らを見せるよう要請されるからだ。相手の優位性を見極めるのに失敗し、分不相応な態度をとると、通常は打ちのめされる。

ここまでの議論は、「道徳」基盤ではなく、強者による弱者の抑圧の起源を検討しているかのように聞こえたかもしれない。しかし、権威と単純な力の行使を混同してはならない。[*28] むきだしの力や暴力を振るう能力によって順位制が成立しているチンパンジーですら、最優位の雄《アルファメイル》も、「調整する役割」など、社会的に有益な何らかの機能を果たす。[*29] たとえば、いさかいを解決したり、自身が不在の折に生じた暴力的な対立を鎮めたりする。霊長類学者フランス・ドゥ・ヴァールによれば、「地位に関する取り決めと、権威に対する敬意なしには、社会的な規則への受容性は十分に発達し得ない。猫にわが家の単純なきまりを教えようとしたことのある人なら誰でも、この見解に同意するはずだ」。[*30]

このような調整の役割は、部族社会や初期の文明社会にもはっきりと見出せる。最初期の法文の多くは、王の統治を神の選択に基づかせることから始め、そのうえで王の権威によって秩序と正義を維持するものとしている。ハンムラビ法典（紀元前一八世紀）の冒頭には、「アヌとベル（いずれも神の名前）は、神を恐れる高貴な王子たる私ハンムラビを名で呼び、強者が弱者を傷つけないように、正義の統治を行ない、邪悪な者どもを罰せよと命じた」という一文がある。[*31]

つまり、権威者は単に人々に脅威を与える力に支えられているというだけでなく、秩序と正義を維持する責任を担っている。確かに、一方では自らの行為が非の打ちどころのない公正さに基づいていると信じながら、他方では自分の利益のために被支配者を搾取する権威者も大勢いる。とはいえ、なぜたった数千年間で、人類の文明が急激に発達し、地球を覆いつくすに至ったのかを知りたければ、道徳秩序の構築に果たした権威の役割を、詳細に考察する必要があろう。

大学院に入った当時、私は「階層制＝権力＝搾取＝悪」というリベラルの図式を鵜呑みにしていた。しかしアラン・フィスクと研究するようになってから、その見方が間違いであることを悟った。四つの基本的な社会関係というフィスクの提唱する理論には、「権威序列（Authority Ranking）」と呼ばれる関係が含まれている。フィスクは、アフリカでの調査をもとに、「権威序列に従う人々は、専制君主とそれに恐れを抱く被支配者の関係より、親子関係に近いつながりを、互いのあいだで想定している」と指摘する。彼は次のように述べる。

> 権威序列においては、各人は直線的な階層制のなかで、非対称的な位置を占める。非対称的とは、下位の者は上位の者に敬意を表し、決定を委ね、その命令に従い、上位の者は先頭に立って、下位の者に対する司牧《しぼく》的な責任を負うことを意味する。例として、軍隊の上下関係、（……）祖先崇拝（親孝行、保護、規範の強制などを含む）、一神教の道徳などがあげられる。（……）権威序列の関係は、威圧的な権力にではなく、非対称的な関係の妥当性の

認識に基づいており、その本質は、必ずしも簒奪《さんだつ》的なものではない。[*32]

〈権威〉基盤という概念はフィスクから直接借りてきたものだが、他の基盤よりも複雑である。というのも、対応モジュールは、二つの方向を見定めなければならないからだ（上位の者に対しては上を、下位の者に対しては下を向かねばならない）。これらのモジュールは、互いに連携して、階層制のもとで有益な関係を結ぶことを求める適応課題に対応できるよう手助けする。かくして私たちは、上位の者の保護と下位の者の忠誠を得ながら自分の地位を向上させることで、社会でもっともうまく立ち回れた個体の子孫なのだ。[*33]

これらのモジュールのオリジナル・トリガーには、序列を示唆する外観や行動のパターンがあげられる。チンパンジー同様、人間も序列に関わる情報を追跡し記憶しておく。[*34] 階層制のもとでは、誰かが秩序を乱す行動に走ると、直接被害を受けた人でなくても、ただちにその事実に気づく。秩序を守り混乱を避けることが権威の機能の一つなら、誰もが既存の秩序を守り、分相応な義務の遂行に責任を負うことが、その社会の全メンバーの大きな関心事になるはずだ。[*35]

したがって、〈権威／転覆〉基盤のカレント・トリガーには、正当と見なされている権威に対する服従／不服従、敬意／不敬、従属／反抗として解釈可能なあらゆる行為、および安定をもたらすと考えられている伝統、制度、価値観をくつがえすような行為が含まれる。〈忠誠〉基盤と同様、政治的な右派のほうが、階層制、不平等、権力に反対する立場をとることの多い左派より、

図7.7 〈権威／転覆〉基盤に依拠する二つの大きく異なる価値観
上段：リベラルの雑誌『*The Nation*』に掲載された広告。コーヒーカップにあるInsubordinationは「反抗」の意。
下段：バージニア州シャーロッツビルの教会（撮影：サラ・エステス・グラハム）。説教のタイトルは「神にゆだねよ。お黙りなさい!」とある。

この基盤によって道徳マトリックスを形成する傾向がはるかに高い。図7・7上段の広告を掲載している雑誌の政治的立場を推測することは、さほどむずかしくはないだろう。一方、下段の写真について言えば、メソディストは必ずしも保守的ではないが、このメソディスト教会の看板は、彼らがユニタリアンではないことを示唆している〔ユニタリアンは、三位一体（父と子と聖霊）の教理を否定し、神の唯一性を強調する宗派の総称。一般に平等を重視するリベラルとされている。この看板がユニタリアンではないことを示す理由は、そのメッセージが〈権威〉基盤に基づいているからという点に加え、このタイトルが、説教をする牧師と神を同一視しているかのように読めるので、一種のウィットとして、三位一体を否定し、神の唯一性を強調するユニタリアンではないと見なせるからである〕。

〈神聖／堕落〉基盤

二〇〇一年初頭、ドイツのコンピューターエンジニア、アルミン・マイヴェスは、ウェブ上に「二一歳から三〇歳の体格のよい青年で、殺され、食べられる希望者求む」という奇怪な広告を載せた。何百人もの男性がEメールでそれに応じたが、マイヴェスは農家の自宅でそのなかの数人にインタビューした。マイヴェスが本気だとわかっても決心を変えなかった最初の応募者は、ベルント・ブランデスという四三歳のコンピューターエンジニアだった。

★警告！　ショッキングな描写が苦手な人は次の段落を読み飛ばしたほうがよい。

三月九日の夜、二人は、これから起こるできごとにブランデスが完全に同意していることを証明するビデオを撮影する。それからブランデスは、睡眠薬を何錠か飲み、アルコールを口にする。ブランデスの意識がまだあるうちに、マイヴェスは彼のペニスを切り落とすが、これは（ブランデスの要求に従って）噛み切ろうとしたが、うまくいかなかったあとのことだ。さらにマイヴェスはワインとガーリックを使ってそれをソテーにする。ブランデスはそれをかじり、出血死するために浴室に向かう。数時間が経過しても彼はまだ生きていたので、マイヴェスは彼にキスをしたあとでのどを刺し、死体をフックにかけて肉をそぎおとす。それからそぎおとした肉を冷凍庫に保存し、一〇か月かけてゆっくりと食べる。マイヴェスはやがて逮捕され裁判にかけられるが、ブランデスの意思に基づいた行為のため、初審では殺人ではなく故殺〔計画的な謀殺とは区別され、一時の激情による殺意で人を殺すこと〕と裁定される。[*36]

自分の道徳マトリックスが自立の倫理に限定されていると、このケースには困惑を覚えざるを得ないだろう。もちろん嫌悪を感じ、事件の暴力性によって〈ケア／危害〉基盤が活性化されるかもしれないが、二人を非難しようとするどんな試みも、第5章で取り上げたジョン・スチュアート・ミルの「危害原理」、すなわち「文明社会のどの成員に対してにせよ、彼の意思に反して権力を行使しても正当とされるための唯一の目的は、他の成員に及ぶ害の防止にある」「人類の構成員の一人の単に自己自身だけの物質的または精神的な幸福は、充分にして正当な根拠ではない」〔前掲『自由論』塩尻・木村訳〕という考えと衝突することになろう。自立の倫理の観点からすると、人々は（他の誰かを傷つけない限り）自分の思い通りに生きる権利と、（扶養しなければならない人がいない限り）好きなときに好きな方法で人生を終える権利を持つ。ブランデスは恐ろしく不快な死に方を選んだが、私がインタビューしたペンシルベニア大生がよく口にしたように、単に不快だからという理由で、その行為が間違っているとは断定できない。しかしたいていの人は、この話を聞いて、何かがひどく間違っていると、また、同意があったにしろ、そんな行為は違法だと感じるのではないか。なぜそう感じるのか？

ここでマイヴェスが刑期を終えて、自宅に帰ってきたとする。自分から食べられたいとわざわざ申し出ない限り、彼は誰にも危害を加えないと精神科医が保証したとしよう。また、彼の自宅は、あなたの住む町内にある。この場合あなたなら、彼が戻ってきたことに不安を感じないだろうか？マイヴェスが町内から追放されたら、ほっとするのではないか？　彼が追放されたあと、いくらもらえば、陰惨な行為が繰り広げられたまさにその家で一週間暮らす気になるだろう？　それとも、その家を焼き払ってしまわない限り、血の染みは洗い流せないと感じるだろうか？

染み、汚染、浄化などに関わるこれらの感情は、功利主義的な観点からは不合理に見えるはずだが、シュウィーダーの神性の倫理を適用すれば、簡単に理解できる。マイヴェスとブランデスは、後者の身体を一片の肉塊として扱い、さらに性に関するおぞましさをつけ加えた。まさに彼らは、

第5章で検討した神性の垂直次元のどん底まで堕ち、怪物的な行為を実践したのだ。人肉を食べるのは、蠕虫類《ぜんちゅう》と悪魔だけだ。しかしなぜ私たちは、見も知らぬ彼らが自身の身体を使って行なったことを、ここまで問題にするのか？

ほとんどの動物は、生まれたときから何を食べるべきかを知っている。コアラの感覚システムは、ユーカリの葉へ導かれるよう「経験に先立って組織化されている」。しかし人間は、何を食べるべきかを学習しなければならない。ネズミやゴキブリと同様、私たちは雑食動物なのだ。

雑食動物は、柔軟性という点で非常に大きな優位性を持っている。人間は、新大陸を発見したときでも、必ず食糧が見つかると確信していられた。しかし雑食にはマイナス面もある。食べられると思っていたものが、毒を含んでいたり、病原菌に汚染されていたり、寄生虫を宿していたりするかもしれない。「雑食動物のジレンマ（ポール・ロジンによる造語）」[*37]とは、「雑食動物は、安全性が確認されるまで細心の注意を払いながら、新たな食糧源を探さなければならない」という意味だ。

そのため雑食動物は、新奇好み《ネオフィリア》と新奇恐怖《ネオフォビア》という二つの対立する衝動を抱えて生きている。どちらの衝動が強いかは人によって異なり、この相違がのちの章では重要になる。リベラルはネオフィリアの度合いが高く（「経験に対して開かれている」とも言える）、それは食べ物ばかりでなく、人間関係、音楽、ものの見方などにも当てはまる。対して保守主義者はネオフォビアの度合いが高く、確実にわかっていることにこだわる傾向があり、境界や伝統の遵守に大きな関心を持つ。[*38]

嫌悪の情動は、当初「雑食動物のジレンマ」に最適な方法で対処するべく進化した。[*39] 適切に調整された嫌悪の情動を持つ個体は、過剰な個体より多くのカロリーを摂取でき、不十分な個体よりも危険な病原菌を体内に取り込む可能性を低く抑えられる。だが脅威の対象は、何も食物だけではない。太古の人々が森林を出て、平地で群居生活を始めたとき、互いの身体や排泄物を通して病原菌に感染する危険が急激に高まった。心理学者のマーク・シャラーは、嫌悪が彼の言う「行動免疫システム」であると、すなわち汚染や感染の兆候がトリガーになり、汚れた者を避けたいと思わせる一連の認知モジュールだと述べる。[*40] 免疫システムが根絶してくれることを頼みにして病原菌を体内に取り込むよりは、食物を洗い、ハンセン病患者を隔離し、不衛生な人々を避けていたほうが、はるかに効果的に感染を予防できる。

このように、最初に〈神聖〉基盤の進化をもたらした適応課題は、身体の接触や接近によって伝染する病原菌や寄生虫、あるいはその他の脅威を避ける必要性であった。この基盤を構成するおもなモジュールのオリジナル・トリガーとしては、ものや人に危険な病原菌が付着していることを知らせる、嗅覚、視覚などの感覚データの入力パターンがあげられる（たとえば、死体、排泄物、傷や炎症を負った者、あるいはハゲタカなどの腐肉をあさる動物など）。

しかし〈神聖〉基盤のカレント・トリガーの種類や対象には、文化や時代によって大きな違いがある。その典型的な例はよそ者の扱いに関するもので、移民に対する人々の姿勢は文化によって異なり、よそ者を歓迎する寛大な態度は、疾病の発生する危険性が低い時代や場所において、より一般的に見られるようである。[*41] 疫病、伝染病、未知の病気は通常、新しい思想、製品、技術と同様、よそ者によってもたらされるからだ。かくして社会は、よそ者に対する恐れと歓待のあいだで揺れ、一種の「雑食動物のジレンマ」に直面しなければならない。

〈権威〉基盤と同様、〈神聖〉基盤は、道徳の基盤として堅実なスタートを切れなかったように思われる。それは単に病原菌に対する原始的な反応なのではないか？　その種の反応は、先入観や差別を生むのではないだろうか？　抗生物質が手に入るようになった現在においては、この基盤はまったく無視しても差し支えないのでは？

もっとよく考えてみよう。〈神聖〉基盤は、悪い意味でも（汚れている、あるいは汚染しているので）、良い意味でも（神聖なものを冒瀆から守るために）、何かを「手を触れてはならないもの」として扱えるようにする。思うに、嫌悪の感覚がなければ、神聖の感覚も存在しないはずだ。私のように、「いかにして人類は、大規模な協力社会を築き上げたのか」という問いを最大の謎の一つとして考える人は、神聖の心理に興味を抱くだろう。なぜ人はごく自然に、もの（国旗、十字架など）、場所（メッカ、国家の誕生にまつわる戦場の跡など）、人物（聖者、英雄など）、原理（自由、博愛、平等など）に、無限の価値を見出そうとするのか？　起源はどうあれ、神聖の心理は、互いに結束して道徳共同体を築く方向に人々を導く。[*42] 道徳共同体に属する誰かが、その共同体の神聖な支柱を冒瀆すれば、集団による情動的かつ懲罰的な反応がきわめて迅速に起こるはずだ。

ここでもう一度、マイヴェスとブランデスの話に戻ろう。彼らは、物質的、功利主義的な意味では、誰にも直接的な危害を及ぼしていない。[*43] しかし、西欧社会の基盤となる道徳原理のいくつか、たとえば「人の命には至上の価値がある」「人の体は、歩く肉塊ではない」などの共有信念を冒瀆する。しかも彼らは、必要性からでも、ましてや崇高な目的のためでもなく、肉体的な欲望からこれらの原理を侵犯したのだ。もし彼らの行動を違法と裁定できないのなら、ミルの危害原理は道徳共同体の基盤として不適切だと思われる。一般に人々は、神が存在するか否かにかかわらず、物、行動、人間には、高貴で純粋なものと、邪悪で、汚れ、堕落したものの両方があると感じている。

では、マイヴェスの事件は政治と何か関係があるのだろうか？　このケースは、研究材料としてはあまりにも不快すぎる。リベラルも保守主義者も、間違いなくマイヴェスを非難するだろう（ただしリバタリアンについては判断を保留する）。[*44] しかしそれほど極端に不快な例でなければ、神聖や清浄などの概念の用法に関して、左派と右派の大きな相違がわかるはずだ。たとえばアメリカの保守主義者は、「生命の神聖さ」や「結婚の神聖さ」について話したがる。とりわけ宗教的な保守主義者は、身体を、快楽を提供する遊び場や最適化が可能な機械ではなく、魂の宿る神殿としてとらえている。

図7・8では、シュウィーダーの言う神性の倫理によって示される対比が正確に表現されている。上段は、一五世紀の絵画「貞節のアレゴリー」で、アメジストの岩にのせられ保護された聖母マリアが描かれている。[*45] 下方から小川（純潔のシンボル）が流れ出し、それを二匹のライオンが

図7.8 〈神聖／堕落〉基盤に対する二つの異なる見方
ハンス・メムリンク作「貞節のアレゴリー」（1475年）と、バージニア州シャーロッツビルの車に貼られたバンパーステッカー。「あなたの体は聖堂かもしれないが、 私の体は遊園地だ」と書かれている。また、この車には他にも民主党議員ジム・ウエッブを支持するステッカーが貼られており、持ち主は左寄りであることがわかる。

守る。この絵は、貞節を美徳として、また守られるべき宝として描いている。

このような発想は何も中世に限られるわけではなく、一九九〇年代のアメリカで行なわれていた純潔の誓いにも見て取れる。たとえば「シルバー・リング・シング」という団体は、結婚まで禁欲を保つ誓いを立てることをメンバーに求め、誓った者には、「テサロニケの信徒への手紙一　第四章三－四節」など、聖書の名称が彫られた指輪が与えられる。それを結婚指輪のようにはめるのだ。聖書の該当箇所には「実に、神の御心は、あなたがたが聖なる者となることです。すなわち、みだらな行いを避け、おのおの汚れのない心と尊敬の念をもって（……）」（『新約聖書』新共同訳）とある。

しかし左派は一般に、貞節の美徳を、古臭い性差別であるとして片づける。また、ジェレミー・ベンサムは、快を最大に、苦を最小にすることを奨励している。このように、道徳の焦点が個人とその経験に置かれると、「なぜ快を得るために自分の体を遊び場にしてはならないのか？」などといった疑問が生じるだろう。かくして信仰心を持たないリベラルは、信心深いキリスト教徒を、快を恐れるお堅い気取り屋として風刺する。

〈神聖〉基盤をもっとも重視してきたのは宗教右派（religious right）だが、宗教的左派（spiritual left）〔左翼的な見解を支持するが、政治思想の上では自由主義ではなく伝統的な宗教を基盤にする〕もそれに依拠している。「あなたの体から〈毒素〉を一掃します」とうたったさまざまな商品を販売しているニューエイジ食料品店では、〈神聖〉基盤に基づく、不浄の忌避を見出せる。また、環境保護運動の道徳的な情熱の根底には〈神聖〉基盤が認められ、環境保護主義者の多くは、産業主義、資本主義、自動車などを、それらがもたらす公害のみならず、大自然の荒廃や人間性の堕落など、より象徴的な意味での汚染のゆえに非難する。[*46]

〈神聖〉基盤の考慮は、とりわけ生物医学の問題をめぐるアメリカの文化戦争を理解するうえでとても重要だ。それがないと、次のような事態を招くだろう。妊娠中絶の倫理問題は、「胎児は、どの段階で痛みを感じるようになるのか？」に集約される。医師の手による安楽死は正しい行為と見なされ、致命的な病気にかかっている人には、自らの生命を断つことを許し、苦しまずに死ねる薬剤を与えるべきだとされる。幹細胞研究にも同じことが言える。「なぜ不妊治療クリニックに保管されている仮死状態の胚から細胞組織を取り出さないのか？　胚が痛みを感じるはずはないし、取り出した細胞組織は、人々から苦痛を取り除くための治療法を発見する研究に役立つ」と考えられるようになる。

シュウィーダーの神性の倫理と、それが依拠する〈神聖〉基盤の著名な代弁者たる哲学者のレオン・カスは、羊のドリーが哺乳類の最初のクローンとして誕生した翌年（一九九七年）に書いた文章で、技術が道徳の境界を抹消し、「したいことは何でもできる」とする危険な思い込みを助長しつつある現状を嘆いた。「嫌悪の知恵」と題する記事で、「明確に犠牲者を指差し、何が道徳的に問題なのか、その根拠をはっきりと示せなくても、私たちの持つ嫌悪の感情は、〈私たちはやりすぎている〉という貴重な警告を与えてくれる」と述べている。彼の主張は以下のようなものだ。

どこに住んでいようが、嫌悪は、人間の過剰な勝手気ままに反旗をひるがえし、口にするのもはばかられるほど深淵なものごとを侵犯しないよう警告する。事実、自由意志に基づけばすべてが許され、人間性は尊重されず、身体は自立的かつ合理的な意思の単なる道具にすぎないと見なされる現代において、嫌悪は、人間性の核心を守るために立ち上がることのできる唯一の声になってしまったとさえ言えるだろう。身震いを忘れた魂の、何たる底の浅さよ。[*47]

まとめ

私は本章を、第6章で導入した五つの道徳基盤に対する、読者の直観をテストすることから始めた。次に、生得性を「経験に先立って組織化されたもの」として、また、さまざまな文化のもとで個人が成長するにつれ、やがて改訂されていく草稿のようなものとして定義した。生得性をこのように定義することで、道徳基盤を生得的なものと見なせるようになった。個々の規則や美徳は文化によって異なる。したがって、すでに完成した書物のなかに普遍的な性質を探すつもりでいると、必ずや誤解を招くであろう。あらゆる文化のなかで、まったく同じ形態をとって存在する段落《パラグラフ》などというものは存在しない。とはいえ、人類学の観察結果を進化論に結びつけて考えてみれば、人間性の普遍的な草稿がどのようなものかは推測できるはずだ。そのような推測を、私は五項目ほど提起した。

◉〈ケア／危害〉基盤は、「自ら身を守る方法を持たない子どもをケアすべし」という適応課題に対応する過程で進化した。それは他者が示す苦痛や必要性の兆候に容易に気づけるよう、また、残虐行為を非難し、苦痛を感じている人をケアするよう私たちを導く。

◉〈公正／欺瞞〉基盤は、「他人につけ込まれないようにしつつ協力関係を結ぶべし」という適応課題に対応する過程で進化した。それは、協力関係を結ぶのにふさわしい人物を容易に見分けられるようにする。また、人を欺《あざむ》くペテン師を避けたい、あるいは罰したいと思わせる。

◉〈忠誠／背信〉基盤は、「連合体を形成し維持すべし」という適応課題に対応する過程で進化した。それは、チームプレイヤーを見分ける際に役立つ。そしてチームプレイヤーには信用と報酬を与え、自分や自グループを裏切る者を、傷つけ、追放し、ときには殺すよう私たちを仕向けることがある。

◉〈権威／転覆〉基盤は、「階層的な社会のなかで有利な協力関係を形成すべし」という適応課題に対応する過程で進化した。それは、階級や地位に対して、あるいは人々が分相応に振る舞っているかどうかについて、私たちを敏感にする。

◉〈神聖／堕落〉基盤は、最初は「雑食動物のジレンマ」の適応課題に対応する過程で、そしてさらに、病原菌や寄生虫に汚染された環境で生きていかねばならないという、より広範な問題に対処する過程で進化した。それには、象徴的な物や脅威に警戒を抱かせる行動免疫システムも含まれる。それはまた、ポジティブであれネガティブであれ、グループの結束を強化するのに必要な、非合理的で神聖な価値を有する何かに人々の労力を投資させるものでもある。

次に、左派と右派は、おのおの異なる方法、程度によって、各基盤に依存しているということを述べた。つまり、左派はおもに〈ケア〉、〈公正〉基盤に、また右派は五つの基盤すべてに依存している。だとすると、左派の道徳は「真の味覚レストラン」のメニューのようなものなのか？　左派の道徳は、一種類か二種類の受容器を活性化するだけなのに対し、右派の道徳は、忠誠、権威、神聖を含む、より多種類の受容器に訴えるのか？　もしそうなら、保守主義の政治家は、有権者に訴える、より多くの手段を持っていることになるのだろうか？

第8章

保守主義者の優位

The Conservative Advantage

二〇〇五年一月、私はシャーロッツビルの民主党支部で道徳心理学について講演するよう依頼された。それは私にとって願ってもない機会だった。というのも、二〇〇四年の大部分を、ジョン・ケリー民主党大統領候補の選挙戦におけるスピーチライターとして費やしたからだ。といっても、スピーチライターは想像上の話で、実際は毎夕の犬の散歩のときに、ケリーのぱっとしないスピーチを頭のなかで書き換えていただけだ。たとえば、民主党全国大会の指名受諾演説で、彼はブッシュ政権の失敗を列挙し、各項目を読み上げるごとに「アメリカはもっとうまくやれる」「もうすぐ助けがくる」とつけ加えた。しかし前者は、道徳基盤とはまったく関係がない。後者は、〈ケア／危害〉基盤にわずかに結びつくかもしれないが、それもアメリカを、民主党大統領に面倒を見てもらわなければならないような、無力な市民の国と見なした場合に限られる。

私なら、ブッシュの公約を一覧にして読み上げ、項目ごとに「ブッシュよ！　それにはお足が必要だぞ」とつけ加える。この単純なスローガンによって、減税と二つの戦争への出費に加えて、いくつもの新たなプログラムを計画しているブッシュの政策は、気前がよいというよりは、スーパーで万引きしているようなものだという印象を与えられるであろう。つまりケリーは、〈公正／欺瞞〉基盤の「欺瞞」検出モジュールのスイッチを入れる演説をすべきだったのだ。

シャーロッツビル民主党支部のメンバーへの私のメッセージは、「共和党員は道徳心理学を理解しているが、民主党員はできていない」というとてもシンプルなものだった。共和党員はこれまで長く、〈乗り手〉ではなく〈象〉が政治的な態度を決定するということを、また、〈象〉がどのように機能するかをよく心得ていた。*1 共和党のスローガン、政治宣伝、スピーチは、単刀直入に直観に訴える。たとえば共和党は、一九八八年の大統領選期間中に流した悪名高いネガティブキャンペーンで、許可されて週末に刑務所から一時帰休した際に残忍な殺人を犯した黒人ウィリー・ホートンを取り上げて、その責任の一端が「犯罪に対して寛容な」民主党候補マイケル・デュカキス知事にあると示唆した〔デュカキスが長く知事を務めたマサチューセッツ州では、死刑制度に反対し、殺人犯にも一時帰休が認められていた〕。それに対して民主党は、〈乗り手〉に訴えようとする傾向が強く、特定の政策やその恩恵を強調することが多い。

ブッシュ親子は、聴衆を感動させ、涙させる能力を持っているわけではないが、理性を重視しているがために冷たい印象を与える民主党候補（マイケル・デュカキス、アル・ゴア、ジョン・ケリー）と対決すればよいという幸運に恵まれた。フランクリン・ルーズヴェルト以降、大衆性と、ほとんど音楽的とも言える弁舌のスキルを組み合わせて再選を果たした民主党の大統領は一人しかいないという事実は偶然ではない。その人ビル・クリントンは、〈象〉を魅了する方法を知っていたのだ〔本書はオバマが再選を果たす以前に書かれた〕。

共和党の政治家は、一部の民主党支持者が非難するように、単に国民の不安を煽《あお》ろうとしているのではなく、すべての道徳基盤に依拠して人々の直観に訴える術《すべ》を心得ているのだ。民主党同様、(有害な民主党政策の) 罪のない犠牲者や公正 (とりわけペテン師や怠け者や無責任な愚か者を援助するために、勤勉で分別をわきまえた人々から税金を搾り取る不公正) についても語ることができる。それに加え、〈忠誠〉基盤 (とくに愛国主義や英雄主義) と〈権威〉基盤 (両親、教師、年長者、警察、そして伝統の尊重など) へのアピールに関しては、ニクソン以来ほぼ共和党の専売特許だったと言ってよい。また共和党は、一九八〇年の大統領選キャンペーン中に、ロナルド・レーガンがキリスト教系の保守層を取り込んで、「家族の価値」を擁護する政党になる。そして、神聖とセクシュアリティに関するキリスト教の考え方を取り入れ、民主党をソドムとゴモラ〔聖書に登場する都市の名前。風紀の乱れのために滅ぼされたとされる〕の政党と呼んだ。一九六〇年代から七〇年代にかけての犯罪発生率の上昇と文化的な混乱の激化を背景に、五つの道徳基盤のすべてに基づく共和党の政策は、民主党支持者さえ引きつけた (いわゆるレーガン・デモクラッツ)。それに対し、一九六〇年代以来民主党が示してきた道徳観は狭量で、犠牲者を救済し、抑圧された人々の権利を勝ち取ることのみに終始してきた感がある。つまり民主党は砂糖 (〈ケア〉基盤) と塩 (平等としての〈公正〉基盤〉のみを提供する一方、共和党は五つの道徳基盤すべてに訴えることができたわけだ。

以上が、シャーロッツビルの民主党支部で行なった講演の概略である。私は共和党の使う手練手管を非難せず、民主党の心理的な単純素朴さを批判した。怒りの反応が返ってくるだろうと予想していたのだが、ジョージ・W・ブッシュに二期続けて敗れた民主党は、何としてでもその理由を知りたがっていたので、聴衆は私の見解に熱心に耳を傾けてくれた。とはいえ、当時の私の考えはまだ思索の域を脱していなかった。リベラルよりも保守主義者のほうが、より多くの道徳基盤にうまく対応しているという私の主張を裏づける、いかなるデータもまだ得られてはいなかったのだ。[*2]

道徳を測定する

その年、幸運にも私を誠実な人間に変えてくれる、一人の学生がUVA大学院に入学してきた。このジェシー・グラハムという学生ほど、私のよきパートナーになった研究者はいない。彼はシカゴ大学を卒業したのち（広い学識を持ち）、ハーバード神学校で博士号を取得し（宗教の真の価値を認め）、日本で一年間英語を教えていた（異文化のもとで生活した経験がある）。ジェシーの初年度の研究プロジェクトは、人々が五つの道徳基盤のそれぞれに、どの程度依拠しているかを測定す

図8.1　道徳基盤理論の最初の証拠
（Graham, Haidt, and Nosek 2009, p. 1033）

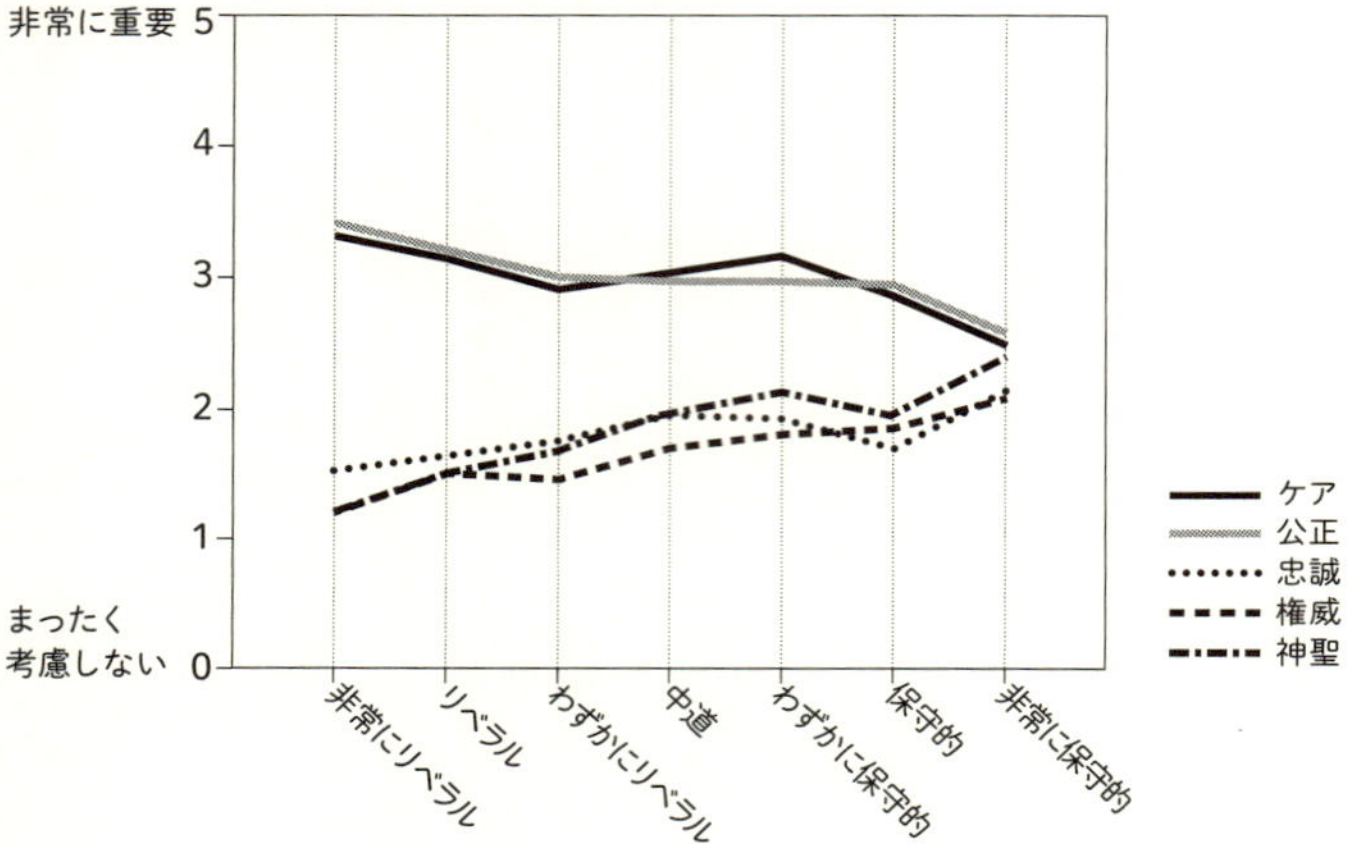

る質問票の作成だった。

　私たちは同僚のブライアン・ノセックと共同研究を行ない、第一バージョンの道徳基盤質問票（MFQ）を完成させた。それは「正しいか間違いかを判断する際、あなたは以下の項目をどの程度考慮に入れますか？　各項目に対する回答は0（まったく考慮しない――私にとって、善悪の判断にはまったく関係がない）から5（非常に重要――私にとって、善悪の判断を行なう際のもっとも重要な考慮事項の一つである）の値で指定して下さい」という指示で始まる。以下、各道徳基盤について三項目ずつ、合計一五の文章が列挙されている。たとえば、「その行為が残酷かどうか」（〈ケア〉基盤）、「権威者に対する敬意が欠けているかどうか」（〈権威〉基盤）などである。

　ブライアンは、最大級のインターネット調査サイトの一つProjectImplicit.orgのディレクターを務めており、MFQの被験者を一週間以内に一六〇〇人ほど集めることができた。調査の結果をグラフに示すと、私たちが予測していたとおりの差異を確認できた。図8・1のグラフがそれだが、「非常にリベラル」と答えた被験者を左端、中道と答えた者を中央、「非常に保守的」と答えた者を右端にとっている。つまり、左に行くほど被験者の政治的立場はリベラルに、また右に行くほど保守主義的になる。[*3]

見てのとおり、〈ケア〉と〈公正〉を示す線（上方の二つの線）は、すべての政治的立場を通じてかなり高い位置を占めている。したがって、左右中道を問わず誰もが、善悪の判断には、思いやり、残酷、公正、不正義に対する関心が重要だと答えている。とはいえ、右に行くほどその程度が下がっているのも確かで、保守主義者よりリベラルのほうが、〈ケア〉と〈公正〉の二基盤をわずかながらも重んじていることがわかる。

しかし、〈忠誠〉〈権威〉〈神聖〉の各基盤については、話はまったく違う。リベラルは、これらをたいてい無視しており、〈ケア〉〈公正〉基盤との差が相当に大きいので、「リベラルの道徳は二基盤性だ」とさえ言える。[*4] これら三つの基盤を表す線は右肩上がりになり、「非常に保守的」と答えた被験者を表す右端では、五つの線が収束している。このように、保守主義者の道徳は五基盤性だと言える。しかしほんとうに、保守主義者は道徳の範囲をリベラルより広くとらえていると言い切って構わないのだろうか？　それとも、このようなパターンが生じたのは、私たちが作成した質問に何らかの偏りがあるからなのか？

次の一年間、ジェシー、ブライアン、私の三人でＭＦＱを改良した。各道徳基盤に対し、それに結びついた直観を引き起こすことを意図した質問をつけ加え、それに同意するか否かを答えさせるよう改訂したのだ。たとえば「あなたは〈ケア〉を表す次の記述に同意しますか？――最悪の行為の一つは、無防備な動物を傷つけることだ」、あるいは〈忠誠〉基盤に対応する記述は「自己表現よりもチームプレイヤーたることのほうが重要だ」などである。その結果、図８・１と同様なパターンが得られ、ジェシーの最初の発見がみごとに再現された。しかもこのパターンは、アメリカ以外のさまざまな国に住む被験者を対象にした場合でも見出されている。[*5]

道徳心理学の講義や講演の際には、聴衆にこのグラフを見せることにした。すると、二〇〇六年の秋に私が行なった講演を聴いた、南カリフォルニア大学の大学院生ラヴィ・アイヤーから、移民に対する態度の調査にＭＦＱを用いたいという、Ｅメールによる申し出があった。それとともに、熟達したウェブプログラマーでもあるラヴィは、調査のためのウェブサイトの構築を手伝ってくれるとのことだった。また同じ頃、カリフォルニア大学アーヴァイン校の大学院生セナ・コリヴァが、ＭＦＱを用いたいと言ってきた。セナは、指導員のピート・ディットー（第４章で彼の「動機づけられた推論」の研究を取り上げた）と政治心理学を研究していた。私は、ラヴィにもセナにも「イエス」と返答した。

毎年一月、世界中の社会心理学者が、互いの研究の情報交換を目的とする会議に（そして噂話をし、コネを作り、一杯やるために）集まってくる。二〇〇七年の会議は、テネシー州のメンフィスで開催された。ラヴィ、セナ、ピート、ジェシーと私は、ある夜ホテルのバーで一堂に会して、互いの研究について話し合い、親交を温めた。

五人とも、政治的にはリベラルの立場だったが、リベラル研究者の政治心理学へのアプローチに懸念を抱いていた。彼らの研究の多くは、保守主義の何が問題かを解明することに焦点を置いていたからだ（「なぜ保守主義者は、普通の人がするように平等、多様性、変化を支持しようとしないのだろうか？」）。ちょうどその日開かれた政治心理学のセッションで、何人かの講演者は、保守主義者にまつわるジョークや、ブッシュ大統領の認知的な限界について放言していたのだが、そのような言動は、私たち五人には、道徳的にも科学的にも間違っていると感じられた。道徳的に間違いだと感じたのは、そのような行為が、聴衆のなかにいるかもしれない、何人かの保守主義者に対し敵対的な雰囲気を醸し出していたからであり、科学的に間違いだというのは、特定の結論に性急に至ろうとする動機がそこに見て取れたからだ（ともすると人は自分の望む結論に至りがちなことは、誰もがよく知るところだ）。[*6] また私たち五人は、アメリカにおける政治的な見解の二極化と民度の低さを憂慮し、道徳心理学をうまく利用して、両党派が互いに理解と尊重を示せるよう手助けしたいと考えていた。

私たちは、今後の研究に役立ついくつかのアイデアを出し合った。いずれの提案にも、ラヴィは「それはオンラインでできる」と言った。それから彼は、訪問者が、まず登録を済ませたうえで、道徳心理学や政治心理学のさまざまな研究に被験者として参加できるようなウェブサイトの

図8.2　132,000人の被験者を対象に実施したMFQのスコア（2011年）
YourMorals.orgによって得られたデータ。

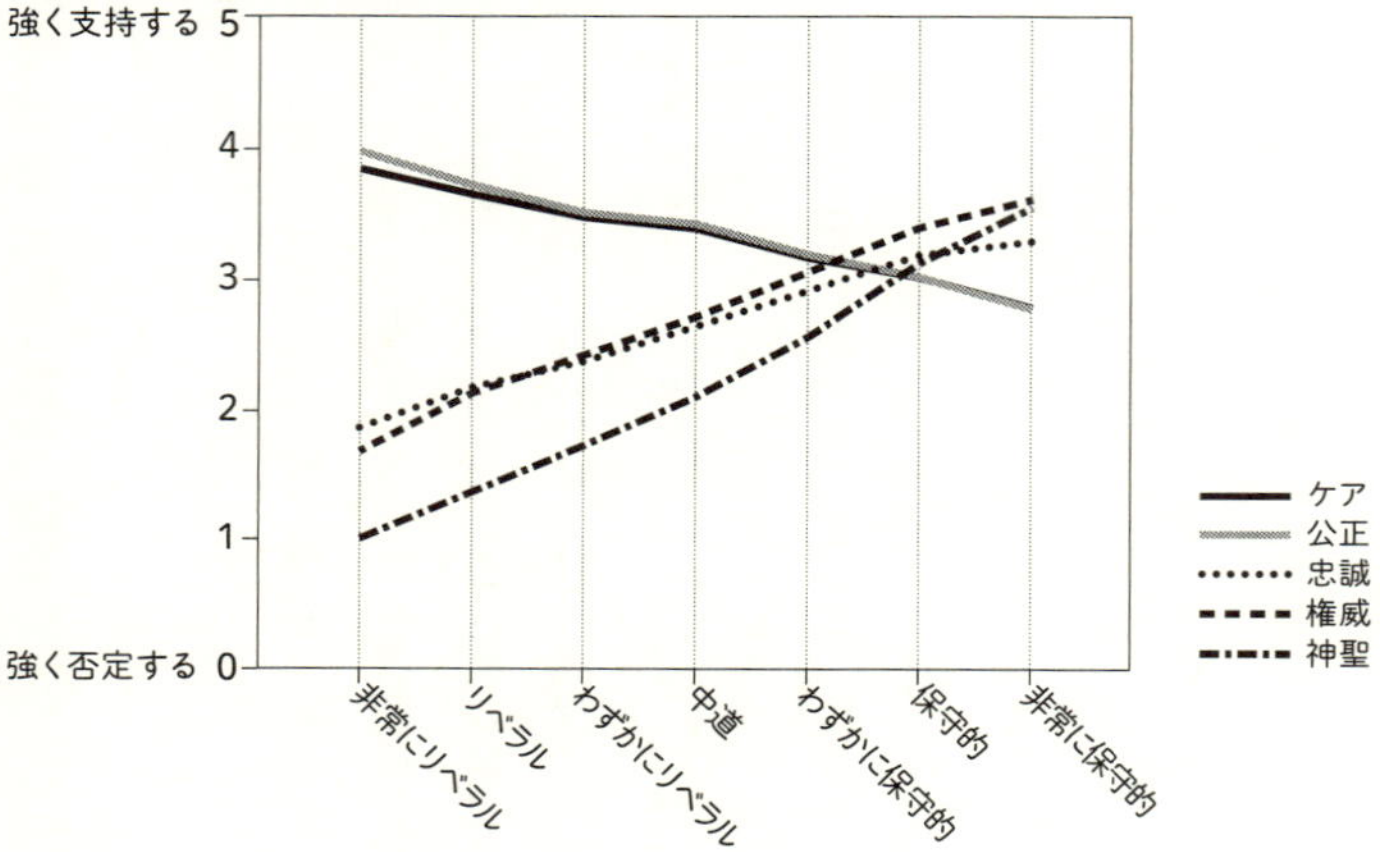

構築を提案した。そうすれば、集めた回答を互いに関連づけながら、訪問者ごとに包括的な道徳プロフィールを作成できる。そして回答者には、他の回答者との比較を示した詳細なフィードバックを戻す。それらの情報が有益であれば、サイトの噂は広がるだろうと、私たちは考えた。

　その後数か月をかけて、ラヴィがまずウェブサイト www.YourMorals.org の大枠を設計し、それから五人で協力して、コンテンツを改良していった。こうして五月九日にUVAから調査の許可をもらい、その翌日からサイトを公開した。最初の数週間、訪問者数は一日十数人程度だった。しかし八月になると、サイエンスライターのニコラス・ウェイドが、『ニューヨーク・タイムズ』紙に掲載する記事のために、道徳の起源について私にインタビューをした。[*7] その記事には、このサイト名も記載されていた。記事が九月一八日に掲載されると、その週の終わりまでには、二万六〇〇〇人の新規訪問者が、一つ以上の調査項目に記入している。

図8・2は、二〇一一年時点までに、一三万人以上の被験者を対象に得られたMFQデータをグラフ化したものである。この頃までには、ジェシーが最初に作った単純な質問票にさまざまな改良が加えられていたが、それでも結果には、二〇〇六年の調査と同様、〈ケア〉と〈公正〉を表す線は右肩下がりに、また、〈忠誠〉〈権威〉〈神聖〉を示す線は右肩上がりになるという基本的なパターンが認められた。つまり、リベラルは〈ケア〉と〈公正〉基盤を他の三つの基盤よりはるかに重視し、保守主義者は五つの道徳基盤のすべてをおおよそ等しく扱うという傾向に変化は見られなかった。[*8]

また、リベラルと保守主義者の差異は、質問方法をどう変更しても確認されている。たとえばある調査では、どんな特徴を持つ犬をペットにしたいかを尋ねた。次のような犬は、はたして左右のどちらに、より魅力的に映るだろう？

・とてもおとなしい。
・独立心が強く、飼い主には友好的で対等な関係を求める。
・家族に極端に忠実で、見知らぬ人にすぐにはなつかない。
・とても従順で命令に従うよう簡単に訓練できる。

・非常にきれい好きで、猫のように自らの衛生状態に気を配る。

この調査では、人は自分の道徳マトリックスに合致する犬を望むことがわかった。リベラルは、穏やかで（〈ケア〉基盤の価値観に合致する）、飼い主と対等な関係を結ぼうとする犬（平等としての〈公正〉基盤）を、また保守主義者は、忠実（〈忠誠〉基盤）で従順（〈権威〉基盤）な犬を望む傾向が見られたのだ。なお〈神聖〉基盤については、リベラルも保守主義者も、きれい好きな犬を欲し、党派間に差異はなかった。

図８・２に見られる右端で収束するパターンは、インターネットのみならず、教会で行なった調査でも確認されている。ジェシーは、ユニタリアン教会（リベラル）と南部バプテスト教会（保守）で行なわれた説教をおのおの数十ずつ収集した。また、それらの内容を読む前に、各道徳基盤に概念的に関連する単語を何百か列挙しておいた。たとえば、〈ケア〉基盤のポジティブな側面は「平和」「ケア」「思いやり」、ネガティブな側面は「苦痛」「残酷」「野蛮」、〈権威〉基盤のポジティブな側面は「従順」「義務」「栄誉」、ネガティブな側面は「反抗」「不敬」「抵抗」などである。それからＬＩＷＣと呼ばれるテキスト解析ソフトを利用して、リベラル、保守それぞれの説教のなかで、これらの単語が何回出現するかを数えた。[*9] この単純素朴な方法でも、ＭＦＱデータの分析と同じ結果が得られている。つまり、ユニタリアン教会の牧師は〈ケア〉〈公正〉基盤に、また南部バプテスト教会の牧師は〈忠誠〉〈権威〉〈神聖〉基盤に分類される単語の使用頻度が高かっ

た。[*10]

また、脳波の測定によっても同じパターンが見出されている。私たちはUVAの社会神経科学者ジェイミー・モリスとチームを組み、二バージョンからなる六〇の文章をリベラルと保守主義の学生に読ませた。一方のバージョンでは、特定の道徳基盤に合致する考え方が、もう一方では、それを否定する考え方が示されていた。たとえば被験者の半分は、「職場では、完全な平等は不可欠である」という文章を読み、もう半分は「職場では、完全な平等は非現実的である」という文章を読む。画面には各文章の単語が一語ずつ表示されたが、それを読んでいるあいだに脳波を測定できるよう、被験者に特殊な帽子をかぶらせた。このような準備のもとで、私たちは脳波図（EEG）を見ながら、キーワード（「不可欠」対「非現実的」など）が表示された瞬間に、どの被験者が驚きやショックを感じたかを調査した。[*11]

保守主義者に比べ、リベラルの被験者の脳は、〈ケア〉〈公正〉基盤を否定する文章に大きな驚きを示した。また、〈忠誠〉〈権威〉〈神聖〉基盤を肯定する文章にも、より大きな驚きを感じたようだ（たとえば「ティーンエイジャーは両親の忠告を聞くべき」対「――を疑うべき」）。要するに、「リベラル」になるか「保守主義者」になるかは、単に質問票上で自分の支持する価値観を選択するというだけのことではないのだ。彼らの脳は、質問文を目にしたあと〇・五秒以内に、それぞれ異なる反応を示した。これら初期の一瞬にして生じる神経活動は、〈象〉がすでに左右どちらかの方向に、わずかながら歩み出そうとしていることを示す。〈乗り手〉はそのあとで、〈象〉の動きに合った理由づけを行ない、証拠を求め、結論を導き出す。ここでも、まず直観、それから戦略的な思考だ。

何が人を共和党に投票させるのか？

バラク・オバマが民主党の大統領候補指名を勝ち取ったとき、私はわくわくする気分を抑えきれなかった。ついに民主党が、五つの道徳基盤のすべてを動員して聴衆に語りかけられる、幅広い道徳的な感覚を備えた人物を候補者に選んだと思ったからだ。彼は著書『合衆国再生——大いなる希望を抱いて』で、秩序の維持と伝統の価値に対する保守主義者の考え方を理解できるリベラルとして自分自身を語っている。父の日に黒人教会で行なった演説では、結婚と、両親の揃った伝統的な家族を称賛し、子どもに対する責任をしっかり負うよう訴えた。[*12] また、愛国主義についての演説では、アメリカ国旗を燃やしたり、ベトナム帰還兵に栄誉を与えなかったりしたことを持ち出し、一九六〇年代のリベラルによるカウンターカルチャー運動を批判した。[*13]

しかし二〇〇八年の夏が来る頃には、私は次第に心配になってきた。大きな人権保護団体に向けた演説で、彼は社会正義と、大企業の強欲のことばかり話していたからだ。[*14] そこには〈ケア〉と〈公正〉基盤への配慮しかなく、さらに後者は、結果の平等を意味するケースが多かった。ベルリンで行なった有名な演説で、彼は「世界市民の一人」として自己を語り、「世界市民権」に言及している。[15]それは、その年の夏、アメリカの政治家が通常するように上着の折り返しの部分にアメリカ国旗をかたどったピンを刺すことを拒み、論争を巻き起こした頃のことだ。この論争は、リベラルの目にはばかげたものに映ったようだが、ベルリンでの演説は、「オバマはリベラルの万人救済論者で、アメリカの国益よりも、他の国々の利害を優先しかねない」という保守主義者の反発を強化する結果になる。そして共和党の対立候補ジョン・マケインは、「自国が第一」をキャンペーンのスローガンにして、〈忠誠〉基盤にうまく訴えられないオバマの欠点につけ込もうとする。

オバマも、ゴアやケリーと同じ道をたどるのではないかと不安になった私は、道徳基盤理論を大統領選に適用する小論を書くことにした。それによって、〈ケア〉〈公正〉以外の道徳基盤にも訴えながら政策を語るにはどうすればよいかを、民主党の政治家たちに示したかったのだ。すると、Edge.org というオンライン科学サロンを運営するジョン・ブロックマンが、政治的な助言をなるべく減らし、道徳心理学に焦点を絞ることを条件に、彼のサイトにこの小論を公開しないかと誘ってきた。[16]

私はそれに「何が人を共和党に投票させるのか?」というタイトルをつけ、心理学者が何十年も言い続けてきた一般的な説明を要約することから始めた。それは次のようなものだ。

保守主義者が保守的なのは、過剰に厳格な両親に育てられたためか、変化、新しさ、複雑さを異常なまでに恐れているゆえであるか、あるいは自己の存在に対する不安を感じて、あいまいさのない単純な世界観に固執するからか、のいずれかとされている。[*17] これらの見方は、心理学を用いて保守主義を説明する点で共通する。そして、そう説明することで、リベラルは保守主義の見方をまじめに受け取る必要はないと見なす。なぜなら、それは子どもの頃の劣悪な生活環境や、何らかの人間性の欠陥に由来すると考えるからだ。私は、それとは違うアプローチを提案したい。リベラル同様、保守主義者が誠実な人々であることを認めるところから始め、しかるのちに、道徳基盤理論を用いて両陣営の道徳マトリックスを理解するというアプローチだ。

この小論の核心には、「見知らぬ者同士が平和共存できる社会を構築するには、二つの大きく異なるアプローチをとれるが、その一つは、ジョン・スチュアート・ミルによって、もう一つは、フランスの偉大な社会学者エミール・デュルケームによって代表される」という主張がある。ミルの見解については、次のように書いた。

まず社会を、相互利益のために結ばれた社会契約として考えてみよう。社会のすべての構成員は平等であり、誰もが可能な限り自由に移動し、才能を開花させ、望み通りの人間関係を築けなければならない。契約社会の守護聖人とも言える人物はジョン・スチュアート・

ミルで、彼は(『自由論』で)「文明社会のいかなる構成員に対しても、彼の意思に反して権力を行使しても正当と見なせる唯一の目的は、他の構成員に及ぶ危害の防止である」と述べている。ミルの見方は、多くのリベラルとリバタリアンに訴える。ミルの理想とする社会は、さまざまな人々が、互いの権利を尊重し、(オバマの求める「統合」のように)自由意志に従って協力関係を結びながら、助けの必要な人を支援し、社会の利益のために法を改善する、平和で創造的な開かれた場所なのである。

それから私は、このような社会のとらえ方が、〈ケア〉と〈公正〉基盤だけに基づくものであることを示した。そして、誰もがこれら二つの基盤に依存していると仮定する人は、「人々は残酷な行為や不正義をいまわしく感じ、互いの権利を尊重するよう動機づけられる」と想定するであろうと述べた。次に、このようなミルの見解と、デュルケームの見解を対比させた。

さて今度は、社会を、構成員間の同意としてではなく、人々が共に暮らし、協力関係を結び、互いの私利私欲を抑え、また、グループの協力関係を破壊し続ける異常者やフリーライダーを罰するための手段を発見するにつれ、時間の経過に従って組織的に形成されていくものと考えてみよう。この場合、個人ではなく、階層的に構造化された家族が社会の基礎単位をなし、他の制度のモデルになる。このような社会では、各人は、自立を根本から制限する、強力で制約的な関係の網の目のなかに生まれてくる。結束を重視する、この道徳システムの守護聖人とでも言うべき社会学者エミール・デュルケームは、アノミー(無規律な状態)の危険について警告し、一八九七年に「自らが所属すべき上位の実体を何ら認めない人は、高い目標を持つことも、規則に服することもできない。すべての社会的な圧力からわが身を解放することは、自己の責任を放棄し、道徳的に堕落することに等しい」と書いている。デュルケームが理想とする社会は、自由に振る舞わせると浅はかな肉体的快楽に溺れてしまいがちな個人を社会化し、作り変え、ケアする、互いに包含したり一部が重なったりする多数の集団から構成される、安定したネットワークを築き上げる。また、自己表現より自制を、権利より義務を、そして外部の人間に対する関心より自集団への忠誠を重視する。

次に、デュルケームの提起する社会は、〈ケア〉〈公正〉基盤のみでは維持し得ず、〈忠誠〉〈権威〉〈神聖〉基盤も必要であることを示した。[*18] そして、アメリカの左派が社会保守主義者や宗教右派を理解できないのは、デュルケーム的な社会を道徳的に憎悪すべきものとしてしか見ようとしないからだと指摘した。[*19] デュルケーム的な社会は、一般に階層的、懲罰的、宗教的で、人々の自立を制限し、男女の役割を含め伝統的な考え方を擁護する。リベラルにとってそのような社会は、闘争の対象ではあっても、尊重すべきものではない。

〈ケア〉〈公正〉基盤のみによる道徳マトリックスを身につけている人は、アメリカの非公式のモットー「多から一へ（*E pluribus unum*）」に、神聖な響きをうまく聞き分けられないだろう。「神聖な」とは、前章で〈神聖〉基盤を取り上げた際に導入した概念を指す。つまり、（とりわけ集団を結束させる）ものの見方、もの、できごとに無限の価値を授ける能力のことだ。さまざまな人々（*pluribus*）を一つ（*unum*）に統合するこのプロセスは、繁栄を享受する国家には必ず起こる奇跡なのである。[*20]この機能を失った国家は、やがて衰退、もしくは分裂するはずだ。

一九六〇年代に、民主党は *pluribus* の政党になった。一般に民主党支持者は、多様性を重視し、アメリカに同化しようとしない移民を支援し、英語を唯一の国語として扱うことに反対し、上着の折り返しに国旗をかたどったピンを刺すことを拒否し、世界市民の一員として自己を語る。一九六八年以来、大統領選で、民主党候補が有権者の前でうまく振る舞えなかったことに何の不思議があろうか。[*21] アメリカ大統領は、社会学者ロバート・ベラーが言う「アメリカの市民宗教[*22]」の大祭司とも見なせる。大統領は、神の名を唱え（イエスの名ではないが）、アメリカの英雄や歴史をたたえ、神聖なテキストを引用し（独立宣言や合衆国憲法）、*pluribus* から *unum* への転換を行なわなければならない。カトリック教会が、ラテン語を話そうとしない者や、異端の神々を擁護する人物を司祭に選ぶだろうか？

小論の残りの部分では、保守主義を病理と見なして拒絶しないよう、また〈ケア〉〈公正〉基盤以外の道徳基盤も考慮するよう、民主党支持者に助言した。そして、単にメッセージのなかのみでなく公共政策や国家の利益を考える際にも、〈忠誠〉〈権威〉〈神聖〉基盤を大いに取り入れることで、両党間の、神聖なものに対する姿勢のギャップを埋める努力をするべきだと主張した。[*23]

私が見落としていたこと

この小論は読者に強いインパクトを与え、Eメールで率直な意見を送ってくれる人もいた。左寄りの読者の多くは、〈ケア〉基盤に特化した道徳マトリックスに凝り固まり、保守主義をもう一つの政治的な立場としてとらえることを拒絶した。たとえば、私の分析には同意するが、私が言及していない要素にナルシシズムがあると指摘する読者がいた。次のような意見だ。「彼ら（共和党支持者）には、思いやりの欠如という言葉がふさわしい。ナルシシストにも、人間に必要なこの能力が欠けている」。さらに、自分の「病気」に気づけなくする共和党支持者のナルシシズムは、「とても嘆かわしい」とつけ加えている。

右寄りの読者からは、一般的にポジティブな意見が寄せられた。軍隊や宗教に関連する経歴を持つ読者の多くは、右派の道徳に関する私の分析が正確で有用だと感じたようだ。たとえば、次のようなEメールがあった。

私は最近、二二年間勤めていた米国沿岸警備隊を退職し、（……）政府の科学機関に再就職しました。新しい職場の政治的な風潮はリベラルに傾いています。（……）そこで私が目にしているのは、大きな目標を失い、個人主義とうちわもめが猖獗《しょうけつ》をきわめる混乱した仕事場です。沿岸警備隊では、少数の献身的なメンバーが、限られた資源のなかで困難な仕事を達成する様子にいつも感心していました。ところが新しい職場は、何一つ達成できないのではないかと思えるような有様です。[*24]

怒りの言葉を送ってきた読者も大勢いた。とりわけ経済的保守主義者の怒りは激しく、彼らは、私が彼らの道徳を誤解していると考えていた。たとえば次のような、「気をつけろよ、愚か者」という件名のメールが来た。

俺は共和党に投票している。なぜなら、他の誰か（要するに権力者）が、俺たちが稼いだ金を巻き上げ、非生産的で福祉の世話になるしか能のないシングルマザー、つまりクラック・ベビー〔妊娠中にクラック・コカインを使用した母親から生まれた子ども〕を生む未来の民主党支持者につぎ込むのに反対だからだ。単純なことだよ。（……）おまえは、愚かな質問をして、「理にかなった」答えを出すことでメシの種を稼いでいる、やわで頭でっかちの「哲学者」だ。（……）毒をまき散らしながら、ユングなんぞを読んでいるのさ。

また、「人々が民主党に投票する一五の理由」と題したブログ記事を書いて、怒りを表明した右寄りの人もいる。彼によれば第一の理由は「IQの低さ」だそうだが、それ以外は彼自身の道徳マトリックスと価値観をはっきりと表している。一覧には次のような項目が含まれていた。

・怠惰。
・タダで何かを手に入れたい。
・自分の問題を他人のせいにしたい。
・自己責任を恐れ、どんな責任も負いたくない。
・生活費を稼ぐために額に汗して働き、自分のことは自分でする人、つまりゆりかごから墓場まで、いちいち政府の世話をあてにする必要はないと考えている人を軽蔑する。
・三人の男とのあいだにできた五人の子どもを抱えて、生活保護を必要としている。

これらのEメールは道徳的な色合いに満ちているが、私は道徳基盤理論を用いてそれらを分類するのに四苦八苦した。そこに見られる道徳の大部分は〈公正〉基盤に関連していたが、平等にはまったく関係がなかった。それは「自分でまいた種は自分で刈り取るべき」とする、プロテスタントの勤勉の倫理や、ヒンズー教の因果応報における公正であり、「額《ひたい》に汗して働いた人は、労働の成果を享受できてしかるべき」「無責任な怠け者はその報いを受けるべき」という主張であった。

これらのEメールや、その他の経済的保守主義者の反応を通じて、私とYourMorals.orgの同僚は、平等ではなく比例配分に焦点を置く、保守主義における公正の概念をとらえそこなっていることに気がついた。なお、ここでいう比例配分とは、「自分の努力に見合った報酬を手にできるべき」という意味だ。ところが、平等も比例配分も〈公正〉基盤の範疇に入ると考えてはいたものの、この基盤を測定するために私たちが用いていた質問は、ほとんどが平等とその権利に関するものだった。リベラルは公正をより重視するという調査結果が得られたのはそのためで、私たちは、経済的保守主義者を怒らせた原因がまさにそこにあることに気がついた。要するに彼らは、「リベラルは、（比例配分という意味での）公正にはまったく配慮していない」と言いたかったのだ。

では、比例配分と平等は、それまで私たちが考えていたように、同じ認知モジュールに由来する異なる現象面なのだろうか？　ロバート・トリヴァースが論じているように、それらはどちらも互恵的利他主義に関係しているのか？　人々が比例配分に注意を払い、人を欺くペテン師を取り逃さないよう警戒する理由の説明は、さほどむずかしくない。それは、信頼できるパートナー同士が便宜を図り合うことで利益を得る方法を分析した、トリヴァースの研究を参照すればおのずと明らかになる。だが、平等についてはどうだろうか？　政治的、経済的平等に対するリベラルの関心は、ほんとうに互恵的利他主義に関係するものなのか？　いばり屋や抑圧者に対して人々が感じる激しい怒りは、ペテン師に向けられた怒りと同じものなのか？

私は狩猟採集民の平等主義に関する研究を調査し、これら二種類の公正さを区別すべき強い論拠を見出した。平等を求める欲求は、相互依存と交換より、自由と抑圧の心理に密接に関連しているように思われた。YourMorals.org の同僚とこれについて議論し、公正と自由に関していくつかの新たな調査を実施したあと、六番目の道徳基盤として〈自由／抑圧〉を暫定的に加えることにした。[*25] また、〈公正〉基盤に関して、比例配分をより重視するよう考えを改めた。以下にその理由を説明しよう。

〈自由／抑圧〉基盤

前章で私は、人間が、霊長類の祖先と同じく、ときに残酷になり得る順位制を築こうとする生得的な傾向を持つと述べた。しかしそれが真であるなら、どうして遊牧狩猟採集民は、常時平等主義者であり得るのか？（少なくとも成人男性のあいだには）上下関係はなく、族長もおらず、グループの規範によって、とりわけ獲物の肉などの資源の共有が積極的に奨励される。[*26] 考古学的な証拠は、私たちの祖先が、何十万年も、移動する狩猟採集民として平等主義的な集団を形成して暮らしていたことを示しており、この見方を支持する。[*27] 階層制は、集団による農耕や家畜の飼育が始まり、定住生活が根づいた頃、広がり始めたにすぎない。さらにそのような変遷を経て、私有財産が生まれ、集団の規模は拡大し、平等主義は姿を消した。もっともよい土地や生産物の分配は、一般に族長、リーダー、あるいはエリート階級が支配するようになる（これらの人々が富の一部を墓に持ち込んだので、現代の考古学者はそれを分析できるのだ)。では私たちの心は、階層制に向けて「経験に先立って組織化されている」のだろうか? あるいは平等主義に向けてなのか?

人類学者のクリストファー・ベームは、階層制に向けてだと答える。ベームは若い頃、部族の文化を研究していたが、動物行動学者のジェーン・グドールとチンパンジーの研究も行なっていた。彼は、ヒトとチンパンジーが示す支配と服従の様式には大きな類似が見られることに気づいた。そして、著書『森のなかの階層制 (*Hierarchy in the Forest*)』で次のように結論する。「ヒトは階層制に向かう生得的な傾向を持っているが、私たちの祖先は、ここ数百万年のいずれかの時点で〈政治的な変化〉を遂げ、グループを支配しようとする、最優位雄《アルファメイル》の候補を集団で統制し、罰し、殺すことで平等主義者として生きるようになった」と。

チンパンジーのアルファメイルは、グループの真のリーダーではなく、闘争の仲裁などの、いわば公的なサービスも行なう。[*28] とはいえ、欲しいものはたいてい手に入れるいばり屋だと見なしたほうがよいのも確かであろう。しかしそのチンパンジーでさえ、地位の低い個体が結束してアルファメイルを倒し、ときには殺すこともある。[*29] そのため、チンパンジーのアルファメイルは、自らの限界を知り、協力してくれる仲間を見つけて、反抗を未然に防ぐ政治能力を身につけなければならない。

原人類の生活が、アルファメイル(および二、三個体の仲間)と、権力から締め出されたその他多数のオスのあいだの、微妙な力のバランスの上に成り立っているとしよう。そして全員に槍を持たせたとする。身体の力のみでは戦いの帰趨《きすう》が決しなくなると、力のバランスが変化する可能性は高い。およそ五〇万年前頃から、狩猟や屠殺に使うすぐれた道具が製作されるようになったときに（その年代の地層から、武器や道具の種類が増加し始めたことを示す考古学的な証拠が得られている）[*30]、それが実際に起こり始めたとベームは主張する。ひとたび初期の人類が槍を製作するようになると、いばり散らすアルファメイルを誰もが殺せるようになった。さらに言語による伝達能力が加わり、社会の構成員が言語を用いて道徳の侵犯についてのゴシップを広められるようになれば[*31]、初期の人類が、社会の安寧を脅かし、その秩序を乱す者を、互いに結束して辱めたり、追放したり、殺したりする能力を発達させるのは、ごく自然な成り行きであった。

ベームの主張によれば、過去五〇万年間のどこかの時点で言語が誕生したあと、私たちの祖先は、最初の真の道徳共同体を形成した[*32]。そのような共同体に属する個体は、自分の気に入らない行動を、とりわけアルファメイル候補による、他個体を支配しようとする攻撃的な行動を特定しては、それに関するゴシップを流していた。それだけではアルファメイル候補を抑えられないまれなケースでは、武器を用いて倒せた。ベームは、カラハリ砂漠で暮らすクン族のあいだで、その種の共同体の機能が働いていることを示す劇的な例をあげている。

トゥイという名の男が三人を殺した。その際、全員の意見の一致をみた共同体のメンバーは、日中に待ち伏せして彼に致命的な傷を負わせた。そして、死に瀕している彼に向かって、ある情報提供者の表現を借りると「ヤマアラシ」のようになるまで、全員が毒矢を射掛けた。彼が死ぬと、男女全員が死体の周囲に集まり、彼の死の責任を全員で象徴的に共有するために、死骸を槍で突き刺した。[*33]

とはいえ、人間の本性が突然変化して平等主義的になったわけではない。人は依然として、可能なら他の人々を支配しようと試みていた。それよりむしろ次のように考えるべきだろう。ゴシップの能力と武器を手にした人々は、ベームの言う「順位制の逆転」を発達させ、下位のメンバーが結束してアルファメイル候補を抑制し、支配できるようになったのだと（この見方は、マルクスの「プロレタリアートの独裁」に酷似している）。[*34] その結果生まれたのは、階層制への生得的な志向を持つ個体間の協力によって築かれた、まだ脆弱な政治的平等主義であった。これは「生得性」が、心の草稿に関連することを示す格好の例になる。ゆえに最終的な書物は草稿とはまったく異なり得るのであり、現代の狩猟採集民を観察して「見よ、あれこそほんとうの人間の本性だ！」と決めつけるのは誤りである。

このような政治的平等主義への移行を果たしたグループには、道徳マトリックスの発達においても大きな飛躍があった。いまや人々は、規範、非公式の制裁、そして折に触れての暴力的な懲罰をともなう、はるかに濃密なネットワークのなかで暮らすようになったのだ。この新たな世界を巧みに生き抜き、よい評判を維持できた者は、他の人々から信頼、協力、政治的な支持を集めて有利な立場を築けた。それに対し、グループの規範を尊重しない者や、いばり屋のごとく振る舞う者は、避けられ、追放され、殺されることで、遺伝子プールから除去されていった。かくして、遺伝子と文化的な実践（たとえば規範を守らない者を集団で殺害するなど）は共進化してきたのだ。

ベームは、その結果生じたのが、「自己家畜化」と呼ばれるプロセスだと言う。育種家が、選択的な掛け合わせによって、より従順でおとなしい動物を作り出すように、私たちの祖先は、全員で共有する道徳マトリックスを築き、そのもとで協力し合って生活する能力を、選択的に（そして意図せずして）育み始めたのである。

〈自由／抑圧〉基盤は、機会さえあれば他人を支配し、脅し、抑制しようとする個体とともに、小集団を形成して生きていかねばならないという適応課題に対応するために進化したと、私は考える。したがってオリジナル・トリガーとしては、支配の試みを示す兆候があげられる。この基盤に由来する、ときに「リアクタンス」とも呼ばれる義憤は、アルファメイル（メスも含む）の示す、他の個体を支配しようとするあらゆる攻撃的な行動によって引き起こされる（たとえば、権威者に何かを禁じられると、余計にその何かをしたくなることがあるが、その感情が「リアクタンス」にあたる）。[*35] 人々は、抑圧にひとりで耐え続けるわけではない。支配者候補の出現は、ときに被抑圧者同士を平等な関係のもとに統合させるが、その過程を通じて、その動きに抵抗あるいは対抗しようとする、あるいは極端なケースでは支配者候補を殺そうとする動機が生まれる。支配の兆候を見出し、義憤に駆られて反抗グループを形成する能力に欠ける者は、食物や配偶者、あるいは個

図8.3 〈自由／抑圧〉基盤を表わすバージニア州旗

人（とその遺伝子）を生存に導く、その他あらゆる資源へのアクセスが制限される状況に直面しなければならない。[*36]

〈自由〉基盤には、明らかに〈権威〉基盤と対立する側面がある。私たちは皆、特定の文脈のもとで、ある種の権威を正当と認めているが、信用を勝ち取らずに自分をリーダーとして認めさせようとする者に対しては強い警戒心を抱く。誰かが権力の濫用や専制に至る一線を踏み越えようとすれば、その兆候を即座に検知できるよう、つねに感覚を研ぎ澄ませているのだ。[*37]

また〈自由〉基盤は、古今東西の革命家や自由戦士《フリーダムファイター》〔自由を獲得すべく武装して権力と戦う人〕の道徳マトリックスの基礎をなす。アメリカ独立宣言の文章は、一三の植民地に対する専制の確立を目指して繰り返された、不正や簒奪の列挙だとも言える。それは、「すべての人間は平等につくられている」という文言から始まり、「私たちは互いに、自らの生命、財産、神聖な名誉を捧げ合う」とする、統合に向けての感動的な文言で結ばれている。同様にフランス革命のリーダーは、自由のために庶民を国王殺しに参加させるために、平等と博愛に訴えねばならなかった。

私が住んでいるバージニア州の州旗は、暗殺を称賛している（図8・3）。〈自由／抑圧〉基盤を理解せずにそれを見ると、奇怪に思われるはずだ。この旗は、「暴君はつねにかくのごとし（*Sic semper tyrannis*）」というモットーと、死んだ王の胸の上に立つ女性の姿で示される美徳を表現している。この言葉は、マルクス・ブルータスと共謀者が、アルファメイルのごとく振る舞うジュリアス・シーザーを弑《しい》したときに、ブルータスが発した鬨《とき》の声だとされている。また、ジョン・ウィルクス・ブースが、フォード劇場でエイブラハム・リンカーンを狙撃したあと、舞台の上から叫んだのもこの言葉だ（南部人は、リンカーンを南部の独立を妨げる暴君として見ていた）。

革命家はときに、殺人を高潔な行為と見る。彼らはそれが正しいと感じているわけだが、この感情はトリヴァースの言う互恵的利他主義やしっぺ返しとはずいぶんかけ離れている。これは公正ではなく、ベームの言う政治的移行、順位制の逆転と見なせる。

〈自由〉基盤のオリジナル・トリガーには、いばり屋や暴君が、また、カレント・トリガーには、個人の自由に課せられる、不法な制限と見なし得るどんなものも含まれる。（アメリカの保守主義者から見た場合の）政府もそれにあたる。一六八人の死者を出したオクラホマシティ連邦政府ビル爆破事件（一九九三年）の犯人ティモシー・マクベイは、事件の数時間後に逮捕されているが、そのとき *Sic semper tyrannis* とプリントされたTシャツを着ていた。また、ティーパーティーが表現するポピュリスト〔労働者、都市中間層など大衆への所得再分配や権利拡大を唱える〕の怒りは、「私を踏みつけるな（図7・4参照）」と書かれた非公式の旗が示すとおり、この基盤に起因する。

これらは右派の例ではあるが、結束して抑圧に抵抗し、それを平等によって置き換えようとする衝動は、左派のあいだでも、少なくとも右派と同程度に浸透している。たとえば私が書いた「何が人を共和党に投票させるのか？」を読んだ、あるリベラルの読者は、ベームの理論とまったく同じことを述べている。

> リベラルにとっての社会の敵とは、権力〈権威〉基盤〉を濫用しながら、それでも他の人々に自分たちを「尊敬する」よう要求する者のことだ。（……）リベラルの権威とは、社会を統合し、その敵を抑制する何かを起こすことによって、社会の尊敬を勝ち取る者や制度を指す。[*38]（傍点はつけ加えた）

〈自由／抑圧〉基盤に基づく怒りを誘発するのは、何も政治権力の蓄積や濫用だけではない。カレント・トリガーは富の蓄積にも拡張され、このことは資本主義に対する極左の嫌悪感を説明する。たとえばあるリベラルの読者は、「結局のところ、資本主義は略奪だ。道徳的な社会は、社

図8.4　リベラルの自由
ニューヨーク州ニューパルツにあるコーヒーショップの内装。左側のメッセージは「誰かが抑圧されているうちは誰も自由ではない」。右側の旗は、星条旗の星の部分が企業のロゴで置き換えられている。中央のメッセージは「女性や子どもに対する暴力をどうすればなくせるか」。

会主義者の手によるものだ。そこでは、人々は互いに助け合う」と語る。

人々が社会正義を語るとき、そこには〈自由／抑圧〉基盤への重度の依存が見て取れる。図8・4は、ニューヨーク州ニューパルツにある進歩主義的な喫茶店の内部を写した写真だが、この店のオーナーは、〈ケア〉基盤とともに〈自由〉基盤に訴えるような内装を施している。

抑圧に対する憎悪は、左右どちらの陣営にも認められる。しかし、より普遍主義的な立場を取り、〈ケア／危害〉基盤に大きく依存するリベラルにとって、〈自由／抑圧〉基盤は、いたるところにいる弱者、犠牲者、無力なグループに資するものとしてとらえられている。そして、平等を神聖視し、公民権や人権を追求することでその目的を達成しようとする。ときに彼らは、権利の平等を通り越して、資本主義システムのもとでは実現不可能な結果の平等を追い求める。おそらくそれゆえ、一般に左派は、富裕な人々には高税を課し、貧しい人々には高度なサービスを提供することを求め、すべての人に最低限の収入を保証すべきだと主張するのであろう。

それに対して保守主義者は、もっと郷党的な考え〔対象となる範囲が狭い見方〕をもち、人類全般より、自分たちが属する集団に大きな関心を寄せている。彼らにとって〈自由／抑圧〉基盤、および圧政に対する憎悪は、経済的保守主義の信条を支える源泉でもある。「(リベラルの過保護国家と高税によって)私を踏みつけるな」「(抑圧的な規制で)私のビジネスをつぶすな」「(国際連合と国際条約によって)わが国を踏みにじるな」というわけだ。

かくしてアメリカの保守主義者は、平等ではなく自由という言葉を神聖視する。そして、彼らはこの言葉を通して政治的にリバタリアンと結びつく。福音主義の伝道師ジェリー・ファルウェルは、一九七一年に超保守主義的な大学を創設したとき、「自由大学(Liberty University)」と命名した。図8・5は、この大学の学生が所有する車を写したものだ。彼らは、一般に権威を志向し、伝統的な家父長制の家族を重視する。しかし政府による支配やコントロールには反対し、とりわけ権力を行使して富を再分配する(はずだと彼らが恐れる)リベラルの政府を毛嫌いする(「同志オバマ」はそうするにちがいない)。

図8.5　保守主義者の自由

バージニア州リンチバーグにある自由大学の寄宿舎の前に駐車されていた車。
下側のステッカーには「リバタリアン：もっと自由を、小さい政府を」とある。

比例配分としての公正

　ティーパーティーは、オバマ政権が発足して間もない頃、アメリカの政治的な風潮を改め、文化戦争の勢力図を塗り替えることを目指して、どこからともなく出現した。この運動が本格化したのは、住宅ローンを返済できなくなった自家所有者を支援するために、七五〇億ドルを拠出するというオバマ政権の救済プログラムに反対する長広舌を、経済アナリストのリック・サンテリがぶちあげた二〇〇九年二月一九日からだ。サンテリは、シカゴ・マーカンタイル取引所からの生中継で、「政府は、無思慮な行ないを奨励している」と言った。また彼は、オバマ大統領に国民投票を実施するウェブサイトの開設を要求している。それは、負け犬が抱えているローンの返済に補助金を出すべきか、あるいは少なくとも抵当流れの車や家を買い上げて、いつの日か成功する可能性がある人々にそれらを与え、水を飲むのではなく運べる人に報いるべきかを決めるためだ。［ここで歓声が上がる］。（……）ここはアメリカだ。いったいどれくらいの人が、余分なバスルームを設置して借金で首が回らなくなった隣人のローンを肩代わりしたいなどと思うのか？（傍点はつけ加えた）

それからサンテリは、七月に「シカゴ・ティーパーティー」を開催しようと考えている旨を発表する。[*39] 左派のコメンテーターは彼を嘲り、多くの人々は、「敗者（その多くは腹黒い金融業者から金を借りていた）は去るのみ」とする、食うか食われるかの醜い道徳を彼が擁護していると見なした。しかし実のところ、サンテリは因果応報を説いていたのだ。

私が「公正」を理解するまで長くかかったのは、道徳を研究する多くの人々と同様、トリヴァースの互恵的利他主義の理論に基づいて、公正の概念を啓蒙された利己主義の一形態としてとらえていたからだ。公正に関係する遺伝子が進化した理由は、それを持つ人が持たない人に競り勝ったからだと、トリヴァースは言う。ホモ・エコノミクスという考えを放棄する必要はない。しっぺ返しをさせる情動的な反応をそれにつけ加えればよい。そう考えたのだ。

しかし最近の一〇年で、互恵的利他主義は人間以外の種にはそれほど簡単に見出せないと、進化論研究者は認識するようになった。[*40] よく知られた、血液を分け合う吸血コウモリの例は、互恵的利他主義ではなく、血縁選択（血縁関係にある個体間の共有）によるものであることが判明している。[*41] チンパンジーやオマキザルにおける互恵的利他主義の例は、それよりもすぐれているとはいえ、依然としてあいまいなところがある。[*42] どうやら互恵的利他主義の発達には、高度な社会的知性以上の何かが必要らしい。つまり、初期の人類が、言語と武器の獲得によって、いばり屋を倒し、道徳マトリックスを共有することで、その力を抑えられるようになったときに初めて出現した、ゴシップの飛び交う懲罰的で道徳的な共同体が必要であったと考えられる。[*43]

また、互恵的利他主義は、人が集団活動を通じて協力し合う理由を説明してくれない。互恵は、しっぺ返しが可能な一対一のやり取りでは非常にうまく機能するが、集団では、怠け者を罰する執行者になることは、個人の関心の対象には通常ならない。しかしそれでも私たちは人を罰する。どうやら罰しようとする傾向は、大規模な協業に必要な要件の一つであることがわかる。[*44] ある古典的な実験で、経済学者のエルンスト・フェールとシモン・ゲヒターは、スイスの学生に一二ラウンドの「公共財ゲーム」を行なわせた。[*45] このゲームは次のようなものである。あなたと三人のパートナーはそれぞれ、ラウンドごとに二〇個のトークンを受け取る（一個およそ一〇セントとし、実験終了時に現金に引き換えられる）。あなたは受け取ったトークンを手元に置いたままにしてもよいし、全部あるいは一部をグループの共同プールに「投資」してもよい。各ラウンドの終わりに、実験者は共同プールのトークンを一・六倍にして、四人に分配する。たとえば、全員が二〇トークンすべてを投資すれば、共同プールのトークンは八〇個から一二八個に増え、全員が三二個のトークンを手にできる。しかしあなただけ投資しなければ、最大の利益が得られる可能性がある。というのも、あなた以外の三人のパートナーが皆、二〇トークンすべてを投資したとすると、あなたの取り分は、手元に置いた二〇トークンに、仲間を信頼する三人のパートナーが共同プールに投資したトークン総数の四分の一を加えた四四〔二〇+（二〇×三×一・六）÷四〕個になるからだ。

各プレイヤーは、小さな部屋に設置されたコンピューター端末の前に座らされ、どのラウンドでも誰がパートナーかはまったくわからなかった。ただし画面には、ラウンド終了時、各プレイヤーが何個のトークンを投資したかが表示された。また、フェールとゲヒターは、各ラウンド終了後、次のラウンドでは各人にまったく新たな三人のパートナーとプレイさせるべくグループ替えを行なった。それによって、信頼関係を築く機会はなくなり、（誰かが「ズル」をした場合、次のラウンドで投資を控えることで）しっぺ返しは不可能になった。

このような条件のもとでは、ホモ・エコノミクスにとっての正しい選択は「まったく何も投資しない」であろう。ところが実際には、実験に参加した学生は、共同プールに投資した（第一ラウンドではおよそ一〇個）。しかしゲームが続くうちに、被験者は何人かのパートナーの貢献度の低さに怒りを感じたからか、投資するトークンの数は着実に減っていった（第六ラウンドではおよそ六個）。

このような、部分的で次第に弱まる協力関係というパターンは、この実験以前にも報告されていた。しかし、次の理由で二人の実験は際立つ。実験者は第六ラウンド終了後、「三人のパートナーがそのラウンドで何個のトークンを投資したかがわかったあと、トークンを支払って、特定のプレイヤーを罰することができる」という新たな規則を追加した。懲罰として一トークン支払うごとに、対象プレイヤーは三トークンを失うことになったのだ。

ホモ・エコノミクスにとっては、「懲罰のためであれトークンは支払わない」というのが最善の選択であろう。というのは、当該ラウンドの三人のパートナーと以後プレイする機会はないのだから、懲罰をしなかったことに対する返礼をあとで受けることもなければ、「あいつにズルをするとあとが怖い」などといったたぐいの評判を立てることもできないからだ。ところが意外にも、八四パーセントの被験者は、少なくとも一度は誰かを罰するという結果が得られている。さらに注目すべきことに、懲罰のルールが導入されたまさにそのラウンドに、被験者同士が協力し合う度合いが急上昇し、以後上昇傾向が続いた。こうして第一二ラウンドになると、プレイヤーは平均一五個のトークンを貢献した。[*46] つまり、懲罰によって美徳が促進され、グループに恩恵がもたらされたのだ。逆に、ギュゲスの指輪の問答が示すように、懲罰の脅威がなければ、人は利己的に振る舞うとも言える。

なぜプレイヤーの多くは、トークンを支払ってまで他のプレイヤーを罰したのか？　たぶん、そうすると気分がよいということもあるのだろう。[*47] 私たちはもらう一方の人を嫌う。ペテン師や怠け者には「それ相応の結果」がもたらされるところを見たい。要するに、私たちは因果応報を望み、進んでそれを現実にしようとする。

ものや好意の貸し借りは、人と人をほぼ同等な立場に置く。したがって互恵的利他主義は、平等に対する道徳的な直観の源泉だと考えたくなるかもしれない（私もかつてはそう考えていた）。だが平等主義は、平等への愛着そのものよりも、支配に対する憎悪に基づいているように思われる。[*48] いばり屋によって支配され抑圧されることに対する感情は、ものや好意の交換のなかでだまされることへの感情とは異なる。

YourMorals.org の私のチームが、〈自由／抑圧〉を六番目の道徳基盤として（暫定的に）認めると、私たちが集めたデータに見られる政治的な平等への関心は、相互依存への欲求ではなく、抑圧に対する憎悪や、犠牲者への気づかいに関係していることに気がつき始めた。[*49] この結果によって、政治的な平等の希求は、〈公正／欺瞞〉基盤ではなく〈自由／抑圧〉、および〈ケア／危害〉基盤に依拠していることがわかるが、それに誤りがなければ、〈公正〉基盤は、平等と比例配分に関するものではなく、何よりもまず比例配分に関するものだということになる。

一般に協業では、もっとも困難な作業に従事している者が、最大の利益を手にするべきだと考えられている。[*50] 結果の平等が求められるケースも多いが、それは各人の投資額や作業量が等しい場合だ。人々が儲けや報酬を分配する際、平等は、より包括的な原理である比例配分の特殊なケースにすぎない。グループの少数のメンバーが、残りのメンバーよりはるかに大きな貢献をしている場合（あるいはもっとわかりやすい例で言えば、何も貢献していない者がいる場合）、普通の人間なら、利益が平等に分配されることを望まないはずだ。[*51]

前章で提起した〈公正〉基盤の定義は、いまや書き換えることができる。新しい定義も、フリーライダーにつけ込まれないようにしながら、協業の収穫を刈り取らねばならないという適応課題に対応するために進化した一連のモジュールから構成されるとする点では、以前の定義と変わらない。[*52] しかし今や、私たちはゴシップと懲罰によって協業を維持する道徳共同体について理解を得た。したがって、パートナーを選択しようとする個人に焦点を絞る前章の見方を超え、好きにさせておくと人々の協力関係を破壊し、ひいては社会を崩壊に至らしめかねない、ペテン師、怠け者、フリーライダーから共同体を守ろうとする、人々の強い欲求に焦点を絞れる。〈公正〉基盤は、面と向かって人をだまそうとする者（たとえば欠陥車を売ろうとする中古車ディーラー）に対する義憤を呼び起こす。しかしそれはまた、ペテン師、他人の利益を吸い取る者、あるいはその他の「水をグループのために運ぶのではなく、飲んでばかりいる」あらゆる輩《やから》に対する、より一般的な懸念も喚起する。

〈公正〉基盤のカレント・トリガーは、集団の規模や、歴史的、経済的な状況の相違によって変化する。セーフティーネットを備えた大規模な産業社会では、カレント・トリガーには必要以上に社会のセーフティーネットに頼ろうとする人々が含まれる。その濫用に対する懸念は、「非生産的で福祉の世話になるしか能のないシングルマザー、つまりクラック・ベビーを生む未来の民主党支持者」と書かれたEメールを送ってきた、私の論文の読者に代表される経済的保守主義者が示す怒りを説明する。それはまた、「怠惰」「生活費を稼ぐために額に汗して働き、自分のこ

図8.6 比例配分としての公正
一般に右派は左派より、フリーライダーを捕えて罰することに対する関心が高い。
(2010年の英議会選挙における保守党のキャンペーンポスター)

とは自分でする人、つまりゆりかごから墓場まで、いちいち政府の世話をあてにする必要はないと考えている人を軽蔑する」など、民主党支持者が民主党に投票する理由を保守主義者が列挙した一覧を、さらには、うそをついて分不相応に多額の住宅ローンを借りた自家所有者の救済に反対するサンテリの怒りの長広舌や、図8・6に示したデイヴィッド・キャメロン率いる英国保守党のキャンペーンポスターに書かれたメッセージの何たるかを説明してくれる。

三対六

ここまで述べてきたことを総括すると、道徳基盤理論によれば、世界中の数多くの道徳マトリックスの普遍的な基盤をなす、(少なくとも)六つの心理システムが存在する。[*53] 政治的な左派に見出されるさまざまな道徳観は、〈ケア／危害〉と〈自由／抑圧〉基盤に強く依存する傾向を持つ。これら二つの基盤は、貧者に対する思いやりと、社会を構成するサブグループ間の政治的な平等の追求を重視する、社会正義の理想を支持する。そして、社会正義を求める運動は団結を強調し、尊大なエリートの行使する抑圧と戦うために結束するよう人々に呼びかける。なお、これが〈平等〉基盤を単独で設けていない理由である。つまり人々は、単に平等のみを求めて立ち上がるのではなく、アメリカ独立やフランス革命、あるいは一九六〇年代の文化革命が示すように、自分たちが手ひどく扱われ、抑圧されていることに気づいたときに、平等を求めて戦うのだ。[*54]

左右中道を問わず、誰もが〈ケア／危害〉基盤には配慮するが、リベラルはその度合いが非常に大きい。多くの調査や政治論争において、リベラルは、保守主義者や、とりわけリバタリアンに比べて、暴力や苦難の兆候に対し、特に敏感に反応する。[*55]

また、〈自由／抑圧〉基盤にも誰もが配慮するが、そのあり方は党派ごとに異なる。現代のアメリカでは、リベラルは特定の弱者グループ（少数民族、子ども、動物など）の権利にもっとも強い関心を抱き、強者による抑圧からの弱者の保護を政府に期待する。他方、保守主義者は、干渉されない権利として自由をとらえる、より伝統的な考え方を持ち、弱者を保護するために政府の力で自由を侵そうとするリベラルの試みに憤りを示す。[*56] たとえば中小企業の経営者が圧倒的に共和党を支持する理由の一つは、[*57] 自分たちの経営方針に関して、労働者、マイノリティ、消費者、環境の保護を名目として、政府にあれこれと指図されたくないと思っているからだ。このことは、ここ数十年、リバタリアンが共和党と組んできた理由を説明する。というのも、リバタリアンは、他のほとんどすべての関心を脇に置いてでも自由を擁護するからであり[58]、また、干渉されない権利、とりわけ政府の介入を受けない権利としての、彼らの自由のとらえ方が、共和党の方針と軌を一にするからだ。

〈公正/欺瞞〉基盤は、比例配分と因果応報に関するものであり、人々が自分の努力に見合った利益を確実に手にできるように、そして働かざる者が分不相応な利益を得られないように配慮することと関係する。政治的にいかなる立場をとろうと、誰もが比例配分に留意し、不当な利益を得る者に憤りを感じるのは確かだが、とりわけ保守主義者はその点を重視して、比例配分に限定した意味での〈公正〉基盤に大きな比重を置く。たとえば「誰もが自分の力を精一杯発揮して働くべきだと思いますか?」「一番よく働く社員が、最大の報酬を受け取るべきだと思いますか?」などといった道徳観に関する質問をすると、リベラルは否定こそしないものの、あいまいな態度をとることが多い。対して保守主義者は、たいがいその種の見方を熱心に支持する。[59]

リベラルは、ニューエイジ運動を推進した経緯から、因果応報という概念を認めていると自分たちでは思っているかもしれないが、思いやりや抑圧への抵抗に基づいた道徳は、ときに因果応報(比例配分)の考え方に反することになる。保守主義者は、「罪を犯せば牢屋行きだ」「三つのストライクでアウトだ」などのスローガンに見られるように、比例配分に基づいて犯罪に対処すべきだと考えるのに対し、図8・7のバンパーステッカーが示すように、リベラルには、因果

図8.7　バージニア州シャーロッツビルで撮影した車
この車の持ち主は、比例配分より思いやりを重視している。

応報の持つネガティブな側面（当然の報い）を不快に思う傾向がある。つまるところ、報いは危害を引き起こし、危害は〈ケア／危害〉基盤を活性化するからだ。保守主義者の大学教授に比べると、リベラルの教授は学生の成績を評価する際に大きな差をつけないという最新の研究報告もある。また、前者は成績のよい学生に報い、成績の悪い学生を罰する傾向が強いそうだ。[*60]

残りの三つの道徳基盤、すなわち〈忠誠／背信〉〈権威／転覆〉〈神聖／堕落〉基盤は、党派による違いが大きく現れる。リベラルはこれら三つの基盤に関して、よくてあいまいな態度をとる程度だが、保守主義者はそれらを強く擁護する。ただしリバタリアンは、それらをほとんど無視し、同性愛者の結婚、ドラッグの使用、アメリカ国旗を「守る」法律などの社会問題に関しては、リベラルの立場を支持しようとする。

私は本章を、「リベラルは、〈ケア〉と〈公正〉の二つの道徳基盤を重視するが、保守主義者は、五つの道徳基盤を用いる」という当初の発見を報告することから始めた。しかしここ数年の研究成果を考慮に入れると、この記述は訂正する必要がある。つまりリベラルは〈ケア／危害〉〈自由／抑圧〉〈公正／欺瞞〉の三つ、保守主義者は六つすべての基盤に依存すると書き直すべきだろう。ただしリベラルには、思いやりや、抑圧への抵抗と矛盾する場合、（比例配分としての）〈公正〉基盤を進んで放棄する傾向が見られる。また、リベラルと比べて保守主義者には、たとえ誰かが傷ついても、〈ケア〉基盤を犠牲にして、それ以外の種々の道徳目標を達成しようとする傾向がある。

まとめ

道徳心理学は、一九八〇年以来、民主党が有権者にうまく訴えられなかった理由を教えてくれる。共和党は、民主党より社会的直観モデルをよく理解している。つまり、直接〈象〉に訴える術《すべ》を心得ている。加えて、道徳基盤理論をよく理解しており、すべての道徳の受容器に刺激を与えようとする。

次に、社会保守主義者が志向するデュルケーム流の社会観を紹介した。それによれば、社会の基本単位は個人より家族であり、そのもとでは秩序、上下関係、伝統が重視される。また、この見方に対して、リベラルが擁護するミル流の、よりオープンで個人主義的な社会観を対置した。その際、ミルの提起する社会像によって、多数者（*pluribus*）を統一体（*unum*）に結びつけることは困難だと指摘した。民主党は、*unum*を犠牲にして*pluribus*を擁護する政策を推進する場合が多く、背信、転覆、神聖冒瀆などの批判を受けやすい。

そしてさらに、自由と公正に基づく直観をより正確に説明するために、道徳基盤理論を訂正したいきさつを説明した。

◉支配の試みの兆候はどんなものでも検知し、それに対して怒りの感情を呼び起こす〈自由／抑圧〉基盤を追加した。この基盤は、互いに結束して、いばり屋や暴君に抵抗し、その支配を打ち倒そうとする衝動を人々にもたらす。また、左派の平等主義と反権威主義を、さらには「私を踏みつけるな」「私に自由を」と声高に叫ぶリバタリアンと一部の保守主義者の、政府に対する怒りを支える源泉でもある。

◉〈公正〉基盤の定義を訂正し、焦点を比例配分に置いた。〈公正〉基盤は互恵的利他主義の心理にその起源を持つが、人類がゴシップの飛び交う懲罰的な道徳共同体を形成するようになってから、その機能は拡大した。多くの人々は因果応報に、直観的に深い関心を持ち、ペテン師を罰し、良き市民を働きに応じて報いたいと考えるようになった。

これらの訂正を加えた道徳基盤理論は、近年の民主党を悩ませてきた大きな謎の一つ、「富の均等な再分配を重視しているのは民主党なのに、なぜ地方や労働者階級の有権者は、一般に共和党に投票するのか？」を解明できる。

この問いに民主党は、「共和党は有権者をだまして、彼らの経済的な関心に反して自党に投票するよう誘導している」と答える（それが二〇〇四年に刊行され、よく売れた本『カンザスで何が起こったのか？（What's the matter with Kansas?）』のテーマだ）[*61]。しかし道徳基盤理論の観点からすると、地方や労働者階級の有権者は、自らの道徳的な関心に従って投票している。彼らは「真の味覚レストラン」で食事をしたいのではなく、政府が、犠牲者のケアや社会正義の追求に焦点を置く政策を実施することを望んでいない。デュルケームの社会観を理解し、六つすべての道徳基盤に依存した場合と、三つのみに基づいた場合の相違がわからないままでは、民主党は、人々が共和党に投票する理由を理解できないだろう。

第1部では、「まず直観、それから戦略的な思考」という道徳心理学の第一原理を提起した。また第2部では、第二原理の「道徳は危害と公正だけではない」を示しながら、「まず直観」の「直観」とは何かを詳細に説明した。これらに関して理解が得られた今、私たちは「なぜ普段は善良な人々が、道徳の多様性によって敵対する二つのグループにいとも簡単に分裂し、相手を理解する努力を放棄してしまうのか」を検討できる。道徳心理学の第三原理は、「道徳は人々を結びつけると同時に盲目にする」である。

3
Part III

第 3 部
道徳は人々を結びつけると同時に盲目にする
Morality Binds and Blinds

「私たちの90%はチンパンジーで、10%はミツバチだ」
We are 90 percent chimp and 10 percent bee.

第9章

私たちはなぜ集団を志向するのか？

Why Are We So Groupish?

二〇〇一年九月一一日に同時多発テロが発生したとき、原始的な怒りの衝動に駆られて、「アメリカ国旗が描かれたステッカーを車に貼りたい」と、半ばきまり悪さを感じながら友人に告白した。

この衝動は、それまでの私の人生経験とはまったく縁のないところから生じた。まるで「外敵の攻撃を受けたとき、表面のガラスを割ってボタンを押して下さい」と書かれた非常スイッチが、私の脳にあらかじめ埋め込まれているかのようだった。それまでは、そんなスイッチが頭のなかに存在するとは考えもしなかったが、あの乗っ取られた四機が私の脳の表面ガラスを突き破り、非常ボタンを押した瞬間、「私はアメリカ人だ」という圧倒的な感覚に包まれたのだ。とにかく、自分のチームをサポートするために何かをしたかった。他の多くのアメリカ人と同様、献血をし、赤十字に献金した。また、見知らぬ人に対してよりオープンになり、人々と助け合うようになった。

そして、国旗が描かれたステッカーを車に貼ることで、何とかして自分もチームの一員であることを示したかったのだ。

とはいえ、私は大学教授である。大学教授は通常そんなことをしない。国旗を掲げたり、愛国主義をひけらかしたりするのは、保守主義者のやることだ。リベラルたる大学教授は、世界中を飛び回って普遍主義を唱道すべきであって、「わが国は他の国々よりすぐれている」などと軽々しく吹聴しないよう気をつけなければならない。[*1] UVA職員の駐車場でアメリカ国旗のステッカーが貼られた車を見かけたら、その車は十中八九、用務員かブルーカラーのものだと考えて間違いない。

それまで感じたことのない感情に包まれて三日が過ぎたあたりで、このジレンマを解決する方法を思いついた。後部ガラスの一方の隅にアメリカ国旗のステッカーを、そしてもう一方の隅に国連旗のステッカーを貼ることにしたのだ。そうすることで、「私はアメリカを愛する者だが、心配は無用。他の国々よりわが国が上だと言いたいのではない。つまるところ、テロリストの攻撃は世界全体に対するものだった。そう思わないかい?」と、私は暗に宣言できた。

本書はここまで、いくぶんシニカルな人間像を描いてきた。グラウコンは正しい。私たちは、真に正しくあるよりも、正しく見えることに配慮する傾向を持つ。[*2]「まず直観、それから戦略的な思考」とも言った。私たちは、できるものなら、うそをつき、ごまかし、倫理を軽視しようとする。しかるのちに、自分の評判を気にして道徳的な態度を装い、自己を正当化するのだ。さらに言えば、あとづけの理由を自らが固く信じ込んでしまうために、自分には美徳が備わっていると独善的に考える。

　ほとんどの道徳心理は、啓蒙された利己心の一形態としてとらえられるだろう。だとすると、個体のレベルで作用する自然選択というダーウィンの見方を適用することで、簡単に説明できる。遺伝子は利己的であり[*3]、利己的な遺伝子は多様な心のモジュールを備えた人間を生む。そしてこれらのモジュールのいくつかは、普遍的で誠実な利他主義ではなく、戦略的な利他主義へと私たちを導く。こうして私たちの〈正義心〉は、血縁選択に加え、ゴシップと評判の操作を含めた互恵的利他主義によって形作られる。これは、道徳の進化的な起源を解説するほぼすべての書物が指摘するところでもあり、ここまで私が述べてきたことは、それとまったく矛盾しない。

　だが、この見方は不完全だ。第3部では、その理由を説明する。確かに人は利己的に振る舞うことが多く、私たちの道徳的、政治的、宗教的行動のかなりの部分は、上っ面をはがせば利己心が垣間見えるといった体《てい》のものでしかない（多くの政治家や宗教指導者の偽善的な態度を考えてみればよい）。しかし人は集団を志向するのも事実だ。チーム、クラブ、リーグ、社交グループなどの団体に所属したがる。集団のアイデンティティを身につけ、見知らぬ人々と共通の目標に向けて、熱狂的に協力し合う様は、あたかも人間の心がチームワークを希求するよう設計されているかのごとくだ。このような人間の群居性とその起源を正しく理解できるまで、私たちは道徳、政治、宗教を、また前章で取り上げた保守主義の道徳や、デュルケーム的な社会を、さらには左派の擁護する社会主義、共産主義、共同体主義を、真に理解することは不可能であろう。

この点をさらに詳しく検討しよう。「人間の本性は利己的だ」と言うとき、それは、脳には仲間の利益よりも自分の利益を優先させる、さまざまな心のメカニズムが備わっていることを意味する。それに対し、「人は集団を志向する」とは、他集団と競争するにあたって、自集団の利益を促進するよう仕向ける、数々の心のメカニズムが備わっているということだ。[*4] 私たちは聖人ではないが、ときに、よきチームプレイヤーになる。

このように考えてみると、どうして人は集団を志向するようになったのかという疑問が湧いてくる。現在の私たちが集団を志向する心を持っているのは、かつて集団内の競争で、集団を強く志向する個体が、そうでない個体を打ち負かしたからだろうか？ つまり、個体レベルで作用する標準的な自然選択が作用した結果なのか？ もしそうなら、それはグラウコン主義的な集団志向であって、人々は真の忠誠心を持っているのではなく、そう見えるように外観を保とうとしているものと見なすべきだ。[*5] それとも、うまく団結し、協力体制を作った集団が、それに失敗した集団に打ち勝ったからなのか？ もしそうであれば、「集団選択」として知られるプロセスが作用したことになる。だが、この概念は一九七〇年代に異端として科学の世界から追放されている。[*6]

本章では、集団選択の概念は、誤った判決を下され、不当に追放されたのだという点を明らかにする。その際、集団選択の冤罪を晴らすために、四つの新たな証拠を提示する（ただしすべての形態の集団選択が対象になるわけではない）。これらの証拠は、競い合う実体として集団をとらえることの価値を示し、「道徳は人々を結びつけると同時に盲目にする」という道徳心理学の第三の、そして最後の原理へと導いてくれる。人間の本性はおおむね利己的だとはいえ、「自然選択は複数のレベルで同時に作用する」という事実に基づく集団志向性によって上塗りされている。個人対個人の争いは利己性を助長し、それに報いる。またそこには、ある種の戦略的な協調も含まれる（犯罪者でさえ、自分たちの利益を増やすために協力関係を結ぶ）。[*7] しかしそれと同時に、集団同士も競い合い、そこでは真のチームプレイヤーを擁する集団のほうが優勢な立場を得られる。ここでいう真のチームプレイヤーとは、怠けたり、だましたり、一人で行動したりするほうが自分に有利だとわかっていても、自ら進んで協力関係を結び、自集団に貢献しようとする人のことを指す。[*8] これら二つのプロセスは、人類を二つの異なる方向へと導いた。そのため、現代の私たちには、利己主義と利他主義の奇妙な混交が見られるのだ。

勝利者の種族？

集団選択の一例はダーウィンの著作にも見られる。彼は『人間の進化と性淘汰』で、集団選択に言及しているのだが、それに反対すべき根拠をあげ、しかるのちにそれへの反論を回避する議論を展開した。

同じ地域に住む太古の二つの部族が、戦闘を始めたとしよう。一方の種族は、勇敢で忠実、かつ共感力にあふれる多数のメンバーからなり、つねに危険を警告し合い、助け合いながら敵の攻撃を防御する準備を整えていたなら、（また、他のすべての条件は等しいとすると）、この部族が優勢に戦いを進め、敵の部族を征服する可能性は高い。（……）烏合の衆に対する規律ある兵士の優位はおもに、おのおのの兵士が仲間に対して感じる信頼に由来する。（……）利己的で争いを好む人々は、一つにまとまろうとしない。だがまとまりなくしては、何事も達成し得ない。したがって先に述べた特徴を十分に備えた部族は勢力を広げ、次々に他の部族に勝利していくことだろう。[*9]

こうして結束力のある部族は、一つの有機体のように機能しながら、他の部族と競う。そして一般に、より結束力が強い部族が勝利する。よって自然選択は、他のすべての生物に対してと同様に部族を対象にしても機能する。

ところが次の段落で、ダーウィンは、集団選択の大きな問題としてフリーライダー問題を取り上げる。なおこの問題は、集団選択を否定するための主要な論拠として、現在でも持ち出される。

だが、そもそもいかにして、同じ種族の内部で大多数のメンバーがこれらの社会的、道徳的な特徴を備えるようになったのか？　どのように社会や道徳の水準が向上したのか？

思いやりのある親切な親や、仲間に忠実な親の子が、同じ部族に属する、より利己的で不誠実な親の子を人数で凌駕し得るとは、とても考えられない。自らの命を犠牲にする心構えが整っている人間がいくらいたとしても、そのような人々は、簡単に仲間を裏切る者に比べて、その高貴な性格を引き継ぐ子孫を残せないことが多い。[*10]

ダーウィンは、「マルチレベル選択」として今日知られている概念の基本的な論理を把握していた。[*11] 生命は、「遺伝子∩細胞∩生物個体∩コロニー、社会、その他の集団」など、ロシア人形のように入れ子状に階層化されている。競争は、これらの階層のどのレベルでも生じ得るが、道徳の起源の探究という目的からすれば、生物個体と集団の二レベルのみが重要である。集団同士の争いでは、通常は協力関係が発達し、結束力の強い集団が勝つ。だが集団内部では、利己的な個体（フリーライダー）が得をする。集団にはほとんど貢献せずして、分け前を手にするからだ。勇敢な軍隊が勝利を収めるのは確かだとしても、そのなかで戦闘に生き残り、故郷に帰り、父親になる可能性がもっとも高いのは、危険を冒そうとしない少数の臆病者なのではないだろうか。

マルチレベル選択の概念は、各階層において選択の圧力がどれくらい強いかを、言い換えると、生存競争のなかで、ある特定の特徴を発現する遺伝子が、どれだけ有利に働くかを測定する方法に言及する。[*12] 自己犠牲という特徴を発現する遺伝子は、（チームの勝利に貢献し）集団レベルでの選択には有利に働くが、個体レベルでは自然選択による非常に強い抵抗を受けるので、この特徴は、コロニー内での競争がほとんど排除され、ほぼすべての選択が集団レベルのものに限られるミツバチなどの生物種においてのみ進化し得た。[*13] ハチ（やアリやシロアリ）は究極のチームプレイヤーだが、これらの生物においては、コロニーを侵入者から守るために自らの命を犠牲にすることを意味するにせよ、いつのときにも、個体は全体のために、また、全体は個体のために存在する[*14]（なお、人間は自爆テロリストになり得るが、それには長年の訓練と大きなプレッシャー、そして心理的な操作が必要だ。生まれつきの自爆テロリストなどいない）[*15]。

互いに結束して他の集団と競う最低限の能力を獲得した集団には、集団レベルの選択が作用する。そして、より結束力の強い集団は、利己的な個人からなる集団より優位に立てる。しかし、そもそもどうやって、初期の人類は集団を形成する能力を獲得したのだろうか？ ダーウィンは、チームプレイヤーからなる集団が形成されるに至った進化の道筋を示す、一連の「想定し得るステップ」を提起している。

第一ステップは「社会的な直観」であり、太古の時代には、なるべく集団のそばにいようとする強い衝動を感じる群居的な個体は、単独で行動する個体より捕食動物の餌食になる可能性が低かった。第二ステップは相互依存で、他個体を手助けする個体は、必要なときに必要な援助が得られる可能性が高かった。

しかし「社会的な美徳の発達に向けてのもっとも重要な刺激」は、「人々は、仲間の称賛や非難に強い関心を抱く」という事実にある。[*16] ヴィクトリア朝時代のイギリスで暮らしていたダーウィンは、「人は自分の評判を気にする」という（貴族制下アテネの）グラウコンの見方を共有していた。また、この執着を駆り立てる情動は、個人レベルで作用する自然選択によって形成されると、そして、恥の感覚や栄誉を手にしようとする欲求を欠いた人は、友人や配偶者を獲得しにくいと考えていた。さらにダーウィンは、義務や原理を神聖なものと見なす能力の取得を最後のステップとしてあげ、人間の宗教的本性の一つと考えた。

これらのステップは、霊長類から、フリーライダーたることがそれほど有利にはならない社会を形成して暮らす人類へと至る、進化の道筋を示している。名誉、忠誠、国家を神聖視する軍隊では、臆病者が故郷に帰り父となる可能性はそれほど高くはない。おそらく上官に殴られ、置き去りにされ、場合によっては軍隊の神聖さを汚したとして背後から味方に撃たれることさえあるだろう。無事に帰国できても、臆病者という悪評のために、女性には拒絶され、再就職の道は閉ざされる。[*17] また軍隊は、もっとも効率的な集団と同様、利己主義を抑制するさまざまな手段を行使する。そして、集団が利己主義を抑制する手段を見出したときには、必ずやマルチレベル選択の力関係は変化する。つまり個体レベルの選択の重要度は下がり、集団レベルの選択はより強力になる。たとえば、忠誠や神聖の感情（すなわち〈忠誠〉と〈神聖〉基盤）に遺伝的な基礎が存在するのなら、集団間の激しい競争を通して、次世代ではこれらの遺伝子がより一般的になるだろう。というのも、たとえ集団内の関係のなかでそれを持つ個人に多少の不利がともなったとしても、これらの特徴が一般的に見られる集団が、そうでない集団に取って代わるからだ。

道徳心理学の歴史を通してもっとも簡潔で先見の明に富んだ文章で、ダーウィンは道徳の進化の起源について次のように述べている。

最終的に、私たちの道徳的な感覚や良心は、高度に複雑化した感情の形態をとる。社会的直観に端を発し、おもに他の人々の称賛によって導かれ、理性、利己心、そしてやがては深い宗教感情に支配され、教育や習慣によって確たるものになる。[*18]

フリーライダー問題へのダーウィンの回答は、ほぼ一〇〇年間読者を満足させ、集団選択は、進化論的な思考の標準となった。しかし残念なことに、ほとんどの著者は、ダーウィンが人間に関して答えたのと同じように、各生物種がどのようにフリーライダー問題を解決したのかを真に解明しようとはしなかった。たとえば、「動物の個体は、集団を資源枯渇の危機にさらさないよう、過度の食物摂取や繁殖を控える」など、動物は「集団の利益のために」行動するという主張が繰り返された。また、生物種や生態系の利益のために行動するなどといった主張まで現れた。[*19]これらの主張は単純素朴にすぎる。というのも、無私無欲の戦略に従う個体は少数の子孫しか残せず、したがってすぐにフリーライダーの子孫に取って代わられるはずだからだ。

一九六六年になると、この手の甘い考えは、集団選択に関するほとんどすべての主張とともに一掃される。

足の速いシカの群れ？

一九五五年、ジョージ・ウィリアムズという名の若い生物学者が、シカゴ大学でシロアリの専門家の講義を聴いた。そのとき講師は、「動物の多くは、シロアリのように協力的で互いに助け合う」「老いと死は、おのおのの生物種のより若く健康な個体に道を譲るために、自然が用意した手段である」と主張した。しかし遺伝学と進化論に精通していたウィリアムズは、この講師の無邪気さに唖然とする。（全個体が姉妹同志である）シロアリの巣などの特殊な状況を除けば、動物は他の個体に資するために死んだりはしないというのがウィリアムズの見解であり、彼はその手のいい加減な思考を金輪際駆逐するために、「生物学を浄化する」本を書く決心をした。[20]

『適応と自然選択（*Adaptation and Natural Selection*）』（一九六六年）という著書で、ウィリアムズは生物学者に向けて、適応について的確に考えるにはどうすればよいかを論じている。彼は自然選択を設計《デザイン》プロセスと見なす。もちろん意識を持つ知的なデザイナーが存在するわけではないが、それでも設計という言葉は有用だと考えた。[21] たとえば翼は、空を飛ぶために設計された生物学的なメカニズムとしてのみ理解できる。彼は、「あるレベルの適応は、そのレベルで選択（設計）プロセスが機能していることをつねに意味する」と主張し、「ある特徴を考えるにあたり、（個体など）低次のレベルの選択作用によって十分に説明できるのに、（集団など）高次のレベルに説明を求めようとしてはならない」と警告する。

同書でウィリアムズは、シカの走る速度の例をあげている。群れをなしてシカが走るとき、ひとまとまりになって動き、ときに一斉にコースを変える、高速で移動する集団が観察される。このようなシカの群れの行動を、集団選択という概念で説明したくなるかもしれない。何百万年ものあいだ、素早く移動する群れは、ゆっくりと移動する群れより巧みに捕食者から逃げられたので、やがて前者が後者に取って代わった、というように。だが、シカは個体として捕食者から逃げるよう、きわめて精巧に設計されているとウィリアムズは指摘する。さらに、「選択プロセスは個体のレベルで作用しているのであって、足の遅いシカは食べられ、同じ群れに属する足の速い仲間は逃げ切れる。よって、群れのレベルの選択を導入する必要はない」と主張する。迅速に移動する「シカの群れ」は、「迅速に移動するシカ」の群れと何の変わりもないというわけだ。

ウィリアムズの主張に鑑みると、その目的と機能が、個体ではなく明らかに集団の保護にある行動メカニズムをわざわざ持ち出すのなら、そうしなければならない理由をよく考えてみる必要がある。たとえば、とりわけ鋭敏な感覚を備えたシカが見張りに立ち、もっとも足の速いシカが、群れから捕食者を遠ざけるためにおとりになるというたぐいのことがわかれば、それは集団レベルの適応が働いている証拠になる。ウィリアムズが言うように、「集団レベルの適応の科学的な説明は、集団間の選択の理論によってのみ可能なのである」[*22]。

ウィリアムズは、集団選択が理論的にあり得ないわけではないと認めてはいるが、著書の大部分を「集団レベルの適応は事実上存在しない」とする主張の証明に費やし[*23]、動物界からさまざまな例を引きながら、それらのいずれも、（くだんのシロアリの専門家のような）無邪気すぎる生物学者には利他的な自己犠牲に見えるものが、実際には利己的か、血縁選択（シロアリの例が示すように、血縁関係を通して自己に近い他の個体の遺伝子が恩恵を受けるので、その意味で自己犠牲的な行動を理解できる）のどちらかであることが判明していると言う。リチャード・ドーキンスも、一九七六年のベストセラー『利己的な遺伝子』で同様な主張を繰り広げており、集団選択の可能性を認めながらも、集団レベルの適応に見えるケースの実体を暴露している。こうして一九七〇年代後半には、「集団に資する行動」について言及する者は誰でも、無視してしかるべき愚か者だという見解が浸透していた。

一九七〇年代は、「自己中心主義の時代」とも言われる。この言葉は、アメリカ社会で伸長する個人主義を最初は指していたが、社会科学における広範な変化にも言及するようになった。人間を「ホモ・エコノミクス」としてとらえる見方が、広く浸透していったのだ。たとえば、当時の社会心理学における代表的な公正の理論（「公平理論」と呼ばれる）は四つの原理からなり、その第一原理は「個人は自分の成果を最大化しようとする」というものだった。「もっとも論争好きの科学者ですら、この第一原理を否定するのには困難を覚えるだろう。さまざまな分野の数多くの理論が、〈人間は利己的である〉という前提に依拠しているのだから」とコメントする者もいた。[*24] このように、利他主義、協調性、公正さは、究極的には利己主義が形を変えたものと見なされていた。[25]

もちろん、実社会では原則はしばしば破られる。人々は、二度と来るはずのないレストランでもチップを払い、匿名で慈善事業に寄付する。あるいは、よその子どもを助けるために川に飛び込んで溺れる人もいる。それでも皮肉屋は「それは問題ではない。これらの例では、人々の多くが互いに近親関係にあった、洪積世の小規模な集団のなかで発達した太古のシステムが誤作動したにすぎない」と言うかもしれない。[26]「人々が大規模な匿名の社会で暮らすようになった現代にあって、脳の古い回路が誤作動を引き起こし、返礼のあてのない見知らぬ人を助けようとするのだ」というわけだ。人間の「道徳的な性質」は、ダーウィンが考えていたような適応ではない。それは副産物であり、一種の誤りだと見なせる。そう考えるのだ。ウィリアムズは次のように言う。「道徳とは、通常はそれに類する能力の発現を抑制するはずの生物学的プロセスが、途方もない愚かさによって生んだ偶発的な能力である」と。[27]「利己的に生まれついたからには、寛大さと利他主義は教えることにしよう」と述べるドーキンスも、この冷笑的な見解を共有する。[28]

私はこれらの見解に与《くみ》しない。人間は、いわば利他主義のキリンであり、稀とはいえ、ミツバチなどの、チームを重視する利他的な生物を育んできた自然がもたらした、変わり種《だね》なのだ。[29] 見知らぬ人を助けるために自分の命を犠牲にすることが道徳的な理想だと言うのなら、確かにそんな人は現実にはほとんど存在しない。いればその人はただちにニュースに取り上げられるだろう。しかし、ダーウィンがしたように、目標や価値観を共有する、顔見知りの人々からなる集団に焦点を絞れば、作業を分担して互いに協力し、一つのチームとして団結する人間の能力は、当たり前すぎてその事実に気づかないくらい広く浸透していることがわかる。「血縁関係にない四五人の学生が、『ロミオとジュリエット』の公演初日に向けて、ギャラなしで協力し合う」などという記事が、新聞の一面を飾ることなど未来永劫ないだろう。

役割を分担し、協力し合いながら群れを守るシカの例をひねり出したとき、ウィリアムズは、人間の集団もそれとまったく同じ行動をとるとは考えなかったのだろうか？　そもそも彼自身の基準に従えば、どのような社会でも、役割が明確に分担された協調的なグループを人々が簡単に形成できるのなら、この能力は、集団レベルの適応の存在を示す有力な証拠になるはずだ。それについては、前述のとおりウィリアムズ自身、「集団レベルの適応の科学的な説明は、集団間の選択の理論によってのみ可能である」と述べている。

九・一一のテロ攻撃によって、私の心のなかで、まさにこの、集団レベルの適応のスイッチがオンになった。私は突然チームプレイヤーになり、自分が所属するチームの旗を掲げたいという、それまでは思いもしなかった強力な衝動を感じ、献血や献金をしたり、アメリカのリーダーを支持したりという具合に、チームに貢献したくなったのだ。[*30]とはいえ私の反応は、がれきの下から一人でも多くの生存者を助けようと、あの日はるばるニューヨークまで車で駆けつけた何百人ものアメリカ人や、事件の翌週以後、軍隊に志願した何千人もの若者に比べれば、なまぬるいものだった。これらの人々は、利己的な動機からそうしたのだろうか？　それとも、集団に貢献しようとする動機を抱いていたのか？

旗のもとに馳せ参じようとする反射的な反応は、集団形成のメカニズムの一つにすぎない。[*31] このたぐいの心のメカニズムは、ダーウィンが述べたようなあり方で集団選択によって人類の本性が形成されたと考えれば、うまく説明できるように思われる。けれども私には、この反応が集団レベルの選択によって実際に進化したと断言できるほどの自信はない。集団選択は、進化論研究者のあいだで論争の的《まと》になっており、現在でも彼らの多くは、「人類に集団選択が起こったことはない」とするウィリアムズの主張に同意している。彼らは、集団の適応に見えるものは何であれ、よく調査すれば、集団間の競争ではなく、集団内の個体レベルの競争に勝てるよう導く適応であることが、やがて判明するはずだという考えだ。

道徳、政治、宗教の探究を進める前に、まずこの問題を解決しておく必要がある。専門家の見解が分かれるなかで、道徳が（部分的に）集団レベルの適応によるものだと信じるべき根拠は、いったいどこにあるのだろうか？[*32]

以下、マルチレベル選択（集団選択を含む）を弁護するために、四つの「証拠」を提示する。ここでの私の目的は、学問上の論敵に私の主張の正しさを認めさせることではなく、人間性を理解するうえで道徳がカギになるという点を読者に示すことにある。これから、人間性の起源を振り返り、集団を志向することで、いかに人類は利己性を超克できるようになったかを検討する。また、ネガティブに作用する場合もあるとはいえ、集団を組もうとする志向性は、地球上のあらゆる地域でさまざまな文明を開花させ、たかだか数千年のあいだに人類の圧倒的な繁栄の実現を可能にした、魔法の一つであることを示す。[*33]

証拠A——進化における「主要な移行」

あなたはボートレースに参加したとしよう。広くゆったりとした川で開催されるこのレースには、一〇〇人の競技者が参加している。優勝賞金は一万ドルだ。中間点で、あなたの漕ぐボートは先頭に躍り出る。だがそのとき、どこからともなく現れた二人乗りのボートに追い越される。二人乗りとは反則ではないか！　あなたはそう思う。しかしさらに奇怪なことに、このボートは、三艘のボートをつなぎ合わせ、七つ子が漕ぐ三連ボートに追い抜かれる。七人のうちの一人は艇長を務めて笛を吹き、他の六人は完璧に同期してオールを漕いでいる。ところがこの反則チームも、ゴールを目前にして、賞金のためなら何でもする二四人の娘たちが乗ったモーターボートに抜き去られる。そのときようやく、どうやらこのレースでは、ボートの種類に制限はないということに気づく。

これは、生命の歴史のたとえ話だ。生命が誕生してから一〇億年ほどは、（バクテリアなどの）原核生物しか存在しなかった。おのおのの個体が単独で行動しながら、他の個体と競争し、それ自身のコピーを生んでいた。

しかし、いまからおよそ二〇億年前、一つの膜の内部でどうにかして二個体のバクテリアが結合した。これは、ミトコンドリアが細胞核中のＤＮＡとは無関係な独自のＤＮＡを持つ理由を説明する。[*34] 先の例では二人乗りのボートに相当し、内部にいくつかの小器官を持つ細胞は、協力と役割分担の恩恵が得られる（アダム・スミスを参照されたい）。また、これら小器官のあいだに競争は存在しない。なぜなら、細胞全体が増殖するときにのみ、これらの器官も増殖可能だからだ。つまり、そこでは「全体のための個体、個体のための全体」という関係が成立している。このように、生命は生物学者の言う「主要な移行（major transition）」を経てきたのである。[*35] もちろん自然選択はそれまで通り働き続けるが、いまやまったく異なる種類の生物が選択の対象になる。つまり、利己的な遺伝子が自己の複製に利用する新たな乗り物が登場したのだ。こうして、単細胞の原核生物は繁栄を極め、世界中の海へ広がっていく。

それから数億年後、原核生物の一部は新たな適応を遂げる。細胞分裂後も一箇所に固まって、あらゆる細胞がまったく同じ遺伝子を持つ多細胞組織を形成し始めたのだ。これは三連ボートに相当する。ここでも競争は抑制される。というのも、精子や卵細胞を通じて組織全体が繁殖するときにのみ、各細胞も増殖可能だからだ。一群の細胞が個体を形成し、細胞間で役割を分担できるようになり、やがて手足や各器官に特殊化していく。こうして新しい強力な乗り物が登場し、わずかのあいだに、地球は植物、動物、菌類で覆われる。[*36] これはもう一つの「主要な移行」だ。

「主要な移行」はめったに起こらない。生物学者のジョン・メイナード＝スミスとエオルシュ・サトマーリは、過去四〇億年で八件の明白な例をあげている（最後の例は人類社会への移行）。[*37]これらは、生物の歴史上もっとも重要なできごとで、マルチレベル選択が働いた例でもある。いずれも「フリーライダーを抑制する方法が発見されることで、多数の個体がチームとして協力し合い、役割を分担できるようになると、低レベルの選択の重要度が下がり、もっとも結束力の強い超個体《スーパーオーガニズム》（多数の小さな有機体から構成される一つの大きな有機体）を優先する高レベルの選択が強力に作用し始める」というストーリーの繰り返しだ。[*38]超個体は、増殖すると互いに争い始め、それに勝てるよう進化する。この超個体間の争いは、集団選択の一形態と見なせる。[*39]集団間には特徴に違いがあり、環境にもっともうまく適合した集団は、未来の世代に有利な特徴を受け渡せる。

「主要な移行」はまれにしか発生しないとはいえ、実際にそれが起こると、地球の様相は変わる。[*40]一億年以上前、スズメバチの一種が、卵を産む女王バチと、巣のメンテナンスや食料調達などを行なう働きバチに分化し、役割分担をするようになったときに、何が起こったかを考えてみればよい。この方策は、初期の膜翅目《まくしもく》（やがてミツバチやアリに至る、スズメバチを含む目《もく》のメンバー）が発見したものだが、進化過程の別の時期にも（シロアリ、ハダカデバネズミや、小エビ、アリマキ、甲虫、クモの特定の種の祖先によって）数十回にわたって発見されている。[*41]どのケースでも、フリーライダー問題は克服され、利己的な遺伝子は、互いに集まってこの上なく利己的な集団を形成する、比較的利己的でないメンバーを生み始めた。

これらの集団は、まったく新しい種類の「乗り物」であり、遺伝的に近い関係にある個体から構成される巣やコロニーを形成しながら、一つのユニットとして繁殖し、(食糧調達や、敵対するコロニーとの争いなどで)機能する。これは、技術革新の恩恵を最大限に利用してモーターボートを操る二四人の娘たちに相当する。これもう一つの「主要な移行」と見なせる。こうしてある種の集団が、単一の有機体であるかのごとく機能し始め、そして、コロニーという「乗り物」を乗り回す遺伝子は、互いに「結束する」ことができず単独行動をとる、より利己的な昆虫の身体に乗る遺伝子を打ち負かす。コロニーを形成する昆虫は、すべての昆虫種の二パーセントを占めるにすぎないが、わずかな期間に、敵対勢力を追いやって食料調達と繁殖に最適な場所を勝ちとり、陸地の生態系のほとんどを変え(たとえば授粉昆虫を必要とする顕花植物の進化を可能にするなど)[*42]、重量割合では、地球上のあらゆる昆虫の大半を占めるようになる。

人類についてはどうだろうか？　古代より、人間社会はミツバチの巣にたとえられてきた。これは雑なたとえにすぎないのか？　ミツバチの女王を国家の王や女王にたとえるのなら、それは雑にすぎる。巣やコロニーには支配者やボスはおらず、言ってみれば女王は卵巣にすぎない。しかし、「人類は、フリーライダーを抑制する方法を見つけたとき、利己的な個体優先主義から集団優先主義へと〈主要な移行〉を遂げて繁栄に成功したミツバチと同様の進化プロセスを経たのか」を問うのなら、このたとえはより意味のあるものになる。

多くの動物は社会的であり、群れや集団を形成する。とはいえ、一線を踏み越えて「超社会的」になった動物は少ない。超社会的とは、「特定の内部構造を有し、役割分担の恩恵が得られる、非常に大規模な集団を形成する」ことを意味する。[*43] 兵隊、斥候、養育係などの多様な階級から構成されるミツバチやアリのコロニー、そしてもちろん人間社会は、超社会性を持つ集団の例である。

人間社会以外で超社会性が発達するのに役立った主要因の一つは、互いが共有する巣を守る必要性であろう。生物学者のバート・ヘルドブラーとE・O・ウィルソンは、小エビ、アリマキ、アザミウマ、甲虫のいくつかの種、およびスズメバチ、ミツバチ、アリ、シロアリに超社会性（真社会性とも呼ばれる）[*44]が認められるという最近の発見を、次のように要約している。

もっとも初期の段階の真社会性を示す既知のすべての生物種において、防御可能な永続的資源を、捕食者、寄生者、競争相手から守る行動が見られる。ここでいう資源とは、居住者の行動範囲内に存在する、依存する価値のある食物と巣をつねに意味する。[*45]

さらにヘルドブラーとウィルソンは、長期にわたって子孫を養う必要性（これは母親を援助するためにオスや兄弟姉妹を動員する生物種に優位性を与える）と、集団間の闘争という二つの補助要因をあげている。自然のなかの防御可能な場所（たとえば木の穴など）に集団で営巣する原初のハチにも、これら三つの要因はすべて当てはまる。もっとも協調的な集団が、営巣に最適な場所を確保し、精巧な手段によってさらに繁殖力と防御力を改善していく。ミツバチはそのようなグループの子孫で、その巣は「要塞内部の工場」と呼ばれている。[*46]

これら三つの要因は人間にも当てはまる。ミツバチ同様、私たちの祖先は、①（ほら穴などの）防御可能な地形を好み、領土を築く生物で、②長期間の保護を必要とする無力な子どもを生み、③敵対する近隣集団から脅威を受けていた。それゆえ数十万年にわたり、超社会性の進化に向けた力が作用し、その結果、人類はそれを発達させた唯一の霊長類になったのだ。人類の祖先は、最初はチンパンジーにきわめて類似する行動様式をとっていたと考えられるが[*47]、アフリカ大陸から外へと拡大し始めた頃には、わずかにせよミツバチのごとく振る舞うようになっていた。

それから長い時を経て、穀物や果樹を栽培し、穀物倉、貯蔵庫、柵で囲った牧場、家屋を築く集団が出現すると、これらの集団は、死守すべき安定した食料供給源を手にする。ミツバチ同様、人類は手の込んだ住居を築き始め、わずか数千年のあいだに、新たな「乗り物」、すなわち壁に囲まれ軍隊を擁する都市国家が出現した。[*48] 都市国家と、のちに現れる帝国は、ユーラシア、北アフリカ、メソポタミアの全域に急速に拡大し、多くの生態系を変え、総重量で言えば、完新世が始まる頃（およそ一万二〇〇〇年前）にはまったくとるに足らなかった人類が、現在では全生物の大きな部分を占めるに至っている。[*49] コロニーを形成する昆虫が他の昆虫にしたのと同じように、人類は他のすべての哺乳類を、辺境か、絶滅か、隷属へと追いやったのだ。ミツバチとの類推は、浅薄でも、ぞんざいでもない。さまざまな相違はあっても、人類の文明もミツバチのコロニーも進化の歴史における「主要な移行」の産物であり、どちらもモーターボートだということだ。

以上、「主要な移行」の発見を、集団選択再審の証拠Aとして提出する。集団選択は、ここにあげた生物以外では一般的ではないかもしれないが、他のチームに対抗するために、個体が、利己性を抑制し、チームとして協力し合う方法を発見するたびに生じている。[*50] 集団選択は、集団レベルの適応を引き起こす。これが〈正義心〉の核心を形作る集団志向性が進化した経緯であると示唆することは、妄想でもなければ異端でもない。

証拠B——意図の共有

紀元前四九年、ガイウス・ユリウスは、ルビコン川（北部イタリアの浅い川）を渡るという大きな賭けに出た。そして彼は（将軍は軍隊を率いてローマに近づいてはならないとする）ローマの法を侵犯して内乱を引き起こし、ユリウス・カエサルと称してローマの独裁官になる（「カエサル」は帝政初期のローマ皇帝の称号）。現代の私たちは、小さな行動が、止めようにも止められない一連のできごとを引き起こし、やがて重大な結果に至ることのたとえとして、彼のこの行動を引き合いに出す。

歴史を振り返って、ルビコン渡河に相当するできごとを見つけるのはとても楽しい。かつて私は、道徳の進化には小さなステップが無数にあって、ルビコンに相当するできごとの特定は無理だろうと考えていた。しかし、チンパンジーの認知に関する世界的な権威の一人、マイケル・トマセロの「二頭のチンパンジーが丸太を一緒に運ぶところを見ることなどないだろう」という言葉を聞いたとき、考えを改めた。[*51]

私は呆然とした。なにしろチンパンジーは、地球で二番目に賢い生物とされ、道具を製作し、身ぶり言語《サインランゲージ》を学習し、他の個体の意図を推測して、自分の欲しいものを手に入れるためにだまし合いすらするのだから。確かにチンパンジーは、個体としてはとても優秀だ。ならば、なぜ協力し合えないのか？ 何が欠けているのだろうか？

トマセロの研究の革新性は、チンパンジーにも人間の幼児にも、ほとんど同じ形態で与えることができる一連の単純な課題を考案したところにある。[*52] 課題を解決すれば、チンパンジーや幼児はほうびをもらえる（通常、チンパンジーには食べ物が、幼児にはおもちゃが与えられる）。課題のいくつかは、棒を使って手の届かない場所に置かれているほうびを取る、あるいは、ほうびの量の少ない皿ではなく多い皿を取るなど、空間内のものの配置に関する思考のみが求められる。このタイプの課題は一〇種類あるが、それらのすべてに対し、チンパンジーと二歳児は同程度の成績を残し、問題解決の成功率はおよそ六八パーセントだった。

しかしそれ以外に、実験者との協力が必要な課題や、実験者が「意図の共有」を求めていることを認識しなければならない課題がある。たとえばある課題では、実験者は、チューブの一方の端を覆う紙を突き破ってほうびを取り出す方法を示してから、それとまったく同じものをチンパンジー、または幼児に渡した。被験者は、実験者がどうすべきかを教えようとしているということを理解できるのか？　別の課題では、実験者は、二つのコップのうちのどちらかにほうびを隠し、チンパンジーまたは幼児にどちらが正しいコップかを（目で示したり、指で差したりして）教えようとした。これらの社会的な課題では、幼児は成功率七四パーセントという好成績をあげたのに対し、チンパンジーは三五パーセントという（多くの課題では偶然並みの）劣った成績しか残せなかった。

トマセロによれば、人類の認知能力は、「意図の共有」を発達させたとき、他の霊長類とは異なる方向へ発展し始めた。[*53] 過去一〇〇万年のある時点で、私たちの祖先は、小集団に属する複数のメンバーのあいだで、さまざまな課題を心に描いて共有し、共同で解決を試みる能力を獲得したのである。たとえば、一人が枝を抑えているあいだにもう一人が果物をもぎ取って、二人で共有することがあるが、チンパンジーは決してそのような行動をとらない。また、人類は狩猟の際、二人で獲物をはさみうちするようになった。チンパンジーがコロブスザルを狩るときにもはさみうちが観察されるのだが、[*54] 実際にはチンパンジーは協力し合っているのではないとトマセロは主張する。状況を見渡しながら、自分にもっとも都合のよい行動を各個体がとっているにすぎないというのがトマセロの見解だ。[*55] 彼はさらに、「コロブス狩りは、チンパンジーが協力し合っているように見える唯一の例だが、このまれなケースにも、真の協力関係の兆候は見出せない」とコメントしている。たとえばチンパンジーは、情報を交換しようとしない。また、獲物の分配がうまくできず、結局狩りのメンバーは、分け前を手にするために腕力を行使しなければならない。

さらに言えば、全メンバーがいっせいにコロブスを追いかけるのだが、互いに申し合わせて狩りをしているようには見えない。

それに対し、初期の人類が互いの意図を共有し始めたとき、狩猟、採集、子どもの養育、近隣に対する襲撃の能力は格段に上がった。チーム全員が、当面の課題を心に描き、パートナーも同じ構図を思い描いているということを理解し、また、成功を妨げる、あるいは獲物を独り占めにするなどの態度をパートナーがとったときにはその事実に気づき、その種の侵犯行為には否定的な反応を示すようになったのだ。こうして集団の誰もが、ものごとの進め方に関して理解を共有し、誰かがそれに反する行動をとると、それに対して否定的な感情が瞬時に湧き上がるようになったとき、最初の道徳マトリックスが誕生したのである[*56]（マトリックスとは、一種の共感的な幻覚であったことを思い出されたい）。このできごとは、まさしくルビコン渡河の一例であると私は考える。

トマセロは、人類の超社会性が二つの段階を経て生じたと考えている。第一段階は、狩猟や採集を共同で行なう二、三人の集団において、意図を共有する能力が発達したことだ（このできごとはルビコン渡河と見なせる）。それから数十万年にわたり、遊牧狩猟採集民のあいだで共有や協業が発達したあと、おそらくは敵対集団からの脅威に対抗するために、協調的な集団はその規模を拡大し始める。その結果、意図を共有する能力の有効範囲を、三人程度から三〇〇人、三〇〇〇人へとうまく拡張できた、結束力がもっとも強い集団が勝利を収めるようになる。これが第二段階であり、自然選択はトマセロの言う「集団志向性」のレベルが上昇する方向に作用する。なお、この集団志向性とは、社会的な規範を学習しそれに従う能力や、集団に関わる情動を感じ共有する能力、そして究極的には宗教を含む社会制度を築き、遵守する能力を指す。それから、新たに生じた一連の選択的圧力は、集団内でも（たとえば違反者は罰せられたり、少なくとも協業のパートナーに選ばれにくくなったりするなど）[*57]、集団間でも（結束力の強い集団は、そうでない集団から土地や資源を奪取するなど）作用するようになる。

以上「意図の共有」を証拠Bとして提出する。ひとたびトマセロの深い洞察を把握できれば、集団形成の基盤には「意図の共有」の巨大なネットワークが存在するという点を理解できるだろう。言語の誕生をルビコン渡河と見なす人も多いが、言語の使用が可能になるのは、私たちの祖先が「意図を共有する能力」を獲得したあとのことにすぎない。これについてトマセロは、「言葉は音とものの関係ではない」とコメントしている。それは、身の周りで生じるものごとに関して心のイメージを共有し、それについての情報を伝達するために一連の慣習を分かち合う人々のあいだに成立する同意なのだ。集団選択のカギが巣の共有と防御にあるとすれば、人類は、意図の共有によって、巨大で壮麗だが、物質的実体がなくどこにでも持ち運べる巣を構築する能力を手にしたと言える。つまりミツバチが、蜜蝋《みつろう》と木の繊維を材料に巣を作り死守するのに対し、人類は規範、制度、神を素材に道徳共同体を築き上げ、二一世紀になった今日ですら、それを死守するために戦い、殺し合っているのだ。

証拠C——遺伝子と文化の共進化

ところで私たちの祖先は、具体的にはいつルビコンを渡ったのだろうか？　人類史上初めて、二人の狩猟採集民がチームを組んで協力し、イチジクの実を摘んだその瞬間を今から特定するのは不可能だが、文化的な革新が起こり、蓄積されてきたという事実を示す化石証拠を調査していると、確かにどこかで人類はルビコンを渡ったことがわかる。文化の蓄積は、人々が互いに学び、新しい技術を生み、そして知識を子孫に受け継ぐようになったことを意味する。*58

人類は、七〇〇万年前から五〇〇〇万年前にかけて、チンパンジーやボノボと、互いの共通の祖先から分かれ始めた。それから数百万年間、二足歩行をするさまざまな原人がアフリカ大陸に出現する。しかし、脳の大きさと道具の限定的な使用から判断すると、（「ルーシー」などのアウストラロピテクスを含む）これらの生き物は、初期の人類としてより、二足歩行をする類人猿と見なされるべきであろう。*59

二四〇万年前頃から、より大きな脳を持つ原人が化石記録に現われ始める。これはヒト属の最初のメンバーで、それには「器用な人」を意味するホモ・ハビリスが含まれ、オルドワン石器として知られる単純な石器を多量に残している。ホモ・ハビリスは、ほとんどは大きな石をたたいてはがした鋭利な薄片にすぎないこれらの道具を使って、動物の死骸から肉を切ったりそぎ落したりしていた。ただし動物の死骸といっても、それは他の動物が殺したもので、ホモ・ハビリス

図9.1　人類の進化における大きなできごとの発生経過（MYA＝100万年前／KYA＝1000年前）

年代については、Potts and Sloan 2010; Richerson and Boyd 2005; Tattersall 2009を参照。

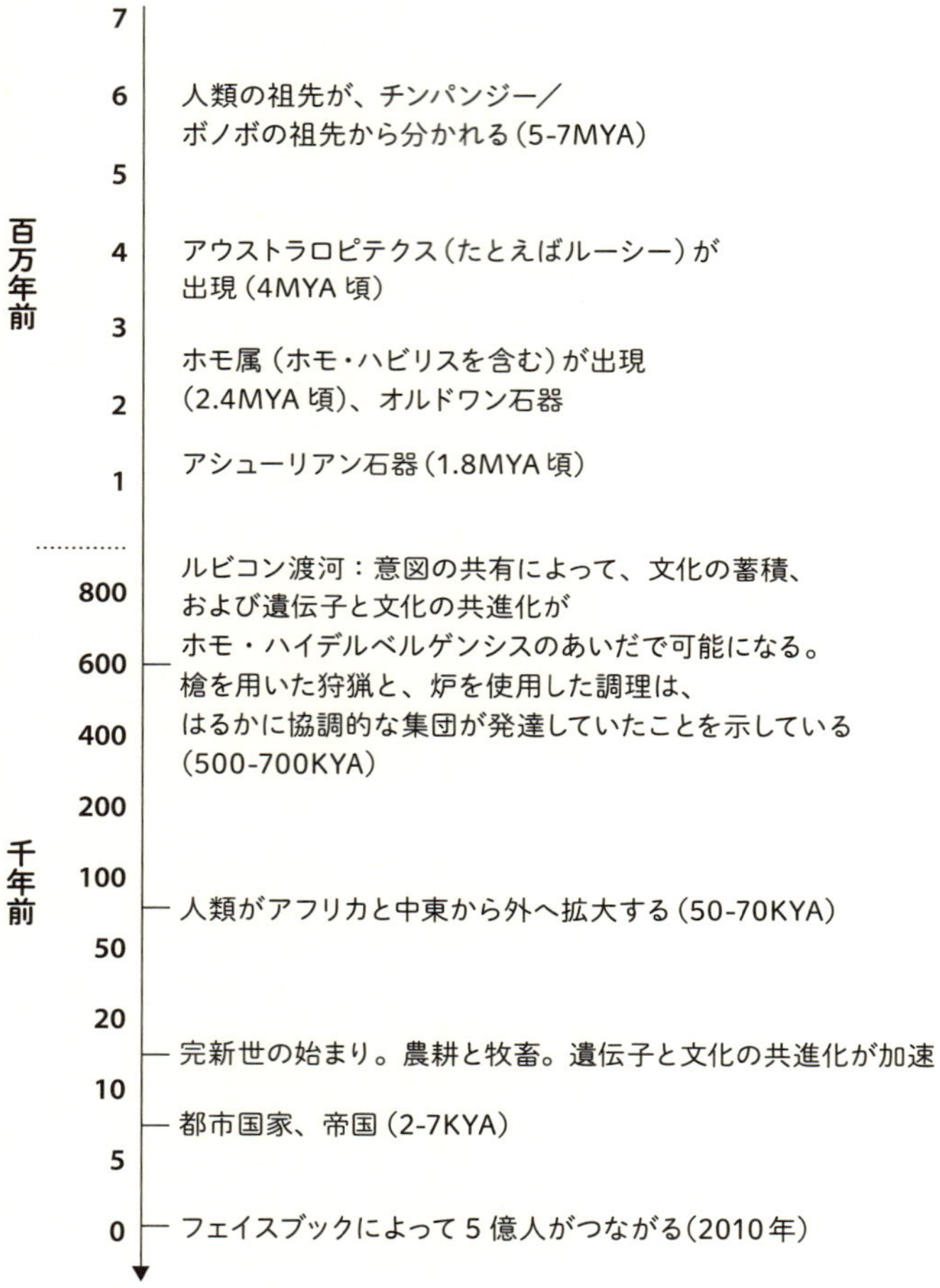
百万年前
7
6
人類の祖先が、チンパンジー／ボノボの祖先から分かれる（5-7MYA）
5
4
アウストラロピテクス（たとえばルーシー）が出現（4MYA頃）
3
ホモ属（ホモ・ハビリスを含む）が出現（2.4MYA頃）、オルドワン石器
2
アシューリアン石器（1.8MYA頃）
1
千年前
800
ルビコン渡河：意図の共有によって、文化の蓄積、および遺伝子と文化の共進化がホモ・ハイデルベルゲンシスのあいだで可能になる。槍を用いた狩猟と、炉を使用した調理は、はるかに協調的な集団が発達していたことを示している（500-700KYA）
600
400
200
100
人類がアフリカと中東から外へ拡大する（50-70KYA）
50
20
完新世の始まり。農耕と牧畜。遺伝子と文化の共進化が加速
10
都市国家、帝国（2-7KYA）
5
0
フェイスブックによって5億人がつながる（2010年）

図9.2 アシューリアン石器（手斧）

はまだハンターと言えるような存在ではなかった。

さらに一八〇万年前頃から、東アフリカの原人によって、アシューリアン石器として知られる、より精巧な道具が製作され始める。[60] おもな道具は、涙滴《ティアドロップ》型の手斧で、その対称性と精巧さは注目に値し、いかにも私たちと同じ心を持つ何者かによって製作されたという印象を与える（図9・2）。これは文化の蓄積を示す格好の例に見えるが、奇妙にも、アシューリアン石器は、アフリカ、ヨーロッパ、アジアのいずれの地域でも、一〇〇万年以上にわたってほとんど変化していない。ほとんど変化がないのなら、これらの道具の製作方法に関する知識は、文化的に継承されたのではないのかもしれない。むしろそれは、ビーバーの持つダムの建設方法の「知識」と同じく、先天的なものになった可能性がある。[*61]

ルビコンを渡ったとおぼしき原人が現れるのは、七〇万年から六〇万年前頃にすぎない。現在の私たちとほぼ同じ大きさの脳を持つ原人は、最初はアフリカに、続いてヨーロッパに出現している。これらは、一括してホモ・ハイデルベルゲンシスと呼ばれ、私たちの祖先でもあり、ネアンデルタール人の祖先でもある。ホモ・ハイデルベルゲンシスの野営地では、炉や槍が用いられていたことの、最初の明白な証拠が見つかっている。既知の最古の槍は先をとがらせた棒にすぎないが、その後、木製の柄《え》の先端にとがった石をくくりつけ、正確に投げられるようにバランスがとられたものに変化していく。これらの原人は複雑な武器を製作し、共同で狩りを行なって大型の動物を殺し、野営地へ持ち帰って解体し、料理し、分配した。[*62]

このように、文化の蓄積、チームワーク、役割分担という三つの条件を備えたホモ・ハイデルベルゲンシスは、ルビコン渡河の第一候補と見なせる。[*63] さらに言えば、共同作業と成果の分配を可能にする初歩的な道徳マトリックスを含めた、意図を共有する能力が彼らにはあったと考えられる。ルビコンを渡ることで、ホモ・ハイデルベルゲンシスは、人類の進化の方向ばかりでなく、進化のプロセスの本質そのものをも変えた。そしてそれを境として、ますます人類は、自らの手で築き上げた環境のもとで暮らすようになる。

人類学者のピート・リチャーソンとロブ・ボイドは、「(槍、調理技術、宗教などの) 文化的な革新は、生物の進化と類似した様態で生じる。これら二つの進化の流れはきわめて密接に関連しているので、一方抜きでは他方を研究できない」と主張する。[*64] たとえば、もっともよく理解されている遺伝子と文化の共進化の例は、動物を最初に家畜化した人々に起こったものだ。人間は、他の哺乳類と同様、乳糖《ラクトース》を消化する能力を子どものうちに失う。乳離れしたあとはミルクを摂取する必要がなくなるため、乳糖を分解する酵素ラクターゼを作る遺伝子が数年で機能を停止するからだ。北部ヨーロッパやアフリカの一部で最初に動物の家畜化をなし遂げた人々は、大量の新鮮なミルクの供給源を手にしながら、子どもはそれを飲めても、大人は飲めなかった。そのため、遺伝子の突然変異によって、ラクターゼの生成を停止する時期の遅延能力を獲得した個人は、優位な立場を確保できた。こうしてこれらの人々は、やがてラクトースに対する耐性のない人々よりも、耐性のある（ミルクを飲める）子孫を多く残すようになる（該当遺伝子はすでに特定されている）。[*65] 次に、遺伝子の変化によって、文化的な革新が引き起こされ、新しいラクターゼ遺伝子を持つ人々の集団は、さらに大規模な家畜の群れを飼育するようになる。また、チーズに加工するなど、ミルクを処理する新しい方法を発明する。そして、このような文化的な革新は、さらなる遺伝子の変化を引き起こし……、という具合に、文化と遺伝子は共進化を遂げていく。

家畜の飼育という文化的な革新が、成人のラクトース耐性という遺伝的な変化を導くのなら、道徳に関しても同じことが言えるのだろうか？　その答えは「イエス」だ。リチャーソンとボイドに従えば、遺伝子と文化の共進化によって、人類の本性は、他の霊長類に見られる小集団の社会性から、今日のあらゆる人間社会に認められる部族的な超社会性へと移行したのだ。[*66]

二人が提唱する「種族本能仮説」によれば、人間の集団は、程度の差はあれ、つねに隣接集団と競い合っていた。家族より規模の大きな集団を形成して共存し、協力し合うことを可能にする文化的な革新を（偶然にせよ）達成した集団は、（ダーウィンが言うように）この競争に勝つ見込みが高かった。

そのような文化革新のなかでも、もっとも重要なものの一つに、特定の集団に属していることを示す象徴的な印《しるし》の使用がある。入れ墨や、アマゾン地方の部族が用いる顔ピアスから、ユダヤ人の男子割礼、さらにはイギリスのパンクミュージシャンのタトゥーに至るまで、人類は、手間暇をかけ、ときに苦痛に耐えながらも、身体を利用して自分が集団の一員であることを宣伝してきた。確かにこのような実践は、最初はボディーペインティングなど質素なものだった。[*67] しかし起源はどうであれ、それを活用し、さらにより恒久的な印を発明した集団は、親族関係を超えた「われわれ」という感覚を鍛え上げる方法を手にしたのだ。私たちは、自分に似た、あるいは自分と同じように話す人々を信用し、規範と価値観を共有しつつ、それらの人々と難なく協力し合える。[*68]

かくして、いくつかの集団が部族制という文化的な革新を発展させ始めると、遺伝的な変化が生じる環境が変わる。リチャーソンとボイドは次のように説明する。

このような環境は、集団生活に適した一連の新しい社会的な本能の進化を導いた。それには、道徳規範によって組織化された生活を「期待し」、学習し、内面化するよう設計された心理や、規範遵守の可能性を高める恥や罪などの新たな情動、さらには、象徴的な印が刻まれたさまざまな集団へと分割されるべきものとして社会を見る心理が含まれる。[*69]

このような原初の部族社会にあっては、他のメンバーと折り合っていけない者、反社会的な衝動を抑えられない者、集団の規範を遵守できない者は、狩猟、採集、生殖のパートナーとして選ばれにくくなる。また、とりわけ暴力的な人物は、避けられ、罰せられ、極端なケースでは殺されるだろう。

このプロセスは「自己家畜化」と呼ばれている。[*70] イヌ、ネコ、ブタの祖先は、家畜化され、人間と協力関係を結ぶようになると、より従順になっていった。さらに言えば、そもそも人間の住む場所に近づいてきたのは、もっとも友好的な個体だったのであり、これらの個体は、いわば進んで今日のペットや家畜の祖先になりにきたのだ。

同様に初期の人類は、部族の道徳マトリックスのもとで生活する能力の有無に基づいて友人やパートナーを選択し始めたとき、自己家畜化のプロセスをたどった。事実、私たちの脳、身体、行動には、家畜動物に見られるものと同じ家畜化の兆候が、数多く認められる。たとえば、小さな歯、小柄な身体、おだやかな性質、遊びへの志向などで、これらの特徴は大人になっても維持される。[*71] 家畜化は一般に、成体になると消滅するはずの特徴を、死ぬまで保ち続けるよう働きかけるのだ。かくして（人間を含め）家畜化された動物は、野生の祖先に比べて穏やかで、社会性が高く、また子どものように見える。

これらの部族本能は一種の上塗りであり、人類より古く利己的な霊長類の本性の上に築かれた、集団を志向する一連の情動的、心理的メカニズムからなる。[*72]〈正義心〉が基本的に部族的な心理に由来すると考えるのは、気が滅入るかもしれない。しかし次のことを考えてみよう。人類は部族的な心理のために分裂しがちであったとしても、長期にわたる部族生活の時代がなければ、そもそも分かれる対象になる母体自体が存在し得なかったはずだ。今日の狩猟採集民よりはるかに社会性が希薄な採集民の小家族だけが何とか生き延びることができ、干ばつが長引こうものなら、飢餓のためにメンバーのほとんどを失う、などといった状況から決して抜け出せなかったであろう。部族的な心理と文化の共進化は、戦争のみならず、集団内の平和共存、さらには現代における大規模な協力関係の発達も促してきたのだ。

以上「遺伝子と文化の共進化」を証拠Cとして提出する。私たちの祖先がひとたびルビコンを渡り、次第に文化的な存在になっていくと、文化的な革新とともに遺伝子も進化し始める。これらの革新の少なくともいくつかは、特定の道徳共同体への帰属の印をメンバーで共有して集団の結束を高め、暴力やフリーライダーを排除し、共同体の領土を守ることを目的とする。まさにこのたぐいの変化が、「主要な移行」を可能にしたのだ。[*73]たとえ人間以外の哺乳類には集団選択がまったく作用していなかったとしても、[*74]「意図の共有」と「遺伝子と文化の共進化」に成功して以来、人類の進化は、特殊なケースと見なして差し支えないほど他の哺乳類とは異なるコースをたどったのである。集団選択は、一九六〇年代から七〇年代にかけて、おもに他の生物種における実例や証拠に基づいて完全に無視されるに至ったが、それはまったくの早計だった。

証拠D——迅速な進化

人類はいつ超社会的になったのか？　人はどこでも集団的な生活を営んでいるという点に鑑みれば、遺伝的な変化の多くは、およそ五万年前、私たちの祖先がアフリカ大陸や中近東から世界各地へ広がる以前にすでに起こっていたと考えるべきだろう[*75]（かくも迅速に人類が世界を制覇し、ネアンデルタール人の住む領域を奪取できた理由は、集団志向能力の発達にあるのではないかと私は考えている）。だが、遺伝子と文化の共進化は、そこで止まってしまったのだろうか？　その時点で遺伝子は固定し、それ以後の適応はすべて、文化的な革新を通してなされるようになったのか？　ここ数十年間、多くの人類学者や進化論研究者は、この問いに「イエス」と答えてきた。古生物学者のスティーヴン・ジェイ・グールドは、二〇〇〇年に行なわれたインタビューで、遺伝的な変化に比べ、文化的な変化が「桁違いの」速さで進行するようになったので、「人類の進化に関しては、自然選択はほとんど無視しても差し支えないものになった」と答え、さらに「ここ四、五万年間、人類は生物学的にまったく変化していない。私たちが文化や文明と呼んでいるすべてのものは、同じ身体と脳によって築き上げられたのだ」と断言している。[*76]

過去五万年間、人類に生物学的変化はまったく生じなかったとするグールドの断言を文字通り受け取るなら、更新世（農業の誕生に先立つおよそ二〇〇万年間）に焦点を絞り、完新世（最近の一万二〇〇〇年）については、人類の進化の理解には無関係として、切り捨てるべきということになる。しかし、ほんとうにこの一万二〇〇〇年を、取るに足りない一瞬ととらえても構わないのだろうか？　ダーウィンは、そうは考えていなかった。彼は、育種家の動物や植物における品種改良によって、たった数世代で得られた効果について何度も記している。

遺伝子による進化の速度は、メンデルの遺伝を支持したため一九四八年に降格の憂き目にあった、旧ソビエト連邦の科学者ドミトリ・ベリャーエフの手になる研究によってみごとに示されている（当時のソ連では、獲得形質の遺伝を肯定しなければならなかった）。[*77] シベリアの研究施設に移ったベリャーエフは、キツネを使った単純な育種実験によって自分の考えの検証を試みた。その際、キツネの育種家のように、毛皮の質によって個体を選択するのではなく、従順さをその基準にした。こうしてもっとも人間を怖がらない何頭かのキツネを繁殖に回した結果、わずか数世代で、キツネの個体群はより従順になる。さらに重要なことに、九世代が過ぎると、何頭かの子ギツネにまったく新しい特徴が現われ始めるが、それはイヌをオオカミから区別する特徴とほぼ同じものだ。たとえば、頭部と胸部には白い斑点が現われ、顎や歯は小さくなり、まっすぐだった尾はカールする。三〇世代が経過する頃には、キツネはペットにできるほど従順になる。ベリャーエフと

図9.3　リュドミラ・トルートと、ベリャーエフの最初の研究から数えて42世代目の子孫パヴリク

ともにこのプロジェクトを推進し、彼の死後も継続している遺伝学者リュドミラ・トルートは、これらのキツネについて「従順で、人を喜ばせようとし、見まごうことなく飼い慣らされている」と述べている。[*78]

速いのは、何も個体レベルの選択だけではない。ニワトリを使った研究では、集団選択もそれと同じくらい劇的な結果を生む場合があることが示されている。卵の生産量を増やしたければ、卵を数多く産む雌鶏を繁殖に回せばよいと、普通なら考えるであろう。だが、できるだけ多くの雌鶏をケージに詰め込もうとするのが鶏卵業の現実であり、また、より多産な個体は、一般に攻撃的で支配的な個体でもある。そのため、個体レベルの選択に依存すると（もっとも多産な個体のみを繁殖に回すと）、殺し合いや共食いを含めた攻撃的な行動が増え、現実的には総生産量を低下させる結果になる。

一九八〇年代、遺伝学者のウィリアム・ミュアーは、集団選択を適用してこの問題を回避することに成功した。[*79] この実験では、おのおの一二羽の雌鶏を入れた多数のケージが用いられている。ミュアーは、各世代においてもっとも多くの卵を生産したいくつかのケージを特定して、そのなかのすべての個体を繁殖に回した。すると、たった三世代で攻撃性の度合いが落ちた。六世代目になると、死亡率は、最初の六七パーセントという恐るべき高さから、八パーセントまで下がった。また、一個体あたりの卵の総生産数は、九一個から二三七個に跳ね上がった。その理由は、おもに寿命が長くなったからだが、一日に産む卵の数が増えたからでもある。こうして、個体レベルの選択に委ねるより、集団選択を適用するほうが、雌鶏はより多くの卵を産むことがわかった。それに加え、前者の条件のもとで育てられた個体が、つつかれ、蹴られ、羽が部分的にもげていたのに対し、後者の条件による個体は、羽は無傷で肉づきがよく、あたかも子ども向けの本に載っている「ニワトリ」の写真のような、整った状態であった。

おそらく人類は、これらの実験におけるキツネや雌鶏と違い、それほど強く一貫した選択の圧力にさらされたことはないはずだ。したがって、新たな特徴を獲得するまでに、六世代、いや一〇世代以上はかかると考えられるが、実際にはどれくらいだろうか？　ヒトの遺伝子は、選択の圧力に反応して、たとえば三〇世代（六〇〇年）程度で変化し得るのか？　それとも、どのような遺伝的な適応でも、五〇〇世代（一万年）はかかるのか？

遺伝子の進化の速度はデータが答えてくれるはずだが、ヒトゲノム計画のおかげで、私たちは今やそれを手にしている。いくつかの研究チームによって、あらゆる大陸から募った数千人の被験者を対象に、ゲノムの塩基配列《シーケンシング》の決定が行なわれてきた。遺伝子は変異したり浮動したりするが、そのようなランダム浮動と、自然選択によって引き起こされた変化を区別することは可能だ。[*80] 結果は驚くべきもので、グールドの主張とはまったく逆だった。つまり遺伝子の進化は、過去五万年のあいだに著しく加速していたのだ。選択の圧力に反応して遺伝子が変化する速度は、およそ四万年前に上がり始め、二万年前からはますます急激な上昇を見せている。そして完新世に入ると、アフリカ大陸とユーラシア大陸で最高潮に達する。

これは私たちの理解と完全に一致する。ここ一〇年のあいだに、遺伝子は、ストレス、飢餓、疾病などの条件に従って恒常的にオンになったりオフになったりする、非常に活動的なものであることが遺伝学によって明らかにされた。このような活動的な遺伝子によって、新たな気候、捕食者、寄生虫、変化に富んだ食物、社会構造、戦争などに無我夢中で身をさらそうとする乗り物(つまり人類)が組み立てられたとしよう。また、完新世に入って、人口密度が急激に上昇し、それだけ遺伝的変異が起こる回数も増大したとする。遺伝子と文化による適応が、(リチャーソンとボイドの言葉を借りると)「ワルツのように」共進化するという説が正しいのなら、そして「文化」という一方のパートナーが突然ジルバ〔四分の四拍子の速いテンポのダンス〕を踊り始めたら、他方のパートナー「遺伝子」も踊りのペースを速めるはずだ。[*81] 完新世になって遺伝子の進化にアクセルが入ったのは、そのためだと考えられる。かくして、ラクトース耐性遺伝子や、チベット人の血液を高地に順応させた遺伝子が、変異によって生じたのである。[*82] そして、これらの遺伝子を含め、新たな特徴を決定する何十もの遺伝子がすでに特定されている。[*83] 気候や人類の食習慣が変化するにつれ、遺伝子の進化を通してたった数千年間で骨、歯、皮膚、代謝が微調整されたのなら、霊長類の進化の歴史のなかでももっとも社会的な環境が劇的に変化した折に、ヒトの脳や行動様式が、遺伝子の進化の影響を何も受けなかったとは考えにくい。

私は、たった一万二〇〇〇年で、進化がまったく新しい心的モジュールを一から生んだとは思わないが、条件が変わったときに既存の特徴（たとえば、第7、8章で述べた六つの道徳基盤や、恥の感覚など）が変化し、その後数千年間安定するという事態は当然起こり得たと考えている。たとえば、階層制が発達したり、集団による農業、牧畜、交易が実践され始めたりすると、これらの変化は、さまざまな側面で人間関係を変え、その結果それまでとは異なる美徳が称揚されるようになる。[*84] 文化的な変化はきわめて迅速に起こり、六つの基盤の上に築かれる道徳マトリックスは、数世代のうちに劇的に変化する可能性がある。しかし、いったん確立された道徳マトリックスが数十世代にわたって安定すれば、新しい選択の圧力が働くようになり、遺伝子と文化のさらなる共進化が生じ得る。[*85]

以上、「迅速な進化」を証拠Dとして提出する。遺伝子の進化が迅速で、ヒトの遺伝子が文化と共進化し得るのなら、とりわけ環境が悪化した時期にアフリカのどこかで、集団選択によって、人間の本性がわずか数千年のうちに変化した可能性は、十分に考えられる。
一例をあげよう。アフリカの気候は、一四万年前から七万年前の期間、激しく変動していた。[*86] 温暖期と寒冷期、雨量の多い時期と少ない時期が交替するにつれ、食料事情も変化し、恒常的に飢餓が広がっていたと考えられる。七万四〇〇〇年前に起きた、インドネシアのトバ火山の大噴火は、地球の気候をわずか一年で劇的に変えたと言われている。[*87] 原因は何であれ、この時期のいずれかの時点で、ほとんどすべての人類が死滅したのは確かのようだ。今日生きているあらゆる人間は、人類史上一回または数回発生した、このような壊滅的なできごとを生き延びた数千人の子孫なのである。[*88]
彼らはどうやって生き残ったのだろうか？　今となってはその問いに答えるのは不可能だが、次のように考えてみよう。地球上の食料の九五パーセントが一夜にして消滅し、ほとんど誰もが二か月以内に餓死する運命のもとに置かれたとする。法と秩序は崩壊し、社会は修羅場と化す。そうなった場合、一年後には誰が生き延びているだろうか？　町でもっとも体格がよく腕力のある粗暴な人間か？　それとも、グループを形成して協力し合い、残り少ない食料を独占し、隠し、分け合うことに何とか成功した人々だろうか？
その種の飢饉が、数世紀に一度発生するものとして、遺伝子プールは、それによってどのような影響を受けるだろうか？　集団選択の期間を、数千年、もしくはそれよりも少し長くとって、一四万年前から七万年前に限ったとしても、人類は、集団レベルの適応の恩恵が受けられたはずだ。かくして、飢饉を生き延びた直後にアフリカからその他の地域へと広がり始め、やがて地球全体を覆い尽くし、支配するようになったのである。[*89]

戦争がすべてではない

ここまでは、「集団は、あたかも個体同士であるかのごとく競い合う。部族間の争いでは、もっとも結束力の強い集団が、そうでない集団を一掃し、それに取って代わる」という、ごく単純な表現を用いて集団選択を説明してきた。ダーウィンが最初に想像していたのも、このような構図だった。ところがある日、私は、本章の草稿を読んだ進化心理学者のレスリー・ニューソンから、次のようなコメントをもらった。

「集団間の争いは、つねに戦争や闘争を意味する」という印象を読者に与えないことが重要だと思います。いかに効率よく資源を子孫の繁栄へと転化できるかが、争いの焦点なのです。女性や子どものメンバーも、集団にとってとても重要だということを忘れてはなりません。

もちろん彼女の見解は正しい。集団選択は、戦争や暴力を必要とするわけではない。食料資源を効率的に調達し、子孫の繁栄へと転化できるよう導くどのような特徴も、それを獲得した集団を、隣接集団より効率的に環境に適応できるようにする。集団選択は、反社会的な振る舞いを抑制し、集団の利益のために行動する能力の発達を促し、協力関係の構築を推進する。集団に資する行動は、(たとえば戦争で)外部の人々に大きなコストを負わせることもあるとはいえ、一般には、集団志向性の要諦は、外集団のメンバーを傷つけることにではなく、集団内の福祉の改善にある。

まとめ

道徳は、個体と集団の両レベルで作用する自然選択によって進化した一つの適応だと、ダーウィンは考えた。徳の高いメンバーで占められる部族は、利己的なメンバーの多い部族に取って代わる。だがこのダーウィンの見方は、ウィリアムズとドーキンスが「集団選択はフリーライダー問題のゆえに消え去る運命にある」と主張したことにより、学問の世界から追放された。科学界ではその後三〇年間、集団間の競争という見方は軽視され続け、誰もが集団内での個体間の競争に焦点を絞るようになる。利他的な行動は、潜在的な利己性として説明されていた。

しかし最近になって、進化を考えるにあたり、集団の役割を強調する新たな研究が現れ始めている。それによれば、自然選択は、集団を含め複数のレベルで同時に作用する。人間の本性は集団選択によって築かれたと、確信を持って言うことはできないが(賛否いずれの陣営にも、尊重すべき見解を持つ研究者がいる）、道徳を研究する心理学者として、「人はなぜ、利己的であると同時に集団を志向するのか」を説明するのに、マルチレベル選択は大いに役立つと提言したい。[*90]

一九七〇年代以後、（マルチレベル選択の一つとして）集団選択の再考が必要であることに気づかせてくれる研究が相次いで発表された。本章では、それらをまとめ、集団選択を弁護する以下の四つの証拠として提示した。[*91]

◉証拠A――「主要な移行」による超個体の誕生

「主要な移行」は、生命の歴史のなかで繰り返し発生している。フリーライダー問題が、生物学的な階層の、あるレベルで解決されると、それより一つ上のレベルで、集団内の役割分担、協力、利他主義などの新たな特徴を持つ、より大きく強力な遺伝子の乗り物（超個体）が誕生した。

◉証拠B――意図の共有による道徳マトリックスの形成

私たちの祖先を集団で効率的に活動できるよう導いた、カエサルのルビコン渡河にもたとえられるできごとは、意図やその他の心のイメージを共有する人類独自の能力を獲得したことだ。初期の人類は、この能力によって役割を分担し、協力し合えるようになり、互いの行動を評価するための規範を発達させた。規範の共有は、今日の私たちの社会生活を律している道徳マトリックスの端緒である。

◉証拠C——遺伝子と文化の共進化

私たちの祖先がルビコンを渡り、意図を共有するようになると、人類の進化はこれら二つの要因に影響されるようになる。人々は、集団を志向するさまざまな特徴の適応度を変える、新しい慣習、規範、制度を生んだ。とりわけ遺伝子と文化の共進化は、人類に一連の部族本能を与えた。かくして私たちは、集団への帰属を示す何らかの印を刻み、なるべく自集団のメンバーと協力し合おうとするのだ。

◉証拠D——迅速な進化

人類の進化は、五万年前に止まったり、歩調を緩めたりしたわけではない。速度を上げたのだ。ここ一万二〇〇〇年間、人類は遺伝子と文化の共進化によって急激に進化した。したがって、今日の狩猟採集民の特徴を、五万年前からまったく変わらぬ普遍的な人間の本性としてとらえることはできない。人間の本性や、〈正義心〉の起源を理解したいのなら、環境や文化の劇的な変化が起こった時代に注目すべきである（環境については一四万年から七万年前にかけて生じた変化、文化に関しては完新世に起こった変化）。

人間の本性のほとんどは、個体レベルで作用する自然選択によって形作られたものだ。しかしそれがすべてではない。集団レベルの適応もいくつか存在する。九・一一同時多発テロが発生したとき、アメリカ人の多くはそのことに気づいたはずだ。私たち人間は、「自分よりも大きく貴いものの一部でありたいと願う利己的な霊長類」という、矛盾した存在なのである。あるいは、「私たちの九〇パーセントはチンパンジーで、一〇パーセントはミツバチだ」とも言える。[*92] そう言えるほど人間は集団を志向し、自らの根城を守ろうとする。それはあたかも、条件が揃うとオンになって集団志向性を活性化するスイッチが、私たちの頭のなかに埋め込まれているかのようだ。

第10章 ミツバチスイッチ

The Hive Switch

一九四一年九月、歴史家のウィリアム・マクニールはアメリカ陸軍に徴兵された。数十人の兵士と隊列を組んで演習場を行進する基礎訓練を、数か月にわたって受けた。基地には武器が配備されていなかったので、彼はそれを単なる時間つぶしのようなものと考えていた。しかし数週間が経つと、部隊はみごとに足並みを揃えて行進するようになり、彼は意識の高揚を感じ始めた。

長時間足並みを揃えて行進しているときに引き起こされる感覚を、言葉で説明するのはむずかしい。一種の幸福感だったように覚えている。より具体的に言えば、集団的な儀式に参加したときに得られる、自己が拡大したかのような奇妙な感覚であり、英雄になったように感じた。*1

図10.1　マケドニアの密集方陣

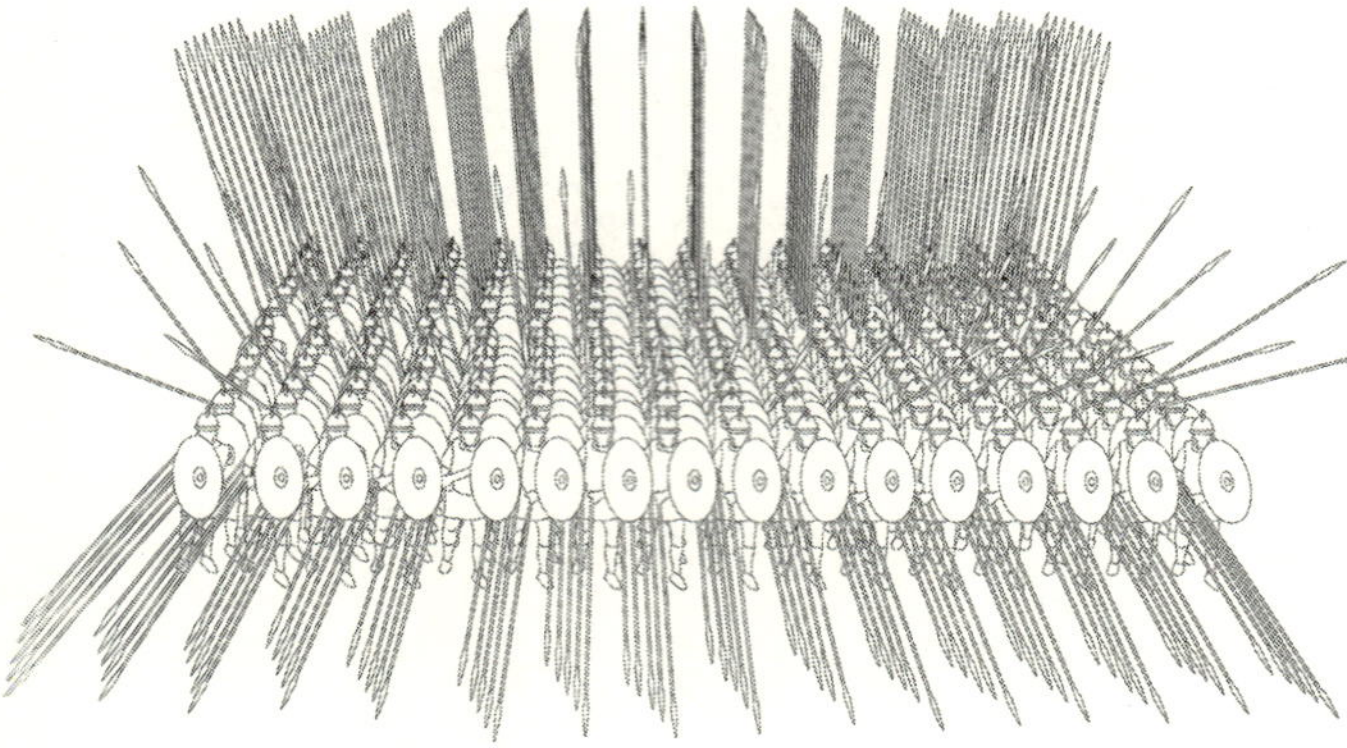

第二次世界大戦後、マクニールは著名な歴史家になり、かつて自らが経験した足並みを揃えた行進が、ギリシア、ローマ、あるいはのちのヨーロッパの軍隊における重要な技術革新だったという結論に至る。そして、仲間と歩調を合わせながら行進する「筋肉の結合」のプロセスは、自己を滅却させて超個体《スーパーオーガニズム》を一時的に出現させるためのメカニズムであり、有史以前からの人類の長い歴史を通じて進化してきたものだとする仮説を立てる。「筋肉の結合」を達成した兵士はわれを忘れ、互いを信頼して一つになり、結束力に欠ける他の集団を叩きつぶす。図10・1は、アレクサンダー大王が、自軍よりはるかに大きな軍隊を破ったときに用いた超個体である。

　戦場における兵士の行動の記録を調査したマクニールは、彼らが国や理想より、むしろ仲間の兵士のために自らの命を危険にさらすことを発見した。彼は、「私」が「われわれ」になるときにいったい何が起こるのかに関して、ある古参兵の証言を引用している。

誠実な古参兵の多くは、仲間と戦った戦場での経験が、人生の頂点だったと考えていると思う。（……）徐々に「私は」は「われわれは」に、「私のもの」は「われわれのもの」に変わり、自分の運命は大して重要ではなくなる。（……）そんなときに、いとも簡単に自己を犠牲に捧げられるようにするものとは、不死性の確信に他ならない。（……）銃弾に倒れても、私は死なない。なぜなら、私の身体に宿る真の何かが、自分の命を捧げた戦友の心のなかで生き続けていくからだ。[*2]

ミツバチ仮説

前章で、人間の本性の九〇パーセントはチンパンジーで、一〇パーセントはミツバチだと述べた。私たちは、近隣の個体同士の情け容赦のない闘争を通じて心が形成された霊長類であるという意味で一種のチンパンジーであり、社会生活というゲームの勝者の長い系譜をたどって生まれてきた。だから私たちはグラウコン主義者なのであり、（ギュゲスの指輪の話が示すとおり）実際よりも徳が高い人間に見せかけようとする。[*3]

しかし人間の本性には、集団志向という新たな特質がある。私たちは、集団間の情け容赦のない闘争を通じて心が形成された超社会的な生物であるという意味ではミツバチでもあり、集団を形成する能力を行使して共存し、協力し、他集団を出し抜いてきた初期の人類の末裔なのだ。もちろん、「私たちの祖先は無条件に集団に従う、盲目的なチームプレイヤーだった」と言いたいわけではない。彼らは選択的になったのだ。条件が満たされれば、「集団のための個人、個人のための集団」というモードに心を切り替えられるようになった彼らは、集団内で権力の階段を登ろうとするのみでなく、真に自集団のために働こうとするようになったのである。

本章では、「一定の条件のもとでは、人間はミツバチのごとく振る舞う」という仮説を提起する。私たちは、（特殊な条件のもとで）自分より大きなもののなかに（一時的に、そして陶酔的に）自己を埋没させ、超越する能力を持っている。この能力を、私は「ミツバチスイッチ」と呼ぶ〔原文はhive switchだがわかりやすい訳語をあてた〕。そしてそれは、ウィリアムズが述べるように、[*4]「集団選択の理論によってのみ」説明可能な、集団レベルの適応だと主張したい。つまり、個体レベルの選択によっては説明できないものだ（どうしてこの奇妙な能力が、集団内での個体間の競争に役立つのだろうか？）。ミツバチスイッチは、より強い結束へと集団を導く適応によって発達したのであり、したがって他の集団との闘争においてうまく機能する。[*5]

このミツバチ仮説が正しいのなら、組織の形成、宗教の会得、意味の探求、日常生活の享受などのあり方を考えるにあたって、ミツバチスイッチが重要なカギを握っていることに間違いはない。ほんとうにこの仮説は正しいのだろうか？　ミツバチスイッチなどというものは、はたして実際に存在するのだろうか？

集合的な情動

一五世紀後半に世界中を探検し始めたヨーロッパ人は、珍しい動植物を持ち帰るようになった。大陸にはおのおの独自の驚くべき産物があり、自然の世界にはヨーロッパ人の想像を超えた多様性があった。だがそれに比べて、異国に住む人々についての報告は、はるかに画一的だった。ヨーロッパ人の探検家はどの大陸に出かけようが、人々が火のまわりに集まり、太鼓のリズムに合わせて、疲労の極に達するまで激しく踊り続けている様子を目撃した。バーバラ・エーレンライクは『街路での踊り――集団的歓喜の歴史（*Dancing in the Streets: A History of Collective Joy*）』で、ヨーロッパの探検家たちが、いかにその光景におぞましさを感じたかを記している。彼らにとって、踊り手の仮面、ボディペイント、絞り出すような叫び声は、まるで動物のようだった。波打つ身体や、折に触れての性的な身振りは、ほとんどのヨーロッパ人にとっては下品でグロテスク、かつまったく「野蛮に」見えた。

当時のヨーロッパ人は、自分たちが見ているものを理解する準備が整っていなかった。エーレンライクが述べるように、人々が集まって行なう熱狂的な踊りは、集団の団結を図るための、ほとんど普遍的な「バイオテクノロジー」なのだ[*6]。彼女は、それが「筋肉の結束」の一形態であるとするマクニールの見解に同意している。それは愛情、信頼、平等を育むものであり、古代ギリシアにも（ディオニソス崇拝について考えてみるとよい）、初期キリスト教にも（エーレンライクによれば、教会での踊りが禁じられる中世になるまで、キリスト教は「踊り」をともなう宗教だった）共通して見出せる。

熱狂的な踊りが、それほど有用で世界各地にあまねく広まっているのなら、なぜヨーロッパ人はそれを捨てたのだろうか？　エーレンライクの歴史的な説明は非常に精巧なので、数行でそれを要約することはとても不可能だが、もっとも直近の要因は、一六世紀に始まるヨーロッパにおける個人主義と、より洗練された自我の概念の発達だとしている。これらの文化的な変化は、啓蒙主義と産業革命の時代にさらに拍車がかかる。これは、一九世紀にWEIRD（つまり西欧の、啓蒙化され、産業化され、裕福で、民主主義的な）文化を生み出した歴史的過程と同じだ[*7]。第5章で述べたように、WEIRDであればあるほど、その人は世界を関係ではなく個々の物の集まりとして見なすようになり、「未開人」の行動を理解できなくなる。

エーレンライクは集団的な歓喜を理解するにあたり、いかに心理学の知見が役に立たないかがわかって愕然とする。確かに心理学は、移り気から熱愛、そして病的な執着に至るまで、二者間の関係についてなら、それらを説明する豊富な知見を用意している。だが、多数の人々のあいだで共有される愛についてはどうだろう？　彼女は「同性愛が、〈あえてその名を語らぬ愛〉だとすれば、人々を集団に結びつける愛は、語るべき一切の名前を持たない愛である」と書いている[*8]。

エーレンライクは、自身の探究に役立った数少ない学者の一人としてエミール・デュルケームをあげている。デュルケームは、個人の事実には還元できない「社会的な事実」が存在すると主張している。愛国主義や自殺率などの社会的な事実は、人々の交わりを通して生じる。それは（心理学の対象たる）個人の心理と同様に現実的なものであり、（社会学の）研究対象として大きな意味を有する。マルチレベル選択と「主要な移行」の理論はデュルケームには知るよしもなかったが、彼の社会学はこれらの理論に不思議なくらい一致する。

デュルケームは、個人の心理と二者間の関係のみに基づいて、道徳や宗教を説明しようとするフロイトらの同時代人をたびたび批判している（「神は単なる理想の父親像だ」とフロイトは言った）。それに対して彼は「ホモ・サピエンスはホモ・デュプレックス、つまり個人と、より大きな社会の一部という二つのレベルで存在する生き物だ」と主張する。そして宗教の研究を通して、人は、これら二つのレベルのそれぞれに関して、まったく別の「社会感情」のセットを備えていると結論する。第一のセットは、「個人を仲間の市民に結びつけるもので、共同体における日常の関係のなかで発現する。それには、互いに対して感じる名誉、尊敬、愛情、恐れの感情などがある」[*9]。これらの感情は個人レベルで作用する自然選択によって簡単に説明できる。ダーウィンが述べるように、人はそれらを欠く者をパートナーに選ぼうとはしない[*10]。

しかしデュルケームは、「人々は、それとは別の一連の情動を経験する能力を持っている」とも言う。

第二のセットは、自己を社会全体に結びつけるもので、社会同士の関係のなかで発現し、ゆえに「社会間のもの」と呼べる。第一のセットは、個人の自立と人格にほとんど影響を及ぼさない。それは確かに自己を他者に結びつけるが、自己は独立性を大して失うわけではない。しかし第二のセットに影響を受けて行動する場合には、自己はまったく全体の一部になり、その行動に従い、その影響に身を委ねる。[*11]

（現実世界の）集団が「社会間の関係」に対処することを手助けする、新たな一連の社会感情が存在すると示唆し、マルチレベル選択の論理に訴えるデュルケームには驚嘆の念を禁じ得ない。これら第二レベルの感情は、ミツバチスイッチをオンにして自己をシャットダウンし、集団志向性を活性化する。かくしてその人は「まったく全体の一部」になるのだ。

デュルケームの提起する高次の感情のなかでももっとも重要なのは、集団的な儀式によって引き起こされる熱狂や陶酔を意味する「集合的沸騰」である。彼は次のように言う。

集まるという行為そのものが、並はずれて強力な刺激として作用する。ひとたび個人が一箇所に集まると、その緊密さによって一種の電流が発生し、集まった人々をただちに異様な高揚へと導く。[*12]

このような状態に達すると、「生命のエネルギーが過度に高揚し、激情に駆られ、強烈な興奮に包まれる」。[*13] これらの集合的な情動の沸騰によって、人間は一時的ながらも完全に、二つのうちのより高次の領域へ、すなわち自己が消失し、集合的な関心が支配する神聖の領域へ引き上げられる、とデュルケームは考える。それに対し、世俗の領域は、私たちが日々の生活の大部分を送る日常世界のことであり、そこでは、人々はどこかにもっと気高い何かが存在するのではないかと心の片隅で思いながらも、自分の富、健康、名声を求めて暮らしている。

またデュルケームは、これら二領域間の行き来が、神、精霊、天国などの観念や、客観的な道徳秩序の概念を生んだと考える。ミツバチのコロニーの構造は、たった一匹（あるいは二、三匹）の個体を観察したところで理解できないのと同じく、これらの観念や概念は、研究対象を個人（や二者間の関係）に絞る心理学者には説明しがたい社会的事実なのだ。

スイッチを切り替える方法

「集合的沸騰」とは魅力的に聞こえないだろうか？　大勢の仲間とキャンプファイアーを必用とするのは、いささか面倒だが。しかし、ミツバチスイッチのもっとも興味深いところは、オンにする方法がたくさんあることだ。集団レベルの適応なのかどうかは別にしても、ミツバチスイッチというものが存在し、それがオンになると、その人は一般に利己性が和らいで、より愛情深くなるという点を是非理解してほしい。ここで、ミツバチスイッチがオンになる例を以下に三つほどあげておこう。あなたも経験したことがあるかもしれない。

自然に対する畏敬の念

一八三〇年代、ラルフ・ウォルド・エマソンは、アメリカにおける超越主義の、すなわち名門大学で教えられていた分析的な知性主義を否定する運動の基礎を築く、一連の講義を行なった。そこで彼は、「深淵なる真実は理性ではなく、直観によってしか把握し得ない」「その種の直観を引き起こすための最善の方法は、自然に畏敬の念を抱くことである」と述べている。そして、星やゆるやかに広がる農場の風景を眺めたり、森のなかを散歩したりすることで、若返りを感じ、喜びに満たされた体験について語っている。

荒涼とした土地に立ち、頭を爽快な大気に洗わせ、無限の空間にもたげるとき、すべての卑しい利己心は、なくなってしまう。私は透明の眼球となる。私は無であり、いっさいを見る。「普遍的存在者」の流れが私のなかを循環する。私は神の一部、一分子である。[*14]〔『アメリカ古典文庫17――超越主義』斎藤光訳、研究社〕

ダーウィンも類似の経験をしたことを自伝に書いている。

私は、壮大なブラジルの森のなかでこう日誌に書き記した。「心を満たし高揚させる、この驚異、畏敬、忠誠の気高い感情を、言葉で語り尽くすことはできない」と。人間には身体の呼吸以上の何かがあると確信したのをよく覚えている。[*15]

エマソンもダーウィンも、自然のなかに、世俗と神聖の領域を結ぶ扉を発見したのだ。ミツバチスイッチは、集団レベルの適応によって獲得されたものだとしても、古来より神秘主義者や修行者が知っていたように、ひとりでいるときでも、自然に畏敬の念を覚えてオンになることがある。

畏敬の念は、広大さ（何かが私たちを圧倒し、自分を小さく感じさせる）と、順応の必要性（私たちの心の構造は、経験したことをそのまま同化できないので、心の構造を変化させて、経験に「順応」させねばならない）という二つの特徴を持つ状況に直面したときに、引き起こされやすい。[*16] そして、一種のリセットボタンのような機能を果たし、自我やつまらぬ心配を忘れ、新たな価値観、可能性、生きる道に心を開くよう人々を導く。またそれは、集合的な愛や歓喜とともに、ミツバチスイッチにもっとも密接に結びついた情動の一つでもある。まさしく自然はミツバチスイッチをオンにしてわれわれを忘れさせ、自分がまったく全体のなかの一部であることを感じさせてくれる。だからこそエマソンやダーウィンがしたように、人は自然をスピリチュアルな言葉で語るのだ。

図10.2　キノコを食べるアステカ族

まさに聖なる領域に連れ去られようとしている。

（Codex Magliabechiano, CL.XIII.3, sixteenth century）

デュルケーム剤

エルナン・コルテス〔アステカ帝国を征服した探検家〕は、一五一九年にメキシコを征服したとき、アステカ族が幻覚剤シロシビンを含有するキノコの摂取を基盤にすえた宗教を実践しているのを発見した。このキノコは「テオナナカトル」（その地方の言葉で「神の肉」を意味する）と呼ばれていた。キリスト教の宣教師は、このキノコの摂取に聖体拝領との類似を見出したが、アステカ族の実践は象徴的な儀式の範疇を超える。「テオナナカトル」は、およそ三〇分で、それを摂取した者を世俗から聖なる領域へと直接導いてくれる。[*17] 図10・2は一六世紀のアステカの絵巻物の一シーンで、キノコを食べる人を神がつかもうとしている。アステカ北部の宗教では、メスカリンを含有するサボテン科の植物ペヨーテの摂取に、また南部の宗教では、ジメチルトリプタミン（DMT）を含む、蔓《つる》や葉を煎じた飲料アヤフアスカ（ケチュア語で「精霊の蔓」を意味する）の摂取に焦点が置かれている。

これら三種類の麻薬は、（LSDやその他の合成化合物とともに）幻覚剤に分類される。というのも、これらに含まれているものと化学的に同種のアルカロイドは、視覚や聴覚の幻覚を引き起こすからだ。思うに、自己を滅却させ、「宗教的体験」あるいは「変容体験」としてあとで思い起こせるような体験を摂取者に与えるという、（不確実ながら）ユニークな効力を持つ点で、これらは「デュルケーム剤」と呼んでもよいのではないだろうか。[18]

多くの伝統的な社会では、少年少女を大人に変える、ある種の儀式が行なわれる。それらはたいがい、バル・ミツバー〔ユダヤ教の成人式〕より過酷で、恐怖、苦痛、誕生と死の象徴表現、神や年長者による知識の伝授をともなう。[19] 多くの社会では、変化の触媒として幻覚剤が用いられている。麻薬はミツバチスイッチをオンにし、子どもから自己本位性を取り除くからだ。こうして別の世界から帰還した人は、道徳的責任を担える一人の大人と見なされる。この種の儀式について報告する、ある人類学の論考には、「これらの状態に導かれることで、学習効果が高まり、同齢集団に属するメンバー間に強い結束が生まれる。そして適宜、個人の欲求より社会集団の必要性を優先させる」と書かれている。[20]

西洋人が、儀式という文脈をまったく離れてこれらの麻薬を摂取する場合、普通は集団に献身するようにはならないが、人間性心理学で知られるアブラハム・マズローが言う「至高体験」にきわめて近い経験が得られることは多い。[21] 欧米のほとんどの国々で麻薬が非合法化される前に実施された数少ない対照実験の一つで、ボストンの教会の地下礼拝堂に二〇人の神学部生が集められた。[22] 全員が丸薬を服用したが、最初の二〇分間は、誰がシロシビンを飲み、誰がナイアシン(ビタミンBの一つで、服用者にほてった感覚をもたらす)を飲んだのかは誰にもわからなかった。しかし四〇分が経過する頃には、誰の目にもどの被験者がどちらの丸薬を飲んだのかが明らかになっていた。ナイアシンを飲んだしらふの一〇人(何かが起こるのを最初に感じたのは彼らだが)は、シロシビンを服用した一〇人が幸福そうに幻想世界をトリップしている様子を眺めていたのだ。

この実験では、実験の直前直後、および六か月後に参加者全員から詳細なレポートが集められたが、以下の九つの項目に関して、統計的に有意な、シロシビンの効果が確認されている。

①統合(自己の感覚の喪失、根源的な唯一性の感覚)
②時間と空間の超越
③深いポジティブな気分
④神聖の感覚
⑤深淵で絶対的な直観的知識が得られた感覚
⑥逆説性
⑦何が起こったかを説明することの困難さ

⑧その経験のはかなさ（数時間以内に通常の状態に戻る）
⑨態度や行動におけるポジティブな変化

二五年後、リック・ドブリンという研究者が、二〇人の被験者のうち一九人を探し出してインタビューを行なった。[*23] 彼の結論は次のとおり。「長期追跡調査でも、シロシビンを服用したすべての被験者が、そのとき純粋に神秘的な何かを感じ、自身の精神生活にとって独自の貴重な体験になったと考えていた。だが服用していないグループについては、そう考える被験者はいなかった」。シロシビンを服用した被験者の一人は次のように述べている。

突然、無限へと引き込まれていくように感じ、忘我の境地に達した。壮大な創造の現場に立ち会っているように感じた。（……）人は、祭壇の光に、目がくらむほどの輝きを見ることがある。（……）私たちが飲んだシロシビンは微量だったが、それでも無限へと結びつけられた。

レイブ

ロック音楽は、忘我やセクシュアリティと結びつけられることが多い。一九五〇年代のアメリカの両親は、一七世紀のヨーロッパ人が「野蛮人」の熱狂的な踊りにおぞましさを感じていたのと同種の感覚を、ロックに対して抱いていた。しかし一九八〇年代になると、イギリスの若者は種々の最新テクノロジーを組み合わせ、ロックにおける個人主義とセクシュアリティを、共同社会的な感覚に置き換えるような新種のダンスを創造する。こうして電子工学の革新の恩恵を受けて、テクノ、トランス、ハウス、ドラムンベースなど、より催眠効果の高い音楽ジャンルが登場し、またレーザー技術の進展によって、ごく普通のパーティーにも特殊視覚効果を利用できるようになる。さらに言えば、薬理学の発展により、とりわけMDMAなどの数多くの新たなドラッグが手に入り始める。MDMAとはアンフェタミンの一種で、服用者に、長時間持続する愛と解放感に溢れた活力を与える（ちなみにMDMAの通称は「エクスタシー」）。これらの要素のいくつかが組み合わさると、いたって強力な効果が得られ、最初はイギリスで、一九九〇年代になるとあらゆる先進国で、何千人もの若者たちが夜を徹して踊るようになる。

オンラインショップ、ザッポス・ドットコムのCEOトニー・シェイは、自伝的著書『顧客が熱狂するネット靴店　ザッポス伝説――アマゾンを震撼させたサービスはいかに生まれたか』で、レイブ〔ダンス音楽を一晩中流して踊る大規模な音楽イベント〕での経験を紹介している。彼は自身の設立したベンチャー企業をマイクロソフト社に売って二四歳で一財産を築いたが、それから数年間は人生の目標を決めかねていた。彼には、一緒にサンフランシスコの街を遊び歩く何人かの仲間がいた。初めてレイブに参加したとき、シェイと仲間（自分たちを「部族」と呼んでいた）のミツバチスイッチはオンになった。シェイはそのときの様子を次のように述べる。

そこで経験したことは、僕の価値観をまったく変えた。（……）装飾やレーザー光線はとてもカッコよく、一部屋にこれだけ多勢の人々が集まって踊っているのを見たのは初めてだった。しかしそう言ってみたところで、僕がそのとき経験した畏敬の念を説明できるものではない。（……）仲間のあいだでもっとも論理的で理性的と見なされている僕が、圧倒的にスピリチュアルな感覚に満たされるなんて自分でも驚いた。それは宗教的な感覚ではなく、そこにいるすべての人々はもちろん、宇宙の何もかもと深くつながっているという感覚だった。そこに判断はなかった。（……）自分の踊りを見せたいから踊っているといった自意識や感情は微塵もなかった。（……）誰もが舞台に立っているDJのほうを向いていた。（……）部屋全体が、何千もの人々からなる、一つに統合された巨大な部族のようだった。部族のリーダーはDJだ。（……）決して調子を乱さない電子音による無言のビートは、群衆を同調させる心臓の鼓動だ。まるで自意識が消滅し、一つに統合された集団意識に取って代わられたかのようだった。[*24]

シェイは、エーレンライクやマクニールが報告している「筋肉の結合」の現代版を体験したのだ。レイブの光景や体験を通して、彼は一種の畏怖を感じ、「私」をシャットダウンし、巨大な「われわれ」に融合した。そしてその夜のできごとによって生き方を変えた彼は、そこで感じた、自我の抑制された共同社会的な感覚を少しでも体現するような、新しいビジネスを立ち上げる道を歩み始めた。

ミツバチスイッチをオンにする方法は、他にいくらでもある。私は一〇年間UVAで学生とそれについて議論してきたが、合唱、吹奏楽演奏、説教の聴講、政治集会への参加、瞑想などによって、「スイッチが入った」という報告を何度も聞いた。生き方が変わるほどの経験をしたという例は少なかったものの、学生の多くは、少なくとも一度はその種の体験をしていた。効果は通常、数時間、あるいは数日で消えたとのことだ。

ミツバチスイッチが適切なタイミングでオンになると何が起こり得るかを知った私は、以前とは違う目で学生を見るようになった。もちろん互いに成績、名誉、恋愛の相手を競う個人として見ている点に今でも変わりはないが、チームプレイヤーたることが期待される課外活動に身を入れる彼らの情熱も、正しく評価できるようになった。劇を上演し、スポーツで互いに競い、政治集会に参加し、シャーロッツビルや異国の地で貧者や病人を援助するためのさまざまなプロジェクトにボランティアとして参加する姿を見て、私は、彼らがより大きな集団の一員になって活躍できる天職を探し求めているのだと理解するようになった。つまり彼らは、同時に二つのレベルで何かを探求し、達成しようとしているのだ。なにしろ私たち人間は、ホモ・デュプレックスなのだから。

ミツバチスイッチの生物学

ミツバチスイッチが実在するのなら（また、互いに結束するために集団選択によって設計された集団レベルの適応であるのなら）、それはニューロン、神経伝達物質、ホルモンから構成されるに違いない。しかもそれは、脳のある特定の場所に位置する、人間にはあってチンパンジーにはないニューロンのかたまりなのではなく、まったく新たな能力を生むために、それまでとは少し違った方法で既存の神経回路や物質を再利用して組み合わせた、機能システムなのだと考えられる。この機能システムの構成要素として二つの有力な候補があげられるが、[25] これらの研究はここ一〇年間で大幅に進歩している。[26]

進化のプロセスは、人々を大規模な集団の形成へと導く方法を偶然に見出したという見方が正しいのなら、もっとも有力な候補は、視床下部で合成されるホルモン&神経伝達物質のオキシトシンであろう。オキシトシンは、母になる準備を整えるためのホルモンであり、脊椎動物に広く見られる。哺乳類では、子宮収縮や乳の分泌を引き起こし、子どもに触れたり、配慮したりする強い衝動を生む。進化はまた、それとは別の結束を生むためにもしばしばオキシトシンを用いる。オスがメスのそばを離れない生物種や、子を守る種においては、オスの脳は、オキシトシンに対する反応が向上するよう、わずかに変化している。[*27]

人間に関して言えば、オキシトシンの効果は家族関係をはるかに超えて認められる。いくつか例をあげよう。匿名のパートナーに金銭を一時的に預けさせるゲームで、被験者の鼻にオキシトシンを噴霧すると、そのプレイヤーはパートナーをより信用するようになった。[*28] その逆に、他人を信用する人は、その人に信用されたパートナーのオキシトシンのレベルを高めた。少なくとも共感の感情や誰かを助けたいという欲求を持っていると報告した人に関しては、誰かが苦しんでいるところが映されたビデオを見せられると、オキシトシンのレベルが上がった。[*29] 誰かと親密な触れ合いをしているあいだは、たとえそれが見知らぬ人に背中をさすってもらうなどといったことでも、脳はより多量のオキシトシンを分泌した。[*30]

何とすばらしいホルモンだろうか！　最近メディアが、「愛の妙薬」「愛情ホルモン」などと呼んで悦に入っているのも無理はない。では、世界中の飲み水にオキシトシンを混ぜたら、戦争や残虐行為はなくなるのだろうか？

残念ながら、答えは「ノー」だ。というのも、ミツバチスイッチが集団選択の産物なら、郷党的な利他主義の典型的な特徴が現れるはずだからだ。[*31] つまりオキシトシンは、他集団とより効率的に競えるように、私たちをパートナーや自集団に結びつけてくれるのであって、人類一般にではない。

最近のいくつかの研究で、この予測の正しさが証明されている。たとえば、小さな部屋に一人ずつ隔離されたオランダ人の男性たちに、コンピューターを介してやり取りする小チームを組ませて、ある種の経済ゲームを行なわせるという内容の一連の研究が実施されている。[*32] その際、半分の被験者には鼻にオキシトシンが、もう半分には偽薬が噴霧された。その結果、オキシトシンを噴霧された被験者は利己的な決定をあまり下さず、自チームに貢献しようとしたが、他チームの結果の改善にはまったく何の関心も示さなかった。ある実験では、オキシトシンを摂取した被験者は、(囚人のジレンマゲームで) より積極的に他チームのメンバーを妨害するよう振る舞った。そうすることが、自チームを守る最善の方法だったからだ。一連の追試では、オランダ人のオキシトシン被験者はオランダ人の名前を好み、(トロッコ問題に類似するジレンマを与えると) とりわけオランダ人の命を救おうとした。研究者たちは、内集団に向けられた愛情の増大が、外集団 (イスラム教徒) に対する憎悪の増長と表裏の関係にあることを示す証拠を発見しようと努めたが、それには失敗している。[*33] 要は、オキシトシンはただ内集団に向けられた愛情を高めただけで、被験者を郷党的な利他主義者にしたのだ。この実験を行なった研究者は次のように結論している。「これらの発見は、一般的に言えば神経生物学的なメカニズムが、より具体的に言うとオキシトシン分泌システムが、内集団における調和や協力関係を促し、維持するために進化したという見解を支持する」

集団内での協力関係の維持を可能にする仕組みの有力候補としてもう一つあげられるのは、ミラーニューロンシステムだ。ミラーニューロンは、イタリアの科学者チームが、一九八〇年代にマカクザルの脳の個々のニューロンに小さな電極を挿入する実験を行なった際、偶然に発見された。研究者たちは、大脳皮質のある領域が身体の微細な運動をコントロールするという事実をすでにつきとめていたが、そのときはそこに存在する個々の細胞がどのような働きをするのかを見極めようとしていた。そして、たとえばナッツを手全体で掴むのではなく親指と人さし指でつまむといった、ある特定の動作をマカクがしたときだけ、いくつかのニューロンがすばやく発火する事実を発見した。ところが電極を挿入して、発火速度を確認するためにスピーカーにつないだところ、研究者が親指と人さし指で何かをつまんだとき、当のマカクはまったくじっとしていたにもかかわらず、ニューロンが発火する音が聞こえた。行動と知覚は脳の別の領域で処理されると考えられていたので、この現象は奇異に思われた。これらのニューロンは、マカクが自分で何かをしているのか、それとも別の誰かが同じ動作をしているところを見ているのかを問わず発火したのだ。つまりマカクは、自らの動作を処理するのに用いる脳の領域と同じ部位を使って、他の個体が実行する同じ動作を模倣《ミラー》しているようだった。[34]

　のちの研究によって、ミラーニューロンのほとんどは、身体の特定の運動ではなく、より一般的な意図や目標が示された行動を見て発火することがわかっている。たとえば、手が、片付いたテーブルの上にあるカップを掴み、口元まで持っていく場面を撮影したビデオを見ると、食べる動作に対応するミラーニューロンが発火した。ところが、(食事がすでに終わっているかのように)散らかったテーブルの上から、まったく同じ動作で手がカップを掴んだ場合には、ものを掴むという一般的な動作に対応する別のミラーニューロンが発火した。つまりマカクは、他の個体の意図を推測する神経システムを備えているのだが（トマセロのいう「意図の共有」の前提条件の一つ）[35]、ただしその意図を共有して自らも同じ行動をとろうとはしなかった。どうやらマカクのミラーニューロンは、その個体の私的な使用のために、すなわち他の個体から何かを学べるように、あるいは他のマカクの次の行動を予測できるように発達したと考えられる。

ヒトのミラーニューロンシステムも、マカクの研究でその存在が確認された脳領域に正確に対応する箇所で発見されている。しかしヒトの場合、ミラーニューロンは、情動に関係する脳領域とより強いつながりを持っている。つまりそれは、まず島《とう》皮質に、そしてそこから扁桃体と他の大脳辺縁系領域に接続されている。[36] 人間は互いの苦痛や喜びを、他の霊長類よりもはるかに強く感じている。誰かがほほえんでいるところを見ただけで、自分がほほえんだときに活性化するニューロンのいくつかが発火する。要するに、誰かがあなたにほほえみかけると、あなたの脳も幸せな気分に満たされてほほえみたくなり、それがまた別の誰かの脳へと伝わっていくのだ。

ミラーニューロンは、デュルケームの提唱する集合的な感情を、とりわけ集合的沸騰と呼ばれる、情動の「興奮」を完璧に説明する。ミラーニューロンの持つデュルケーム的な本質は、神経科学者のタニア・シンガーに率いられたチームの研究で、よりはっきりと確認できる。[37] この実験では、被験者は初対面の二人と経済ゲームをしているが、二人のうちの一人は友好的に、もう一人は利己的にプレイした。実験の次のセクションでは、被験者の脳をスキャンしながら、被験者、友好的なプレイヤー、利己的なプレイヤーのいずれかの手に、無作為に軽い電撃を加えた（他の二人のプレイヤーの手は、スキャナーに横たわっている被験者の見えるところに置かれた）。その結果、友好的なプレイヤーが電撃を受けると、被験者の脳は自分が受けた場合と同じ様態で反応することがわかった。つまり被験者は、ミラーニューロンを用いて共感し、他人が感じている苦痛を自分も感じたということだ。これに対し、利己的なプレイヤーが電撃を受けたときには、被験者が共感を示すことはあまりなく、喜びを感じる場合すらあるという神経学的証拠が得られている。[*38] 言い換えると、私たちは目に入ったすべての人々に無条件に共感するのではない。その意味では、人間は条件つきミツバチであり、自分の道徳マトリックスに反する者より従っている者に共感し、後者の行動を模倣することが多い。[*39]

ミツバチスイッチの働き

私たちは生涯を通じて、企業に囲まれて暮らし、その産み出すものの恩恵を受けて日々を営んでいる。ところで、企業とは正確にはいったい何だろうか？　いかに地球全体を覆うようになったのか？　この語 corporation は、「身体」を意味するラテン語 *corpus* に由来する。企業とは、文字通り超個体《スーパーオーガニズム》なのだ。スチュワート・キドの『企業の法則に関する論考（*A Treatise on the Law of Corporations*）』（一七九四年）から、この言葉の初期の定義を紹介しよう。

［企業とは］多数の個人が、特殊な名称のもとに一つの身体に統合され、人工的な形態によって永続的に維持される集まりである。それは法による指針を与えられ、いくつかの点において個体として行動する能力を備えている。[*40]

「多数の個人の集まり」を新種の個人として認識することの法的な見解は、勝利の公式であることがやがて判明する。それは新たな船出を約束し、その船に乗った人々は分業を実践し、ただ乗りを禁じて、莫大な報酬を見込める巨大な事業に着手したのだ。

産業革命期の初頭、イングランドは、企業と会社法のおかげで頭角を現した。ミツバチのコロニーや都市と同様、新たな超個体が、さまざまな問題を解決してその形態を完成させ、外部からの攻撃や内乱に対する防御を固められるようになるまでには、しばらく時間がかかる。しかしひとたび課題が解決されれば、超個体は爆発的な成長を遂げる。二〇世紀に入ると、大企業がもっとも利益の上がる市場を支配し始め、個人や家族経営の事業は脇に追いやられるか、破産していった。現代の大企業はとてつもない力を持つようになったため、最大級の企業ともなれば、歯止めをかけられるのはもはや政府くらいだ（しかもそれが可能な政府は限られ、いかなるケースにもというわけではない）。

企業のスタッフ全員をホモ・エコノミクスによって構成することは可能だ。分業を実践する会社組織の収益は巨大なので、大企業は零細企業より多額の賃金を支払うことができる。コストのかかる管理技法の導入など、アメとムチを使い分けながら、利己的な従業員を会社の要求に従うよう動機づけられる。しかし、交換型リーダーシップ[*41]とも呼ばれるこのやり方には限界がある。自己の利益を追う従業員はグラウコン主義者であり、会社への貢献より、外見と昇進にはるかに大きな関心を持っているからだ。[*42]

それに対し、人間の持つ集団志向性をうまく利用する組織は、従業員に、誇り、忠誠心、熱狂を呼び起こすことができ、管理をそれほど徹底しない。変革型リーダーシップ[*43]とも呼ばれるこのやり方は、より大きな社会関係資本《ソーシャル・キャピタル》を、つまり他の企業より低いコストで、従業員からより大きな生産性を引き出せるような、信用の絆を生むことができる。そのような企業の従業員は、よく働き、楽しみ、そして会社を辞めたり訴えたりすることがあまりない。彼らはホモ・エコノミクスとは違い、真のチームプレイヤーなのだ。

ミツバチのコロニーに似た組織を構築するためには、リーダーは何をすればよいのだろうか？

まずはリーダーシップについて考え過ぎないようにすることだ。マルチレベル選択の理論を応用して、リーダーシップの説明を試みている研究者グループがある。ロバート・ホーガン、ロバート・カイザー、マルク・ファン・フフトは「リーダーシップは部下の力《フォロワーシップ》を補完するものとしてのみ理解し得る」と主張する。[*44]リーダーシップのみに焦点を絞ることは、左手だけに着目して拍手を理解しようとするのと同じことだ。彼らは「リーダーシップは、より注目すべきほうの手ですらない。人がリーダーになりたがる理由を理解することはそれほどむずかしくはない」と言う。

人が進んで従おうとする理由のほうが、よほど解明が困難なのである。

また、人類は比較的平等で、最優位雄《アルファメイル》の出現を警戒する一五〇人程度までの集団を形成する方向に進化したとも論じている（これはクリス・ベームの主張するところでもある）。[*45] とはいえ、自集団が脅威を受けた場合や、他集団と争っているときには、リーダーのもとに結集しようとする能力も同時に進化した。他のグループの存在を知った途端、より部族的で階層的な秩序を重んじるようになったラトラーズとイーグルスの例を思い出されたい（第7章）。[*46] また、自然災害が襲ってきたときには、見知らぬ人同士が、自発的にリーダーと従者に分かれることを示した研究もある。[*47] 自集団が何かを達成しなければならず、リーダーになる人物が、自分の持つ鋭敏な抑圧検出器を刺激しないということを確信できれば、人は進んでその人物に従うものだ。したがってリーダーは、〈権威〉〈自由〉、そしてとりわけ〈忠誠〉の三基盤に基づいて道徳マトリックスを築き上げねばならない。〈権威〉基盤はリーダーの権威を正当化するために、〈自由〉基盤は従者が抑圧を感じて、命令を下すアルファメイルに逆らう対抗集団を形成するような事態にならないように、そして〈忠誠〉基盤は第7章で述べたように、集団の結束力を高めるために必要とされる。

こうして進化論の枠組みを適用することで、チーム、企業、学校などを、結束力が強く、高い満足感をもたらし、より大きな生産性を上げられる組織に変えようと努力している人のために、教訓を引き出すことができる。そのために、カフェテリアでレイブパーティーを開いて我を忘れる必要はない。ミツバチスイッチは、オン－オフのスイッチというよりは、スライド式スイッチに近い。いくつかの制度上の変更を施せば、皆のスライド式スイッチを動かして、少しでも集団志向の高い方向へと調節できるだろう。たとえば、

◉**多様性ではなく類似性を高める**——集団の結束力を高めるためには、所属する誰もが家族の一員であると感じられなければならない。ゆえに、人種や民族の違いに目を向けてはならない。類似性を強調し、集団が共有する価値観やアイデンティティを称賛することで、これらの違いが重要な意味を持たないようにすべきである。[*48] 社会心理学のさまざまな研究によれば、人は自分に似た人をより強く信用して歓迎し、その人の服装や話し方をまね、ファーストネームで呼び合ったり、誕生日を祝い合ったりする。[*49] 人種に特別な意味はない。類似性、共通の目標、相互依存によって人種間の差異を埋めることで、それを気にかけずに済ませられる。[*50]

◉**人々の同調性をうまく活用する**——足並みを揃えて歩く人々は、「私たちは一つ。私たちはチーム。私たちがどれほど完璧に意図の共有を達成できるかを見よ」とでも言いたそうだ。トヨタなどの日本の企業は、社員が一斉に朝の体操を行なうことで一日を開始する。また、集団はチャント〔本来は祈りを捧げる「詠唱」の意だが、最近ではスポーツイベントなどで発せられる応援の唱和や応援歌なども指す〕を唱えたり、儀式的な動作をしたりすることで戦いの準備をする（グーグルで「All Blacks Haka」と検索すれば、ラグビーチームにおける好例を動画で見られる）。「一

緒に歌おう」「足並みを揃えて歩こう」、あるいは単に「ビートに乗って一緒にテーブルを叩こう」などと誰かに誘いかけると、その人とは、より強い信頼のもと、助け合えるようになる。その理由の一つは、そうすることで互いが似た者同士だと強く感じられるからだ。[*51] 従業員や仕事仲間に「一緒に朝のラジオ体操をしよう」などと言いにくいのであれば、ダンスパーティーやカラオケパーティーでもよい。同調性は信頼を築くのだから。

◉個人間ではなく集団間での健全な競争を実施する——マクニールが指摘しているように、兵士は祖国や軍隊ではなく、同じ部隊の仲間のために自分の命を危険にさらす。集団間の競争は、敵の集団に対する憎悪を増長する以上に、集団内の結束を高めると報告する研究がある。[*52] 企業内の部門同士の業績争いや、社内のスポーツ競技会などのグループ間競争は、総体的に集団内の結束や社会関係資本にポジティブな効果を及ぼすのに対し、希少資源（たとえばボーナス）をめぐっての個人間の争いは、結束、信用、モラルを破壊する。

ミツバチのコロニーに似た組織の統率については、さらに多くのことが言える。[*53] ホーガンとカイザーは研究結果を次のようにまとめている。

交換型リーダーシップは部下の利己心に訴えるが、変革型リーダーシップは部下が自分自身を見る方法を、孤立した個人の視点から、大きな集団の一構成員としての視点へと切り替えさせる。変革型リーダーはこれを、(たとえば自己の利益を犠牲にしたり、「私」ではなく「私たち」を使ったりして) 集団への献身の手本を自ら示すことで、また、メンバー間の類似性を特に強調することで、さらには集団の目標、あるいは共通の価値観や関心領域を設定し、強化することで実現する。*54

言い換えると、変革型リーダーは、人間が二重の本性を持つことを少なくとも暗に了解し、その事実をうまく生かせるような組織を築く能力を備えている。良きリーダーは良き部下を生むのだが、ミツバチのコロニーのような組織でのリーダーへの追従は、集団の一員になることとしてとらえられるべきであろう。

ミツバチの政治

偉大なリーダーは、デュルケームの言わんとするところを、たとえ著書を読んでいなくても理解している。一九五〇年以前に生まれたアメリカ人は、「求めるな (Ask not)」と言われるだけで、デュルケーム的な本性を目覚めさせる。その言葉だけで、一九六一年にジョン・F・ケネディが行なった大統領就任演説の一節がよみがえってくるのだ。「長く続く黎明期の戦いの重荷に耐えるよう」、すなわちソビエトとの冷戦が続く危機の時代に耐え、そのコストを担うようアメリカ国民に訴えたあと、ケネディはアメリカの歴史上もっとも有名な言葉の一つを発した。「だから国民の皆さん。国家があなたがたのために何ができるかではなく、あなたがたが国家のために何ができるのかを問うて欲しい」。

自分よりも大きな何かに奉仕したいという思いは、現代における非常に多くの政治運動の基盤をなしてきた。もう一つデュルケーム色がきわめて濃厚な例をあげよう。

われわれの運動は、つかの間の利己的な快楽へと人々を誘う自然法則に従って生きる、自己本位の独立した個人として人間をとらえる見方を否定する。つまり、個人ばかりでなく、国民や国家にも注目する。それはこのような考え方だ。異なる世代に属するさまざまな個人が道徳によって結びつけられ、伝統と任務を共有する。これらを通して人は、快楽という狭い輪のなかに閉じ込められた人生を送ろうとする衝動を抑え、義務に基づく気高い生活、そして時間と空間の制限から解放された生活を築ける。そのような世界では、個人は滅私と自己犠牲によって、(……)純粋に精神的な存在となり、彼の人間としての価値観は、それを基盤に築かれるようになる。

実に啓発的に感じられるのではないか。この言葉がベニート・ムッソリーニの著書『ファシズムの教え（*The Doctrine of Fascism*）』からの抜粋だと知るまでは。[*55] ファシズムとは、集団を志向する心理をグロテスクなまでに誇張した原理であり、個人の存在がすべての重要性を失った超個体として国家をとらえる。ならば集団志向の心理は悪に奉仕するものなのか？ 人々を忘我の境地に導き、共通の目標を追求するチームへ統合しようとするリーダーは、ファシズムを実践していることになるのだろうか？ 社員の朝の体操は、ニュルンベルクでのナチ党大会と大して変わりがないのか？

エーレンライクは前掲『街路での踊り』で、まる一章を費やしてこの懸念を振り払っている。それによれば、我を忘れてダンスを踊ることは、階層制を解体して、人々を共同体へと統合するために進化した、バイオテクノロジーだと見なせる。熱狂的なダンス、祭り、カーニバルは日常の階層秩序を解体、あるいは反転する。男は女の服装をし、農夫は貴族のふりをし、リーダーは嘲られる。だが、祭りが終わると秩序は元に戻る。ただし、全体の雰囲気は以前よりも少しほぐれ、階級差のある人々の関係も少しばかり親密になる。[*56]

ファシストの集会はそれとはまったく違うと、エーレンライクは言う。ファシストにとって、集会は祭りではなくスペクタクル〔大げさな見世物〕であり、人々の畏怖の念は、階層制を強化し、リーダーという神に国民を結びつけるために利用されているのだ。そこでは人々は踊りもしなければ、間違ってもリーダーを嘲ったりはしない。文句一つ言わずに何時間も立ち尽くしたまま、兵士の一団がそばを通り過ぎれば拍手をし、親愛なるリーダーがやってきて演説を始めれば、熱狂して喝采を送る。[*57]

独裁者が、集団を志向する人間の心理を存分に利用しているのは明らかだ。しかしその事実は、ミツバチスイッチを恐れ、忌避すべき理由になるのだろうか？　集団志向は、喜びとともにごく自然に私たちの心へ入ってくる。その通常の機能は、数十人、あるいはせいぜい数百人を、信頼、協力、愛情に満ちた共同体へと結びつけることだ。それによって結びつけられた集団は、確かに以前より部外者に対する配慮を欠くことがある。そもそも集団選択の本質は、他集団とより効率的に争えるよう、集団内の利己主義の蔓延を抑えることにあるのだから。しかし、もとより人間には、よそ者をぞんざいに扱う傾向があるという点に鑑みれば、それはほんとうに悪いことだと言い切れるのだろうか？　集団や国家の内部で人々が得られるケアの分量を大幅に増やせるのなら、たとえ部外者から期待できる分量がわずかに減ったとしても、全体として見れば世界はよりよい場所になるのではないだろうか？

ここで、結束力の強い多数の小さな共同体から構成される国家と、そうでない国家を思い描いて比較してみよう。前者では、ほとんどの人々は、職場、教会、スポーツクラブなどの、いくつかのグループに所属している。大学では、大部分の学生が男子社交クラブ《フラタニティ》か女子社交クラブ《ソロリティ》に所属し、また職場では、多くのリーダーが私たちの持つ集団志向性をうまく利用して、組織を率いている。市民は、一生を通じてチームを組み、「筋肉の結合」から得られる歓喜を享受し、また、人種は異なれども類似性と深い相互依存によって固く結ばれた友好的な市民と、利己主義を捨てて分け隔てのない関係を結ぶ。この結びつきは、グループ間の競争の興奮をともなうケースが多々あるが（スポーツやビジネスなどにおいて）、ともなわない場合もある（教会などで）。

もう一方の国家には、ミツバチのコロニーのような側面はまったく見られない。誰もが自律性を大切にし、他市民の自由を尊重する。グループはメンバーの利益を促進する限りにおいて形成される。ビジネスは交換型リーダーに率いられるが、彼らは、皆が自己の利益を追求すれば企業もそれにつれて発展するように、従業員の経済的利害を会社の利益にできる限り一致させようとする。確かにこのような非ミツバチ社会にも、家族や友人関係、さらには（血縁的なものであれ、互恵的なものであれ）利他主義を見出すことはできるだろう。そこには、集団選択を疑う進化心理学者があげるあらゆる事象を発見できるはずだ。だが、ミツバチスイッチなどの、集団レベルの適応を示す証拠は何も見つからないだろう。そしてより大きな集団に没入するための、文化的に承認され、制度化された方法も何も存在しないことだろう。

社会関係資本、精神の健康、幸福という尺度で測った場合、どちらの国家を高く評価できるだろう？　ビジネスを成功させて高い生活水準を保つには、どちらの国家がすぐれているのだろうか？[*58]

結束力の強い単一の共同体が国家の大きさまで拡大され、軍隊を掌握する独裁者によって率いられる場合には、結果はつねに悲惨なものになる。しかしそれは、より小規模の共同体を排除したり抑制したりすべき理由にはならない。実際、多数のミツバチ的共同体から構成される国は、幸福で満足した国民を育み、魂と交換に何らかの価値観を売りつけようとする扇動政治家による乗っ取りの対象にはなりにくい。事実、アメリカの建国の父たちは、競い合う複数のグループや党の設立を、圧政を防ぐための一つの方法と見なしていた。[*59] 最近では、社会関係資本の研究によって、ボウリング連盟や、教会、あるいはその他のグループ、チーム、クラブは、個人や国家の健全さを保つために必須のものであることが示されている。政治学者ロバート・パットナムが主張するように、それらの地域的なグループが生んだ社会関係資本は、「より大きな知恵、豊かさ、健康、安全をもたらし、公正で安定した民主社会をより効率的に営めるよう私たちを手助けする」。[*60]

それに対し、市民がつねにデュルケーム度の低い生活を送る、バラバラな個人からなる国家では、多くの人々は生きる意味を見出そうとあがいている。そんな状況のもとで、何かに深いつながりを持ちたいという欲求が満たされないと、人々は雄弁なリーダーの調子のよい話に乗せられやすくなる。そしてその手のリーダーは、「利己的なつかの間の快楽」を捨て去って、人間としての価値を体現する「純粋にスピリチュアルな存在」を目指して自分のあとについてくるよう人々を駆り立てる。

まとめ

前著『しあわせ仮説』を執筆し始めたとき、ブッダやストア派の哲学者が数千年前に述べたように、幸福は内面からやって来ると考えていた。「自分の望みどおりに世界を変えることなどできはしない。だから自分自身と自分の欲望を変えることに的《まと》を絞れ」ということだ。だが、執筆し終わる頃までには、私の考えは「幸福はあいだからやって来る」へと変わっていた。つまりそれは、他の人々や仕事、あるいは自分より大きな存在とのあいだに正しい関係を結ぶことで得られるのだ。

人間が有する二重の本性には集団志向性が含まれるということをひとたび理解できたなら、なぜ幸福はあいだからやってくるのかがわかるはずだ。私たちは集団を形成して生きるよう進化してきた。私たちの心は、集団内ばかりでなく、集団間の競争に勝つために、自グループの他のメンバーと団結できるように設計されているのだ。

本章では、「人間は一定の条件のもとではミツバチのごとく振る舞う」というミツバチ仮説を提示した。私たちは（ある特殊な条件下で）私欲を捨てて、（一時的な忘我の境地で）自分より大きな何ものかに没入する能力を持つ。私はこれをミツバチスイッチと呼ぶ。これは、「私たちはホモ・デュプレックスだ」と考えるデュルケームの見方を言い換えたものである。つまり私たちは、ほとんどの時間を日常的な世俗世界で過ごしているものの、つかの間ではあれ神聖な世界へ移行し、そこで「まったく全体の一部」になって至上の喜びを享受できるのだ。

次に、自然に対する畏敬の念、デュルケーム剤、レイブという、ミツバチスイッチをオンにする三つのありふれた方法を紹介した。また、オキシトシンとミラーニューロンが、ミツバチスイッチの構成要素であることを示唆する最近の発見を取り上げた。オキシトシンは、人々を人類一般ではなく特定の集団に結びつける。ミラーニューロンは、とりわけ道徳マトリックスを共有する人々に共感するよう私たちを導く。

人類は無条件にあらゆる人々を愛するべく設計されている、と信じられるのならとてもすばらしい。しかし進化論的な観点から言えば、そんなことはまずあり得ない。だとすると、類似性、運命の共有、フリーライダーの抑制によって強化される郷党心、すなわちグループ愛は、私たちが達成できる最大の成果ではないだろうか。

第11章 宗教はチームスポーツだ

Religion Is a Team Sport

秋になると、毎週土曜日にアメリカ中の何百万の大学生がフットボールスタジアムに詰めかけ、部族的としか言いようのない儀式に参加する。バージニア大学では、儀式は午前中に始まり、学生はそのための衣装に身を包む。男子学生はワイシャツの上にUVAのロゴが入ったネクタイを締め、暖かい日なら半ズボンをはく。女子学生はドレスかスカートが普通で、人によっては真珠のネックレスを身につける。わがチーム「騎士たち（Cavaliers）」のロゴ（二本の剣によるVの字）を顔や体にペイントする者もいる。

学生たちはまず、軽食とアルコールの並ぶ試合前のパーティーに参加する。それからスタジアムに流れていくが、その途中で友人や家族、あるいはスタジアムから半径八〇〇メートル以内のあらゆる駐車場で行なわれるテイルゲートパーティー［スポーツイベントが開催される前に駐車場のトラックやバンの荷台（tailgate）でバーベキューをすること］を準備するために、車で何時間もかけてシャーロッツビルまで駆けつけてきた卒業生たちと合流する。そしてさらに食べ物、アルコール、フェイスペインティング。

試合が始まる頃には、五万人のファンの多くは酩酊状態にあり、それに勢いづいて三時間にわたり、われを忘れて一斉にチャントを唱え、味方チームを応援する。敵のチームをやじり、応援歌を歌い続ける。わがチームが点を入れるたびに、UVAの学生は一世紀以上スポーツイベントで歌い継がれてきた応援歌を、声を揃えて歌う。歌詞は、デュルケームやエーレンライクの理論を彷彿とさせるものだ。学生たちは腕をからみ合わせ、わが大学を称賛する替え歌（「オールド・ラング・サイン」のメロディーによる〔「蛍の光」の原曲〕）を歌いながら一つの集合体となって、一斉に体を揺り動かす。


あの古き良きワフワワの歌を何度も何度も歌おう。

ワフワワの歌は、叫びと咆哮を聞くために、ぼくらを熱くし、その血をたぎらせる。

ぼくらはすべてが輝かしく陽気なバージニアからやって来た。

みんなで手をつないで、古き良きUVAにエールを送ろう。

〔「ワフワワ」は wa-hoo-wa という一八九〇年代から使われるUVAの応援の掛け声〕

それが終わると彼らは、「兵士は、筋肉の結合によって一斉突撃の準備を整える」とするマクニールの理論を実証してみせる。[*1] それから互いの腕を振りほどき、意味のない戦いのチャントを唱和しながらこぶしを振り上げる。

ワフワ！　ワフワ！　ユニブ、バージニア
フラレ！　フラレ！　レ、レ、UVA！

こうして一日が、集合的情動とミツバチ的活動に満ちた、沸き立つ雰囲気のなかで過ぎていく。レフェリーが不可解な判定をすれば集団の怒りが爆発し、自チームが勝てば歓喜に、負ければ悲しみに全員が包まれ、そして試合後のどんちゃん騒ぎで集合的沸騰に包まれた一日が幕を閉じる。なぜ彼らは、試合中かくも激しく熱狂して応援歌を歌い、チャントを唱え、踊り、体を揺り動かし、足を踏み鳴らすのか？　これらの行動の機能は、自校のチームを応援して、味方選手を鼓舞することなのか？　自チームの勝利のためなのか？　実はそうではない。デュルケーム的観点から言えば、これらの行動はそれらとはまったく違う機能を果たす。つまり、デュルケームがほとんどの宗教儀式に見出したものと同じ、共同体の創造という役割を担うのだ。

カレッジフットボールの試合は、宗教の最適なアナロジーになる。[*2] 学生の理性を麻痺させ、（選手の怪我はもちろん、酔っぱらったファンがトラブルや悪酔いを起こすという意味で）犠牲者があとを絶たないカレッジフットボールは、外観だけにとらわれていると、無駄が多いうえにコストがかかる贅沢《ぜいたく》なイベントにも見える。しかし社会学に精通した者の目からすると、それは決められたことを執り行なう宗教儀式であり、デュルケームの言う低次のレベル（世俗）から高次のレベル（神聖）へと人々を引き上げる。それによってミツバチスイッチがオンになり、人々はつかの間ながら「純粋に全体の一部」になったかのように感じる。こうして愛校精神が高揚し（UVAの愛校精神は有名だ）、それがさらに多くの学生を引き寄せ、卒業生から寄付を集め、さらにはスポーツに関心のない私のような教授を含め、キャンパスライフの質の向上に役立つ。

宗教は社会的な現実であり、バラバラな個人の行動を調査したところでその本質は解明できない。それは一匹のミツバチを観察したところで、コロニーを理解できないのと同じことだ。デュルケームによる宗教の定義は、人と人を結びつける宗教の役割を明確にする。

宗教は、神聖な事象、すなわち日常生活とは区別され、禁じられている事象に関わる信念と実践を統合するシステムである。そしてこれらの信念と実践は、遵守するすべての人々を、教会と呼ばれる一つの道徳共同体に統合する。[*3]

本章では、「道徳は人々を結びつけると同時に盲目にする」という道徳心理学の第三原理の探究を続ける。多くの科学者が宗教を誤解している理由は、この原理を無視して表面しか見ずに、集団とそれがもたらす結束ではなく、個人と迷信に焦点を絞ろうとするからだ。彼らは「宗教は無駄が多い上にコストがかかる贅沢な制度で、人々の理性を麻痺させ、あとには長い犠牲者の列を残す」と結論づける。この見解がまったくの見当違いだと言いたいわけではない。だが、宗教を公正に判断し、それが道徳や政治にどのように関係するのかを正しく理解したいのなら、まず宗教とは何かを正確に定義する必要がある。

宗教的な信念

一九人のイスラム教徒が四機の旅客機を乗っ取り、世界貿易センタービルとペンタゴンに突っ込んだとき、一九八〇年代以来欧米人の多くが抱いていた「イスラムとテロリズムのあいだには何か特別な関係があるのではないか」という疑いが表面化した。右派の評論家は間髪を入れずイスラムを非難し、それに劣らないすばやさで左派の評論家は「イスラムは平和の宗教であり、責任は原理主義にある」と主張した。[*4]

しかし左派には注目すべき分裂が生じ、他のことに関してはいたってリベラルな考えを持つ科学者の何人かは、イスラム教のみならず（仏教以外の）[*5]すべての宗教を攻撃し始めた。公立学校で進化論を教えることをめぐって何十年も続いた文化戦争を経たあと、アメリカでは、イスラム教とキリスト教をほとんど区別しない科学者が現れたのだ。すべての宗教は、科学、日常の世界、現代性《モダニティ》から人々の目をそむけさせる妄想だと彼らは言う。これらの科学者の何人かは、九・一一の惨劇に触発されて二〇〇四〜七年のあいだに多数の本を書き、「新無神論（New Atheism）」と呼ばれる潮流が生まれた。

彼らの著書のタイトルは攻撃的だ。最初に出版されたのはサム・ハリスの『信仰の終焉――宗教、恐怖、そして理性の未来（*The End of Faith: Religion, Terror, and the Future of Reason*）』で、そのあとリチャード・ドーキンスの『神は妄想である――宗教との決別』、ダニエル・デネットの『解明される宗教――進化論的アプローチ』と続く。そして攻撃的なタイトルのきわめつけは、クリストファー・ヒッチンスの『神は偉大ではない――いかに宗教はすべてを毒するか（*God Is Not Great: How Religion Poisons Everything*）』である。この四人は新無神論の四騎士〔『ヨハネの黙示録』に記されている、黙示録の四騎士のもじり〕として知られるが、ヒッチンスは脇に置こう。というのは、彼は科学者ではなくジャーナリストであり、彼の著書は明らかに攻撃的な罵《ののし》り以外の何ものでもないからだ。しかし他の三人は科学の世界に身を置いている。ハリスは執筆当時神経科学を専攻する大学院生、ドーキンスは生物学者、デネットは進化について広範に論じる哲学者だ。三人は科学のために発言しているのだと、さらには、科学の価値観を擁護し、とりわけ開かれた心と、「科学の営みは情動や信仰ではなく、理性と実証に基づく」とする堅固な信念を自ら体現しているのだと主張する。

三人を一つのグループにまとめるもう一つの理由は、彼らが宗教に類似の定義を与え、「超自然的な行為者《エージェント》」〔「supernatural agent」の訳。周囲に対して何らかの変化や反応を引き起こす独自の力を持

図11.1 新無神論者の宗教心理モデル

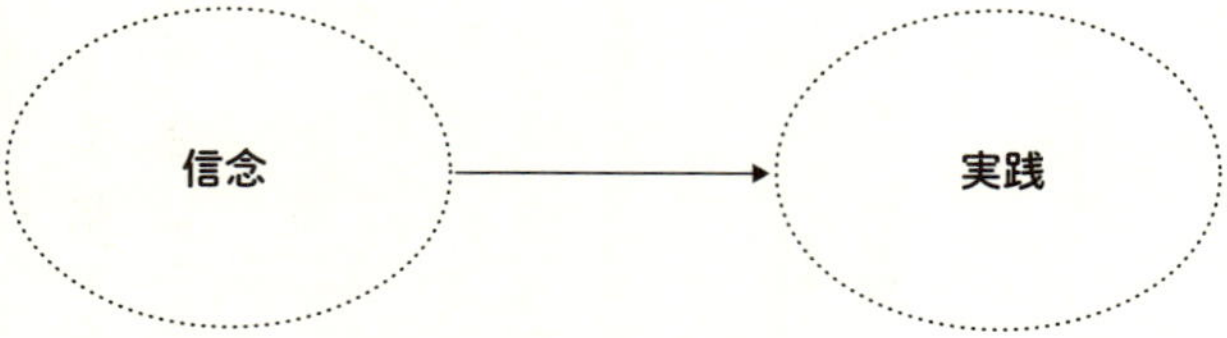

つと人々に考えられている、神などの超自然的な行為の主体」の信仰に焦点を置こうとする点にある。ハリスは、「私は本書を通じて、通常の聖書信仰という意味で、つまり特定の歴史的、形而上的な提言に対する信仰や、それに向けた生き方としての宗教を批判する」と言う。[*6] そして彼は、人々がさまざまな提言を信じたり信じなかったりするとき、脳内で何が起きているかを調査し、「信念とは、一押しで個人の生活におけるほとんどすべてを動かせるレバーである」という心理学的な論拠によって、宗教的な信念に焦点を絞ることを正当化している。[*7] また、宗教の心理学を理解するうえで、信念がカギになると主張する。なぜなら宗教の信奉者は、(たとえば殉教者は天国で七二人の処女にかしずかれるなど) 偽りを信じ込んでいるがゆえに (自爆テロなどの) 危害を引き起こすというのが、彼の考

えだからだ。図11・1にハリスの心理モデルを示しておいた。

ドーキンスも類似のアプローチをとり、「神が存在するという仮説」を「宇宙と、（私たちを含め）そのなかのあらゆるものを意図して設計し、創造した超人間的、超自然的な知性が存在する」という提言として定義する。[*8] そのあと、「この意味で定義された神は妄想であり、しかものちの章で示すように有害だ」とする議論を展開している。[*9] ここでも、宗教は超自然的な行為者に対する一連の信念とされ、これらの信念はあまたの有害な行為の原因として扱われている。デネットのアプローチも同じだ。[*10]

もちろん、フットボールの試合が開催される当日のめまぐるしい活動の中心に実際の競技が存在するように、宗教では超自然的な行為者が重要な役割を果たすことに間違いはない。だが、神に対する信念に的《まと》を絞る研究によって宗教への情熱とその存続を理解しようとすることは、ボールの動きに焦点を絞る研究によってフットボールの何たるかを理解しようとするのと同じことだ。私たちはさらに探究の幅を広げる必要がある。つまり、信念と実践がともにうまく機能して宗教的なコミュニティが形成されていく、そのあり方に着目しなければならない。[*11]

宗教には、信念、実践、帰属という、相互補完的ながら独立した、三つの側面が存在すると考える研究者も多い。[*12] これら三つの側面を同時にとらえると、新無神論者のものとは大きく異なる宗教心理学のモデルが得られる。ここでは、これをデュルケームモデルと呼ぶことにする。というのも、このモデルは、信念と実践の役割が、最終的には共同体の形成にあると見なすからだ。

図11.2　デュルケーム流の宗教心理モデル

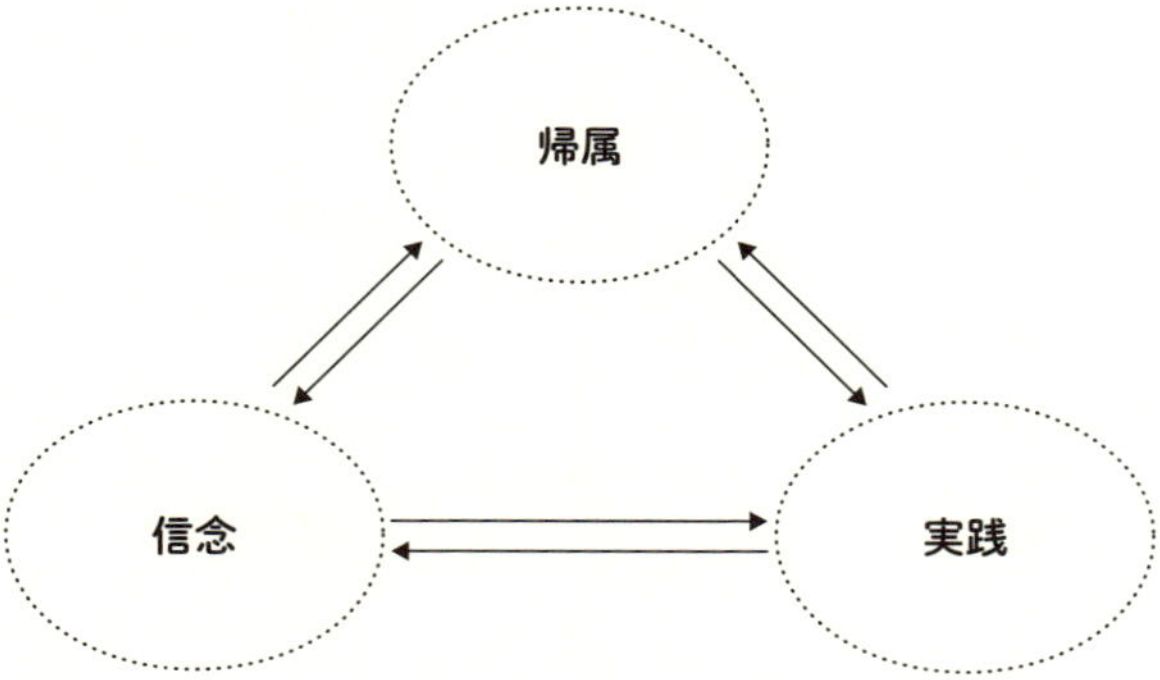

私たちの信念は、自らの行動の正当化や、所属するグループの支持のために、事後に考え出された解釈であることが多い。

新無神論者のモデルは、心の働きに関してプラトン的な理性主義の考え方、すなわち第2章で取り上げた「理性は情熱（馬）を導く御者である（あるいは少なくともそうであり得る）」とする見方に基づいている。理性が、無軌道な情熱を制御し、正しく事実を把握している限り、御者は正しい方向へ馬車を導けるというわけだ。しかし私は第2、3、4章で、このようなプラトンの見方を否定し、「理性（〈乗り手〉）は直観（〈象〉）の召使いである」とするヒュームの見方を支持する数々の証拠をあげた。

宗教を調査するにあたり、引き続き理性主義と社会的直観主義の論争について考えてみよう。宗教心理学を理解するためには、信者個人の誤った信念や、欠陥のある思考に焦点を絞るべきだろうか？　それとも、道徳共同体の形成を目指す社会的な集団に統合された人々の、自動的な（直観的な）プロセスに的を絞るべきか？　その解答は、宗教の定義と起源をどう考えるかによって変わる。

新無神論者のストーリー――副産物、そして寄生虫

デネットの言うとおり、進化論者にとって、宗教的な行動は「陽光に照らされた林の空き地にたたずむクジャクのごとく目立つ」。[*13] 進化のプロセスは、（世代の移行のなかで）コストのかかる無駄な行動を情け容赦なく切り捨ててきた。しかしドーキンスによれば、「既知のどのような文化にも、時間と資源を浪費し、敵意を煽る儀式や、宗教という非現実的かつ非生産的な幻想の何らかのバリエーションが見出される」。[*14] この謎を解くには、宗教が有益だと（あるいは少なくともかつては有益だったと）認めるか、いかにして既知のあらゆる文化が、進化の流れに逆らってまでかくも非生産的な宗教にうつつを抜かすようになったかをうまく説明する、何段階もの複雑な説明を捻り出すかしなければならないが、新無神論者は後者を選んだ。彼らの議論はすべて、神への信念が偶然に発生したという説を正当化する、いくつかの進化的な「副産物」について語るところから始まる。それに続けて、いかに神への信念が一連の寄生的なミームとして進化したかを説く者もいる。[*15]

新無神論者がつむぎ出すストーリーの第一ステップは、超高感度の行為者探知機だが、これについては特に何も言うつもりはない。[*16] というよりも、この主張はよく理解できる。私たちは雲のなかに人の顔を見出すが、その逆はあり得ない。なぜなら、私たちは顔を探知する特殊な認知モジュールを備えているからだ。[*17] 顔探知機はきわめて敏感で、また、それが起こすほとんどすべての誤作動は、偽陰性（実際にそこにある顔を見損なう）より偽陽性（☺のようなにせの顔に実際の顔を見る）の方向に生じる。同様に、ほとんどの動物は、風になびく草木の動きや木の実の落下などといった、行為者を欠くできごとと、他の動物（自力で動く行為者）によって引き起こされたできごとを区別しなければならない。

行為者探知モジュールはこの課題を解決する手段であり、顔探知機同様、きわめて鋭敏に作動する。ほとんどの誤作動が偽陰性（現実の行為者を探知し損なう）ではなく偽陽性（実際には存在しないにもかかわらず行為者を見出す）だという点でも類似する。子犬や子猫が見ている前で、毛布の下に手を入れてグルグルとかき回せば、行為者探知機の作動を確認できる。超高感度である理由を知りたければ、今度夜間に深い森か、真っ暗な路地を歩いたときに、どちらに誤ったほうがより小さなコストで済ませられるかを考えてみればよい。要するに超高感度の行為者探知機は、正確性ではなく、生存の可能性を最大化するよう巧みに調節されているのだ。

さてここで、超高感度の行為者探知機と、意図を共有する能力を備え、物語を愛好し始めた初期の人類が、実際には見誤っているものごとについて話し合ったとしよう。そしてたとえば、気象現象に行為者の存在を見出したとする（確かに雷鳴や稲妻は、天空の何ものかが私たちに向かって怒っているように見える）。さらに人々が集まって、気象現象やその他のさまざまな幸運、不運を引き起こす、不可視の行為者を祀《まつ》った神殿を築き始めたとする。こうして、何かに対する直接的な適応としてではなく、他の側面で高度な適応性を持つ認知モジュールの副産物として誕生したのが、超自然の行為者なのだ（もっとありふれた副産物の例は、メガネを支えるのに有用な解剖学的特徴、鼻梁《びりょう》だ。鼻梁はそれとは別の理由で進化したものだが、人間はまったく新しい用途で利用している）。

さらに五〜一〇種類ほどの特徴について、この手の分析を繰り返したとする。ドーキンスは「だまされやすい学習（gullible learning）」というモジュールを提案し、「大人の言うことは疑わずに信じるべし」という経験則を獲得した子どもの脳には、選択的優位性が生じると言う。[18]またデネットは、「誰かを愛する脳の回路は、いくつかの宗教によって神への愛のために徴用された」と述べる。[19]発達心理学者のポール・ブルームは、「人間の心は二重性を企図して設計されているため（私たちは心と身体を、別々ではあれ等しく現実的な二つの実体として考える）、私たちはかりそめの身体に不死の魂を宿していると簡単に信じ込む」と示唆する。[20]いずれの主張においても、その根底にある論理は同じで、何らかの現実的な利益をもたらすがゆえに進化した心の機能の一部が誤作動し、神を信じさせる認知的な効果を偶然に生んだと見なすのだ。そして次のように考える。いついかなるときにも、宗教それ自体は個人、集団のどちらにも有益ではなかった。また、神を考案し、畏《おそ》れ、愛することに失敗した個人や集団を、神の崇拝に長けた個人や集団が打ち負かしたがゆえに、後者の遺伝子が選択されたなどということはいかなる時点でも起こらなかった。彼らによれば、これらのモジュールを発現する遺伝子はすべて、アフリカ大陸をあとにしたときにはすでに人類に備わっていたのであり、以後五万年間、有利、不利を問わず、宗教に対する選択の圧力によって変化することはなかった。

それにもかかわらず神は変化した。その点を説明するために、新無神論者は第二のステップを追加する。文化的な進化だ。ひとたび人々が超自然的な行為者を信じ、それについて話し合い、子孫に伝えるようになると、レースはスタートする。だが、このレースは人々や遺伝子によってではなく、人々が作り出した種々の超自然的な概念のあいだで争われる。デネットは言う。

あらゆる民族神話に登場する忘れがたい妖精や小鬼や悪魔は、不可解さや脅威を孕《はら》んだいかなる場所にも行為者の存在を過敏に見出そうとする、祖先の習慣の想像的な遺産なのだ。この習慣は、行為者－観念をやみくもに生み出してきたが、それらのほとんどは、人々の注意を引くにはあまりにも荒唐無稽なものだった。よくできた少数の観念のみが、変異や改良を重ねながらトーナメントを勝ち抜いたのだ。こうして人々に共有され、記憶に刻まれた観念は、祖先の脳内で繰り返し催された無数のトーナメントに勝利して生き残ってきた、鍛え上げられた勝者なのである。[*21]

デネットやドーキンスにとって、宗教は自然選択の対象になる一連のミームであり、[22]生物学的な特徴と同様、遺伝し、突然変異を被《こうむ》り、それによって誕生した変異体のあいだで自然選択が作用する。選択は、ある宗教が個人や集団に与える恩恵にではなく、生存と繁殖の能力に基づいて決定される。人間の心を乗っ取り、その深くに巣食い、新たな宿主となる次世代の人々の心に伝えられていく能力は、個々の宗教ごとに異なる。デネットは『解明される宗教』を、アリの脳を乗っ取る小さな寄生虫の話から始める。この寄生虫は、草食動物が難なく食べられるよう葉先へとアリを誘導する。この行動はアリにとっては致命的だが、反芻動物の消化器官のなかで繁殖する寄生虫にとっては適応能力のたまものだ。デネットは、「宗教は、遺伝子の宿主には不利になるが（たとえば自爆テロ）、寄生虫（たとえばイスラム教）には有利になる行動を人間にとらせることで存続する」と主張する。ドーキンスも「伝播のために、かぜのウイルスが宿主にくしゃみをさせるように、宗教は、宿主に貴重な資源を浪費させ、〈伝染病〉を広げることで繁栄する」[23]と述べ、宗教をウイルスにたとえている。

つまり彼らは、これらのたとえによって次のように言いたいのだ。宗教が、それ自身の利益のために私たちの認知能力を巧妙に利用する、ウイルスや寄生虫のたぐいであるのなら、私たちはそれを排除しなければならない。感染を免《まぬか》れ、健全な思考能力をいまだ維持している科学者、哲学者、およびその他少数の人々は、その魔法を解き、妄想を振り払い、信仰の終焉を実現するために一致団結しなければならない。

新無神論者より説得力のあるストーリー――副産物、そして文化の集団選択

新無神論者に与《くみ》しない科学者は、宗教を適応と見なす傾向がはるかに強い（つまり個人や集団に恩恵を与えたので進化したと考える）。人類学者のスコット・アトランとジョー・ヘンリッチは、宗教の進化に関して、実験や観察によって得られた数々の証拠に基づいた、含蓄に富む論文を発表している。[*24]

彼らのストーリーも二つのステップからなる。第一ステップは新無神論者と同じで、多様な認知モジュールや能力（超高感度の行為者探知機を含む）が、さまざまな問題を解決すべく適応するにつれ進化していくが、ときに誤って（超自然的な行為者などに対する）間違った信念を生み、それが太古の時代の準宗教的な行動を（副産物として）もたらしたと考える。そして、五万年以上前に人類がアフリカ大陸をあとにし始める頃までには、これらのモジュールはすでに備わっていたと見なす。また、第一ステップのあとには、遺伝的ではなく文化的な進化が生じる第二ステップが続くとする点でも、新無神論者と同じ考えだ。しかしアトランとヘンリックは、宗教を、それ自身の利益のために進化する寄生的なミームとしてではなく、より結束力と協調性の高い集団を形成するに至った、一連の文化的な革新としてとらえる。さらに宗教の文化的進化は、おもに集団間の競争によって拍車がかけられたと主張する。副産物たる神々を有効利用できた集団は、それに失敗した集団よりも優位に立ち、こうして前者の（遺伝子ではなく）信念が広まったのだ。あまり

効率的ではない宗教を崇拝する集団も、必ず淘汰されるわけではなく、より効率的な宗教に鞍替えする場合がある。要するに、実際に進化するのは宗教であって、人間や遺伝子ではない。[*25]

アトランとヘンリックによれば、副産物たる神のもっともすぐれた効用は、道徳共同体の構築にあるという。狩猟採集民の神々は、気まぐれで悪意を持つ場合が多い。ときには悪行を罰するが、誠実に暮らす人々に苦難をもたらすこともある。しかし農耕が始まり集団が大規模化するにつれ、神々ははるかに道徳主義的になる。[*26] 通常、大規模社会における神々は、殺人、不貞、偽証、誓いを破ることなど、集団内のいさかいや亀裂を助長する行為に、とりわけ目を光らせている。

集団内に不和を引き起こす利己的な行動を罰するよう（文化的な）進化を遂げた神々は、集団内での信頼や協力関係を促進するために利用されるようになる。誰も見ていないと思うと、人はあまり道徳的に振る舞わなくなるということは、何も社会科学者に教えられなくてもわかるはずだ。まさにそれが、ギュゲスの指輪の思考実験でグラウコンが示そうとした点であり、また、無数の社会科学者によってその正しさが証明されている。たとえば、教室が暗いとカンニングをする生徒が増える。[*27] 目のイラストを近くに貼っておくと、[*28] あるいは神に関する言葉を含む文章を読ませて神の概念を記憶に呼び起こさせると、[*29] 人はあまりズルをしなくなる。これらの実験に鑑みると、すべてを見通す力を持ち、ズルをする人や誓いを破る人を憎む神を創造することは、その手の侵犯行為の発生頻度を減らすための効果的な方法だということがわかる。

アトランとヘンリックによれば、もう一つの有益な文化的革新としてあげられるのは、集団全体に天罰を下す神々である。神々は、二人の個人が犯した不貞についても、村全体を対象に干ばつや伝染病による天罰を下すと信じるようになれば、村人はいかなる不貞の兆候にも目を光らせ、その噂をし始めるだろう。つまり怒れる神々は、社会的な規制の手段として、外聞をより効果的に機能させるのだ。

アトランとヘンリックは、新無神論者と同様、副産物に関する主張から始める。しかし人類学者である彼らは、長期間争ってきた現実の実体として集団をとらえているので、そのうちのいくつかの集団がこの競争を勝ち抜く過程で、宗教が重要な役割を果たしたことを見通せた。事実、集団が結束を強め、ただ乗り《フリーライダー》りの問題を解決し、他集団との生存競争に勝利するために、宗教が役立つという証拠は、現在までに数多く見つかっている。

もっとも明白な証拠は、一九世紀にアメリカ国内で設立された二〇〇の共同社会《コミューン》の歴史を調査したリチャード・ソシスの手で得られている。[*30] コミューンとは、親族に依存せずに協力関係を維持する実験を、自然な環境のもとで行なうことだ。それは通常、一般社会の道徳マトリックスを拒否し、独自の原理に基づいて自らを組織化しようとする献身的な信者たちによって設立され、グループとして結束し、利己主義を抑制し、フリーライダー問題を解決することができる限り存続できた。一九世紀のコミューンの多くは宗教的な原理に基づいていたが、世俗的なコミューンも存在し、そのほとんどは社会主義的な原理に依拠していた。どちらのタイプのコミューンが長く存続したのだろうか？　ソシスの発見によれば、違いは歴然としている。設立後二〇年が経過しても依然として機能していたコミューンの割合は、世俗的なものが六パーセント、宗教的なものが三九パーセントだったのだ。

　宗教的コミューンをより長く存続させる要因とはいったい何だろうか？　ソシスは、各コミューンの生活に関して見出された、あらゆる側面を定量化した。次にそれらの数値を用いて、特定のコミューンのみが長期にわたって存続し得る理由を分析している。その結果、コミューンがそのメンバーに求める犠牲の数という主要因を発見した。犠牲とは、具体的に言うと、タバコやアルコール飲料を断つ、何日か断食をする、規定の服装や髪型に従う、よそ者との関係を断つなどである。宗教的なコミューンでは、その効果は単純明快で、求められる犠牲の数が多ければ多いほど、そのコミューンはそれだけ長く存続した。しかし驚いたことに、犠牲の数は世俗的なコミューンの存続には何の役にも立たなかった。そのほとんどは八年以内に解体しており、犠牲の数とコミューンの存続期間のあいだに相関関係は見出せなかった。*31

　ではなぜ、犠牲は世俗的なコミューンを強化しないのだろうか？　儀式、法、あるいはその他の制約は、神聖化された場合にもっともうまく機能すると、ソシスは主張する。そして「社会的な慣習に神聖さを付与することは、その本質的な恣意性を見かけの必然性で覆い隠すことである」*32という、人類学者ロイ・ラパポートの言葉を引用している。しかし世俗的な組織では、いかなるメンバーも、犠牲が求められたときに費用対効果分析を行なう権利を持つ。したがってメンバーの多くは、不合理な行動を求められると拒否する。言い換えると、新無神論者が高コスト、非効率、不合理として捨て去る儀式の実践こそは、人類が直面するもっとも困難な課題の一つを、つまり親族関係なくしていかに協力が可能かという問題を解決してくれるのだ。非合理な信念は、とりわけそれが〈神聖〉基盤に訴える場合、集団がより合理的に機能するよう導いてくれる。[*33] 神聖さは人々を結びつけると同時に、その実践には恣意性がともなうという事実に対し人々の目をくらますのだ。

ソシスの発見は、アトランとヘンリックの見解を支持する。神々は実際、集団が結束し、成功し、他集団と争う際に役立つ。これは集団選択の一形態と見なせるが、二人は純粋に文化的な集団選択だと言う。より効率的に利己主義を抑制し、人々を結束させる能力を持つ宗教は、他の宗教を押しのけて拡大していくが、必ずしも敗者を殺戮するわけではない。七、八世紀のイスラム教、一九世紀のモルモン教の例を見てもわかるとおり、宗教は遺伝子より迅速に伝播し得る。また、繁栄を謳歌する宗教は、近隣の人々や、被征服民に採用される場合もある。

それゆえアトランとヘンリックは、宗教に関するいかなるものであれ、遺伝的な進化があったとする見方に疑問を呈し、次のように主張する。道徳的な神々は、ここ一万年のあいだに農業とともに出現したのであって、[*34] このできごとは進化のタイムスケールからすれば、あまりにも最近のものだ。遺伝子と文化の共進化は、(のちに副産物として神々を生むことになるいくつかのモジュールが形成される)更新世にゆっくり生じた。遺伝子は、人類がアフリカ大陸をあとにする頃までにはすでに設定されており、その後の仕事はすべて文化が請け負うようになった。なお、私たちの心は、宗教に合わせて形作られ、調整され、適応したのではないと主張する点では、二人の見方は新無神論者と一致する。

しかし遺伝的進化がいかに迅速に生じるかがわかった今、遺伝子が五万年以上変化しなかったとはとても考えられない。[35] 遺伝子と文化の共進化という「渦巻くワルツ」[36]のなかで、文化が宗教という音楽に合わせて踊り始めたというのに、パートナーたる遺伝子が一歩も足を踏み出さないことなどあり得ようか？　確かに五万年は、（超高感度の行為者探知機やミツバチスイッチなどの）複雑なモジュールが一から進化する期間としては不十分であろうが、自己破壊的、集団破壊的な適応形態よりも、結束力の強い集団の結成、神聖化、神々の崇拝などの適応形態へと人々を導く方向にモジュールが最適化され、微調整された可能性がまったくないなどとは言えないのではないか？

デュルケーム流のストーリー――副産物、そしてメイポール

ビンガムトン大学の生物学者デイヴィッド・スローン・ウィルソンは、一九七〇年代に起きた集団選択の裁判、そしてそれによる有罪判決、追放劇をもっとも声高に非難する人物だ。その後彼は、集団選択の無実の証明に三〇年を費やしてきた。そしていくつかの特殊な条件のもとで（初期の人類による社会がこの条件を満たす可能性は高い）、遺伝的な集団選択が実際に生じ得ることを示す数学的なモデルを構築し、[37] また、さまざまな宗教の歴史を調査して、それらが実際に特殊条件

を満たしているのかを確認する、非常に困難な領域横断的研究を行なっている。[*38]

ウィルソンの業績の重要性は、社会科学の歴史上もっとも偉大な二人の思想家、ダーウィンとデュルケームの着想を融合したところにある。ウィルソンは、この両者がどのように補完し合うかを次のように示した。まず集団選択による道徳の進化を説くダーウィンの仮説から始め、フリーライダー問題に対するダーウィンの関心に注意を喚起する。それからデュルケームによる宗教の定義、「個々のメンバーを一つの道徳共同体へと統合する、信念と実践を一体化させたシステム」を取り上げる。そして次のように考える。宗教は有機体のごとく機能する、強い結束力を備えた集団を生むと考えるデュルケームの見方が正しいのなら、それは「部族の道徳は集団選択によって生じ得る」というダーウィンの仮説を支持する。また、私たちは集団選択を含めたマルチレベル選択の産物であるとするダーウィンの見解が正しいのであれば、それは「私たちは、低次の存在（個人）と高次の存在（集合体）のあいだを行き来するよう（自然選択によって）設計された、ホモ・デュプレックスである」ととらえるデュルケームの仮説を支持する。

ウィルソンは、著書『ダーウィンの大聖堂（*Darwin's Cathedral*）』で、宗教が集団の結束、役割分担、協調、繁栄を導くあり方を列挙している。[*39] そこで彼は、一六世紀のジュネーブにおいて、いかにジャン・カルヴァンがフリーライダーを抑制し、信用と商業を育む厳格なキリスト教信仰を発展させたかを、また、中世のユダヤ教がどのように「仲間を歓迎し、よそ者をしめ出す文化的な要塞」を築いたかを考察している。[*40] しかしもっとも啓発的な例は、オランダに植民地化される以前のバリ島で、稲作民によって建立された水の神殿に関するものだ（この例は、人類学者スティーヴン・ランシングの研究に基づく）[*41]。

稲作は他の農業とは異なる。稲作民は、決められた時期に取水や排水ができる、数百の灌漑された田を作らなければならない。バリのある地域では、雨水は柔らかい溶岩を穿《うが》ってできた小川を伝って、高い火山の山腹を流れ落ちる。数世紀にわたり、バリ島民は山の斜面に数百の棚田を刻み、一連の精巧な水路や、場合によっては一キロメートル以上に及ぶトンネルを掘って灌漑してきた。全システムの頂点となる山頂付近には、水の女神を祀った大きな寺院が建てられた。この寺院には、子どもの頃に選ばれた何人かの僧侶と、水の女神の現世における代理人と見なされる高僧が常駐した。

バリの社会組織の最下層に位置するスバックと呼ばれる集団は、いくつかの拡大家族が集まって形成されたもので、民主的に意志決定を下す。各スバックは、独自の寺院と神を有し、同じスバックに属するメンバーは多かれ少なかれ協力しながら、稲作という重労働に従事する。だがそもそも、どのような仕組みを通じて個々のスバックが集まり、一つのシステムを形成しているのだろうか？　どうやって水資源を公平に、かつ枯渇させずに各スバックに分配しているのか？　この種の共有資源に関するジレンマが解決困難なのは、よく知られたところだ[*42]。

バリ島民は、灌漑システムのあらゆる分岐点に小さな寺院を建立するという、宗教を巧みに利用した方法によって、この問題を社会工学的に解決している。つまり各寺院が祀る神は、そこから下流のすべてのスバックを、その神を崇拝する一つの共同体へと統合し、それによってそれらのスバック間で起こったもめ事を円満解決に導いたのだ。この仕組みは、それなくしては水の分配をめぐって頻繁に発生するはずの、争いや詐取の発生頻度を最低限に抑えるのに役立った。このシステムによって、数百平方キロメートルにわたって分布する何千人もの農夫が、中央政府、調査官、法廷などの制度なしに協力し合ったのである。その効率は非常に高く、水文学《すいもんがく》に通じていたオランダ人でさえ、ほとんど改良の必要を感じなかった。

このシステムに組み込まれた何百もの神々や寺院を、どう考えればよいのか？　他の目的のために設計された心のシステムの副産物にすぎないのか？　ドーキンスが言うところの「時間と富を浪費する、（……）宗教という非生産的な幻想」なのだろうか？　そうではない。これらの神々を理解する最善の方法は、メイポールにたとえることだ。

花の髪飾りをした若い女性が、ひもの先端を握って時計周りに円を描きながら踊っているところを想像してみよう。ひものもう一方の端はポールの先に結びつけられている。彼女はポールの周囲を何度も回るが、きれいな円を描くのではなく、ポールからの距離は一周ごとに数歩分近づいたり遠ざかったりする。彼女一人だけに注目していると、その動きは無意味で、死に急ぐ狂女オフィーリア〔シェイクスピアの戯曲『ハムレット』の登場人物。正気を失って溺死する〕のようにも見える。ここで彼女とまったく同じように振る舞う五人の娘と、反時計周りに回る六人の青年を加えてみよう。これがメイポールダンスだ。娘と青年が互いにすれ違いながら内に外に揺れ動く

図11.3　メイポールダンス
(『*Illustrated London News*』1858年8月14日付150頁より)

につれ、彼らの握っているひもはポールのまわりで一種の管状の布地を織り上げる。こうしてメイポールダンスは、社会生活における核心的な奇跡、「多から一へ」を象徴的に演じているのだ。メイポールダンスは、どうやらキリスト教が伝わる以前のヨーロッパ北部にその起源を持つようだが、現在でもおもにメーデーに開催される行事の一つとして、ドイツ、イギリス、スカンジナビア地方で定期的に行なわれている。起源はどうであれ、それはウィルソンの宗教観において神々が果たす役割の、ちょうどよいメタファーと見なせる。(メイポールと同様)神々は、その周囲をまわることで一つの共同体に結束するよう、人々を誘導するツールとして機能しているのだ。ひとたび人々が結束すれば、その共同体はさらに効率良く機能できる。ウィルソンが主張するように、「宗教は第一に、個人にはできないことを集団でなし遂げるために存在する」[*43]。

ウィルソンによれば、何かのまわりに集まって結束するというたぐいのことは、一万年以上前から頻繁に行なわれていた。人々を結びつけるために、不貞を犯した者に雷撃を見舞う道徳的な神々を持ち出す必要はない。狩猟採集民の崇める道徳的に気まぐれな神々さえ、信用と結束を生み出すのに役立っている。たとえばクン族のあるグループは、//ガウワ(//は舌を打つ音)という名の全能の空の神と、//ガウワシと呼ばれる死者の魂を信じている。これらの超自然の存在は人々を道徳的に導くのではなく、良い行ないに報いることもなければ、罰も下さない。ただ単純に何かを引き起こすだけだ。ある日死者の魂の助けによって、狩りで上々の成果が得られても、次の日には同じ魂に嫌われてヘビに咬まれるかもしれない。これらの超自然的な存在は、超高感度の行為者探知機の機能を示す、完璧な例である。人は、何もないところに行為者を見出そうとするのだ。

だが、ときに悪辣にもなるこれらの魂さえ、クン族の重要な宗教儀式の一つ「ヒーリングダンス」で重要な役割を果たす。人類学者のローナ・マーシャルはそれについて次のように述べる。

人々は、主観的に結束して外部の悪の力に対抗する。(……)ダンスはすべての人々を一か所に引き寄せる。互いの関係がどうであれ、どのような気分のときも、互いを良く思っていようがいまいが、全員が一つになって、歌い、手を叩き、音楽に合わせて足を踏み鳴らし、完璧な調和を保ちながら身体を動かす。言葉によって分裂することはない。彼らは精神と身体の安寧のために共に活動し、活気と喜びを与えてくれる何かを、一緒になって実践しているのだ。[*44]

思うにクン族は、UVAのフットボールの試合を観戦すれば、すばらしいひとときを過ごせるに違いない。

アフリカ大陸を出ていく以前から、人類の形成する集団がこのような活動をしていたのなら、また、集団が存続する可能性を向上させる特定の方法があるのであれば、ここ五万年間に、遺伝子と文化の共進化も、心のモジュールと社会的な実践の相互調整も、なかったとは考えにくい。

さらに言えば、ヒトの持つ他のあらゆる遺伝子が急速に変化し始め、神々がより大きく道徳的になりつつあった完新世に、遺伝的変化が最高潮に達していたにもかかわらず、[*45] 副産物のモジュールを発現する遺伝子だけがそのままだったとはとても信じがたい。宗教的な行動が、個人にも集団にも、数千年間にわたって安定した影響を及ぼしたのなら、神々を信じることで道徳共同体を形成した〈正義心〉に関して、ある程度の遺伝子と文化の共進化がほぼ確実に生じたはずだ。

サイエンスライターのニコラス・ウェイドは、『宗教を生みだす本能――進化論からみたヒトと信仰』で、有史以前の宗教に関する既知の情報を吟味し、ウィルソンの提起する宗教の理論を強く支持している。ウェイドは、「宗教を実践する個人が、同集団の、信仰心に疎いメンバーと競争するに際して、優位な立場を確保できたなどという進化のストーリーを語るのは非常に難しいが、宗教の実践が、集団間の競争に役立ったであろうことは明らかだ」と述べる。そして集団選択の論理を、次のようにわかり易く要約している。

> そのような「宗教を通して結束した」社会で暮らす人々の生存と子孫の繁栄の可能性は、結束力が弱いために外敵に征服される、もしくは内部の軋轢のために解体する大きな危険性を孕んだ集団に属する人々に比べて高い。全人口を対象にすれば、宗教的な行動を促す遺伝子は、世代を追うごとに広がっていくだろう。なぜなら、結束力の強い社会は繁栄し、そうでない社会は滅びるからだ。[*46]

要するに、神々と宗教は、結束と信用を生むように作用する集団レベルの適応なのだ。メイポールやミツバチ同様、これらは集団のメンバーによって生み出され、その活動を組織化する。ウィリアムズが指摘するように、集団レベルの適応は、まさしく集団レベルで選択のプロセスが作用していることを意味する。[*47] そして集団選択は、（集団で選抜された雌鶏が、たった数世代でより従順になった例からもわかるとおり）きわめて迅速に作用する場合がある。[*48] 一万年という期間は、いくつかの遺伝的な変化を含め、遺伝子と文化の共進化が起こるには十分であり[*49]、また五万年は、遺伝子、脳、集団、宗教が共進化し、密接に絡み合うようになるには十分すぎるほどだ。

ウィルソンの説明は、副産物のみに焦点を置く理論とは大きく異なる結論を導く。彼によれば、心と宗教は、数万年あるいは数十万年のあいだ、（ミツバチとコロニーの関係と同様）共進化してきた。この説が正しいのなら、そう簡単に人々が宗教を捨てるとは思えない。もちろん、ごく最近の文化革新である組織化された宗教の放棄はあり得る。しかしすべての宗教を否定する人ですら、図11・2に示した、実践と信念と帰属を結びつける、宗教の基本的な心理学を否定し去れないはずだ。あらゆる形態の宗教への帰依を断念し、「理性的な」信念だけで成立する世界で暮らすよう要求することは、地球を捨てて月を周回するコロニーで生活せよと命令するのと大差ない。その種のコロニーの建設はいつかは可能になろうが、いずれにしても計画には甚大な配慮が必要であり、一〇世代が経過したあとでさえ、そこで暮らす人々は、重力と緑を恋しく思うことだろう。

神は善の力か、それとも悪の力なのか？

宗教は、人々を善良にするのか？　それとも邪悪にするのだろうか？　新無神論者は、宗教が諸悪の根源だと断言する。宗教は戦争、ジェノサイド、テロリズム、女性の抑圧の主要因だと主張する。[*50]　一方、宗教信奉者は「無神論者は不道徳で信用できない」と言う。啓蒙主義の代表者の一人ジョン・ロックも、「無神論者には、社会を結びつける約束や契約も、とりつく島がない。思考上のみでも、神を取り去れば、すべてが消えてなくなる」と書いている。いったい誰が正しいのか？

これまで数十年間、その結論ははっきりしていなかった。調査によれば、宗教信奉者は、自分たちが他の人々より多額を慈善に寄付していると絶えず主張し、利他的な価値観を表明する。ところが、見知らぬ人を実際に手助けできる機会を社会心理学者が実験的に作り出すと、宗教を信奉する人がそうでない人より人道的に行動するシーンは、ほとんど見られなかった。[*51]

だがそもそも、宗教は、どのような状況でも見知らぬ人を助ける、無条件の利他主義者に人々を変えると考えるべきなのか？　けがをしたユダヤ人を助けた善きサマリア人についてキリストが何を言ったにせよ［新約聖書、ルカの福音書の挿話。強盗に襲われた人が道に倒れていたが、通りかかった祭司やレビ人は助けずに通り過ぎる。しかしサマリア人はその人を助け、看護費用まで出す］、宗教が集団レベルの適応なら、それは郷党的な利他主義を生むはずだ。それによって人々は、とりわけ自分の評判が上がる場合には、自分が属する道徳共同体の他のメンバーに対して、過剰なほど寛大で親切になる。事実、宗教はまさにそのような結果を生んでいる。アメリカにおける寄付の実態を調査した研究によれば、全人口のうちでもっとも宗教的でない五分の一の人々は、収入の一・五パーセントしか慈善事業に寄付していないのに対し、(信念ではなく礼拝への出席という意味で)もっとも宗教的な五分の一は、寛大にも七パーセントを寄付しているが、その大部分は宗教的な組織へのものである。[*52] ボランティア活動に関しても同様で、宗教信奉者はそうでない人よりはるかに熱心に活動するが、その大部分は宗教的な組織のために、あるいは少なくともそれを通して行なっている。

また、宗教信奉者は、とりわけ互いの協力が求められる実験で、模範的な振る舞いを示すという結果が得られている。ドイツの経済学者の研究チームが、実験で被験者に次のようなゲームをさせている。[*53] 被験者の一人は「委託者」になってラウンドごとに金銭を受け取り、そのうちのいくらか(ゼロでもよい)を匿名の「受託者」に渡す。渡された金額は実験者によって三倍にされ、今度は「受託者」がそのうちのいくらかを「委託者」に戻す。こうして被験者は、一ラウンドごとに相手を変え、ときに役割を交替しながらこの手順を何ラウンドか繰り返す。

行動経済学者はこのゲームをよく実験に用いるが、この研究では新たな要素が加えられており、(実験の数週間前に被験者全員が記入した質問票から得られた)受託者の個人情報を、最初の決定を下す前に委託者に教えておいた。あるケースでは、受託者の宗教信仰の度合いを一から五の尺度で示す情報が与えられた。すると委託者は、受託者の信仰心が厚いと知ったときには、より多額を手渡した。この事実は、ドイツの被験者たちが、ロックと同じ（信仰心の厚い人はより信用できるという）信念を抱いていることを示す。さらに重要なことに、信仰心の厚い受託者は、委託者の個人情報を何も与えられていないにもかかわらず、そうでない受託者より多額を委託者に戻した。したがって最高の富は、信仰心の厚い人同士が信用ゲームをした場合に得られるであろう（リチャード・ソシスがイスラエルのいくつかのキブツ〔集団農場〕で行なった実験でも、同じ結果が得られている）。[*54]

神、信用、貿易の相互関係を論じる学者も多い。古代世界では、神殿が重要な商業機能を果たす場合が多かった。神前で宣誓とともに契約が取り交わされ、それには誓いを破れば天罰が下るという明示的な威圧がともなっていた。[*55] 中世の世界では、ユダヤ教徒やイスラム教徒は長距離貿易に秀でていたが、その理由の一つは、彼らの宗教が信頼関係の構築と、強制可能契約の発達を促したからである。[*56] 今日でさえ、（ダイヤモンド市場などの）効率的に機能するためには高度な信頼関係が求められる市場は、宗教的に強く結びついた民族グループ（超正統派ユダヤ教徒など）によって支配されているケースが多々ある。これらのグループは、世俗的な関係によって結びついた競争相手に比べ、取引コストや監視《モニタリング》コストを低く抑えられるからだ。[*57]

つまり、宗教は与えられた役割を果たしているのであり、ウィルソンの言葉を借りると「個人にはできないことを集団でなし遂げられるように」人々を導く。だが、同じことはマフィアにも当てはまる。宗教は実践者を超個体に結びつけ、それに属さない他のすべての人々を食い物に(あるいは少なくとも無視)するよう仕向けるのだろうか？　宗教的な利他主義とは、それを信奉しない人には恩恵なのか、それとも呪いなのか？

政治学者のロバート・パットナムとデイヴィッド・キャンベルは、共著『アメリカの恩寵——いかに宗教は私たちを引き裂き、統合するのか(*American Grace: How Religion Divides and Unites Us*)』で、さまざまなデータを分析し、宗教を信奉するアメリカ人とそうでないアメリカ人の違いを説明している。宗教活動に時間と金銭を費やせば費やすほど、それ以外のさまざまなものごとに時間や金銭を費やす余裕がなくなると普通は考えるかもしれないが、実はその見方は間違っている。パットナムとキャンベルは、教会の礼拝に頻繁に参加する人ほど、誰に対しても、寛大でもの惜しみしない態度を示すと報告している。[*58] 宗教信奉者が宗教的な慈善活動に多額の寄付をするのはもちろんだが、彼らはそうでない人々と同程度、あるいはそれ以上に、アメリカがん協会などの一般の慈善団体にも寄付をしている。[*59] また、自分が所属する教会やシナゴーグの礼拝に相当な時間を費やすが、そうでない人よりも多くの時間を近隣奉仕や市民活動に割く。パットナムとキャンベルは次のように言う。

多角的に見て、宗教に帰依するアメリカ人は、そうでない人よりもよき隣人であり市民である。とりわけ、困っている人のために時間と金銭を費やすことを惜しまず、市民活動にもより積極的に参加する。[*60]

なぜ宗教信奉者は、よき隣人であり市民なのだろう？　この問いに答えるために、二人は宗教的な信念と実践に関する質問を列挙した一覧を作った（たとえば信念については「地獄は存在すると思いますか？」「私たちは皆、犯した罪のために神の前に呼び出されると思いますか？」などで、実践については「どれくらい頻繁に聖書を読んでいますか？」「祈りの回数は？」など）。その結果、これらの信念や実践は、先の問いにはほとんど関係しないことがわかった。つまり地獄の存在を信じているか否か、毎日祈りを捧げているかどうか、カトリックか、プロテスタントか、ユダヤ教徒か、モルモン教徒か……、これら一切のことは、寛大さとはまったく関係がなかったのだ。宗教に由来する道徳的な恩恵に強く関連すると確実に言える唯一の要因は、宗教信奉者同士の関係に、どれくらい緊密に関わっているかであった。要するに、人々のもっとも良い点を引き出したのは、無私を強調する道徳マトリックスの影響下で結ばれた友情や、そのもとで実践されたグループ活動だった。

パットナムとキャンベルは新無神論者による信念の強調を否定し、デュルケームに依拠しながら次のように結論する。「近隣奉仕の精神にとって重要なのは、宗教に対する信念ではなく、宗教的なグループへの帰属である」[*61]

チンパンジー、ミツバチ、神々

パットナムとキャンベルによると、今日のアメリカでは、宗教が巨大な余剰社会資本を生んでいるので、その多くが外部にこぼれだして部外者にも恩恵を与えている。とはいえ、いつどこでもそうであったと想定すべき理由は何もない。これまで主張してきたように、宗教とは、マルチレベル選択のプロセスによって宗教心とともに進化してきた、一連の文化的な実践なのである。そして集団レベルの選択が関与しているという点に鑑みれば、いくら宗教が普遍的な愛や慈悲を説いたとしても、宗教や宗教心は内集団の助け合いに焦点を置く郷党的なものと見なし得る。レスリー・ニューソンが述べるように（第9章参照）、繁栄する宗教は、効率よく「資源を子孫の繁栄へと転化できるよう」集団を導くがゆえに、人類の持つ宗教性は進化したのだ。

したがって宗教は、集団の形成、部族主義、愛国主義に効果的に奉仕する。一例をあげると、自爆テロの原因は宗教ではないらしい。ここ一世紀のあいだに起こったあらゆる自爆テロのデータベースを作成しているロバート・ペイプによると、自爆テロは、異文化の民主主義勢力による軍事的な占領に対する、愛国主義者の反応なのだそうだ。[*62] またそれは、もっぱら地上攻撃に対する反応であり、爆撃に対するものであったことはない。要するに、神聖な祖国が汚されたことに対する反応なのだ。ハチの巣に手をつっこんで、しばらくそのままにしておいたらどうなるかを考えてみるとよい。

軍事占領のほとんどは、自爆テロを招かない。若者が大義のために自己を犠牲にするには、何らかのイデオロギーが必要だ。それは世俗的、宗教的のいずれでもあり得る。前者の例としては、マルクス・レーニン主義者からなるスリランカのタミル・タイガーが、後者の例として、一九八三年に自爆テロによってアメリカをレバノンから追放したシーア派のイスラム教徒があげられる。内集団を美化すると同時に、外集団を悪魔の化身と見なす道徳マトリックスに人々を結びつけるいかなる世界観も、勧善懲悪を口実とする殺戮をもたらすが、多くの宗教はこの役割に適合している。つまり宗教は、残虐行為の原動力より、その共犯になりやすいのだ。

　しかし人類の長い歴史を見渡し、私たちの〈正義心〉を、ほとんど奇跡的とも言える進化の産物としてとらえれば、宗教が人類の歴史に果たしてきた役割の真価に気づくことができる。私たちは、九〇パーセントがチンパンジー、そして一〇パーセントがミツバチによって構成されるホモ・デュプレックスだ。繁栄する宗教は、これら両レベルで私たちの本性に働きかけ、利己性を抑制するか、少なくとも自己の利益の一部を集団に貢献する方向にうまく水路づける。神々は、グラウコン主義者が喜んで従うような道徳マトリックスを形成する際に手助けし、人類のミツバチ的な本性の進化に重要な役割を担う。ときに私たちは、ほんとうに利己主義を乗り越えて、他人、あるいは自集団を手助けすることに身を捧げるのだ。

　宗教は、道徳の外骨格と見なせる。宗教的な共同体で暮らしていれば、おもに〈象〉に働きかけて人間の行動に影響を及ぼす、一連の規範、関係、制度の網の目に織り込まれざるを得ない。

だが、結束力の弱い道徳マトリックスに依拠する弛緩した共同体で暮らす無神論者は、〈乗り手〉の参照する道徳指針に強く依存しなければならないだろう。これは合理主義者には魅力的に聞こえるかもしれないが、アノミーに至るレシピでもある。アノミーとはデュルケームの用語で、共有する道徳秩序を失った社会に生じる混沌状態のことだ（字義通りには「無規範」を意味する）[*63]。人類は共有された道徳マトリックスのもとで生活し、貿易をし、互いを信用するよう進化してきた。一世紀以上前にデュルケームが指摘したことだが、社会が個人を統制できなくなり、誰もが好き勝手をするようになれば、人々の幸福の度合いは低下し、自殺は増加する。[*64]

宗教という外骨格を欠いた社会を擁護する人々は、数世代が経過するうちにその社会に何が起こるかをよく考えてみるべきだ。もちろん、真の答えは今のところ得られないだろう。というのも、無神論者の社会は、ここ数十年のあいだにヨーロッパで出現したばかりなのだから。しかし、この社会が、資源を子孫の繁栄に転化することにかけては、史上もっとも非効率な社会であることには間違いない。世代を追うごとに、手にできる資源の量は先細りしていくことだろう。

道徳の定義

本書も終わりに近づいてきたが、実はまだ道徳の定義をしていない。それには理由がある。というのも、これから記述する定義を第1章で提示していたなら、読者の理解はまず得られなかったはずだ。おそらく読者が直観的に考えていた道徳の定義とは合致しなかったであろう。その点を考えて、道徳の定義はこれまで控えてきた。第1部では合理主義に挑戦し、第2部では道徳の領域を広げ、そして第3部では、集団を形成しようとする人類の本性は、利己主義を乗り越えて文明へと至る道を切り開いた、重要な革新であったという点を考察してきた。かくして今や、道徳の定義を示す準備が整ったのである。

これまでの議論からわかるとおり、私のアプローチは、「道徳的なものとは、結束の源泉になるすべてのもの、すなわち人をして自らの行動を（……）利己主義以外の何かによって統制せしめる（……）すべての事象を言う」[*65]と主張する、デュルケームを出発点にした。デュルケームは、個人の利己主義を抑制する社会的事実（個人の心の外に存在するもの）に、社会学者として注目する。その例として、宗教、家族、法、そして私がこれまで道徳マトリックスと呼んできた、意味の共有ネットワークがあげられる。私は心理学者なので、それらに加えて、道徳的な情動、心の弁護士（報道官）、六つの道徳基盤、ミツバチスイッチ、そして本書で取り上げてきた、進化を通して得られたその他すべての心のメカニズムも定義に含めたい。

さて、私の提起する道徳システムの定義は、これら二つの側面を合わせ、次のようになる。

道徳システムとは、一連の価値観、美徳、規範、実践、アイデンティティ、制度、テクノロジー、そして進化のプロセスを通して獲得された心理的なメカニズムが連動し、利己主義を抑制、もしくは統制して、協力的な社会の構築を可能にするものである。[*66]

最終章では、この定義を用いて、欧米社会に浸透しているいくつかの主要なイデオロギーを検討する。しかしその前に、この定義に関して二点指摘しておきたい。

一つは、この定義が機能主義的であることだ。つまりそれは、具体的な内容の特定によってではなく、それが何を行なうのかによって道徳を定義する。それに対してテュリエルは、道徳を「正義、権利、福祉」に関するものと定義した。[*67] しかし二、三の項目を真に道徳的なものとし、それ以外のすべてを「社会的慣習」として切り捨てることで道徳を定義するいかなる試みも、偏狭にならざるを得ない。それは個々の道徳共同体が「これがわれわれの道徳だ。そしてそれは、われわれの中心的な価値観に関わるものだ。だからそれを信じない奴は地獄へ落ちろ」と宣言するのと何ら変わりない。第1章と第7章で述べたように、テュリエルの定義は、アメリカ人に限っても全員に当てはまるわけではない。つまり高等教育を受けた政治的にリベラルな欧米人が、自分たちのために規定したものなのだ。

もちろん、実際に特定の道徳共同体が、ある意味において正しく、それ以外のすべての人々が間違っている可能性はあり得る。二つ目はこの点に関係する。概して哲学者は、道徳に関して、人々がたまたま道徳的と見なしていることを単純に記述する記述的な定義と、誰がどう考えているかにかかわらず、真の正しさを特定する規範的な定義の区別を試みる。本書では、ここまでは記述的な定義に終始してきた。道徳を、もっぱら危害と公正に関するものと見なす人々もいれば（とりわけテュリエル、コールバーグ、新無神論者らの非宗教的リベラル）、それより広く道徳の領域をとらえ、六つの道徳基盤のすべて、もしくはほとんどに基づいて道徳マトリックスを構築する人々もいる（特に宗教的な保守主義者や、非WEIRD文化のもとで暮らす人々）という事実を考察してきた。これらの見解は、事実に関する経験的で検証可能な見方であって、その証拠を第1、7、8章で提示した。

しかし哲学者は、人々が実際に何を考えているかには、あまり興味を示さない。規範倫理学は、どんな行動が真に正しいか、あるいは間違っているかという問いに答えを出そうとする分野で、そのもっともよく知られた例は、単一受容器システムたる、功利主義（全体的な福祉の最大化を説く）と義務論（カント版では、他者の権利と自主性を至上のものと考えよと説く）だ。これらについては第6章で取り上げた。たった一つの明晰な原理を適用すれば、文化の相違を超えた判断が可能であるというのがこれらの見方の骨子であり、それをもとに評価したとき、高いスコアを得た文化は、道徳的に秀でると考えるのだ。

私が提案する道徳の定義は、記述的であることが意図されている。したがって、それのみでは規範的な定義として機能しない（この定義では、道徳秩序の共有によって緊密な協力関係が得られる限り、カルト教団も、ファシズムも、共産主義社会も高いスコアが得られるだろう）。しかしそれは、規範的な見方をとる他の理論、とりわけ集団や社会に関する事実を考慮に入れようとしない理論を補うものとしてうまく機能すると思う。ジェレミー・ベンサム以来、功利主義者は意図的に個人に焦点を絞り、各人の欲するものを提供することで社会福祉の改善に努めてきた。それに対し、デュルケーム流の功利主義は、人類の繁栄には、社会秩序と帰属が必要とされるという点を認めている。それは「社会秩序は途方もなく貴重であり、その達成は困難である」という前提から出発し、「健全な社会では、人々を結びつける道徳基盤、すなわち〈忠誠〉〈権威〉〈神聖〉の三つの基盤が大きな役割を果たす」という可能性を受け入れる。

個人の生活に適用するには、規範倫理のどの理論が最適かという点については、私には何とも言えない。[*68] だが、民族的、道徳的な多様性をある程度抱えた欧米の民主社会における法の制定や公共政策の実施を考えるにあたっては、功利主義以外に説得的な見方はないと思う。[*69] 法や公共政策は、最大の善の実現をおおよその目標にすべき、と主張するジェレミー・ベンサムは正しい。[*70] とはいえ、私たち皆に、そして立法者に最大の善を実現する方法を講釈する前に、まずベンサムはデュルケームを読んで、私たちがホモ・デュプレックスであることを認識しておくべきだった［デュルケームはベンサムの死後に生まれており、著者の空想的な願望である］。[*71]

まとめ

宗教を超自然的な行為者に対する一連の信念としてとらえるのなら、誤解は避けられない。そのような信念は、愚かな妄想と、さらに言えば私たちの脳を巧妙に利用する寄生虫とさえ見なされるのがオチだからだ。しかし宗教に対して（帰属に焦点を置く）デュルケームの、また、道徳に対して（マルチレベル選択を含めた）ダーウィンのアプローチを採用すれば、全体像は違って見えてくるはずだ。宗教の実践は、数万年間、私たちの祖先を集団の形成に導いていった。だが、同時にそれを信じる者の目をくらます場合も多々あった。というのも、どのような人物、書物、原理でも、それが神聖なものと見なされると、崇拝者はそれを疑問視しなくなり、客観的に見ることができなくなるからだ。

超自然的な行為者を信じる能力は、超高感度の行為者探知機の偶然の副産物として獲得されたのかもしれない。しかしひとたび人類がそれを信じるようになると、うまくそれを利用して道徳共同体を築いた集団は、存続し、繁栄し始める。そして、一九世紀の宗教的なコミューンと同様に、神々を祀ってメンバーから自己犠牲と献身を引き出すようになり、また、欺瞞の研究や信用ゲームの被験者と同じく、神々の助力を得て欺瞞やフリーライダーを抑制し、信頼関係を発達させ始める。かくして、これらに成功した集団のみが成長できるのだ。

植物を栽培し、動物を飼い慣らすようになってから、人類の文明が急速に発展したのはそのためだ。宗教と〈正義心〉は、完新世以前、何万年にもわたって遺伝的かつ文化的に共進化を遂げてきた。そして農耕の誕生によって人類が新たな好機と挑戦に直面するようになると、これら両タイプの進化はともに加速する。こうして、協力を促進する神々の要請に個々のメンバーが応じ始めた集団のみが、新たな挑戦を受けて立ち、その果実を収穫できるようになったのだ。

私たち人類は、自己を超越した何ものかに関心を抱き、そのまわりに他の人々とともに集い、より大きな目標を追求するチームを形成することにかけては途方もない能力を持つ。このことは、宗教の何たるかを説明する。また、多少修正すれば政治の何たるかも説明できる。最終章では、もう一度政治の心理学を検討し、私たちはなぜ特定の政党を支持しようとするのかを、そしてとりわけ、なぜ人々は特定の政党への帰属によって、反対政党の真意や道徳感に対して、さらには多様な政治イデオロギーに分散して存在する知恵に対して、盲目になってしまうのかを検討する。

第12章

もっと建設的な議論ができないものか？

Can't We All Disagree More Constructively?

一八九五年、シカゴ出身のあるユーモア作家が、「政治はお手玉遊びではない」と言った。[*1] 子どもの遊びではないということだ。それ以来この言葉は、アメリカ政治の荒っぽく底意地の悪い側面を正当化するために用いられてきた。合理主義者は、偏見のない専門家集団によって政治が行なわれるユートピア国家を夢見ているのかもしれないが、現実世界では、各政党が資金と得票数を競う政治プロセスにとって代わるシステムは、存在しないように思われる。この競争の過程には、つねに策略とデマがつきまとい、政治家は態度をコロコロ変えながら、内なる報道官を動員して自分がいかに優れているかを、そして政敵が自国を滅亡に追いやる稀代の愚か者であることを示そうとする。

それにしても、政治とはこれほど不快なものでなければならないのか？　多くのアメリカ人は、世の中がますます住みにくくなりつつあると感じている。二極化が進行し、今や国全体が機能不

図12.1　今どきの政治的な民度
カモミールティーパーティーのグラフフィックデザイナー、ジェフ・ゲイツの制作したポスター。第二次世界大戦時のアメリカのポスターをもとにしている。（www.chamomileteaparty.com）

全に陥ったかのようだ。そう思えるのも無理はない。数年前までは、いわゆる文化戦争はワシントンでの事情に限定されると、また、実際のところほとんどの政治問題に関しては、アメリカ人は二極化などしていないと主張する政治学者もいた。[*2] だがここ十数年のあいだに、亀裂は広がり始めている。自分を中道と呼ぶ人の数は減少し（二〇〇〇年の四〇パーセントから二〇一一年の三六パーセントへ）、保守（三八パーセントから四一パーセントへ）およびリベラル（一九パーセントから二一パーセントへ）と呼ぶ人の数は増加している。[*3]

しかしこの有権者の二極化傾向は、ワシントン、メディア、あるいは広く政治の世界で起こっている現象に比べると、まったく微々たるものだ。一九九〇年代になると、議会における新しい規則と行動様式の導入とともに様相は変わり始め[*4]、党派を超える友好関係や社会的な接触は推奨されなくなる。ひとたび人間同志のつながりが弱まると、他党のメンバーを、エリートクラブの仲間ではなく、永遠の敵と見なすようになる。対立候補者はより多くの資金と時間を、オポと呼ばれる「対立候補調査（opposition research）」に注ぎ込むようになる。オポでは、スタッフや雇いのコンサルタントが、（ときには不法な手段を行使して）対立候補のスキャンダルを探り出し、その情報をメディアにぶちまける。ある年長の下院議員は、「もはやここは合議体とは言えない。まるでギャング団のようだ。メンバーは憎しみに満ちた部屋でしのぎを削らなければならない」と語っている[*5]。

この義憤に満ちた部族的メンタリティーへの移行は、平和と繁栄、そして健全財政の一九九〇年代でも十分に大きな問題だった。政治的、財政的状況がひどく悪化した現在では、自分の乗る船が沈没寸前なのに、乗組員は口論に忙しすぎて、船を沈むにまかせているという見方をするアメリカ人も多い。

二〇一一年夏になると、危険度はさらに高まる。債務限度額引き上げに関する法案、および長期財政赤字を削減するための「グランドバーゲン」をめぐって合意が得られなかったことで、格付け機関は米国債の格付けを引き下げた。この引き下げは世界中の株式市場の急落を引き起こし、国内では「二番底〔株式相場や為替相場などで、株価が一度底を付けた後、反発して上がり、そのあとで再度下がったときのことを指す〕」が危ぶまれるようになった（実際にそうなった場合、アメリカに輸出している多くの発展途上国にも大災厄になる）。今やアメリカの過剰な党派心は、世界に対する脅威と化しているのだ。

いったい何が起こっているのか？　第8章では、アメリカの文化戦争を三基盤道徳と六基盤道徳の戦いとして描いた。しかしそもそも人々は、何に基づいてこれら二つのうちの一つを選択するのだろうか？　心理学者は、党派心の心理学的な基盤を数多く発見している。道徳は人々を結びつけると同時に盲目にする。現代の混乱した状況をうまく整理するためには、リベラルに自分を結びつける人、保守主義に結びつける人、あるいはいかなる党派にも属さない人などというように、さまざまな人々が存在する理由をまず理解しなければならない。

政治的多様性について

リベラルと保守主義者という、一次元的尺度の両極に位置する人々の心理についてわかっていることにまずは焦点を絞ろう。イデオロギーをたった一つの次元に還元しようとする試みには、多くの人々が憤慨し抵抗する。事実、道徳基盤理論の大きな長所の一つは、六つの次元を提起して、それらの無数の組み合わせを考慮に入れるところにある。人は二つのタイプのみに分類できるものではない。しかし残念ながら政治心理学の研究の多くは、アメリカ人のサンプルを用い、右か左かの一次元しか考慮していない。それですべてを測ろうとするのだ。

とはいえ、それでもこのような一次元性は非常に有用ではある。アメリカやヨーロッパに住む人々のほとんどは、この両極間のどこかに位置すると考えられるからだ（大半は中間付近に位置するのかもしれないが）。[*6] またその指標は、アメリカの文化戦争や議会投票の基軸でもある。[*7] したがって、たとえ両極に完全に一致する人の数が少なかったとしても、リベラルと保守主義の心理の解明は、全世界に脅威を与えている一つの大きな問題を理解するにあたり、きわめて重要である。

遺伝子から道徳マトリックスへ

「社会の秩序、およびその達成方法に関する一連の信念」──これは、イデオロギーという言葉の単純な定義の一つだ。[*8] また、イデオロギーに関するもっとも基本的な問いに「現行の秩序を維持するのか、それとも変えるのか？」というものがある。一七八九年、フランス革命時の国民議会で、現状維持を支持する者は部屋の右側に、変革を求める者は左側に座った。それ以来、右と左は、保守主義とリベラルを意味するようになった。

マルクス以後の政治理論家は、「人は自己の利益を追求するためにイデオロギーを選択する」という考え方を前提にしてきた。金持ちや権力者は保身に走り、農民や労働者は変革を求めるというわけだ（マルクス主義者によれば、少なくとも農民や労働者の意識が向上し、自分たちの利益を正しく把握できればということだが）。しかし、たとえかつては社会階級がイデオロギーの指標として機能していたとしても、富者、貧者のいずれもがどちらの方向にも傾き得る現代では、これらの結びつきはほぼ切れたと見なせる。富者について言えば、大企業経営者は右、テクノロジーで財を成した者は左、貧者に関しては、地方では右、都市では左というのが一般的だ。また、政治学者による詳細な調査によって、利己心は、その人の政治的な傾向を予測する指標としてほとんど役に立たないということが判明している。[*9]

二〇世紀後半には、「人間は、両親やテレビ番組が掲げるイデオロギーを吸収する」と説く「白紙理論（blank slate theory）」を、多くの政治学者が擁護していた。[*10] なかには、真のイデオロギーをまったく持っていないと見なせるほど、多くの人々は政治問題に関して混乱しているとコメントする政治学者もいた。[*11]

それから双子を被験者に用いた研究が始まり、大量のデータを分析することで、一卵性双生児（互いにすべての遺伝子が同じで、通常は出生前と子どもの頃の環境が同じ）と、同性の二卵性双生児（遺伝子の半分を共有し、環境に関しては一卵性双生児と同じ）の比較が可能になった一九八〇年代に、一卵性双生児のほうがあらゆる面で互いに類似した性格を持つことが判明する。[*12] さらに言えば、（養子縁組のため）互いに異なる家庭で育てられた一卵性双生児は、それでも性格的にきわめて類似するのに対し、（養子縁組のため）一緒に育てられた血縁関係のない二人の子どもは、互いに、また養親に似ることは稀で、実の両親に似るケースが多いことがわかった。遺伝子は性格のあらゆる側面に、影響を及ぼすのである。[*13]

この双子の話は、単にＩＱ、心の病、あるいは内気などの基本的な性格ばかりでなく、ジャズやスパイシーフードや抽象画を好む程度、離婚をしたり自動車事故で死んだりする可能性、宗教や政治に対する志向などといったことにも関係する。右と左のうちどちらの政治的立場をとるようになるかは、他のほとんどの性格特徴と同様に遺伝する。遺伝子は、人々の政治的な態度に関して、ばらつきの三分の一から半分を説明する。[*14] リベラル、保守主義のどちらの家庭で育てられたかは、遺伝子より関係性が小さい。

なぜそんなことがあり得るのだろうか？ ここ一、二世紀のあいだに誕生したに過ぎない原子力、累進課税、海外援助などに対する態度に遺伝的な基盤があるとはどういうことか？ 人は大人になってから支持政党を変える場合があるのに、イデオロギーの遺伝的な基礎を論じる意味があるのだろうか？

これらの問いに答えるには、第7章で取り上げた生得性の定義に戻るとよい。生得性とは、経験に先立って組織化されていることを指し、不変性を意味するわけではない。遺伝子は子宮内での脳の形成を導きはするが、それはいわば草稿にすぎず、幼少期の経験によって改訂される。人がいかにイデオロギーを獲得するかを知るには、遺伝子から始めたうえで、成人して特定の候補者に投票したり、抗議集会に参加したりするようになるまでの成長の過程を考慮に入れる必要がある。この過程には、以下の三つの主要なステップがある。

ステップ1――遺伝子が脳を形作る

一万三〇〇〇人のオーストラリア人を対象にした最近のＤＮＡ分析によって、リベラルと保守主義者のあいだで異なるいくつかの遺伝子が見つかっている。[*15] これらの多くは神経伝達物質、とりわけグルタミン酸とセロトニンの機能に関わるものだが、これらの物質は、脅威や恐怖に対する脳の反応に関与している。この発見は、次のようなことを示す多くの研究とも一致する。保守主義者は、細菌や汚染による脅威、あるいは突発的なホワイトノイズ〔全ての周波数で同じ強度となるノイズ〕の発生といった低レベルの脅威に対してすら、リベラルより強い反応を示す。[*16] また、神経伝達物質ドーパミンの受容体に関する遺伝子の研究もある。ドーパミンは、リベラルとの相関関係の高さがはっきりと示されている性格特徴の一つ、新たな経験や感覚を求める意欲に結びつくとされてきた。[*17] ルネサンス期の哲学者ミシェル・ド・モンテーニュが言うとおり、「価値があると私が考える唯一のものは、(……) 変化と、多様性の享受である」。[*18]

一つの遺伝子の効果は小さなものだが、これらの発見が重要なのは、遺伝子から政治へと至る一種の経路がそれによって示されるからだ。遺伝子は（集合的に）、人によって、脅威により強く（あるいは弱く）反応し、目新しい物、変化、初めての経験にさらされると快をより少なく（あるいは多く）感じる脳を生む。[*19] これらは保守主義者とリベラルを分かつ、二つの主要な性格要因であることが一貫して示されてきた。政治心理学者のジョン・ジョストは、それ以外のいくつかの特徴をあげているが、それらのほとんどは、脅威に対する感受性か（たとえば保守主義者は死を思い起こさせるものにより強く反応する）、新しい経験に対する開放性か（たとえばリベラルは秩序、組織、閉鎖性の必要をあまり感じていない）のいずれかに、概念的に関連する。[*20]

ステップ2――さまざまな特徴が子どもを異なる経路へと導く

私たちの性格は何に由来するのだろうか？　この問いに答えるためには、心理学者ダン・マクアダムズの有用な理論にならって、人格のレベルを三つに区分する必要がある。[*21] 彼が「気質的特徴（dispositional traits）」と呼ぶもっとも低い人格レベルは、さまざまな状況下で現れる、より一般的な性格を指し、子どもの頃から老年に至るまであまり変わらない。たとえば脅威に対する感受性、好奇心、外向性、誠実さなどがそれにあたる。またこれらの性格は、人によって持っていたりいなかったりする心のモジュールに起因するのではなく、誰もが脳システム内に備えている、ある種のダイヤルの微調整によるものと考えるべきだろう。

ここで二卵性双生児の兄妹を想像してみよう。子宮内での九か月間を通じて、兄は遺伝子の作用により、脅威に対する感受性が平均より高く、また、まったく新たな体験に快を感じる度合いが低い脳を持つようになったとする。妹はその逆だ。

この兄妹は同じ家庭で育ち、同じ学校に通う。しかし次第に二人は、おのおの別の世界を築き始める。保育園においてすら、性格の違いのために先生は彼らを別々に扱うようになる。ある研究では、自分をリベラルと呼ぶ成人女性の多くは、すでに幼児の頃に保育園の先生によって、脅威に対する感受性と好奇心に関して、一般的にリベラルが示す特徴に一致する性格を持つと評価されていたという事実が見出されている。[*22] 未来のリベラルは、良い面では、好奇心が強い、よくしゃべる、独立心が強い、悪い面では、独断的、攻撃的、言うことを聞かない、きちんとしていられないなどと評価されていたのだ。かくして、この兄妹は小学校に入学すると、先生からますます異なる扱いを受けるようになる。創造的だが反抗的な妹に特に目をかける先生もいるだろうし、兄には模範生として期待し、妹にはわがまま娘として厳しく接する先生もいるはずだ。

しかしマクアダムズによれば、気質的特徴は三つの人格レベルのなかでももっとも低いものにすぎない。第二レベルは「適応性格（characteristic adaptations）」というもので、成長するにつれ現れる性格のことだ。その子どもがたまたま直面した特定の環境や挑戦に反応することで発達する性格を指すので、「適応性格」と呼ばれる。たとえば、この双子が思春期に入って、厳格な学校に通うようになったとする。兄はその環境にうまく適応するのに対し、妹は先生と四六時中衝突して怒りっぽくなり、社会的に孤立する。さらにそれが彼女の人格の一部（適応性格）と化す。だが、逆に進歩的で規律が厳格ではない学校に通っていれば、彼女はそのような人格を形成しなかったはずだ。

高校に進学し、政治に関心を持つようになると、二人はそれぞれ別の活動に参加し、異なる友人と交際し始める。たとえば妹は、旅行ができるということで弁論部に入り、兄は家族が所属する教会で活動する。妹はパンクバンドに、兄はスポーツクラブに所属する。高校を卒業すると、妹はニューヨークの大学でラテンアメリカ研究を専攻し、不法移民の子どもの援助を自分の天職として考え始める。彼女の友人はすべてリベラルなので、おもに〈ケア／危害〉基盤に重きを置く道徳マトリックスにどっぷりと浸って生活する。二〇〇八年には、オバマ大統領の貧民に対する関心と変革の約束に、強い刺激を受ける。

それに対して兄は、薄汚れて危険な、遠方の大都市で暮らすつもりはなく、地元の州立大学に通って家族と友人のそばで暮らす。ビジネス系の学位を取得して地元の銀行に就職し、やがて重役になる。教会や地元のコミュニティでは、支柱として活躍する。つまり、大量の社会関係資本を生産する者として、パットナムとキャンベルが称賛するような人物として尊敬される。[*23] 六つの基盤のすべてによって構成される道徳マトリックスに支えられた兄は、教会では折に触れて抑圧の犠牲者への支援を求める説教を行なう一方、彼がもっともよく口にする道徳的なテーマは、自己責任（〈公正〉基盤に関連する――ただ乗りをしない、他人に迷惑をかけない）と、自分が所属する集団やチームへの忠誠だ。彼はジョン・マケインのキャンペーンスローガン「国が第一」に共感する。

もちろんこのシナリオと同じ展開になるとは限らない。誕生したその日から、妹はオバマへの投票が運命づけられていたのでもなければ、兄は共和党支持者になると決まっていたわけでもない。そうではなく、二人の遺伝子の差異は互いに異なる心の草稿を準備し、それによって二人は違う経路に導かれ、さまざまな人生経験をくぐり抜けて、別の道徳共同体に所属するのである。こうして成人する頃には、二人は互いに著しく異なる人格を形成する。その違いは、休暇をとって妹が実家に帰ってきた折には、政治について一切話をしない取り決めにしているほどだ。

ステップ3――人は自分の人生の物語をつむぎ出す

人間の心は、論理ではなく、物語をつむぎ出す処理装置だ。人々はよくできた物語をこよなく愛し、どのような文化でも大人は子どもに物語を聞かせる。

もっとも重要な物語の一つは、自分の人生に関するものだ。「人生の物語（life narratives）」は、マクアダムズの第三の人格レベルを構成する。マクアダムズの心理学への最大の貢献は、「心理学者は、質問票や反応時間の測定などで得られた第一、二レベルに関する定量化されたデータを、人々が自己の生き方の理解のためにつむぎ出す物語に関係づけるべき」とする主張を展開したことだ。これらの物語は、必ずしも真実の物語である必要はなく、これまでの自分の経験が単純化され、取捨選択されたもの、あるいは理想化された未来に結びつけられたものでもあり得る。とはいえ「人生の物語」は、たとえ多かれ少なかれ後からつけ加えられた虚構だったにしろ、人々の行動、関係、心の健康に影響を及ぼす。[*24]

「人生の物語」は道徳に満ちている。マクアダムズは、ある研究で道徳基盤理論を用いて、リベラルと保守主義者双方のキリスト教徒から集めた物語を分析したが、私たちが YourMoral.org の質問票によって得たデータの分析結果と同じパターンを見出している。

信仰や道徳観を身につけた経緯を尋ねられると、保守主義者は権威の尊重、自分が所属する集団への献身、自己の純粋さについて、またリベラルは、苦痛や社会的な公正について、深い感情を表した。[*25]

「人生の物語」は、成長過程にある思春期の男女の自己と、大人の政治的アイデンティティを橋渡ししてくれる。ここで一例として、ロックミュージシャン、キース・リチャーズの自伝から、彼がいかに人生の転機を迎えたかを紹介しよう。感覚を追い求め、体制への順応をよしとしない、ローリング・ストーンズのリードギタリストである彼は、かつては最低限の良識をわきまえた、学校の聖歌隊のメンバーだった。彼が所属する聖歌隊は競技会に優勝し、聖歌隊長は全国各地で開催されるもっと大きな競技会に参加できるよう、リチャーズと友人たちの学業時間の多くについて免除手続きをとった。ところが少年たちが思春期に達し声変わりし始めると、聖歌隊長は彼らを見捨てたのだ。彼らは一年間学業をやり直しさせられる破目になったというのに、聖歌隊長は何の弁護もしてくれなかった。

「どてっ腹に蹴りを一発入れられたようなものだった」とリチャーズは言う。このできごとは、彼の将来の政治的な姿勢を大きく変えるきっかけになった。

それを知ったとき、スパイクとテリーと私はテロリストになった。怒りで復讐の炎に燃えていた。この国とそれが表すすべてのものをぶち壊す理由ができたのだ。三年間は、ほんとうにそうしようと思っていた。叛逆こそがその方法だった。（……）火は依然として燃え盛っていた。そのとき、私は世界を違った目で見るようになったのだ。もうやつらの目で見るのはご免だった。そしてちんけないばり屋と、もっとでっかいいばり屋がいることに気づいた。そうさ、権力者って奴がいるってことにね。こうして導火線に火がついて、じりじりと燃え始めたんだ。[*26]

リチャーズはリベラルになる気質を備えていたのかもしれないが、彼の政治的な姿勢は生まれる前から決まっていたわけではない。先生が彼ともっと違う接し方をしたなら、あるいは彼が物語の草稿を書いていたとき、このできごとを違う見方で解釈したなら、保守主義者の仲間と道徳マトリックスに囲まれて、もっとありふれた仕事に就いていたかもしれない。しかし、ひとたび悪辣な権威に聖戦を挑む騎士として自己の姿を見るようになると、彼が英国保守党を支持する可能性はゼロに等しくなった。つまり彼の「人生の物語」は、左派の政党が掲げるあれやこれやのストーリーとうまく一致するようになったのだ。

リベラリズムと保守主義の大きな物語

社会学者のクリスチャン・スミスは、著書『道徳的で信心深い動物たち (*Moral, Believing Animals*)』で、人々の生活の拠りどころとしての道徳マトリックスについて書いている。[*27] 彼は、あらゆる社会秩序の中心には神聖な何かが存在すると考えるデュルケームに同意し、いかに物語、とりわけ「大きな物語」が、各マトリックスの核心をとらえ、補強するかを明らかにする。スミスは、大きな物語を抽出し、要約することに長けている。一つ一つの物語は、導入部 (昔々……)、中間部 (脅威や苦難が訪れる)、結末部 (問題が解決される) から構成される。そして聞き手を道徳的に導きながら、また、一連の美徳/悪徳や善悪の力に聞き手の目を開かせながら、神聖さの核心を把握、回復、維持するためには何をしなければならないかを教えてくれる。

スミスが「リベラルの抱く進歩の物語」と呼ぶ次のような物語は、アメリカのアカデミッククレフト〔大学などで教鞭をとる進歩的知識人〕の道徳マトリックスの骨子をうまく要約している。

昔々、大多数の人々は、不公正で抑圧的、かつ不衛生な社会や制度に苦しめられていました。これらの伝統的な社会は、根深い不平等、搾取、そして不合理な伝統主義を非難されてしかるべきものでした。(……) しかし自立、平等、繁栄を切望する人類は、貧窮や抑圧と果敢に戦い、やがて現代の民主的、資本主義的でリベラルな福祉社会を築き上げることに成功したのです。現代社会は、個人の自由と市民の幸福を最大化する能力を備えていますが、不平等、搾取、抑圧の大きな痕跡を完全に消し去るにはさらなる努力が必要です。平等と、自己の幸福を追求する自由を人々に与えてくれる善き社会の建設に向けたこの戦いは、一生を捧げるに真に値する任務の一つです。[*28]

この物語は、（たとえば資本主義に対する懐疑心が強い）ヨーロッパ諸国の左派の道徳マトリックスとは完全には一致しないかもしれないが、全体的な筋書きは左派一般が共有するものと見なしてよいだろう。これは英雄的な解放の物語だ。権威、階級、権力、伝統は、それらに抑圧された犠牲者の「貴い切望」を解き放つために断ち切られるべき鎖なのである。

スミスがこれを書いたのは、私が道徳基盤理論を提唱する前のことだったが、この物語がおもに、〈ケア／危害〉基盤（犠牲者の苦難に対する気づかい）と〈自由／抑圧〉基盤（抑圧からの自由、および自己の幸福を追求することへの自由の称揚）から、道徳的な力を引き出していることは明らかだ。この物語では、公正とは政治的な平等を意味し（その目的の一つは抑圧に反対すること）、比例配分としての公正は間接的にしか見出せない。[*29] 権威は悪としてのみ言及され、忠誠と神聖への言及は一切ない。

この物語を現代の保守主義のそれと比較してみよう。臨床心理学者のドリュー・ウェステンも物語分析の名手だが、著書『政治脳（*The Political Brain*）』で、ロナルド・レーガンの主たる演説のなかから、暗示的な、あるいはときに明示的な物語を引き出している。

レーガンは一九八〇年に民主党のジミー・カーターに勝利したが、当時はイランでアメリカ人が人質に取られ、インフレ率が一〇パーセントを超え、アメリカの諸都市、産業が衰退し始め、人々が自信を喪失していた頃だった。レーガンの物語は次のようなものだ。

昔々、アメリカは輝きを放っていました。そこへリベラルがやって来て、自由市場の見えざる手に手錠をかける巨大な連邦行政機関を打ち立てました。そしてアメリカの伝統的な価値観を破壊し、あらゆる方法で神と信仰に反対しました。(……)国民に自ら生計を立てるよう求めるのではなく、額に汗して働くアメリカ人の手から収入をもぎ取って、キャデラックに乗った麻薬常習者や福祉の女王〔福祉手当で女王のように暮らす人々〕にばらまいたのです。犯罪者を罰するのではなく、「理解」しようとしました。犠牲者を心配するのではなく、犯罪者の権利を気づかったのです。(……)伝統的な家族の価値観、忠誠、自己責任を尊重せずに、みだらな行為や婚前交渉やゲイのライフスタイルを奨励し、(……)伝統的な家族の役割を崩壊させるフェミニストの主張を称賛しました。(……)そして世界中の悪漢どもの成敗に軍事力を行使するのではなく、軍事予算を切り詰め、軍服を軽蔑し、国旗を燃やし、交渉と多国間主義を選択しました。(……)その後アメリカは、自国を崩壊に導こうとする、そんな輩《やから》から国を奪い返すことにしたのです。[*30]

この物語は、「保守的」という語が、現代のアメリカとは異なる意味を有する国や時代に適用する際には修正が必要であろう。とはいえ、この全体的な筋書きと道徳観は、どのような保守主義にも通用するはずだ。これも一種の英雄物語だが、防衛のヒロイズムであって、ハリウッド超大作映画の題材にはなりそうにない。群衆がバスティーユ監獄を襲撃し、囚人を解放するといった劇的な筋書きではなく、平凡な家庭を営む一家がシロアリ退治をして、かじられた柱を修繕した程度の話にも聞こえるからだ。

また、レーガンの物語は、六つの道徳基盤のうち少なくとも五つに基づいているという点で、非常に保守的である。〈ケア〉基盤に関してはわずかな痕跡が認められるのみだが（犯罪の犠牲者に対するケア）、〈自由〉（政府の規制からの自由）、〈公正〉（比例配分：「額に汗して働くアメリカ人の手から収入をもぎ取って福祉の女王にばらまく」）、〈忠誠〉（兵士と国旗）、〈権威〉（家族や伝統の転覆）、〈神聖〉（神をみだらな行為で置き換える）の各基盤には、はっきり言及されている。

これら二つの物語は、これ以上ないほどかけ離れている。各党の支持者は、他党の物語を理解することができるのだろうか？　共感の阻害は、左右両陣営に等しく認められるわけではない。左派がより少数の基盤から構成される道徳マトリックスに依存しているのなら、左派が用い右派が用いていない道徳基盤は存在しない。保守主義者は、たとえ共感の度合いにおいてリベラルよりわずかに劣っていたとしても、[*31] そしてそれゆえ、苦難や抑圧の物語にそれほど心を動かされなかったとしても、人々を鎖で縛るのはむごい仕打ちだと認識できる。また、たとえ多くの保守主義者は、女性、肉体労働者、アフリカ系アメリカ人、同性愛者の解放という二〇世紀の偉業のいくつかに反対したとしても、東欧諸国における共産主義の抑圧からの解放など、それ以外の解放には拍手を送る。

ところが、リベラルはレーガンの物語の理解には困難を覚える。リベラルの聴衆を前に〈忠誠〉〈権威〉〈神聖〉という「人々を結びつける」三つの基盤について話したとき、大多数はよくわからないといった顔をしたばかりか、これらを不道徳として積極的に否定する人もいた。彼らの言によれば、集団への忠誠は道徳の範囲を狭め、人種差別と排除の基盤になるそうだ。権威は抑圧になるらしい。神聖なものは女性を抑圧し、同性愛者に対する嫌悪感を正当化する宗教的なおまじないにすぎないとのことだ。

私は、ジェシー・グラハム、ブライアン・ノセックとの共同研究で、リベラルと保守主義者が互いをどれくらい正しく理解しているのかを調査した。この研究では、二〇〇〇人以上のアメリカ人に、道徳基盤質問票への記入を依頼した。その際、①自分自身がどう考えるのか、②自分が「典型的なリベラル」だったらどう回答するか、③自分が「典型的な保守主義者」だったらどう回答するかを、それぞれ三分の一ずつ答えてもらった。このようなやり方をとったのは、リベラルと保守主義者が互いに対して抱いているステレオタイプを調査するためだった。さらに重要なことに、そうすれば、「典型的なリベラル」「典型的な保守主義者」として人々が抱いているイメージを、左派と右派からの実際の回答に照合して、前者の正確さを評価できる。[*32] さて、誰の予測がより正確だっただろうか？

結果は明白で、一貫していた。中道と保守主義者は、リベラルのふりをしようが保守主義者のふりをしようが、予測は的確だった。それに比べてリベラル、とりわけ「非常にリベラル」を自称する人は、予測の正確さが落ちた。もっとも大きな予測違いは、リベラルが保守主義者のつもりで〈ケア〉と〈公正〉基盤に関する質問に答えたときに生じた。「最悪の行為の一つは無防備な動物を傷つけることである」「正義はもっとも社会に必要なものである」などの質問項目に対して、リベラルは保守主義者なら反対するだろうと予測した。おもに〈ケア〉と〈平等としての〉〈公正〉の二つの基盤のみで構成される道徳マトリックスに依存していたなら、レーガンの物語を聞いて他にどう予測できようか？「レーガンは、麻薬常習者、貧民、同性愛者には何の関心も持っていない。それより悪と戦うことや、性生活について国民に説教することに興味があるようだ」と考えるのではないだろうか。

リベラルは、「レーガンは〈忠誠〉〈権威〉〈神聖〉基盤が持つポジティブな価値を追求している」という点に気づかないと、「共和党支持者は〈ケア〉と〈公正〉基盤にはまったく価値を認めていない」と結論したくなるであろう。あるいは誤解が高じると、リベラルの『ビレッジボイス』紙に演劇批評を寄稿しているマイケル・ファインゴールドの次のような見解を真《ま》に受けるかもしれない。

共和党支持者が想像力を信用しないのは、彼ら自身がそれを欠くからでもあるが、もっと大きな理由は、人類と地球を破壊するという、彼らに与えられた仕事の邪魔になるからだ。想像力を備えた人は、まさに大災厄が発生せんとしている兆候を見分けられるはずだ。大災厄から利益をひねり出すことを人生の目的にし、人間の存在には何の関心も示さない共和党支持者は、それを見る能力を欠いているか、見ようとしないかのいずれかだろう。だから個人的には、これ以上地球が危害を被る前に、彼らを滅ぼすべきだと考えている。[*33]

「共和党支持者は、自分とは異なる道徳マトリックスのもとでものごとを考えている」という事実を理解する能力を、想像の世界で生計を立てているはずの演劇批評家が持っていないとは、何たる皮肉であろうか。まさしく道徳は、人々を結びつけると同時に盲目にするのだ。

リベラルの盲点――道徳資本

私の学問人生には、これまで二度の転機があった。第一の転機は、第5章で述べたインドにおけるもので、私はその経験を通して、リチャード・シュウィーダーの提起する、より広い道徳性（たとえば共同体や神性の倫理）の存在に目を開かされた。だが、一九九三年のこの転機から二〇〇八年のバラク・オバマの大統領選勝利に至るまで、私は依然としてガチガチのリベラルだった。私のチーム（民主党）は、何としてでも相手チーム（共和党）に勝って欲しかった。事実、私が政治を研究し始めた理由は、ジョン・ケリーの、効果がさっぱり上がらない選挙キャンペーンにフラストレーションを感じたからである。そのとき私は、アメリカのリベラルが、保守主義者の真意や道徳観を単に「理解」していないのだという確信を得た。かくして、道徳心理学の研究をうまく活用することで、リベラルの勝利に貢献したいと考えるに至ったのだ。

二〇〇五年の春、政治心理学を学ぶために、大学院でこのトピックに関するゼミを開いた。この新しいクラスを教えるために、関連資料を渉猟し始めた。ケリーの敗北後ひと月が経過した頃、ニューヨークに住む友人を訪問した折に、近くの古本屋で政治学の書物を物色していると、歴史家のジェリー・ミューラーが編集した『保守主義（*Conservatism*）』という茶色のぶ厚い本が目に留まった。最初は立ったまま読んでいたが、三ページ目を読む頃には床に座っていた。そのときは気づかなかったが、それはわが人生の二度目の転機だった。

ミューラーはこの本を、保守主義と正統主義《オーソドキシー》の区別から始めている。オーソドキシーとは、「社会のあり方をそれに一致させるべき、超越的な道徳秩序が存在する」という考え方を指す[*34]。法律制定には聖書の導きを求めるべきとするキリスト教徒の考え方や、イスラム法（シャリーア）に従う生活を要請するイスラムの教えなどがそれにあたる。いずれも、外から定められた道徳秩序に社会が従うことを求めるもので、変化を、しかもときに急激な変革を支持する場合がある。この点においてオーソドキシーは、劇的な変化を危険と見なす真の保守主義とは一線を画す。

次にミューラーは、保守主義と反啓蒙主義を区別する。啓蒙に対する抵抗のほとんどは、語の定義上保守主義的だと見なせよう（聖職者や貴族は旧来の秩序を墨守してきた）。しかしミューラーによれば、現代の保守主義は、デイヴィッド・ヒュームやエドマンド・バークが、啓蒙運動に関して、実用主義的、かつその本質において功利主義的な批判を繰り広げていた頃、啓蒙思想の主潮流の内部で誕生した。私は次のような主張に叩きのめされる思いがした。

社会的、政治的な議論において、保守主義をオーソドキシーから区別するものは、前者によるリベラルや進歩主義に対する批判が、理性の行使に基づいた人間の幸福の追求という、啓蒙主義の基盤に依拠している点だ。*35

それまでずっとリベラルを通してきた私は、「保守主義＝オーソドキシー＝宗教＝信仰＝科学の否定」という安直な等式を信じ込んでいた。だから無神論の立場をとる科学者として、リベラルであることが義務だと思っていたのだ。ところがミューラーは、最善の社会を築き、個別の状況を考慮した上で最大の幸福を追求することが、現代の保守主義の真の目的だと主張していた。読み進めるうちに「そんなことがあり得るのか？」「社会科学という土俵の上で、リベラリズムに対抗できる保守主義が存在し得るのか？」「保守主義者は、健全で幸福な社会を築くためのよりよいレシピを持っているのか？」などの疑問が次々に浮かんできた。

さらに読み続けた。ミューラーは、人間の本性と、制度に関する保守主義の中心的な考え方を検討していた。人間は本来不完全で、すべての規制や責任を取り去ると不正な行為に走ると保守主義者は考えている（第4章で取り上げたグラウコン、テトロック、アリエリーを思い出されたい）。私たちの思考は誤りやすく、自信過剰に陥りやすい。だから直観や経験を無視し、純粋な理性のみに基づいて理論を組み立てるのは危険だ（第2章のヒューム、第6章のシステム化に関するバロン＝コーエンの見解を参照）。社会的事実としてもろもろの制度が徐々に確立され、私たちはそれらを尊重し、ときに神聖視さえする。だが、権威を剝ぎ取られ、自分たちの利益に資する恣意的な装置として見なされ始めると、制度はその効力を失い、アノミーや社会的な混乱が増大する（第8章と第11章で紹介したデュルケームの見解を参照）。

自分の研究に照らし合わせてみれば、私はこれらの考え方に同意せざるを得なかった。当時は、一八世紀のエドマンド・バークから二〇世紀のフリードリヒ・ハイエク、トマス・ソーウェルに至るまで、保守主義の知識人が書いた著作を次々に読破していた頃だったが、彼らは道徳社会学に関して、私がそれまで知らなかった重要な洞察を持っていることがわかり始めた。彼らは、私が「道徳資本（moral capital）」と呼ぶものの重要性を理解していたのだ（つけ加えておくが、私は保守主義の知識人を称賛しているのであり、共和党を、ではない）。[*36]

「社会関係資本」という用語は、一九九〇年代に社会科学を席巻し始め、ロバート・パットナムが二〇〇〇年に著した『孤独なボウリング――米国コミュニティの崩壊と再生』によって一般にも浸透した。[*37]経済学では、「資本」は個人や企業が商品やサービスを生産するために必要な資源を意味し、それには金融資本(銀行預金など)、物的資本(道具や工場など)、人的資本(たとえばベテランセールスマン)がある。他の条件が等しければ、これらのすべてにおいて勝る企業は、劣る企業に競り勝つはずだ。

社会関係資本とは、個人間の社会的な絆、相互依存の規範、それらに由来する信用など、経済学者が大きく見落としていたタイプの資本を指す。[*38]他の条件が等しければ、社会関係資本をより多く持つ企業は、社員同士の信頼関係が希薄な、結束力の弱い競合他社に競り勝つだろう(人間はマルチレベル選択によって互いに協力するよう形作られている点を考えても、このことは理解できる)。実際、社会関係資本に関する議論でときに持ち出される例は、前章で紹介した超正統派ユダヤ教徒のダイヤモンド商人だ。[*39]固く結束したこの民族グループが、もっとも効率的な独自の市場を維持してこられたのは、堅固な相互信頼によって取引コストとモニタリングコストを低く抑えられるからである(どのような取引でも間接諸経費がそれほどかからない)。民族的、宗教的に多様な商人から構成されるライバル市場が隣町に生まれても、ダイヤモンド取引においては検品の際に詐欺や盗みが起こりやすいという点に鑑みれば、その市場では、法律家や警備員を雇うのに多額の費用を支出しなければならない。リチャード・ソシスが調査した非宗教的なコミューンと同様、そのような社会では、共同体の道徳規範に個人を従わせるのには大きな困難がともなうはずだ。[*40]

社会関係資本は誰もが望むものだ。他人を信頼できるということにどれほどの価値があるかは、どのような政治的立場だろうが、ただちに理解できるのではないか。だが、商業における例ばかりでなく、もっと範囲を広げ、道徳的な行動規範の改善を目指す学校、コミューン、自治体、あるいは国家について考えてみよう。また、道徳的な多様性の問題は脇に置いて、「出力」として向社会的な行動を増やし、反社会的な行動を減らすことを目標にしたとする。どのような道徳観を達成するにも高いレベルの社会関係資本を必要とするはずだが（アノミーや不信感が役立つとはとても考えられない）、健全な信頼関係によって人々を結びつければ、その集団は倫理的な成熟度を増し、そのような目標を達成できるのだろうか？

人は生まれつき善良で、制限や仕切りをなくせば必ずや繁栄すると信じるなら、その答えは「イエス」であろう。しかし保守主義者は一般に、人間の本性に関してかなり違う見解を持つ。つまり彼らは、人々が正しく行動し、協力し合い、繁栄するには、法、公共機関、慣習、伝統、国家、宗教などの組織や制度による抑制が必要だと考えている。この「抑制が必要」とする見方[*41]をとる人々は、これらの「心の外部にある」調整装置の健全性や完全性に関心を抱いている。それがなければ、人々はだまし合いを始め、利己的に振る舞うようになるので、社会関係資本は急速に失われていくと考えるのだ。

WEIRD社会のメンバーは、個人などの個々の対象に目を向けても、これら対象間の関係に自動的に注目することはない。社会関係資本などの概念が役に立つのは、人々を包摂し、より生産的にする、関係の網の目を見通せるよう導いてくれるからだ。このアプローチをもう一歩先に進めよう。親族関係の境界を越えて拡大していく道徳共同体の奇跡を理解するためには、人々や人間関係だけではなく、それらの関係を包摂し、人々をより道徳的（彼ら自身がそれをどう定義しようが）に振る舞わせる環境全体も考慮に入れなければならない。道徳共同体を支えるには、「心の外部にある」調整装置がどうしても必要なのだ。

たとえば、小さな町や島に住んでいれば、通常は自転車にカギを掛けておく必要はない。だが、同じ国でも大都市に住んでいると、カギを掛けておいても部品を盗まれるかもしれない。小さく閉鎖的で、かつ道徳的に均質な環境は、共同体の道徳資本を増加させる条件の一つである。しかしそれは必ずしも、小さな町や島が快適に住める場所であることを意味するわけではない。多くの人々にとって、多様性と喧騒に満ちた大都市は、より創造的で魅力的な場所でもある。それは一種の交換条件なのだ。多様性と創造性のために道徳資本をいくらかでも犠牲にするかどうかは、経験への開放性、脅威への耐性の度合いなど、その人の性格に関する脳の設定にも依存する。通常大都市には、田舎よりはるかに多くのリベラルが住む理由の一つも、ここにある。

「心の外部」にある一連の要因と、それがどれくらい「心の内部」の道徳心理に適合しているかを検討するにあたっては、前章で私が示した道徳システムの定義に戻る必要がある。事実、道徳資本は、道徳共同体を維持するための資源として定義できる。[*42] 具体的には次のようになる。

道徳資本とは、進化のプロセスを通して獲得された諸々の心理的なメカニズムとうまく調和し、利己主義を抑制もしくは統制して協力関係の構築を可能にする、一連の価値観、美徳、規範、実践、アイデンティティ、制度、テクノロジーの組み合わせを、一つの共同体が保持する程度のことである。

道徳資本の働きを理解するために、リチャード・ソシスによって調査された一九世紀のコミューンを例にとって思考実験をしてみよう。なおここでは、あらゆるコミューンは、互いを知り、愛し、信用し合う二五人の成人によって、つまり高度で均一な社会関係資本を持った状態でスタートするものと考える。では、いかなる要因が、あるコミューンをして高度な社会関係資本を維持しつつ、何十年も高水準の向社会的行動を生み続けることを可能にし、別のコミューンをして一年も経たずに不和と不信のなかで崩壊に向かわせるのだろうか？

前章で私は、社会が繁栄するためには、神への信念や高コストの宗教儀式が重要なカギを握ると述べた。とはいえとりあえず宗教は脇に置いて、他の「心の外部」にある装置について考えてみる。ここで、各コミューンは、メンバー全員が見える場所に、価値観と美徳を列挙した一覧を貼り出してスタートするとしよう。服従よりも自己表現を、忠誠よりも寛容を高く評価するコミューンは、外部からはより魅力的に見え、したがって新メンバーの募集という点では、そうではないコミューンに比べ優位に立つだろう。しかし道徳資本に関しては、服従や忠誠を高く評価するコミューンに劣る。より厳格なコミューンは、それだけうまく利己主義を抑制、あるいは統制できるはずであり、それゆえより長く存続すると考えられる。

道徳共同体は、構築が難しいうえに、いとも簡単に崩壊する。国家などの巨大な共同体が抱える課題は途方もなく大きく、道徳が崩壊する危険性は高い。誤りを受け入れる余地は少ない。とりわけ独裁者やエリートが私腹を肥やす、汚職にまみれた国など、多くの国家が道徳共同体として失敗している。道徳資本に価値を認めない国では、その増大に寄与する価値観、美徳、規範、実践、アイデンティティ、制度、テクノロジーも育たない。

ここで、道徳資本は必ずしも無条件に良きものとは限らない、という点を指摘しておく。道徳資本はフリーライダーの抑制を可能にするが、機会均等など、他の形態の公正さを無条件にもたらすものではない。また、高度な道徳資本は共同体の効率的な運営を手助けする一方、それを持つ共同体は、まさにその効率性を利用して他の共同体に危害を及ぼし得る。さらに言えば、独裁的、あるいは全体主義的な国家でさえ、大多数の国民に既存の道徳マトリックスを真に受け入れさせられれば、高度な道徳資本を獲得し得る。

とはいえ、社会や組織を変革する際、その変化が道徳資本にもたらす影響を考慮に入れなければ、やがてさまざまな問題が生じるのは明らかだ。これこそまさに、リベラルの抱える根本的な盲点だと私は考えている。これは、リベラルの改革がたびたび裏目に出る理由を、[*43]さらには共産主義者の革命が独裁政治に陥りやすい理由を説明する。また、思うにそれは、自由と機会均等の実現に大きな役割を果たしてきたリベラリズムが、統治の哲学としては不十分な理由を説明する。

つまりリベラリズムは、ときに行き過ぎてあまりにも性急に多くのものごとを変えようとし、気づかぬうちに道徳資本の蓄えを食いつぶしてしまうのだ。それに対し、保守主義者は道徳資本の維持には長けているが、ある種の犠牲者の存在に気づかず、大企業や権力者による搾取に歯止めをかけようとしない。また、制度は時の経過につれて更新する必要があることに気づかない場合が多い。

一つの陰と二つの陽

中国哲学における陰と陽は、外部からは対立しているように見えるが、実際には相互に依存し合う、補完的な二つの事象を指す。夜と昼、寒と暖、夏と冬、男性と女性は敵同士ではない。どちらも必要なものであり、両者のバランスや出現のタイミングはさまざまに変化する。ジョン・スチュアート・ミルは、リベラルと保守主義について、「健全な政治を行なうためには、秩序や安定性を標榜する政党と、進歩や改革を説く政党の両方が必要だ」と述べている。[*44]

「紀元前六〇〇年から現在に至るまで、哲学者は、社会的な絆を強化したいと考える者と、緩めたいと考える者の二派に分かれてきた」と述べる哲学者バートランド・ラッセルは、西洋哲学の歴史を通じて、同じダイナミズムが働いてきたことを確認している。[*45] 次にラッセルは、道徳資本という用語に考え得る限りもっとも近い言葉を用いて、両者のいずれも部分的に正しいことを次のように説明する。

長い歴史を通じて戦わされてきたこれらすべての議論において、どちらの側にも、正しい面もあれば間違っている面もあることは明らかだ。社会的な結束は必須の要素であり、人類の歴史のなかで、議論のみによって人々に結束を強いる試みはことごとく失敗してきた。いかなる共同体も、一方では厳しすぎる規律や、伝統に対する過剰な尊重によって生じる硬直化の可能性、他方では相互協力を阻害する利己主義や個人主義の発達によって起こる社会の解体や、侵略主義的な他国への服従の可能性という二つの相反する危険にさらされている。[*46]

ここで、アメリカ社会で現在戦わされている議論に、ミルとラッセルの洞察を思い切って適用してみよう。なぜ「思い切って」なのかというと、一方の党派を強く支持する読者にとって、陰と陽に関する私の議論は抽象レベルでは理解できたとしても、特定の問題について「反対陣営」が何か有益な提案をしていると気づいた途端に、その理解が雲散霧消してしまう可能性が大きいからだ。だが、その危険は承知のうえで敢えて提案しよう。というのも、「公共政策は両陣営から洞察を引き出してこそ真の改善が図れる」ということを指摘したいからだ。それにあたり、第11章の最後の部分で発展させたデュルケーム流功利主義の枠組みを用いる。つまり、リベラリズムと保守主義を、社会の全体的な善をどの程度促進できるかを基本的な尺度にとって評価するとともに（これは功利主義の考え方による）、「人間はホモ・デュプレックス（九〇パーセントはチンパンジーで一〇パーセントはミツバチ）である」、つまり「繁栄のためには、健全なミツバチ的側面にも訴える必要がある」とする観点からも検討する（これはデュルケームの考えに基づく）。

また、単に左派と右派を対比するのではなく、右派を、社会保守主義者（宗教右派など）とリバタリアン（自由市場を強く支持するので「古典的自由主義者」とも呼ばれる）という二つのグループに分ける。私たちはYourMorals.orgを活用してこれら二グループを十分に調査し、そこに属する人々は、互いにまったく異なる性格や道徳観を持つことがわかった。以下に、二つの主要な点で、リベラルの見方は正当化されると考える理由を簡単に示す。そして次に、二つの対立点において、リバタリアンと社会保守主義者は正しいと考える理由を述べる。

陰――リベラルの知恵

左派は六つの道徳基盤のうちの三つを主柱に道徳マトリックスを築くが、とりわけ強く依存しているのは〈ケア〉基盤である。[*47] その様子を図12・2に示した。なお、図中の実線の太さは各基盤の重要度を表す。

リベラルは忠誠、権威、神聖に訴えることに疑問を感じる傾向を持つが、いかなるケースでも

図12.2　アメリカのリベラルの道徳マトリックス

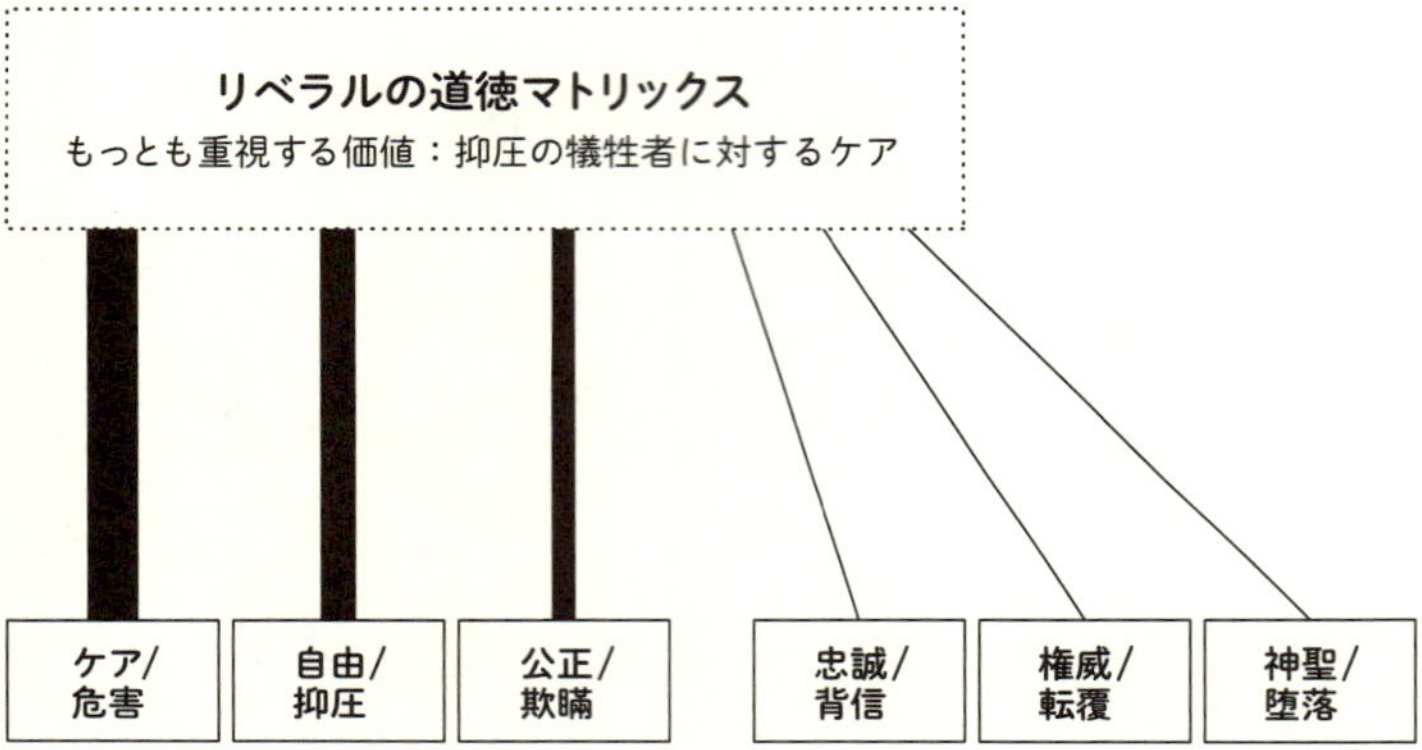

これらを否定するわけではない（リベラルによる自然の神聖化を考えてみればよい）。したがって、これらの基盤に対応する線は、引きはするが細くした。リベラルは独自の価値観をいくつか持っているが、彼らがもっとも神聖なものと考えている価値、すなわちそれにうっかり触れると感電する「第三レール（架線ではなく三本目のレールによって電車や電気機関車に電源を供給する仕組み）」を特定することは重要だろう。一九六〇年代以来、アメリカのリベラルにとっての「第三レール」は、抑圧の犠牲者を気づかうことであり続けてきたと私は考えている。リベラルは、自己の利害のために抑圧の犠牲者を非難する者、あるいは彼らが神聖視する犠牲者グループに向けられた偏見を容認する者に対しては、激烈な部族的反応を示す。[*48]

YourMorals.orgでの発見は、弱者への気づかい、階層制や抑圧への抵抗、そして社会問題の解決のために法、伝統、制度を変えることへの関心を強調する、「リベラリズム」の一般的な定義と合致する。[*49] リベラルのラジオ司会者ギャリソン・キーラーは、現代アメリカの左派の精神と自己イメージを、次のようにうまくとらえている。

私はリベラルだが、リベラリズムとは、いたわりの政治のことだ。リベラルは寛容、寛大さ、共同体精神、強者からの弱者の保護、学び、信仰の自由、アートと詩、都市生活などといった、アメリカをかくも価値ある国にしているもののために戦っているのだ。[*50]

いたわりや詩のために自分の命を犠牲にしたアメリカ人がどれくらいいるのかはよくわからないが、この発言が示す道徳マトリックスは、健全な社会に欠かせない、以下の二つのポイントへと、リベラルを一貫して導いてきたことは確かだと思う。

ポイント1――政府は企業という超個体を抑制可能であり、実際にそうすべきである

私は映画『アバター』（米・二〇〇九年）のファンだが、この映画には私が目にしたもっとも愚かな進化思考が含まれている。私には、自らが進んでエサになり、あらゆる生物が調和して生きていけると信じるくらいなら、空に浮かぶ島のほうがよっぽど信じられる。とはいえ、大いにあ

りそうに思われる未来描写が一つある。それは、数世紀未来の地球を、国家を手下として使う企業に支配された世界として想定している点だ。第9章で私は、生命の進化における「主要な移行」について取り上げた。そのとき、この移行によって出現した超個体《スーパーオーガニズム》は、自らの生存に有利な場所《ニッチ》を支配し、生態系を変え、ライバルを絶滅もしくは辺境に追いやったと、また第10章では、企業は超個体であると述べた。それは超個体のようなものではなく、まさしく超個体そのものだ。したがって過去を導きの糸とするなら、企業は進化するにつれ、そしてその国の法や政治を自らの都合に合わせて作り変えるにつれ、さらに強力になることが予想される。最大規模の企業に対抗可能な、現存する唯一の勢力は国家政府であり、いくつかの政府は、徴税や規制を実施する力や、企業が強大になり過ぎた場合にはそれを分割する能力を依然として保持している。

経済学者はときに「外部性」という用語を使う。これは当該の取引を承認していない第三者が、それによって受ける損失《コスト》（や利益）を指す。たとえば、ある農夫が収穫量を増やそうとして新しい農薬を使い始めたために、それが近辺の河川へ流出して汚染が広がったとする。この場合、農夫自身は利益の増加を確保できるが、彼が下した決定によって生じたコストは他人がかぶることになる。別の例をあげると、ある工場式畜産場が家畜を迅速に太らせるための効率的な方法を採用したために、家畜の消化器官や骨に障害が生じるようになったとする。このケースでは、畜産場は利益の増加を見込めるが、家畜はそのコストを支払わねばならない。企業は、株主のために利益の最大化を義務づけられている。そのために、外部性の形態で他者にコストを押しつけることを含め、(合法的でありさえすれば) コスト削減に結びつくいかなる機会も見逃さないよう目を光らせている。

とはいえ、企業の活動に異を唱えたいのではない。私は単にグラウコン主義者であるだけだ。企業は一般に、衆人の目の届くところでは、そして特に、庶民に対する外部性の押しつけをスクープしようと狙うメディアの眼差しのもとでは、できる限り問題を起こさないように振る舞う。しかし多くの企業は、高度に秘密主義的で不透明な事業を展開し (たとえばアメリカの巨大な食品加工業者や工場式農場)[*51]、とりわけ合衆国最高裁判所が、無制限の選挙費援助支出の「権利」を企業や組合に認める判決を下した今となっては[*52]、本来規制する立場にあるはずの政治家や連邦機関を取り込んだり、彼らに影響を及ぼしたりする能力を手にしている。ギュゲスの指輪を与えれば、おそらく生態系、金融、公衆衛生などに壊滅的なダメージをもたらすに違いない。

「政府の主要な機能は、市場を歪曲し、他者 (法廷で自らを守る力のない貧民、移民、家畜などの弱者) に外部性を押しつけようとする企業から、公共の利益を守ることにある」とするリベラルの見解は正しい。市場が効率的に機能するためには、政府の規制を必要とする。確かにリベラルはときに行き過ぎ、反射的に反企業の立場を取ってしまうことが多いが、その態度は功利主義的観点からすれば大きな間違いだ。[*53] だが、企業の行動を、いつ、そしていかに制限し、規制すべきかを、陰と陽のあいだで綱引きしながらつねに議論することは、健全な国家の維持には欠かせない作業なのである。

ポイント２——規制によって解決できる問題もある

一九五〇年代から六〇年代にかけて自動車の所有台数は急激に増え、そのため排気ガスに含有される鉛の成分が大気中に放出される量も増大し、一九七三年には年間二〇万トンに達していた。[*54] ちなみに一九三〇年代から、ガソリン精製所は精製プロセスの効率化を図るため、ガソリンに鉛を添加するようになった。排気ガス排出量の急増によって、鉛がアメリカ人の肺、血流、脳に入り込み、何百万もの子どもの知能の発達を阻害し始めたことを示す証拠があがっていたにもかかわらず、化学産業は何十年も、ガソリンへの鉛の添加を禁じようとするすべての動きを封じることができた。これは、企業という超個体が、あらゆる手段を駆使して、破壊的な外部性を庶民に押しつける能力を維持し続けようとした典型例である。

カーター政権〔民主党の第三九代大統領。任期は一九七七－八一年〕は、有鉛ガソリンを徐々に部分的な廃止の方向にもっていこうとするが、ロナルド・レーガンが、米国環境保護庁の持つ、新規制の起草能力や、既存の規制の実行能力を剝奪したときに、その流れは逆行する。しかしその後、子どもを守るために化学産業のやり方に反対する下院議員の超党派グループが結成され、一九九〇年代には有鉛ガソリンの精製は完全に禁じられる。[*55] この公衆衛生のための政府の介入は奇跡をもたらし、子どもの血中の鉛の濃度は、ガソリンの鉛含有率の低下と密接に連動して下がった。そしてここ数十年間におけるＩＱ上昇は、それによって得られた効果だとされている。[*56]

さらに驚くべきことに、一九七〇年代後半から始まった段階的な規制が、一九九〇年代に生じた犯罪激減の大きな要因である可能性を報告する研究がいくつか存在する。[*57] 一九五〇年代から七〇年代後半になるまで、何千万人の子どもたち、とりわけ大都市に住む子どもたちは、体内に蓄積された高濃度の鉛によって、成長期に知能の発達を阻害された。一九六〇年代から九〇年代前半までは、こうして育った少年たちが大挙して犯罪に走る傾向が続き、それがアメリカ全体を恐怖に陥れ、ひいては右傾化させたのだ。しかしこれらの若者たちは、やがて脳に鉛を蓄積していない（したがって衝動をうまくコントロールできる）新世代の若者たちにとって代わられ、それが犯罪激減の理由の一つになったと考えられている。

デュルケーム流功利主義の観点から見て、政府の介入によって公衆衛生の問題を解決した実例として、これ以上適切なものを探すのはむずかしい。有鉛ガソリンの精製禁止という一つの規制によって、無数の生命が救われ、IQ、経済、道徳資本のすべてがいっぺんに改善されたのだから。[*58] また、神経系に悪影響を及ぼす環境汚染物質は何も鉛だけではない。幼い子どもがPCB（ポリ塩化ビフェニル）、有機リン（殺虫剤に含まれていることがある）、メチル水銀（石炭燃焼時の副産物）にさらされると、IQが下がり、ADHD（注意欠陥・多動性障害）を引き起こす危険性が高まる。[*59] これらの脳障害を考慮に入れた今後の研究によって、環境汚染物質と暴力や犯罪の関係についても明らかにされるのではないだろうか。犯罪に対処するためのもっとも費用のかからない（かつ人道的な）方法は、刑務所を増設することではなく、環境保護庁により多くの予算と権限を与えることなのかもしれない。

リベラルによる市場介入や社会工学の試みが、つねに予期せぬ結果を招いていると批判する保守主義者は、それらがプラスに作用する場合もあるという点を考慮すべきだ。また、市場は規制よりもよい解決方法を生むと主張するのなら、もう一歩踏み込んで、多くの市場で生み出されている危険で不当な外部性を排除するためにいかなる計画を準備しているのかを、もっと明確に説明すべきである。[*60]

陽1――リバタリアンの知恵

リバタリアンは、ときに社会的な面ではリベラルで（セックスや麻薬などのプライベートな領域に関しては個人の自由を強調する）、経済的な面においては保守的（自由市場を擁護する）と言われているが、そんな状況からも、アメリカでのこれらの用語の使用が、いかに混乱しているかがわかる。

リバタリアンは、市場や人民を、王や聖職者のくびきから解放するために戦った一八～一九世紀の啓蒙主義改革者の系譜を継いでいる。彼らは自由を愛し、神聖化さえする。彼らの多くは、できればリベラルに見られたいと願っているが、[*61] リベラリズムが一九世紀後半に二つの陣営に分裂したときから、アメリカではリバタリアンを「リベラル」と呼ばなくなった（ヨーロッパでは事情は異なる）。リベラルのなかには、強力な大企業や巨万の富を築いた資本家を、自由に対する大きな障害と見なす者も現れる。これらの「新しいリベラル（「左派リベラル」「進歩主義者」などとも呼ばれる）」は、国民の利益を守り、情け容赦のない産業資本主義に打ちのめされた大勢の犠牲者を救う力を持つ唯一の勢力として政府をとらえる。それに対し、政府の存在を自由に対する大きな脅威と見なすリベラルは、「古典的リベラル」「（いくつかの国では）右派リベラル」「（アメリカでは）リバタリアン」と呼ばれている。

進歩主義的な道のりを歩もうとする人々は、政府を自由の保護者としてのみ考えるのではなく、市民の、そしてとりわけ自力でわが身を守れない弱者の福祉の向上に役立てようとし始める。進歩主義的な共和党員（セオドア・ルーズヴェルトなど）や民主党員（ウッドロー・ウィルソンなど）は、独占企業を細分化する、あるいは労働管理方法の規制や、食品や薬品の品質保証を担う新たな政府機関を設立するなどして、次第に強大化する企業の力を制限する方針をとる。進歩主義的な改革のなかには、義務教育やアルコール類の販売禁止など、個人の生活や自由に深く食い込むものもあった。

このような二つの道への分岐は、リベラルの道徳マトリックス（図12・2）にもうかがえる。図からもわかるように、それはおもに〈ケア〉および〈自由〉という二つの基盤に依存している（これらの他にいくぶん〈公正〉基盤が加わるが、それは多かれ少なかれ誰もが比例配分の価値を認めるからだ）。さて、一九〇〇年の時点で、〈ケア〉基盤に重点を置き、他人の苦しみを切実に感じていたリベラルの一派〔現在のリベラルの系列〕が、進歩主義的な左へ向かう道を歩み始めるのに対し、〈自由〉

図12.3　アメリカのリバタリアンの道徳マトリックス

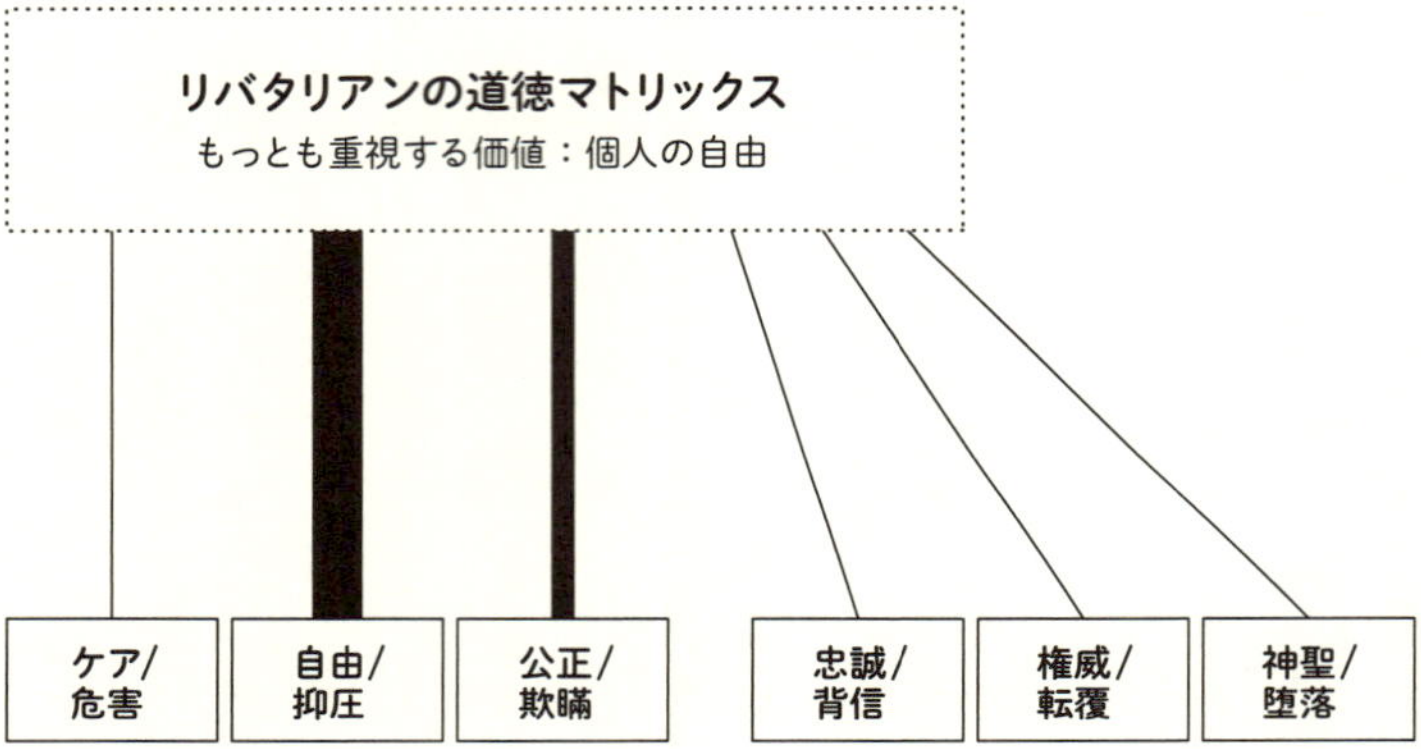

基盤をより重視し、自由に対する制限に激しい痛みを感じていたリベラルの一派〔現在のリバタリアンの系列〕は、前者の道をとろうとはしなかった（図12・3）。実際、リバタリアンの作家、ウィル・ウィルキンソンは最近、「リバタリアンとは、基本的に市場を愛し、弱者への同情を大げさに表現しないリベラルのことだ」と述べている。[*62]

YourMorals.orgを利用した私たちの調査によって、ウィルキンソンの言葉は正しいことがわかった。ラヴィ・アイヤーとセナ・コリヴァの率いるプロジェクトで、私たちは一万二〇〇〇人のリバタリアンによって記入された数十の調査項目を分析し、数万人のリベラル、保守主義者の回答と比較してみた。すると、性格に関する調査項目のほとんどについて、リバタリアンは保守主義者よりリベラルに類似することがわかった。たとえば、リバタリアンとリベラルはどちらも、経験に対する開放性においては保守主義者よりスコアが高く、嫌悪を催させるものに対する感受性と誠実さにおいて低かった。道徳基盤質問票による調査では、〈忠誠〉〈権威〉〈神聖〉基盤のスコアがきわめて低いという点で、リバタリアンはリベラルと同じだった。リバタリアンとリベラルの違いがはっきりと現れたのは次の二点においてである。リバタリアンは〈ケア〉基盤のスコアが（保守主義者と比べてさえ）非常に低かったことと、経済的な自由に関して新たに追加したいくつかの質問に対するスコアが極端に高かったことだ（保守主義者より若干高く、リベラルよりはるかに高い）。

「たとえ個人の自由や選択を制限する結果になっても、政府は公共の利益をもっと追求すべきだと思いますか？」という典型的な質問を例にとると、それに「はい」と答える人はリベラルの可能性が高く、「いいえ」と答える人はリバタリアンか保守主義者のどちらかであろう。リベラル（進歩主義者）とリバタリアン（古典的リベラル）への分裂は、まさしくこの問いをめぐって一世紀以上前に生じ、今日のデータにもそれがはっきりと現れている。一九三〇年代以来、リバタリアンの理想を抱く人は共和党を支持してきたが、それはリバタリアンと共和党支持者は共通の敵を持っていたからだ。つまり、（リバタリアンにとって）アメリカの自由と、（社会保守主義者にとって）道徳を破壊しているように見える、「リベラルの福祉社会」という敵である。

多くの点でリバタリアンは正しいと私は考えているが、[*63] リベラリズムに対する彼らのカウンターポイントを一つだけあげておこう。

カウンターポイント1――市場は奇跡だ

二〇〇七年、デイヴィッド・ゴールドヒルの父が、病院でうつされた感染症で死亡した。この不要な死の真相を究明すべく、ゴールドヒルは、起こる必然性のない感染によって年間およそ一〇万人の患者を死亡させている、アメリカの医療制度について書かれた文献を渉猟し始めた。そして、衛生に関する手順を列挙したごく単純なチェックリストを用いれば、死亡率を三分の二削減できるにもかかわらず、多くの病院ではそれが採用されていないという事実を知った。

ビジネスマンで民主党支持者のゴールドヒルには、ごく単純な手段でそれほど大きな効果が得られるというのに、なぜそれを見過ごせるのかが不思議だった。ビジネスの世界では、かくも効率の悪い企業はすぐに倒産するだろう。医療制度について学べば学ぶほど、彼は、うまく機能する市場の存在なしには、商品やサービスの提供がきわめて非効率になり得ることを実感した。

二〇〇九年、ゴールドヒルは『アトランティック』誌に「アメリカの医療はいかに私の父を殺したか」と題した挑発的な記事を寄稿する。[*64] 彼の指摘の一つは、保険を使って日用品を購入することの愚に関するものである。通常私たちは、大きな災厄に備えて保険を購入する。リスクを分散させるために、保険という溜め《プール》を他の人々と一緒に形成するのだ。そして保険金を受け取らねばならない事態に遭遇しないことを願う。それに対し、日用品に関しては、安価で高品質な商品を探して自前で払う。ガソリンを購入するために自動車保険を使ったりはしない。

今度スーパーに買い物に行ったとき、グリーンピースの缶詰をよく観察し、それができるまでに投入された数々の労働、たとえば農夫、トラックの運転手、スーパーの店員、鉱夫、缶製造工場の従業員の作業について思い巡らしてみてほしい。すると、一ドル以下でグリーンピース缶が買えることがいかに奇跡的かがわかるはずだ。あなたが缶詰を手にするまでのあらゆる過程において、一セントでも安い工程を実現できた者が競争に生き残る。神がこの世界を創造し、私たちが利益を享受できるよう整備してくれたのだとすれば、自由市場と見えざる手は、まさしく神の最有力候補だ。そう考えてみれば、リバタリアンが、自由市場を神のごとく崇める理由がわかるであろう。

ここで、食料品にかかる費用を保険で支払う仕組みが浸透した社会を想像してみる。それは次のようなシナリオになる。食料品スーパーの商品には値札がついていない。内容物の簡単な説明書きが貼られているだけなので、商品同士の比較もむずかしい。あなたはショッピングカート一杯分の商品をレジに持っていく。店員はあなたの食料品保険カードをスキャンし購入商品を記録する。それからあなたは、定額手数料の一〇ドルだけを支払って家に商品を持ち帰る。月末に利用明細を受け取ると、そこには費用の大部分は食品保険会社が支払うが追加料金一五ドルを送金しなければならないと書かれている。手数料と合わせ二五ドルでカート一杯分の食料品を購入できたのだから大バーゲンだと思うかもしれないが、実際には毎月保険料二〇〇〇ドルを払い込むときに、あなたは食料品にかかる費用を負担している。

さて、食料品スーパーは保険会社から代金を、保険会社は被保険者から保険料を受け取る、このようなシステムのもとでは、食料品の生産にかかるコストを下げたり、その質を向上させたりする革新的な方法を発明しようと思い立つ者はほとんどいない。そしてスーパーは、消費者にとっての商品の価値とは無関係に、高額の保険金をもたらす商品ばかりを置くようになり、保険コストは上昇し始める。

保険コストが上がると、多くの人々は保険を購入できなくなる。そのため〈ケア〉基盤によって義憤に駆られた）リベラルは、貧者や高齢者のために食料品保険を購入する新たなプログラムを実施するよう政府に働きかける。しかしひとたび政府が食料品の主要な買い手になると、食料品スーパーと保険業界の成功は政府からの収益に大きく依存するようになる。あっという間に政府は、グリーンピース缶一個に三〇ドルを支払わねばならなくなり、ひいては食料品保険購入に必要な巨額の政府支出を埋めるためだけに、私たち一人ひとりが給料の二五パーセントを納税する破目になる。

ゴールドヒルは、それこそまさに私たちがしてきたことだと言う。消費者が価格を考慮に入れながら買い物をしなくなると、すなわちつねに他の誰かが、自分のした選択の支払いを肩代わりするようになると、状況は途端に悪化する。専門家を集めて委員会を開き、グリーンピース缶の上限価格を決めるわけにはいかない。市場の働きによってのみ、需要と供給、そして創意工夫が連動して最大限安価なグリーンピース缶（そして医療）の値段が決まるのだ。[*65] たとえばレーシックと呼ばれる、レーザーを用いた視力回復手術の市場があるが、眼科医は顧客を引き寄せるために激しい競争を繰り広げている。めったに保険が効かないので、顧客は手術にかかる料金を考慮に入れなければならない。そのため料金は、レーシック手術が実施されるようになってから今日に至るまでに八〇パーセントも下がっている。なお、アメリカ以外の先進国のなかには、政府による医療コストのコントロールに比較的成功している国もあるが、そのような国にあってさえも財政破綻を招きかねないコストの急激な上昇に直面している。[*66] アメリカ同様、税の引き上げや、サービスの削減を実施する政治的意思を欠くケースが多い。

「選択は人々の手に委ねるべきだ。また、それによって生じるコストや利益は、個人が自分で負担したり受け取ったりすべきだ。そうすれば〈自発的な秩序〉という奇跡が生まれる」とリバタリアンが語るとき、人々はその言に耳を傾けるべきである。[*67] リベラルは、ケアと同情に背中を押されて市場の働きに干渉することがあるが、その結果大きな災厄がもたらされる場合もある（もちろん前述の通り、市場が正常に機能するべく歪みを是正するために政府の介入が必要なケースも多い）。リベラルはさまざまな目的で政府を利用したがるが、医療費の支出は他のあらゆる可能性を締め出すほど過大に扱われている。あなたの住む自治体、州、政府が今や破産状態にあると思うのなら、ベビーブーマー世代に属する人々がすべて引退するのを待つことだ〔第1章にあるように、ベビーブーマー世代は一般にリベラルだとされている〕。

通常リベラルは、ダーウィンを支持し、自然世界の意匠と適応を「インテリジェントデザイン」

〔反進化論の考え方の一つだが、創造論者のように「神の創造」を前面に出さず、「神」を「知的な存在」と言い換え、科学の装いを凝らすことで進化論を否定する〕によって説明することを否定しておきながら、経済世界の意匠と適応の説明としてアダム・スミスの理論を支持しないのは、私には皮肉に思える。彼らは社会主義経済という「インテリジェントデザイン」を選好することもあるが、功利主義的観点に拠れば、その方針は災いのもとだ。[68]

陽2——社会保守主義の知恵

ミルの定式化に従えば、保守政党は「秩序と安定の政党」である。彼らは一般に、「進歩と改革の政党」によって実施された、変化の政策に反対する。しかしこのような言い方は、まるで保守主義者が、変化を恐れて時間の進行を止め、リベラルの進歩主義的物語が謳歌する「人間の高貴な願望」を押しつぶす妨害者であるかのように思わせる。

保守主義者のポジティブな側面は、より広い道徳マトリックスを持つがゆえに、リベラルの目には入らない、道徳資本に対する脅威を検知できることだ。彼らはすべてのものごとに反対するわけではない（たとえばインターネットには反対していない）。しかし、道徳の枠組みを形作る（家族などの）制度や伝統が破壊されていると思ったときには、激しく変化に抵抗する。制度や伝統の保護は、彼らにとってもっとも神聖な価値を帯びた営為なのだ。

図12.4 アメリカの社会保守主義者の道徳マトリックス

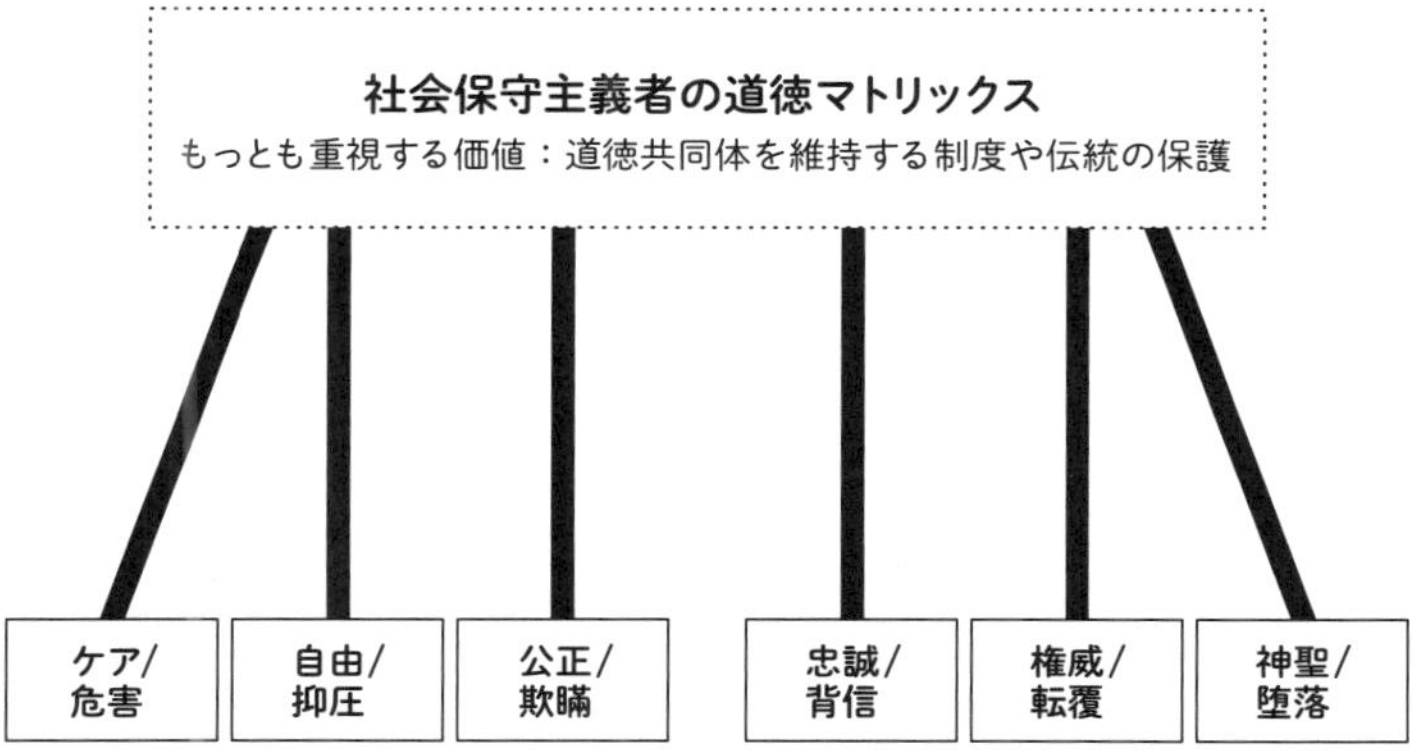

たとえば歴史家のサミュエル・ハンチントンは、「保守主義は、(一八世紀フランスにおける君主制にしろ、現代アメリカの立憲政治にしろ) それが神聖化する特定の制度によっては定義できない」と述べている。さらに「むしろ、社会の基盤が脅威にさらされるとき、保守主義者のイデオロギーは、いくつかの制度の必要性と、既存の制度の望ましさを人々に思い起こさせる」と続ける。[*69]

YourMorals.org の調査で、社会保守主義者は、六つの道徳基盤のすべてにほぼ等しい価値を認め、他のいかなるタイプの人々より広い道徳的関心を持つことが明らかになっている(図12・4)。この幅の広さ、とりわけ〈忠誠〉〈権威〉〈神聖〉基盤を重視する度合いが比較的高いことが、デュルケーム流功利主義的観点から見て価値ある洞察を、彼らに与えているのであろう。

カウンターポイント2——コロニーの破壊ではミツバチを手助けできない

リベラルは排除を嫌う。私が参加した数年前の講演会で、ある哲学教授が国家の合法性にケチをつけていた。彼は次のように言った。「それは地図上の恣意的な線に過ぎない。どこかの誰かが勝手に線を引いて〈ここからこっちはわれわれのものだ。他のやつらは入ってくるな〉と言ったのも同然だ」と。誰もがこの教授と一緒に笑っていた。私の最近の講義でも、宗教による排除を嫌う同様な傾向が見て取れた。「宗教は社会にとって有益なことが多い」という私の主張に驚いたある大学院生が、「でも、宗教はどれもこれも排他的です」と言ったのだ。その意味を尋ねると、彼女は「カトリック教会は自分たちの教えを信じない人を受け入れない」と返答した。「本気で言っているのだろうか？」と思った私は、「UVAの大学院は教会以上に排他的だよ。志願者のほとんどを不合格にしているのだからね」と指摘した。そして議論を通して、彼女の最大の関心は、差別の犠牲者、とりわけ多くの宗教から排除されている同性愛者に対するものだと明らかになった。

この手のコメントを聞いていると、あの忘れがたい名曲『イマジン』で、ジョン・レノンはリベラルの夢を実にみごとにとらえていたことに思い当たる。国も宗教もない世界を想像してみよう。私たちを隔てる国境や境界を消し去ることができるのなら、世界はきっと「一つ」になるだろう。これはいわばリベラルの天国だが、そんな世界はすぐに地獄と化すはずだと保守主義者は考えている。思うに保守主義者の直観は正しい。

本書を通して、大規模な社会は人類が達成した奇跡的な成果であることを、そして、複雑な道徳心理が、宗教や、部族、農業などのその他の文化的な発明とともにいかに進化し、今日の私たちへと人類を導いたかを論じた。さらには、私たち人類は集団選択を含めたマルチレベル選択の産物であることを、また、「郷党的な利他主義」が、人類をかくも偉大なチームプレイヤーにしている要因の一つであることを述べた。部外者をいずれ排除し始めるのは必至としても、私たちは集団を必要とし、愛し、それを通して美徳を身につけていく。あらゆる集団を破壊し、すべての内部構造を解体してしまったなら、道徳資本もすべて失われるだろう。

保守主義者はこの点をよく理解している。一七九〇年、エドマンド・バークは次のように述べている。

> 小さな一画に結びつけられること、社会のなかで自分が所属している小隊を愛すること、これらは公的な愛情の第一原理（いわば萌芽）であり、祖国愛や人類愛へと至る道を踏み出す第一歩なのだ。[*70]

同様にアダム・スミスも、愛国主義と郷党心は、改善できる部分を改善する努力へと人々を導くがゆえによきものだと、次のように論じている。

人間の感情システムを作り出した知恵は、（……）各人の第一の関心を、彼らの能力と理解の及ぶ特定の部分に向けさせれば、人類が築き上げてきた偉大な社会の利益がもっとも効率よく得られるであろうと判断したようだ。*71

これはまさしくデュルケーム流功利主義であり、集団を形成しようとする人間の本性をよく理解している功利主義者によって発せられた言葉だ。

ロバート・パットナムは、バークとスミスの言葉の正しさを示す証拠を数多くあげている。前章で私は、宗教がアメリカ人を「よき隣人」「よき市民」にするという彼の発見を、また、人々をより有徳にする実践活動を通して、同じ宗教を信奉する者のあいだに堅固な関係が結ばれるという結論を紹介した。人々を強力な信頼のネットワークへと結びつけるいかなるものも、利己主義の緩和をもたらすのだ。

パットナムは初期の研究で、人種の多様性にはそれとは逆の効果があることを見出している。「多から一へ」という意義深いタイトルの論文によると、彼はアメリカの数百の地域社会における社会関係資本のレベルを調査し、人種の多様性の程度や移民の割合が高いと、その低下が引き起こされるらしいということに気がついた。この発見自体は何ら驚くことではないかもしれない。「一般に人は人種差別主義者であり、自分たちとは異なる人々を信用しようとはしない」と考えても不思議ではないからだ。しかしその見方はどこかがおかしい。パットナムの調査では、社会関係資本は、集団間の、すなわち異なる価値観とアイデンティティを持つ人々のあいだの信用に関する橋渡し型資本と、集団内の信用に関する結合型資本の二タイプに区分できた。彼は、多様性がこれら両タイプの社会関係資本を低下させることを発見し、次のように結論する。

多様性は、内集団／外集団の分裂ではなく、アノミーや社会的な孤立を引き起こすように思われる。わかりやすく言うと、多様な人種が集まる環境のもとで暮らす人々は「頑なになる」、つまりカメのように引きこもってしまうらしい。

パットナムは（アノミーなどの）デュルケームの着想を援用して、なぜ多様性が人々を内向きかつ利己主義的にし、地域社会への貢献に対する人々の関心をそぐのかを説明する。パットナムがカメのような引きこもりと呼ぶ態度は、私の言うミツバチ的な結束とはまったく逆の現象だ。

リベラルは、抑圧と排除の犠牲者を支援する。人種差別、あるいは最近では性的指向に基づく差別など、恣意的に築かれた障害を打破するために奮闘する。しかし犠牲者を救おうとする彼らの熱意は、〈忠誠〉〈権威〉〈神聖〉基盤への依存度の低さのゆえに、集団、伝統、制度、道徳資本を弱体化させる結果に至っているケースが多々ある。たとえば一九六〇年代、都市に住む貧民を救おうとする彼らの努力によって福祉プログラムが実施されたが、この政策は、結婚に対する人々の価値観を損ない、未婚の父母を増やし、アフリカ系アメリカ人家族の紐帯を弱めた。[*72] 七〇年代には、教師や学校を訴える権利を学生に与えようとした結果、学校の権威や道徳資本が浸食され、とりわけ貧しい人々に害を及ぼす無秩序な環境を生んだ。[*73] 八〇年代になると、スペイン系移民を援助する努力は、共通の価値観やアイデンティティではなく、アメリカ人同士の差別を助長する結果につながる多文化教育プログラムの実施に至った。差異を強調することは、人種主義を緩和するのではなく強化する結果になるのだ。[*74]

このように考えてみると、あたかもリベラルは、たとえコロニーを破壊することになっても、その構成メンバーたるミツバチ（実際に助けを必要としている）を救おうとしているかに見える。そのような「改革」は、結局社会全体の福祉を損ない、リベラルが助けようと思っていた犠牲者に、さらなる害を及ぼすことすらある。

よりよい政治のために

陰と陽の考え方は、集団の調和を重視する古代中国の文化にその起源を有するが、一神教が最初に誕生した古代の中東においては、調和よりも戦争のメタファーがより一般的だった。三世紀のペルシアでは、預言者マニが、この世は光（絶対善）と闇（絶対悪）の勢力のせめぎあいの場だと説いた。そして善と悪の両方を内に秘めた人間は、この戦場の最前線に立ち、どちらかの側に立って戦わなければならないと考えた。

マニの教えはマニ教へと発展していったが、この宗教は中東全域に浸透し、さらには西洋思想にも影響を及ぼした。マニ教の観点から政治をとらえれば、妥協は罪になる。神と悪魔は超党派的宣言などしないし、私たちもそうしてはならないとされている。

一九九〇年代前半以来、最初はワシントンで、それから各州都において、アメリカの政治は次第にマニ教的になり、その結果辛辣な態度がはびこって停滞し、超党派的な協力はますます望み薄になりつつある。この傾向に対して何ができるのだろうか？ 多数のグループや組織が、市民と議会の両方に対し、市民としての節度をわきまえながら行動することを誓い、あらゆる人々を公正な目で見るよう働きかけてきた。私には、そのような誓いがうまく機能するとは思えない。〈乗り手〉がいくら誓いを立てようが、〈象〉はそれだけでは抑えきれないからだ。

私の考えでは、このジレンマを解決するためには、心理学者と政治学者が協力し、マニ教的な二極化の基盤を間接的に切り崩すために、何を変えるべきかを見極める作業を進めなければならない。私は、二〇〇七年にそのための会議をプリンストン大学で主催した。その会議で私たちは、二極化の大部分は避けられないという見解で一致した。二極化は、一九六四年にリンドン・ジョンソン大統領が公民権法に署名した後に生じた、政界再編成の当然の結果と見なせる。〔「南部の経済に大きな打撃を与える奴隷解放宣言に署名した」リンカーンが共和党員だったため〕南北戦争以来、民主党の堅実な地盤だった保守的な南部諸州の民主党離れが始まり、一九九〇年代には、南部は逆に共和党の堅実な地盤と化す。この再編成が起こるまでは、両党にリベラルと保守主義者がいたので、議会で両党が協力し合う超党派グループの結成がたやすくできた。しかし再編成後は、上院にも下院にも重なりはもはや見られなくなる。かくして今日では、もっともリベラルな共和党員は、もっとも保守的な民主党員より保守的である。そしてひとたび両党が、リベラルもしくは保守主義の党として純粋な理想に走り始めると、マニ教的な二極化もますます激化していくのだ。[*75]

しかしこの会議で私たちは、この傾向を逆転させる可能性を持ついくつかの要因も学んだ。この会議でもっとも印象的だったのは、アイオワ州の元共和党議員ジム・リーチが語った、一九九五年に始まった変化に関する次のような話だ。共和党のニュート・ギングリッチは、下院議長に就任したとき、ワシントンに集まる大勢の共和党議員に、家族を地元に残してくるよう促した。それ以前は、両党の議員は週末には同じイベントに参加し、配偶者たちは友人同士になり、子どもたちは同じスポーツチームに所属していた。しかしそれが今や、ほとんどの議員は月曜日の夜に飛行機でワシントンにやって来て、それから三日間、両党の議員がおのおの肩を寄せ合いながら議会で激しい討論をし、木曜日の夜に地元に帰るようになってしまった。つまり両党間の交流はなくなり、マニ教的な二極化と焦土作戦のような政治が蔓延し始めたのだ。

家族をワシントンに呼び寄せるよう、どう議員に説得すればよいのか私には皆目見当がつかないし、今日の敵意に満ちた雰囲気のなかでは、そうしたところで両党間の交流が再開される保証もない。とはいえ、この話からは、間接的に〈象〉の態度を変えるための一つのヒントが得られるかもしれない。[*76] より建設的な社会関係を育むためにできることをして直観を変え、それによってその影響下にある思考と行動を変更できるのではないか（「まず直観、それから戦略的な思考」）。マニ教的な二極化の緩和をもたらし得るその他の制度変更としては、予備選挙の方法、選挙区の区割り、選挙資金の調達方法の変更などが考えられる（www.CivilPolitics.org を参照されたい）。

問題は政治家に限られない。テクノロジーと居住区の変化によって、似た者同志が心地よい繭のなかに固まるようになった。一九七六年の時点では、有権者が民主党か共和党のいずれかを二〇パーセント以上の差で支持する、いわゆる「圧勝郡」に住んでいたのは、アメリカ人の二七パーセントにすぎなかった。以後この数字は着実に上昇し、二〇〇八年には、圧勝郡に住むアメリカ人は四八パーセントを占める。[*77] アメリカの郡や市町村は、投票、嗜好、職業、信仰のあり方が均質化した「ライフスタイルの飛び地」をますます形成しつつある。ホールフーズ・マーケット［「グルメ・スーパーマーケット」と呼ばれ、高級志向］を見かけたら、その郡は八九パーセントの確率でバラク・オバマを支持すると考えてよい。共和党支持者を探したければ、クラッカーバレル・レストラン［クラッカーバレルは「素朴な」という意味で、古き良きアメリカ的チェーン店］のある郡に行けばよい（該当する郡の六二パーセントがマケインに投票した）。[*78]

道徳は、人々を結びつけると同時に盲目にする。「それは反対陣営に属する人々のことだ」と思う人もいるだろうが、そうではない。私たちは皆、部族的な道徳共同体に取り込まれてしまうのだ。一つの神聖な価値観のまわりに肩を組んで集い、なぜ自分たちはかくも正しく、彼らはいかに間違っているかを説明し、合理化する議論を繰り返す。私たちは、異なる見解を持つ人々が真理、理性、科学、常識に対し盲目だと考えたがるが、実のところ、自分たちが神聖と見なす何かに話が及ぶと、誰であれ目がくらんでしまうのだ。

あなたがよその集団を理解したいのなら、彼らが神聖視しているものを追うとよい。まずは六つの道徳基盤を考慮し、議論のなかでどの基盤が大きなウエイトを占めているかを考えてみよう。より多くを学びたいのなら、まず自らの心を開かなければならない。他集団のメンバーと、少なくとも何か一つのものごとに関して交流を持てば、彼らの意見にもっと耳を傾けられるようになり、もしかすると集団間の争点を新たな光のもとで見られるようになるかもしれない。当然、同意できない場合もあろう。だがそれによって、たとえ見解の不一致は残ったとしても、マニ教的な二極化を脱して、より互いを尊重し合える建設的な陰と陽の関係を築けるのではないだろうか。

まとめ

イデオロギーは無作為に選択されるのではない。人は、自分が遭遇したすべての考え方を何でもかんでも取り込むのではない。新しさ、変化、多様性には特別な喜びを感じるが、脅威の兆候に鈍感な脳の形成を導く遺伝子を持つ人は、リベラルになる素質を備えている（とはいえ、そう運命づけられているわけではない）。そして、左派の政治運動が語る大きな物語（進歩主義者の物語など）

にやがて共鳴する下地となる、「適応性格」や「人生の物語」を築き始める。それとは反対の遺伝子を持つ人は、同じ理由によって右派の大きな物語（レーガンの物語など）に共鳴する資質を備えている。

ひとたび何らかの政治グループに参加すると、人はそのグループの道徳マトリックスに深く関わり始め、グループの大きな物語の正しさを再確認させるできごとに、至るところで出会うようになる。そして、自グループの道徳マトリックスの外側から議論を仕掛けられても、自分の間違いを認めることはまずない。また、リベラルに関して次のことを指摘した。リベラルは〈忠誠〉〈権威〉〈神聖〉の三つの基盤がなぜ道徳と関係し得るのかを理解していないことが多く、したがって彼らが保守主義者を理解するのは、その逆のケースより難しい。とりわけ彼らは、道徳共同体の維持に必要な資源である道徳資本の意義を理解しようとしない。

リベラルと保守主義は陰と陽の関係にある。ジョン・スチュアート・ミルが言うとおり、両者とも「健全な政治に必要な要素」だ。リベラルはケアの専門家であり、既存の社会システムのゆがみのゆえに生まれた犠牲者を巧みに見分け、状況の改善を求めてたゆまず私たちに働きかける。ロバート・F・ケネディはかつて次のように言った。「人は現状を見て、なぜこうなのかと疑問に思う。私はまだ実現していないことを夢見て、できないはずはなかろうと考える」と。この道徳マトリックスは、健全な社会にとって何よりも大切な次の二点の理解へとリベラルを導く。

①政府は企業という超個体を抑制する能力を持つ。そして実際に企業の暴走に歯止めをかけるべきである。
②大きな問題には、規制によって解決できるものもある。

その一方、(自由を神聖視する)リバタリアンと(特定の制度や伝統を神聖視する)社会保守主義者は、二〇世紀前半以来欧米で大きな影響力を持ってきたリベラルの改革運動に対し、釣り合いをとる役割を果たしている。また、(少なくとも外部性の押しつけなどの問題が解決されれば)市場は奇跡的な仕組みであると主張するリバタリアンと、コロニーの破壊によってミツバチを手助けすることはできないと考える社会保守主義者は正しい。

そして最後に、アメリカ政治におけるマニ教的な二極化の昂進は、宣誓書へのサインや、善人たろうとする決意だけでは解決できないと指摘した。選挙方法や、政治家が議論するための制度や環境を変えられれば、政治はより秩序正しいものになるだろう。

道徳は、人々を結びつけると同時に盲目にする。それは、自陣営があらゆる戦いに勝利することに世界の運命がかかっているかのごとく争うイデオロギー集団に、私たちを結びつけてしまう。そして、どの集団も、とても重要なことを言わんとしている善き人々によって構成されるという事実を、私たちの目から覆い隠してしまうのだ。

結論
Conclusion

本書で私は、人間の本性と歴史を概観する旅へと読者をいざなった。また、私がこれまで打ち込んできた研究対象である道徳心理学は、政治、道徳、そして人類が地球を支配するに至った経緯を理解する大きなカギであることを示した。少し内容を詰め込みすぎたきらいもあるので、最後にもっとも重要なポイントをもう一度押さえることで本書を締めくくろう。

第1部では、「まず直観、それから戦略的な思考」という道徳心理学の第一原理を提起した。私が社会的直観モデルを構築するようになったいきさつを説明したあと、それを用いて「合理主義者の妄想」に挑戦した。第1部のヒーローは、私たちを理性主義から直観主義へと導いてくれたデイヴィッド・ヒュームと、道徳秩序の形成には評判などの外部からの抑制力が必要なことを示したグラウコンだ。

第1部のポイントを手っ取り早く理解したければ、自分と周囲のすべての人々を、巨大な象にまたがる小さな乗り手として想像してみるとよい。そうすれば、まわりの人々にもっと寛容になれるであろう。自分自身も不合理な正当化をしていることに気づけば、ただ単に簡単に論駁できるからといって、他の人の言うことをにべもなく否定しなくなるはずだ。道徳心理学の要諦は、〈乗り手〉の発言に注目することではない。

第2部では、道徳心理学の第二原理「道徳は危害と公正だけではない」を検討した。私は第2部を私自身の体験談から始め、インド滞在中の経験を通じて、自分がそれまで安住していた道徳マトリックスから抜け出し、それとはまったく異なる道徳的な見方に気づけるようになったいきさつを述べた。そして「〈正義心〉は六つの味覚センサーを備えた舌のようなものだ」というたとえを用い、道徳基盤理論と、YourMorals.orgを利用して私たちが実施した、リベラルと保守主義者の心理に関する調査を紹介した。第2部のヒーローは、道徳に対する私たちの視野を広げてくれたリチャード・シュウィーダーと、多くの人々、とりわけ社会保守主義者が、人々を結びつける〈忠誠〉〈権威〉〈神聖〉基盤を重視する理由を示してくれた、エミール・デュルケームである。

第2部から手っ取り早く教訓を得たいのなら、道徳一元論者を疑うべしと提言したい。いついかなる場所でも、どのような人にも適用できる、たった一つの真の道徳が存在すると主張する者には注意が必要だ（それが、たった一つの道徳基盤に依存している場合にはなおさら）。人間社会は複雑であり、何が必要か、何が問題なのかは、状況によって変わる。私たちの心には心理システムの道具箱とも呼べるメカニズムが備わっており、六つの道徳基盤もその一つだ。それによって、さまざまな問題に対処し、よりよい道徳共同体を築くことができる。六つすべてを用いる必要はない。また、たった一つでも、成功する組織や下位文化《サブカルチャー》もあるだろう。しかしあらゆる時代のどのような社会も、特定の道徳基盤（もしくは六つの道徳基盤の特定の組み合わせ）から成る、ある一つの道徳マトリックスに必ず忠実であらねばならないと説く人は、何らかの原理主義者である。哲学者のアイザイア・バーリンは、生涯を通して、世界の道徳的多様性をどう理解すればよいのかという問題と格闘した。彼は道徳相対主義を次のように否定する。

私は相対主義者ではない。「自分はミルク入りのコーヒーが好きだが、あなたはブラックだ。自分は思いやりを擁護するが、あなたは強制収容所が好みだ」などと言いはしない。各人には各人の価値観があり、その事実を否定することや、おのおのの価値観を統合することは不可能だなどと私は考えない。そのような考えは誤りだ。[*1]

その代わりに価値多元主義を提唱し、次のように言う。

私は、文化や気質と同様、人間の理想も多元的であるという結論に達した。（……）無限の価値などというものはない。人間の持つ価値の数、人間であることの本性と外見を保ちながら私が追究できる価値の数は、七四、一二二、あるいは二七かもしれないが、いずれにせよ有限である。これが意味するところは、「ある人がそれらの価値のどれか一つを求めているのなら、それを求めていない私でも、彼がそうする理由を理解できるだろう。言い換えると、その状況下で自分もそれを追求しているところを想定してみれば、それがいかなるものかを把握できるはずだ」ということだ。ここに人間理解の可能性がある。[*2]

第3部では、「道徳は人々を結びつけると同時に盲目にする」という原理を提起した。私たちはマルチレベル選択の産物であり、それによって利己的でありながら集団を形成するホモ・デュプレックスになった。つまり、私たちの九〇パーセントはチンパンジーで、一〇パーセントはミツバチなのだ。また、宗教は進化の歴史のなかで重要な役割を果たしてきたという点を指摘した。とりわけ農耕が始まって以来、宗教心は、宗教の実践とともに進化し始め、やがて大規模な道徳共同体を築くようになった。そして最後に、政治的なグループがどのように形成されるのかを、また、なぜ左派の考え方に引きつけられる人もいれば、右派の見解に魅力を感じる人もいるのかを説明した。第3部のヒーローは、進化論（マルチレベル選択を含む）の祖チャールズ・ダーウィンと、「人間はホモ・デュプレックスであり、その本性の一部はおそらく集団選択によって形作られた」ということに気づかせてくれたエミール・デュルケームだ。

第3部のポイントは、「私たちの頭のなかには、オンになるタイミングを見計らっているミツバチスイッチが存在する」という見方だ。「人間は本質的に利己的である」と言われるようになって久しい。リアリティ番組では、人間の最悪の姿を見ることができる。人は誰も、自分の身に危険を感じない限り何が起きているかを確かめようとしないほど利己的なのだから、女性はレイプされそうになったら「火事だ」と叫ぶべきだとほんとうに信じている人すらいる。[*3]

しかしその見方は間違っている。私たちはほぼ四六時中、自分のことばかり考えて生活しているかもしれないが、自己の利益を二の次にして全体のなかの一員になる能力も、誰もが持ち合わせている。そして、それは単なる能力なのではなく、人生でもっとも貴重な数々の経験へと開かれた扉でもある。

本書では、なぜ人々は政治や宗教をめぐって対立するのかを考察してきた。その答えは、「善人と悪人がいるから」というマニ教的なものではなく、「私たちの心は、自集団に資する正義を志向するよう設計されているから」である。直観が戦略的な思考を衝き動かす。これが私たち人間の本性だ。この事実は、自分たちとは異なる道徳マトリックス（それは通常六つの道徳基盤の異なる組み合わせで構成される）のもとで生きている人々と理解し合うことを、不可能とは言わずとも恐ろしく困難にしている。

したがって、異なる道徳マトリックスを持つ人と出会ったなら、次のことを心がけるようにしよう。即断してはならない。いくつかの共通点を見つけるか、あるいはそれ以外の方法でわずかでも信頼関係を築けるまでは、道徳の話を持ち出さないようにしよう。また、持ち出すときには、

図13.1　マニ教的な志向様式によって人々は政治的に分裂する

「お母さんとお父さんは離婚するんだ。
お父さんが国のためによかれと思っていることを、お母さんは否定するからだよ」

相手に対する称賛の気持ちや誠実な関心の表明を忘れないようにしよう。

ロドニー・キングが言ったように、誰もが、ここでしばらく生きていかなければならないのだから、やってみようではないか。

謝辞

私の元教え子サラ・アルゴは、借りを返したり、帳尻を合わせたりするためではなく、関係を強化するために感謝の言葉を述べるべきだと言った。また、感謝の気持ちは、対象になる人に公式の場で称賛や栄誉を与えるよう導くものだとも。私には、強化したい関係は山ほどあり、また、本書の刊行を手助けしてくれたことに対し栄誉を与えたい人々は大勢いる。

まず、道徳をいかに考えればよいかを教授してくれた次の五人に感謝の言葉を述べたい。ジョン・マーティン・フィッシャーとジョナサン・バロンは、熱意と多大なる支援をもって私をこの分野に導いてくれた。ポール・ロジンは、嫌悪、食物、清浄の心理の研究へと私を導き、また、心理学者たることの面白さを示してくれた。アラン・フィスクは、文化、認知、進化を関連づけて考える方法を伝授し、社会科学者の心構えを身をもって示してくれた。リチャード・シュウィーダーは、どんな文化にも、そのもとで暮らす人々の能力に関して、すぐれた側面とそうでない側面があることを教えてくれた。彼の教えによって、私は自分の心をこじ開けることに成功し、相対主義者ではなく多元主義者になれた。なお、私の道徳基盤理論は、彼の「三つの倫理」と、フィスクの関係モデル理論に多くを負っている。

次にYourMorals.orgの仲間たち、ピート・ディットー、ジェシー・グラハム、ラヴィ・アイヤー、セナ・コリヴァ、マット・モティル、ショーン・ヴォイチクに感謝したい。私たちは皆、九〇パーセントがミツバチで、一〇パーセントがチンパンジーになれた。最初に考えていた以上に、私たちは楽しく協力し合えたということだ。YourMoralsの拡大家族にもお礼を述べたい。私とともに道徳基盤理論に磨きをかけてきたクレイグ・ジョセフ、調査の進行、統計処理などを含め、あらゆる側面で自分のアイデアと専門知識を惜しみなく提供してくれたブライアン・ノセック、意識が芽生えるのではないかと思われるほど巨大なデータセットのなかに、驚くべき関係を発見することに熟達した「データささやき人」ゲイリー・シャーマンの諸氏である。

アメリカでももっとも平等主義的な、バージニア大学の心理学部門で長く研究してこられたのは幸運だった。共同研究者にも恵まれた。ジェリー・クロア、ジム・コーン、ベン・コンヴァース、ジュディ・デローシュ、ジェイミー・モリス、ブライアン・ノセック、シゲ・オオイシ、ボビー・スペルマン、ソフィー・トローアルター、ティム・ウィルソンの諸氏である。本書を読みながら議論し、アイデアの発展に貢献してくれた大勢の優秀な大学院生たちにも感謝したい。以下の諸君である。サラ・アルゴ、ベッカ・フレイジャー、ジェシー・グラハム、カーリー・ホーキンス、セリン・ケセビア、ジェシー・クルーヴァー、カルビン・ライ、ニコル・リンドナー、マット・モティル、パトリック・セダー、ゲイリー・シャーマン、トマス・タルヘルム。それから学部生スコット・マーフィー、クリス・オヴェイス、ジェン・シルヴァースの貢献にも感謝する。

また、二〇一一年七月に客員教授として私を迎え入れてくれたニューヨーク大学経営大学院の同僚たち、学部長ピーター・ヘンリー、インゴ・ウォルター、ブルース・ブキャナンにも感謝の言葉を述べたい。経営大学院には私に本書を完成させるための時間を与えてもらい、優秀な同僚たちからは経営倫理を学んでいるところだ（その知見を道徳心理学に生かせるだろうと考えている）。

本書の草稿に目を通した多くの友人と同僚から、詳細なコメントをいただいた。YourMoralsチームに加え、ポール・ブルーム、テッド・キャッツビー、マイケル・ドード、ウェイン・イーストマン、エヴェレット・フランク、クリスチャン・ガルガノ、フリーダ・ハイト、スターリング・ハイト、ジェイムズ・ハッチンソン、クレイグ・ジョセフ、スザンヌ・キング、サラ・カールソン・メノン、ジェイン・リュウ、アーサー・シュウォーツ、バリー・シュウォーツ、エリック・シュヴィッツゲーベル、マーク・シュルマン、ウォルター・シノット＝アームストロング、エド・スケッチ、ボビー・スペルマン、アンディ・トムソンにお礼を述べたい。スティーブン・クラークは、オックスフォードで哲学者たちによる読書グループを組織して、すべての章に対して建設的な批評をしてくれた。このグループの参加者は次のとおり。カトリエン・デヴォルダー、トム・ダグラス、ミシェル・ハッチンソン、ガイ・カハネ、ニール・レヴィ、フランチェスカ・ミネルヴァ、トルング・グエン、ペドロ・ペレス、ラッセル・パウエル、ジュリアン・サヴレスク、ポール・トループ、マイケル・ウェブ、グラハム・ウッド。また、何年か前に私の著書のレビューを書いて送ってくれた保守主義者の読者の名前をあげておきたい。ボー・レッドベター、スティーヴン・メッセンジャー、ウィリアム・モダールの三氏である。彼らとEメールでやり取りすることで、道徳的な分極化の垣根を越えて意見交換をすることの重要性を改めて確認できた。彼らが寛大にも提供してくれた助言、批判、そして保守主義に関する参考文献の情報は、大いに役立った。

一つあるいはいくつかの章に関して助言をもらった友人や同僚も大勢いる。次の諸氏に感謝する。ジェラード・アレクサンダー、スコット・アトラン、サイモン・バロン＝コーエン、ポール・ブルームフィールド、クリス・ベーム、ロブ・ボイド、アーサー・ブルックス、テディー・ダウニー、ダン・フェスラー、マイク・ガザニガ、サラ・エステス・グラハム、ジョシュ・グリーン、レベッカ・ハイト、ヘンリー・ハスラム、ロバート・ホーガン、トニー・シェイ、ダレル・アイスノグル、ブラッド・ジョーンズ、ロブ・カイザー、ダグ・ケンリック、ジャド・キング、ロブ・クルツバン、ブライアン・ロウ、ジョナサン・モレノ、レスリー・

ニューソン、リチャード・ニスベット、アラ・ノーレンザヤン、スティーブ・ピンカー、デイヴィッド・ピザロ、ロバート・ポサツキ、N・スリラム、ドン・リード、ピート・リチャーソン、ロバート・サポルスキー、アジム・シャリフ、マーク・シェップ、リチャード・シュウィーダー、リチャード・ソシス、フィル・テトロック、リチャード・セイラー、マイク・トマセロ、スティーヴ・ベイジー、ニコラス・ウェイド、ウィル・ウィルキンソン、デイヴィッド・スローン・ウィルソン、デーヴ・ウィンスボロー、キース・ウィンステン、ポール・ザク。

他にも、さまざまなかたちで多くの人々に助けられた。ロルフ・デジャンは多数の関連文献を探し出してくれた。ボー・レッドベターには、公共政策の問題に関する背景調査をしてもらった。トマス・タルヘルムは、最初のいくつかの章の文章チェックをしてくれた。スロジット・センとその父、故スクマル・センは、インドのブヴァネーシュヴァルでの、私の寛大なホストであり教師であった。

本書の刊行に関わった人々にもお礼申し上げる。私の出版エージェントであるジョン・ブロックマンは、ポピュラーサイエンスの読者層の開拓に大いに貢献してきた人物で、私に数々の機会を与えてくれた。パンテオン社の編集者ダン・フランクは、本書を読みやすく、より簡潔なものにするために大いに貢献してくれた。同じくパンテオンのジル・ヴェリロには、原稿執筆の切羽詰まった最終段階をスムーズに切り抜けられるよう手助けしてもらった。また、ステファン・サグマイスターには、本書にふさわしいカバーをデザインしてもらった。

最後に、私を支援してくれた家族に感謝の言葉を述べなければならない。妻のジェイン・リュウは、ここ三年、私が日がな仕事をしているあいだ家族の面倒をみてくれた。また、私の書いた原稿の編集や改善にも貢献してくれた。両親のハロルドとエレインは、姉妹のレベッカとサマンサともども、私を、ハードワーク、勤勉、議論する喜びを肯定するユダヤ系アメリカ人の道徳マトリックスへと導いてくれた。父は、子どもたちの成功のためにできることはすべてし尽くして、二〇一〇年三月に八三歳で他界した。

訳者あとがき

本書は『*The Righteous Mind: Why Good People Are Divided by Politics and Religion*』(Pantheon, 2012)の全訳である。オバマが再選を果たした二〇一二年の米国大統領選挙の半年ほど前に刊行された本書は、リベラルと保守の心の奥底を明快に分析して多くの読者を獲得し、全米ベストセラーとなった。

著者ジョナサン・ハイトは、ニューヨーク大学スターンビジネススクールの教授を務める道徳心理学者であり、研究の焦点は、道徳の情動的、直観的な基盤、およびリベラルと保守主義のあいだに見られるような、党派間や文化間での道徳のとらえ方の違いの分析にある。研究対象は、科学的な基盤としての進化生物学から、心理、哲学、道徳、社会、宗教、政治、さらには経営に至るまで多岐にわたる。これらの研究の成果は、本書および前著『しあわせ仮説』(藤澤隆史・藤澤玲子訳、新曜社、二〇一一年)にわかりやすくまとめられている。なお、著者の手になるマークとジュリーの道徳ジレンマ(第2章)は、有名なトロッコ問題ほどではないとしても、英米の倫理関係の書籍で昨今頻繁に引用され、彼の名は海外では急速に知られつつある。

まずは本書の構成を簡単に述べておく。本書は三部に分かれ、その各部で、著者の提起する道徳心理学の三つの原理が一つずつ解説される。

第一原理「まず直観、それから戦略的な思考」を提起する第1部では、道徳的な判断が理性的な思考のみに基づくと考える理性偏重主義を批判し、道徳における直観や情動の重要性を強調する。それにあたり著者は、「理性が主人」とするプラトン流、「理性は情熱の召使いにすぎない」とするヒューム流、「理性と情動は共同統治する」と見なすジェファーソン流の観点を対置させ、著者自身や他者の研究の成果から、ヒューム流が正しいと結論する。著者のこのような考え方は、「社会的直観モデル」としてうまくまとめられている(九二頁、図2・4)。

第二原理「道徳は危害と公正だけではない」を提起する第2部は、第1部で得られた知見をもとに、自身の提唱する「道徳基盤理論」を詳しく解説する。この理論は、味覚が舌を刺激する甘さ、辛さなどの基本成分から成るように、道徳が人の心に訴えるいくつかの基本要素から構成されると見なす。そして、そのような道徳基盤の候補として〈ケア/危害〉〈公正/欺瞞〉〈忠誠/背信〉〈権威/転覆〉〈神聖/堕落〉、そして〈自由/抑圧〉をあげる。

第8章では、道徳基盤理論を適用して、アメリカではこれまで、共和党のほうが民主党よりうまく有権者を引きつけてきた理由を分析する。その要因として、民主党がもっぱら〈ケア〉〈公正〉〈自由〉基盤だけに依存して有権者にアピールするのに対し、共和党は六つの基盤すべてを動員していることを指摘する。リベラルが三基盤のみに、また保守主義者が六基盤に依存して考える傾向を持つことは、著者らがウェブサイト(YourMorals.org)を通して募った、一三万人以上の被験者から得たデータの分析で実証されている(二五二頁図8・1、二五六頁図8・2参照)。

なお、道徳基盤理論を提起する著者を、遺伝ですべてが決まると見なす生得論者ととらえる向きもあるかもしれないが、決してそうではない。著者は、将来の傾向を導く生物学的な要素(著者の言葉では「草稿」)は存在するが絶対的なものではなく、言い換えると、生物学的に予備配線されてはいるが固定配線されているわけではなく、実質的な内容は環境（育ち）によって書き込まれる、つまり草稿は変わり得ると主張している。

第三原理「道徳は人々を結びつけると同時に盲目にする」を提起する第3部は、道徳がどのような進化的過程を通じて発達してきたかを、進化生物学や進化心理学の最新の知見を援用しながら考察し、さらに道徳の持つ長所と短所を明確にする。

とりわけ著者は、長らく否定されてきた集団選択を含むマルチレベル選択の考えを重視し、個体間ではなく集団間の争いのなかで、集団内での協力関係、およびそれを可能にする道徳が、人々に適応的な優位性を与えるようになったと指摘する。しかしこの結びつきは、あくまでもある集団が別の集団に勝つための手段を提供するものであり、よって必然的に自集団中心の郷党的なものにならざるを得ず、かくして「道徳は人々を結びつけると同時に盲目にする」のだと主張する。第12章では、これらの問題を踏まえて、今後の保守とリベラルのあり方を提案している。

全体的な流れはとてもスムーズであり、たとえや具体例をふんだんに用いて丁寧に議論が展開されているので、とても読みやすい。これは、読者にアピールするためには〈乗り手〉より〈象〉に訴えたほうが効果的だという持論を、著者自身がうまく実践に結びつけた証左と見なせる。

科学から始まって道徳、宗教、政治にまで至る雄大な構想を持つ書物は、激しい批判にさらされるのが世の常であり（本書で言及されているE・O・ウィルソンに対する批判などはその最たるものだ）、本書もその例外ではない。訳者が注目した、本書に対する批判を二例ほど紹介する。

一つは科学哲学者パトリシア・チャーチランドの著書『*Touching a Nerve: The Self as Brain*』(W. W. Norton & Company, 2013) に見られ、そこでは、ハイトの理論は確たる生物学的基盤を欠き、都合よくでっちあげられたストーリーにすぎないとされている(ハイト個人に対してというより、彼をやり玉にあげて進化心理学全体を批判する)。

還元論的な立場をとるチャーチランドからすれば予想される批判であり、進化生物学から宗教や政治までを一貫してとらえようとするハイトの議論は、大道芸人が大風呂敷を広げているように見えるのであろう(本書が抜群のエンターテインメント性を持つことに間違いはないが)。だが、その見方を厳密に適用するなら、消去されるべき研究領域は他にもかなりあるはずだ。いずれにせよ、確たる生物学的基盤を示せなければ、心理や行動の進化的な説明はすべて単なるストーリーだと決めつけるのは行き過ぎに思える。そもそも科学は、絶対に確実なことのみならず、ある程度の仮説の提起によっても進展するのだから。もちろんその基準が甘ければ、キップリングの言う「なぜなぜ物語」に堕する危険はあるが、この点はまさに、本書の第6章でハイト自身が自戒を込めて指摘している。

それよりも建設的な二つ目の批判は、ハーバード大学の心理学者ジョシュア・グリーンの著書『*Moral Tribes: Emotion, Reason, and the Gap Between Us and Them*』(The Penguin Press, 2013) に見られる(彼の業績は本書でも援用されている)。グリーンは、基本的にハイトの議論の多くは認めながらも、道徳における理性的な思考能力を過小評価していると批判する。

たとえば、アメリカの保守主義者は権威を重視するとハイトは主張するが、彼らの権威は普遍的なものではなく、キリスト教の神から両親に至るまで、自集団(アメリカ人)が正しいと信じる権威に限られ、要は部族的なものだとグリーンは指摘する。では、郷党的な部族主義を脱するにはどうすればよいか? グリーンは同書で、彼が「マニュアルモード」と呼ぶ、理性的、実践的思考の重要性を以下のように強調する。「短期的に見れば、確かに〔理性に基づく〕道徳的思考は、まったくではないとしてもあまり有効ではない。それゆえ、ハイトはその重要性を過小評価しているのだと思う。（……）しかし長い年月をかけて雨や風が地形を変えていくように、すぐれた議論はものごとを徐々に変化させていくものだ」。このグリーンの主張と同様に、ハイトが理性を軽視すぎているという印象を受ける読者もいることだろう。

確かに訳者もそのような印象を受けないわけではないし、グリーンの批判もまったく正当だと思う。しかし誤解のないよう一つつけ加えておきたい。それは著者自身も述べるように、第12章を除いたほぼすべての議論は、記述的だという点である。つまり客観的な現状分析が意図されており、基本的には「べき論」は展開されていない（そもそも、「である」から「べき」は導けないと言ったのは、著者が強く依拠するヒュームであり、その教えを忘れているはずはない）。したがって、六基盤すべてに依存する保守主義の優位性を指摘しているのは確かとしても、本書は決して、理性を無視し、情動や感情を焚きつけるポピュリズムやナショナリズムの勃興を擁護するわけではない。あえて指摘するまでもなく、情動の裏づけのない理性の暴走と同様、理性の裏づけのない情動の暴走もきわめて危険である。本書を読むうえで、この点は特に留意されたい。

その意味では、本書は、現状分析のための一種の叩き台として見たほうがよいのかもしれない。最終章の著者の提言をどうとらえるかは別として、今後どうすべきかに関しては、読者一人ひとりが考えなければならないことだ。

二〇世紀終盤以後、グローバリゼーションが逆説的にもグローカリゼーションを生み、さらには、（プチ）ナショナリズム、ポピュリズム右派の台頭などの部族主義的な傾向が、昨今世界中で色濃く見られるようになった（もちろん右傾化が指摘される日本も例外ではない）。現代世界が抱える大きな問題の一端を明晰に解きほぐす試みとして、本書の意義は非常に大きい。

著者は現在、ニューヨーク大学の経営関係の学部で教鞭をとっており、「謝辞」にあるように、経営倫理の知見の道徳心理学への応用を考えているようだ。ならば、道徳心理学を用いてビジネスを分析する興味深い研究書が刊行されるかもしれない。いずれにせよ、彼が現在注目すべき研究者の一人であることに間違いはない。

最後に、訳者の質問に丁寧に答えていただいた著者ジョナサン・ハイト氏と、紀伊國屋書店出版部の担当編集者和泉仁士氏に、この場を借りて感謝の言葉を述べたい。

二〇一四年一月　高橋 洋

参考文献
References

Abramowitz, A. I., and K. L. Saunders. 2008. "Is Polarization a Myth?" *Journal of Politics* 70:542-55.

Adorno, T. W., E. Frenkel-Brunswik, D. J. Levinson, and R. N. Sanford 1950. *The Authoritarian Personality*. New York: Harper and Row. [『権威主義的パーソナリティ（現代社会学大系 12）』田中義久・日高六郎・矢沢修次郎・小林修一訳、青木書店、1980 年]

Alford, J. R., C. L. Funk, and J. R. Hibbing. 2005. "Are Political Orientations Genetically Transmitted?" *American Political Science Review* 99:153-67.

——. 2008. "Beyond Liberals and Conservatives to Political Genotypes and Phenotypes." *Perspectives on Politics* 6: 321-28.

Allen, E., et al. 1975. "Against 'Sociobiology.'" *New York Review of Books* 22:43-44.

Almas, I., A. W. Cappelen, E. O. Sorensen, and B. Tungodden. 2010. "Fairness and the Development of Inequality Acceptance." *Science* 328:1176-8.

Ambrose, S. H. 1998. "Late Pleistocene Human Population Bottlenecks, Volcanic-Winter, and the Differentiation of Modern Humans." *Journal of Human Evolution* 34:623-51.

Appiah, K. A. 2008. *Experiments in Ethics*. Cambridge, MA: Harvard University Press.

Arberry, A. J. 1955. *The Koran Interpreted*. New York: Simon and Schuster.

Ariely, D. 2008. *Predictably Irrational: The Hidden Forces That Shape Our Decisions*. New York: HarperCollins. [『予想どおりに不合理——行動経済学が明かす「あなたがそれを選ぶわけ」』熊谷淳子訳、ハヤカワ文庫、2013 年]

Arum, R. 2003. *Judging School Discipline: The Crisis of Moral Authority*. Cambridge, MA: Harvard University Press.

Atran, S. 2010. *Talking to the Enemy: Faith, Brotherhood, and the (Un)making of Terrorists*. New York: HarperCollins.

Atran, S., and J. Henrich. 2010. "The Evolution of Religion: How Cognitive By-products, Adaptive Learning Heuristics, Ritual Displays, and Group Competition Generate Deep Commitments to Prosocial Religions." *Biological Theory* 5:18-30.

Ault, J. M. J. 2005. *Spirit and Flesh: Life in a Fundamentalist Baptist Church*. New York: Knopf.

Axelrod, R. 1984. *The Evolution of Cooperation*. New York: Basic Books. [『つきあい方の科学——バクテリアから国際関係まで』松田裕之訳、ミネルヴァ書房、1998 年]

Baillargeon, R. 1987. "Object Permanence in 3 1/2- and 4 1/2- Month-Old Infants." *Developmental Psychology* 23 (5):655-64.

——. 2008. "Innate Ideas Revisited: For a Principle of Persistence in Infants' Physical Reasoning." *Perspectives on Psychological Science* 3:2-13.

Balcetis, E., and D. Dunning. 2006. "See What You Want to See: Motivational Influences on Visual Perception." *Journal of Personality and Social Psychology* 91:612-25.

Ballew, C. C., and A. Todorov. 2007. "Predicting Political Elections from Rapid and Unreflective Face Judgments." *Proceedings of the National Academy of Sciences* 104:17948-53.

Bar, T., and A. Zussman. 2011. "Partisan Grading." *American Economic Journal: Applied Economics*. Forthcoming.

Bargh, J. A., and T. L. Chartrand. 1999. "The Unbearable Automaticity of Being." *American Psychologist* 54:462-79.

Barkow, J. H., L. Cosmides, and J. Tooby, eds. 1992. *The Adapted Mind: Evolutionary Psychology and the Generation of Culture*. New York: Oxford University Press.

Baron, J. 1998. *Judgment Misguided: Intuition and Error in Public Decision Making*. New York: Oxford.

——. 2007. *Thinking and Deciding*. 4th ed. Cambridge, UK: Cambridge University Press.

Baron-Cohen, S. 1995. *Mindblindness: An Essay on Autism and Theory of Mind*. Cambridge, MA: MIT Press. [『自閉症とマインド・ブラインドネス　新装版』長野敬・長畑正道・今野義孝訳、青土社、2002 年]

——. 2002. "The Extreme Male Brain Theory of Autism." *Trends in Cognitive Sciences* 6:248-54.

——. 2009. "Autism: The Empathizing-Systemizing (E-S) Theory." In "The Year in Cognitive Neuroscience," special issue of *Annals of the New York Academy of Science* 1156: 68-80.

Barrett, H. C., and Kurzban, R. 2006. "Modularity in Cognition: Framing the Debate." *Psychological Review* 113:628-47.

Barrett, J. L. 2000. "Exploring the Natural Foundations of Religion." *Trends in Cognitive Sciences* 4:29.

Bartels, D. M. 2008. "Principled Moral Sentiment and the Flexibility of Moral Judgment and Decision Making." *Cognition* 108:381-417.

Batson, C. D. 1991. *The Altruism Question: Toward a Social-Psychological Answer*. Hillsdale, NJ: Lawrence Erlbaum.

——. 1998. "Altruism and Prosocial Behavior." In *The Handbook of Social Psychology*, ed.

D. T. Gilbert and S. T. Fiske, 4th ed., 2:262-316. Boston: McGraw-Hill.

Batson, C. D., E. R. Thompson, G. Seuferling, H. Whitney, and J. A. Strongman. 1999. "Moral Hypocrisy: Appearing Moral to Oneself Without Being So." *Journal of Personality and Social Psychology* 77:525-37.

Baumard, N., J.-B. Andre, and D. Sperber. Unpublished. "A Mutualistic Approach to Morality." Institute of Cognitive and Evolutionary Anthropology, University of Oxford.

Baumeister, R. F., S. P. Chesner, P. S. Senders, and D. M. Tice. 1989. "Who's in Charge Here? Group Leaders Do Lend Help in Emergencies." *Personality and Social Psychology Bulletin* 14:17-22.

Baumeister, R. F., and K. L. Sommer. 1997. "What Do Men Want? Gender Differences and Two Spheres of Belongingness: Comment on Cross and Madson (1997)." *Psychological Bulletin* 122:38-44.

Beaver, K. M., M. W. Rowland, J. A. Schwartz, and J. L. Nedelec. 2011. "The Genetic Origins of Psychopathic Personality Traits in Adult Males and Females: Results from an Adoption-Based Study." *Journal of Criminal Justice* 39:426-32.

Bellah, R. N. 1967. "Civil Religion in America." *Daedalus* 96:1-21.

Bellah, R. N., R. Madsen, W. M. Sullivan, A. Swidler, and S. Tipton. 1985. *Habits of the Heart*. New York: Harper and Row. [『心の習慣——アメリカ個人主義のゆくえ』島薗進・中村圭志訳、みすず書房、1991年]

Bentham, J. 1996/1789. *An Introduction to the Principles of Morals and Legislation*. Oxford: Clarendon.

Berlin, I. 1997/1958. "Two Concepts of Liberty." In *The Proper Study of Mankind*, ed. H. Hardy and R. Hausheer, 191-242. New York: Farrar, Straus and Giroux.

——. 2001. "My Intellectual Path." In Isaiah Berlin: *The Power of Ideas*, ed. H. Hardy, 1-23. Princeton, NJ: Princeton University Press.

Bersoff, D. 1999. "Why Good People Sometimes Do Bad Things: Motivated Reasoning and Unethical Behavior." *Personality and Social Psychology Bulletin* 25:28-39.

Bishop, B. 2008. *The Big Sort: Why the Clustering of Like-Minded Americans Is Tearing Us Apart*. Boston: Houghton Mifflin Harcourt.

Blackmore, S. 1999. *The Meme Machine*. New York: Oxford University Press. [『ミーム・マシーンとしての私』垂水雄二訳、草思社、2000年]

Blackmore, S. 2010. "Why I No Longer Believe Religion Is a Virus of the Mind." *The Guardian* (UK), Sept. 16; http://www.guardian.co.uk/commentisfree/belief/2010/sep/16/why-no-longer-believe-religion-virus-mind

Blair, R. J. R. 1999. "Responsiveness to Distress Cues in the Child with Psychopathic Ten-

dencies." *Personality and Individual Differences* 27:135-45.

——. 2007. "The Amygdala and Ventromedial Prefrontal Cortex in Morality and Psychopathy." *Trends in Cognitive Sciences* 11:387-92.

Block, J., and J. H. Block. 2006. "Nursery School Personality and Political Orientation Two Decades Later." *Journal of Research in Personality* 40:734-49.

Blonigen, D. M., B. M. Hicks, R. F. Krueger, W. G. Iacono, and C. J. Patrick. 2005. "Psychopathic Personality Traits: Heritability and Genetic Overlap with Internalizing and Externalizing Psychopathology." *Psychological Medicine* 35:637-48.

Bloom, P. 2004. *Descartes' Baby: How the Science of Child Development Explains What Makes Us Human*. New York: Basic Books. [『赤ちゃんはどこまで人間なのか――心の理解の起源』春日井晶子訳、ランダムハウス講談社、2006 年]

———. 2009. "Religious Belief as an Evolutionary Accident." In *The Believing Primate: Scientific, Philosophical, and Theological Reflections on the Origin of Religion*, ed. J. Schloss and M.J. Murray, 118-27. Oxford: Oxford University Press.

———. 2012. "Religion, Morality, Evolution." *Annual Review of Psychology* 63.

Boaz, D. 1997. *Libertarianism: A Primer*. New York: Free Press.

Boehm, C. 1999. *Hierarchy in the Forest: The Evolution of Egalitarian Behavior*. Cambridge, MA: Harvard University Press.

———. 2012. *Moral Origins: The Evolution of Virtue, Altruism, and Shame*. New York: Basic Books.

Boesch, C. 1994. "Cooperative Hunting in Wild Chimpanzees." *Animal Behavior* 48:653-67.

Bouchard, T. J. J. 1994. "Genes, Environment, and Personality." *Science* 264:1700-1701.

Bourke, A. F. G. 2011. *Principles of Social Evolution*. New York: Oxford University Press.

Bowlby, J. 1969. *Attachment and Loss, vol. 1: Attachment*. New York: Basic Books. [『母子関係の理論』黒田実郎訳、岩崎学術出版社、1991 年]

Bowles, S. 2009. "Did Warfare Among Ancestral Hunter-Gatherers Affect the Evolution of Human Social Behaviors?" *Science* 324:1293-98.

Boyer, P. 2001. *Religion Explained: The Evolutionary Origins of Religious Thought*. New York: Basic Books. [『神はなぜいるのか?』鈴木光太郎・中村潔訳、NTT 出版、2008 年]

Brandt, M. J., and C. Reyna. 2011. "The Chain of Being." *Perspectives on Psychological Science* 6:428-46.

Brehm, S. S., and Brehm, J. W. 1981. *Psychological Reactance: A Theory of Freedom and Control*. New York: Academic Press.

Brewer, M. B., and D. T. Campbell. 1976. *Ethnocentrism and Intergroup Attitudes: East*

African Evidence. Beverly Hills, CA: Sage.

Brockman, J., ed. 2009. *What Have You Changed Your Mind About?* New York: Harper-Collins.

Brooks, A. C. 2006. *Who Really Cares: The Surprising Truth About Compassionate Conservatism*. New York: Basic Books.

Brosnan, S. F. 2006. "Nonhuman Species' Reactions to Inequity and Their Implications for Fairness." *Social Justice Research* 19:153-85.

Brosnan, S. F., and F. de Waal. 2003. "Monkeys Reject Unequal Pay." *Nature* 425:297-99.

Buckholtz, J. W., C. L. Asplund, P. E. Dux, D. H. Zald, J. C. Gore, O. D. Jones, et al. 2008. "The Neural Correlates of Third-Party Punishment." *Neuron* 60:930-40.

Burke, E. 2003/1790. *Reflections on the Revolution in France*. New Haven, CT: Yale University Press. [『フランス革命についての省察』中野好之訳、岩波文庫、2000 年]

Burns, J. M. 1978. *Leadership*. New York: Harper and Row.

Carlsmith, K. M., T. D. Wilson, and D. T. Gilbert. 2008. "The Paradoxical Consequences of Revenge." *Journal of Personality and Social Psychology* 95:1316-24.

Carnegie, D. 1981/1936. *How to Win Friends and Influence People*. Rev. ed. New York: Pocket Books. [『人を動かす』山口博訳、創元社、2011 年]

Carney, D. R., J. T. Jost, S. D. Gosling, and K. Kiederhoffer. 2008. "The Secret Lives of Liberals and Conservatives: Personality Profiles, Interaction Styles, and the Things They Leave Behind." *Political Psychology* 29:807-40.

Carpenter, D. O., and R. Nevin. 2010. "Environmental Causes of Violence." *Phsiology and Behavior* 99:260-68.

Carter, C. S. 1998. "Neuroendocrine Perspectives on Social Attachment and Love." *Psychoneuroendocrinology* 23:779-818.

Chan, W. T. 1963. *A Source Book in Chinese Philosophy*. Princeton NJ: Princeton University Press.

Choi, J.-K., and S. Bowles. 2007. "The Coevolution of Parochial Altruism and War." *Science* 318:636-40.

Churchill, W. 2003. *On the Justice of Roosting Chickens: Reflections on the Consequences of U.S. Imperial Arrogance and Criminality*. Oakland, CA: AK Press.

Clark, G. 2007. *A Farewell to Alms: A Brief Economic History of the World*. Princeton: Princeton University Press. [『10 万年の世界経済史』久保恵美子訳、日経 BP 社、2009 年]

Clarke, R. A. 2004. *Against All Enemies: Inside America's War on Terror*. New York: Free Press. [『爆弾証言――9・11 からイラク戦争へ――すべての敵に向かって』楡井浩一訳、徳間書店、2004 年]

Cleckley, H. 1955. *The Mask of Sanity*. St. Louis, MO: Mosby.

Clore, G. L., N. Schwarz, and M. Conway. 1994. "Affective Causes and Consequences of Social Information Processing." In *Handbook of Social Cognition*, ed. R. S. Wyer and T. K. Srull, 1: 323- 417. Hillsdale, NJ: Lawrence Erlbaum.

Cochran, G., and H. Harpending. 2009. *The 10,000 Year Explosion: How Civilization Accelerated Human Evolution*. New York: Basic Books. [『一万年の進化爆発――文明が進化を加速した』古川奈々子訳、日経 BP 社、2010 年]

Cohen, E. E. A., R. Ejsmond-Frey, N. Knight, and R. I. M. Dunber. 2009. "Rowers' High: Behavioral Synchrony Is Correlated With Elevated Pain Thresholds." *Biology Letters* 6:106-8.

Coleman, J. S. 1988. "Social Capital in the Creation of Human Capital." *American Journal of Sociology* 94:S95-S120.

Converse, P. E. 1964. "The Nature of Belief Systems in Mass Publics." In *Ideology and Discontent*, ed. D. E. Apter, 206-61. New York: Free Press. [『イデオロギーと現代政治』慶應義塾大学地域研究グループ訳、慶應通信、1968 年]

Conze, E. 1954. *Buddhist Texts Through the Ages*. New York: Philosophical Library.

Cosmides, L., and J. Tooby. 2005. "Neurocognitive Adaptations Designed for Social Exchange." In *The Handbook of Evolutionary Psychology*, ed. D. M. Buss, 584-627. Hoboken, NJ: John Wiley and Sons.

———. 2006. "Evolutionary Psychology, Moral Heuristics, and the Law." In *Heuristics and the Law*, ed. G. Gigerenzer and C. Engel, 175-205. Cambridge, MA: MIT Press.

Coulter, A. 2003. *Treason: Liberal Treachery from the Cold War to the War on Terrorism*. New York: Crown. [『リベラルたちの背信――アメリカを誤らせた民主党の 60 年』栗原百代訳、草思社、2004 年]

Dalai Lama XIV. 1999. *Ethics for the New Millennium*. New York: Riverhead Books. [『幸福論』塩原通緒訳、角川春樹事務所、2000 年]

Damasio, A. 1994. *Descartes' Error: Emotion, Reason, and the Human Brain*. New York: Putnam. [『デカルトの誤り――情動、理性、人間の脳』田中三彦訳、ちくま学芸文庫、2010 年]

――. 2003. *Looking for Spinoza*. Orlando, FL: Harcourt. [『感じる脳――情動と感情の脳科学よみがえるスピノザ』田中三彦訳、ダイヤモンド社、2005 年]

Darwin, C. 1998/1871. *The Descent of Man and Selection in Relation to Sex*. Amherst, NY: Prometheus Books. [『人間の進化と性淘汰』長谷川眞理子訳、文一総合出版、1999―2000 年]

Dawkins, R. 1976. *The Selfish Gene*. New York: Oxford University Press. [『利己的な遺伝子　増補新装版』日高敏隆・岸由二・羽田節子・垂水雄二訳、紀伊國屋書店、2006 年]

——. 1999/1982. *The Extended Phenotype: The Long Reach of the Gene*. New York: Oxford University Press. [『延長された表現型——自然淘汰の単位としての遺伝子』日高敏隆・遠藤彰・遠藤知二訳、紀伊國屋書店、1987 年]

——. 2006. *The God Delusion*. Boston: Houghton Mifflin. [『神は妄想である——宗教との決別』垂水雄二訳、早川書房、2007 年]

Decety, J. 2011. "The Neuroevolution of Empathy." *Annals of the New York Academy of Sciences* 1231:35-45.

De Dreu, C. K., L. L. Greer, M. J. Handgraaf, S. Shalvi, G. A. Van Kleef, M. Baas, et al. 2010. "The Neuropeptide Oxytocin Regulates Parochial Altruism in Intergroup Conflict Among Humans." *Science* 328:1408-11.

De Dreu, C. K., L. L. Greer, G. A. Van Kleef, S. Shalvi, and M. J. Handgraaf. 2011."Oxytocin Promotes Human Ethnocentrism." *Proceedings of the National Academy of Sciences of the United States of America* 108:1262-66.

Denis, L. 2008. "Kant and Hume on Morality." *Stanford Encyclopedia of Philosophy*. Stanford, CA: The Metaphysics Research Lab.

Dennett, D. C. 2006. *Breaking the Spell: Religion as a Natural Phenomenon*. New York: Penguin. [『解明される宗教——進化論的アプローチ』阿部文彦訳、青土社、2010 年]

de Quervain, D. J. F., U. Fischbacher, V. Treyer, M. Schellhammer, U. Schnyder, A. Buck, et al. 2004. "The Neural Basis of Altruistic Punishment." *Science* 305:1254-58.

Desmond, A., and J. Moore. 2009. *Darwin's Sacred Cause: How a Hatred of Slavery Shaped Darwin's Views on Human Evolution*. Boston: Houghton Mifflin. [『ダーウィンが信じた道——進化論に隠されたメッセージ』矢野真千子・野下祥子訳、NHK 出版、2009 年]

de Waal, F. B. M. 1982. *Chimpanzee Politics*. New York: Harper and Row. [『チンパンジーの政治学——猿の権力と性』西田利貞訳、産経新聞出版、2006 年]

——. 1996. *Good Natured: The Origins of Right and Wrong in Humans and Other Animals*. Cambridge, MA: Harvard University Press. [『利己的なサル、他人を思いやるサル——モラルはなぜ生まれたのか』西田利貞・藤井留美訳、草思社、1998 年]

——. 2006. *How Morality Evolved*. Princeton, NJ: Princeton University Press.

de Waal, F. B. M., and F. Lanting. 1997. *Bonobo: The Forgotten Ape*. Berkeley: University of California Press. [『ヒトに最も近い類人猿ボノボ』藤井留美訳、TBS ブリタニカ、2000 年]

Dicks, L. 2000. "All for One!" *New Scientist* 167:30.

Dion, K. 1979. "Intergroup Confl ict and Intragroup Cohesiveness." In *The Social Psychol-*

ogy of Intergroup Relations, ed. W. G. Austin and S. Worchel, 211-24. Monterey, CA: Brooks/Cole.

Dion, K., E. Berscheid, and E. Walster. 1972. "What Is Beautiful Is Good." *Journal of Personality and Social Psychology* 24:285-90.

Ditto, P. H., and D. F. Lopez. 1992. "Motivated Skepticism: Use of Differential Decision Criteria for Preferred and Nonpreferred Conclusions." *Journal of Personality and Social Psychology* 63:568-84.

Ditto, P. H., G. D. Munro, A. M. Apanovitch, J. A. Scepansky, and L. K. Lockhart. 2003. "Spontaneous Skepticism: The Interplay of Motivation and Expectation in Responses to Favorable and Unfavorable Medical Diagnoses." *Personality and Social Psychology Bulletin* 29:1120-32.

Ditto, P. H., D. A. Pizarro, and D. Tannenbaum. 2009. "Motivated Moral Reasoning." In *The Psychology of Learning and Motivation*, ed. D. M. Bartels, C. W. Bauman, L. J. Skitka, and D. L. Medin, 50:307-38. Burlington VT: Academic Press.

Doblin, R. 1991. "Pahnke's 'Good Friday Experiment': A Long-Term Follow-up and Methodological Critique." *Journal of Transpersonal Psychology* 23:1-28.

Douglas, M. 1966. *Purity and Danger*. London: Routledge and Kegan Paul. [『汚穢と禁忌』塚本利明訳、思潮社、1995 年]

Dunbar, R. 1996. *Grooming, Gossip, and the Evolution of Language*. Cambridge, MA: Harvard University Press. [『ことばの起源――猿の毛づくろい、人のゴシップ』松浦俊輔・服部清美訳、青土社、1998 年]

Durkheim, E. 1951/1897. *Suicide*. Trans. J. A. Spalding and G. Simpson. New York: Free Press. [『自殺論』宮島喬訳、中公文庫、1985 年]

——. 1984/1893. *The Division of Labor in Society*. Trans. W. D. Halls. New York: Free Press. [『社会分業論』田原音和訳、青木書店、2005 年]

——. 1992/1887. "Review of Guyau's L'irreligion de l'avenir." Trans. A. Giddens. In *Emile Durkheim: Selected Writings*, ed. A. Giddens. New York: Cambridge University Press.

——. 1995/1915. *The Elementary Forms of the Religious Life*. Trans. K. E. Fields. New York: Free Press. [『宗教生活の原初形態』古野清人訳、岩波書店、1975 年]

Eckersley, R., and K. Dear. 2002 2002. "Cultural Correlates of Youth Suicide." *Social Science and Medicine* 55 :1891 -904 .

Efran, M. G. 1974. "The Effect of Physical Appearance on the Judgment of Guilt, Interpersonal Attraction, and Severity of Recommended Punishment in a Simulated Jury Task." *Journal of Research in Personality* 8:45-54.

Ehrenreich, B. 2006. *Dancing in the Streets: A History of Collective Joy*. New York: Metro-

politan Books.

Ekman, P. 1992. "Are There Basic Emotions?" *Psychological Review* 99:550-53.

Elgar, F. J., and N. Aitken. 2010. "Income Inequality, Trust and Homicide in 33 Countries." *European Journal of Public Health* 21:241-46.

Eliade, M. 1957/1959. *The Sacred and the Profane: The Nature of Religion*. Trans. W. R. Trask. San Diego, CA: Harcourt Brace. [『聖と俗――宗教的なるものの本質について』風間敏夫訳、法政大学出版局、1969 年]

Ellis, J. J. 1996. *American Sphinx: The Character of Thomas Jefferson*. New York: Vintage.

Ellsworth, P. C., and C. A. Smith. 1985. "Patterns of Cognitive Appraisal in Emotion." *Journal of Personality and Social Psychology* 48:813-38.

Emerson, R. W. 1960/1838. "Nature." In *Selections from Ralph Waldo Emerson*, ed. S. Whicher, 21-56. Boston: Houghton Mifflin.

Eskine, K. J., N. A. Kacinic, and J. J. Prinz. 2011. "A Bad Taste in the Mouth: Gustatory Influences on Moral Judgment." *Psychological Science* 22:295-99.

Evans-Pritchard, E. E. 1976. *Witchcraft, Oracles, and Magic Among the Azande*. Oxford: Clarendon Press. [『アザンデ人の世界――妖術・託宣・呪術』向井元子訳、みすず書房、2001 年]

Faulkner, J., M. Schaller, J. H. Park, and L. A. Duncan. 2004. "Evolved Disease- Avoidance Mechanisms and Contemporary Xenophobic Attitudes." *Group Processes and Intergroup Relations* 7:333-53.

Fazio, R. H., D. M. Sanbonmatsu, M. C. Powell, and F. R. Kardes. 1986. "On the Automatic Evaluation of Attitudes." *Journal of Personality and Social Psychology* 50:229-38.

Fehr, E., and S. Gachter. 2002. "Altruistic Punishment in Humans." *Nature* 415:137-40.

Fessler, D. M. T. 2007. "From Appeasement to Conformity: Evolutionary and Cultural Perspectives on Shame, Competition, and Cooperation." In *The Self-Conscious Emotions: Theory and Research*, ed. J. L. Tracy, R. W. Robins, and J. P. Tangney, 174-93. New York: Guilford.

Fiorina, M., S. J Abrams, and J. C. Pope. 2005. *Culture War? The Myth of a Polarized America*. New York: Pearson Longman.

Fiske, A. P. 1991. *Structures of Social Life*. New York: Free Press.

Fiske, S. T. 1993. "Social Cognition and Social Perception." *Annual Review of Psychology* 44:155-94.

Fitzgerald, M. 2005. *The Genesis of Artistic Creativity*. London: Jessica Kingsley. [『天才の秘密――アスペルガー症候群と芸術的独創性』倉光弘己・栗山昭子・林知代訳、世界思想社、2009 年]

Flanagan, O. 1991. *Varieties of Moral Personality: Ethics and Psychological Realism*. Cambridge, MA: Harvard University Press.

Fodor, J. 1983. *Modularity of Mind*. Cambridge, MA: MIT Press. [『精神のモジュール形式——人工知能と心の哲学』伊藤笏康・信原幸弘訳、産業図書、1985 年]

Frank, R. 1988. *Passions Within Reason: The Strategic Role of the Emotions*. New York: Norton. [『オデッセウスの鎖——適応プログラムとしての感情』大坪庸介訳、サイエンス社、1995 年]

Frank, T. 2004. *What's the Matter with Kansas?* New York: Henry Holt.

Frazier, M. L. 2010. *The Enlightenment of Sympathy: Justice and the Moral Sentiments in the Eighteenth Century and Today*. New York: Oxford University Press.

Freeman, W. J. 1995. *Societies of Brains: A Study in the Neurobiology of Love and Hate*. Mahwah, NJ: Lawrence Erlbaum.

Frey, D., and D. Stahlberg. 1986. "Selection of Information After Receiving More or Less Reliable Self-Threatening Information." *Personality and Social Psychology Bulletin* 12:434-41.

Froese, P., and C. D. Bader. 2007. "God in America: Why Theology Is Not Simply the Concern of Philosophers." *Journal for the Scientific Study of Religion* 46:465-81.

Frohlich, N., J. A. Oppenheimer, and C. L. Eavey. 1987. "Choices of Principles of Distributive Justice in Experimental Groups." *American Journal of Political Science* 31:606-36.

Gaertner, S. L., and J. F. Dovidio. 2000. *Reducing Intergroup Bias: The Common Ingroup Identity Model*. Philadelphia: Psychology Press.

Gazzaniga, M. S. 1985. *The Social Brain*. New York: Basic Books. [『社会的脳——心のネットワークの発見』杉下守弘・関啓子訳、青土社、1987 年]

——. 1998. *The Mind's Past*. Berkeley: University of California Press.

Geertz, C. 1984. "From the Native's Point of View: On the Nature of Anthropological Understanding." In *Culture Theory*, ed. R. Shweder and R. LeVine, 123-36. Cambridge, UK: Cambridge University Press.

Gewirth, A. 1975. "Ethics." In *Encyclopaedia Britannica*, 15th ed., 6:976-98. Chicago: Encyclopaedia Britannica.

Gibbard, A. 1990. *Wise Choices, Apt Feelings*. Cambridge, MA: Harvard University Press.

Gigerenzer, G. 2007. *Gut Feelings: The Intelligence of the Unconscious*. New York: Penguin. [『なぜ直感のほうが上手くいくのか？——「無意識の知性」が決めている』小松淳子訳、合同出版、2010 年]

Gilligan, C. 1982. *In a Different Voice: Psychological Theory and Women's Development*. Cambridge, MA: Harvard University Press. [『もうひとつの声——男女の道徳観のちがいと

女性のアイデンティティ』生田久美子・並木美智子訳、川島書店、1986年]

Gilovich, T. 1991. *How We Know What Isn't So*. New York: Free Press. [『人間この信じやすきもの――迷信・誤信はどうして生まれるか』守一雄・守秀子訳、新曜社、1993年]

Glover, J. 2000. *Humanity: A Moral History of the Twentieth Century*. New Haven: Yale University Press.

Goldhill, D. 2009. "How American Health Care Killed My Father." *The Atlantic*, Sptember.

Goodall, J. 1986. *The Chimpanzees of Gombe: Patterns of Behavior*. Cambridge, MA: Belknap Press. [『野生チンパンジーの世界』杉山幸丸・松沢哲郎訳、ミネルヴァ書房、1990年]

Gopnik, A., A. M. Meltzoff, and P. K. Kuhl. 2000. *The Scientist in the Crib: What Early Learning Tells Us About the Mind*. New York: Harper. [『0歳児の「脳力」はここまで伸びる――「ゆりかごの中の科学者」は何を考えているのか』峯浦厚子訳、PHP研究所、2003年]

Graham, J., 2010. "Left Gut, Right Gut." Ph.D. diss., Department of Psychology, University of Virginia.

Graham, J., and J. Haidt. 2010. "Beyond Beliefs: Religions Bind Individuals into Moral Communities." *Personality and Social Psychology Review* 14:140-50.

Graham, J., J. Haidt, and B. Nosek. 2009. "Liberals and Conservatives Rely on Different Sets of Moral Foundations." *Journal of Personality and Social Psychology* 96:1029-46.

Graham, J., B. A. Nosek, and J. Haidt. 2011. "The Moral Stereotypes of Liberals and Conservatives." Unpublished ms., Department of Psychology, University of Virginia. Available at www.MoralFoundations.org.

Graham, J., B. A. Nosek, J. Haidt, R. Iyer, S. Koleva, and P. H. Ditto. 2011. "Mapping the Moral Domain." *Journal of Personality and Social Psychology* 101:366-85.

Gray, J. 1995. *Liberalism*. 2nd ed. Minneapolis: University of Minnesota Press.

Gray, J. G. 1970/1959. *The Warriors: Reflections of Men in Battle*. New York: Harper and Row.

Green, R. E., J. Krause, A. W. Briggs, T. Maricic, U. Stenzel, M. Kircher, et al. 2010. "A Draft Sequence of the Neandertal Genome." *Science* 328:710-22.

Greene, J. D. 2008. "The Secret Joke of Kant's Soul." In *Moral Psychology*, vol. 3: The Neuroscience of Morality, ed. W. Sinnott-Armstrong, 35-79. Cambridge, MA: MIT Press.

――. 2009a. "The Cognitive Neuroscience of Moral Judgment." In *The Cognitive Neurosciences*, ed. M. Gazzaniga, 4th ed, 987-1002. Cambrige, MA: MIT Press.

——. 2009b. "Dual-Process Morality and the Personal/Impersonal Distinction: A Reply to McGuire, Langdon, Coltheart, and Mackenzie." *Journal of Experimental Social Psychology* 45:581-84.

——. Forthcoming. *The Moral Brain, and How to Use It*. New York: Penguin.

Greene, J. D., R. B. Sommerville, L. E. Nystrom, J. M. Darley, and J. D. Cohen. 2001. "An fMRI Study of Emotional Engagement in Moral Judgment." *Science* 293:2105-08.

Greenwald, A. G., D. E. McGhee, and J. L. Schwartz. 1998. "Measuring Individual Differences in Implicit Cognition: The Implicit Association Test." *Journal of Personality and Social Psychology* 74:1464-80.

Greenwald, A. G., B. A. Nosek, and M. R. Banaji. 2003. "Understanding and Using the Implicit Association Test." *Journal of Personality and Social Psychology* 85:197-216.

Grob, C. S., and M. D. de Rios. 1994. "Hallucinogens, Managed States of Consciousness, and Adolescents: Cross-Cultural Perspectives." In *Psychological Anthropology*, ed. P. K. Bock, 315-29. Westport, CT: Praeger.

Guthrie, S. E. 1993. *Faces in the Clouds*. New York: Oxford University Press.

Haidt, J. 2001. "The Emotional Dog and Its Rational Tail: A Social Intuitionist Approach To Moral Judgment." *Psychological Review* 108:814-34.

——. 2006. *The Happiness Hypothesis: Finding Modern Truth in Ancient Wisdom*. New York: Basic Books. [『しあわせ仮説——古代の知恵と現代科学の知恵』藤澤隆史・藤澤玲子訳、新曜社、2011 年]

——. 2007. "The New Synthesis in Moral Psychology." *Science* 316:998-1002.

——. 2010. "What the Tea Partiers Really Want." *Wall Street Journal*, October 16.

Haidt, J., and F. Bjorklund. 2008. "Social Intuitionists Answer Six Questions About Morality." In *Moral Psychology*, vol. 2: *The Cognitive Science of Morality*, ed. W. Sinnott-Armstrong, ed., 181-217. Cambridge, MA: MIT Press.

Haidt, J., and J. Graham. 2007. "When Morality Opposes Justice: Conservatives Have Moral Intuitions That Liberals May Not Recognize." *Social Justice Research* 20:98-116.

——. 2009. "Planet of the Durkheimians, Where Community, Authority, and Sacredness Are Foundations of Morality." In *Social and Psychological Bases of Ideology and System Justification*, ed. J. Jost, A. C. Kay, and H. Thorisdottir, 371-401. New York: Oxford University Press.

Haidt, J., and C. Joseph. 2004. "Intuitive Ethics: How Innately Prepared Intuitions Generate Culturally Variable Virtues." *Daedalus*, fall, 55-66.

——. 2007. "The Moral Mind: How 5 Sets of Innate Intuitions Guide the Development of Many Culture- Specific Virtues, and Perhaps Even Modules." In *The Innate Mind*, ed. P.

Carruthers, S. Laurence, and S. Stich, 3:367-91. New York: Oxford University Press.
——. 2011. "How Moral Foundations Theory Succeeded in Building on Sand: A Response to Suhler and Churchland." *Journal of Cognitive Neuroscience* 23:2117-22.
Haidt, J., and S. Kesebir. 2010. "Morality." In *Handbook of Social Psychology*, ed. S. T. Fiske, D. Gilbert, and G. Lindzey, 5th ed., 797-832. Hoboken, NJ: Wiley.
Haidt, J., S. Koller, and M. Dias. 1993. "Affect, Culture, and Morality, or Is It Wrong to Eat Your Dog?" *Journal of Personality and Social Psychology* 65:613-28.
Haidt, J., E. Rosenberg, and H. Hom. 2003. "Differentiating Diversities: Moral Diversity Is Not Like Other Kinds." *Journal of Applied Social Psychology* 33:1-36.
Haidt, J., P. Rozin, C. R. McCauley, and S. Imada. 1997. "Body, Psyche, and Culture: The Relationship Between Disgust and Morality." *Psychology and Developing Societies* 9:107-31.
Haidt, J., J. P. Seder, and S. Kesebir. 2008. "Hive Psychology, Happiness, and Public Policy" *Journal of Legal Studies* 37:S133-S56.
Haley, K. J., and D. M. T. Fessler. 2005. "Nobody's Watching? Subtle Cues Affect Generosity in an Anonymous Economic Game." *Evolution and Human Behavior* 26:245-56.
Hamblin, R. L. 1958. "Leadership and Crises." *Sociometry* 21:322-35.
Hamilton, W. D. 1964. "The Genetical Evolution of Social Behavior, Parts 1 and 2." *Journal of Theoretical Biology* 7:1-52.
Hamlin, J. K., K. Wynn, and P. Bloom. 2007. "Social Evaluation by Preverbal Infants." *Nature* 450:557-60.
Hammerstein, P. 2003. "Why Is Reciprocity So Rare in Social Animals?" In *Genetic and Cultural Evolution of Cooperation*, ed. P. Hammerstein, 55-82. Cambridge, MA: MIT Press.
Hardin, G. 1968. "Tragedy of the Commons." *Science* 162:1243-8.
Hare, B., V. Wobber, and R. Wrangham. Unpublished. "The Self-Domestication Hypothesis: Bonobo Psychology Evolved Due to Selection Against Male Aggression." Unpublished ms., Department of Evolutionary Anthropology, Duke University.
Hare, R. D. 1993. *Without Conscience*. New York: Pocket Books. [『診断名サイコパス――身近にひそむ異常人格者たち』小林宏明訳、早川書房、2011 年]
Harris, S. 2004. *The End of Faith: Religion, Terror, and the Future of Reason*. New York: Norton.
——. 2006. *Letter to a Christian Nation*. New York: Knopf.
——. 2010. *The Moral Landscape: How Science Can Determine Human Values*. New York: Free Press.

Harris, S., J. T. Kaplan, A. Curiel, S. Y. Bookheimer, M. Iacoboni, and M. S. Cohen. 2009. "The Neural Correlates of Religious and Nonreligious Belief." *PLoS ONE*, 4 (10); doi:10.1371/journal.pone.0007272.

Hastorf, A. H., and H. Cantril. 1954. "They Saw a Game: A Case Study." *Journal of Abnormal and Social Psychology* 49:129-34.

Hatemi, P. K., N. A. Gillespie, L. J. Eaves, B. S. Maher, B. T. Webb, A. C. Heath, et al. 2011. "A Genome-Wide Analysis of Liberal and Conservative Political Attitudes." *Journal of Politics* 73:271-85.

Hauser, M. 2006. *Moral Minds: How Nature Designed Our Universal Sense of Right and Wrong*. New York: HarperCollins.

Hawks, J., E. T. Wang, G. M. Cochran, H. C. Harpending, and R. K. Moyzis. 2007. "Recent Acceleration of Human Adaptive Evolution." *Proceedings of the National Academy of Sciences of the United States of America* 104:20753-58.

Hayden, B. 2001. "Richman, Poorman, Beggarman, Chief: The Dynamics of Social Inequality." In *Archaeology at the Millennium: A Sourcebook*, ed. G. M. Feinman and T. D. Price, 231-72. New York: Kluwer/Plenum.

Hayek, F. . 1988. *The Fatal Conceit: The Errors of Socialism*. Chicago: University of Chicago Press. [『致命的な思いあがり』渡辺幹雄訳、春秋社、2009 年]

——. 1997/1970. "The Errors of Constructivism." In *Conservatism*, ed. J. Z. Muller, 318-25. Princeton, NJ: Princeton University Press.

Heath, C., and D. Heath. 2010. *Switch: How to Change Things When Change Is Hard*. New York: Broadway. [『スイッチ！──「変われない」を変える方法』千葉敏生訳、早川書房、2010 年]

Helzer, E. G., and D. A. Pizarro. 2011. "Dirty Liberals! Reminders of Physical Cleanliness Influence Moral and Political Attitudes." *Psychological Science* 22:517-22.

Henrich, J., S. Heine, and A. Norenzayan. 2010. "The Weirdest People in the World?" *Behavioral and Brain Sciences* 33:61-83.

Henrich, N., and Henrich, J. 2007. *Why Humans Cooperate: A Cultural and Evolutionary Explanation*. New York: Oxford University Press.

Henshilwood, C., F. d'Errico, M. Vanhaeren, K. van Niekerk, and Z. Jacobs. 2004. "Middle Stone Age Shell Beads from South Africa." *Science* 304:404.

Herbst, S. 2010. *Rude Democracy: Civility and Incivility in American Politics*. Philadelphia: Temple University Press.

Herdt, G. H. 1981. *Guardians of the Flutes*. New York: Columbia University Press.

Herrmann, E., J. Call, M. V. Hernandez-Lloreda, B. Hare, and M. Tomasello. 2007. "Hu-

mans Have Evolved Specialized Skills of Social Cognition: The Cultural Intelligence Hypothesis." *Science* 317:1360-66.

Hill, K. R., R. S. Walker, M. Bozicevic, J. Eder, T. Headland, B. Hewlett, et al. 2011. "Co-Residence Patterns in Hunter-Gatherer Societies Show Unique Human Social Structure." *Science* 331:1286-89.

Hoffman, M. L. 1982. "Affect and Moral Development." In *New Directions for Child Development*, vol. 16: *Emotional Development*, ed. D. Ciccetti and P. Hesse, 83-103. San Francisco: Jossey-Bass.

Hölldobler, B., and E. O. Wilson. 2009. *The Superorganism: The Beauty, Elegance, and Strangeness of Insect Societies*. New York: Norton.

Hollos, M., P. Leis, and E. Turiel. 1986. "Social Reasoning in Ijo Children and Adolescents in Nigerian Communities." *Journal of Cross-Cultural Psychology* 17:352-74.

Horner, V., Carter, J. D., M. Suchak, and F. de Waal. 2011. "Spontaneous Prosocial Choice by Chimpanzees." *Proceedings of the National Academy of Sciences*, early edition, doc:10.1073/pnas.1111088108.

Hsieh, T. 2010. *Delivering Happiness: A Path to Profits, Passion, and Purpose*. New York: Grand Central. [『ザッポス伝説　顧客が熱狂するネット靴店――アマゾンを震撼させたサービスはいかに生まれたか』豊田早苗・本荘修二訳、ダイヤモンド社、2010 年]

Hsu, M., C. Anen, and S. R. Quartz. 2008. "The Right and the Good: Distributive Justice and Neural Encoding of Equity and Efficiency." *Science* 320:1092-95.

Huebner, B., S. Dwyer, and M. Hauser. 2009. "The Role of Emotion in Moral Psychology." *Trends in Cognitive Sciences* 13:1-6.

Hume, D. 1960/1777. *An Enquiry Concerning the Principles of Morals*. La Salle, IL: Open Court. [『道徳原理の研究』渡部峻明訳、晢書房、1993 年]

——. 1969/1739-40. *A Treatise of Human Nature*. London: Penguin. [『人間本性論』木曾好能訳、法政大学出版局、1995-2012 年]

Hunter, J. D. 1991. *Culture Wars: The Struggle to Define America*. New York: Basic Books.

Iacoboni, M. 2008. *Mirroring People: The New Science of How We Connect with Others*. New York: Farrar, Straus and Giroux. [『ミラーニューロンの発見――「物まね細胞」が明かす驚きの脳科学』塩原通緒訳、早川書房、2011 年]

Iacoboni, M., R. P. Woods, M. Brass, H. Bekkering, J. C. Mazziotta, and G. Rizzolatti. 1999. "Cortical Mechanisms of Imitation." *Science* 286:2526-28.

Inbar, Y., D. A. Pizarro, and P. Bloom. 2009. "Conservatives Are More Easily Disgusted than Liberals." *Cognition and Emotion* 23:714-25.

Iyer, R., S. P. Koleva, J. Graham, P. H. Ditto, and J. Haidt. 2011. "Understanding Libertarian Morality: The Psychological Roots of an Individualist Ideology." Unpublished ms., Department of Psychology, University of Southern California. Available at www.MoralFoundations.org.

James, W. 1950/1890. *The Principles of Psychology*. New York: Dover.

——. 1961/1902. *The Varieties of Religious Experience*. New York: Macmillan. [『宗教的経験の諸相』桝田啓三郎訳、岩波文庫、1996 年]

Jefferson, T. 1975. *Letter to Maria Cosway*. New York: Penguin.

Jensen, D. 2008. *How Shall I Live My Life? On Liberating the Earth from Civilization*. Oakland, CA: PM Press.

Jensen, L. A. 1997. "Culture Wars: American Moral Divisions Across the Adult Lifespan." *Journal of Adult Development* 4:107-21.

——. 1998. "Moral Divisions Within Countries Between Orthodoxy and Progressivism: India and the United States." *Journal for the Scientific Study of Religion* 37:90-107.

Johnson-Laird, P. N., and P. C. Wason. 1977. *Thinking: Readings in Cognitive Science*. Cambridge: Cambridge University Press.

Jost, J. T. 2006. "The End of the End of Ideology." *American Psychologist* 61:651-70.

Jost, J. T., C. M. Federico, and J. L. Napier. 2009. "Political Ideology: Its Structure, Functions, and Elective Affinities." *Annual Review of Psychology* 60:307-37.

Jost, J. T., J. Glaser, A. W. Kruglanski, and F. J. Sulloway. 2003. "Political Conservativism as Motivated Social Cognition." *Psychological Bulletin* 129:339-75.

Jost, J. T., and O. Hunyady. 2002. "The Psychology of System Justification and the Palliative Function of Ideology." *European Review of Social Psychology* 13:111-53.

Kagan, J. 1984. *The Nature of the Child*. New York: Basic Books.

Kahan, A. S. 2010. *Mind vs. Money: The War Between Intellectuals and Capitalism*. New Brunswick, NJ: Transaction.

Kahneman, D. 2011. *Thinking, Fast and Slow*. New York: Farrar, Straus and Giroux. [『ファスト＆スロー――あなたの意思はどのように決まるか？』村井章子訳、早川書房、2012 年]

Kaiser, R. B., R. Hogan, and S. B. Craig. 2008. Organizations." *American Psychologist* 63:96-110.

Kane, J. 2001. *The Politics of Moral Capital*. New York: Cambridge University Press.

Kant, I. 1993/1785. *Grounding for the Metaphysics of Morals*. 3rd ed. Trans. J. W. Ellington. Indianapolis: Hackett. [『道徳形而上学原論』篠田英雄訳、岩波文庫、1989 年]

Kass, L. R. 1997. "The Wisdom of Repugnance." *New Republic*, June 2, 17-26.

Keeley, L. H. 1996. *War Before Civilization*. New York: Oxford University Press.

Keillor, G. 2004. *Homegrown Democrat: A Few Plain Thoughts from the Heart of America*. New York: Viking.

Kelly, R. L. 1995. *The Foraging Spectrum: Diversity in Hunter-Gatherer Lifeways*. Washington DC: Smithsonian Institution Press.

Keltner, D. 2009. *Born to Be Good: The Science of a Meaningful Life*. New York:Norton.

Keltner, D., and J. Haidt. 2003. "Approaching Awe, a Moral, Spiritual, and Aesthetic Emotion." *Cognition and Emotion* 17:297-314.

Kesebir, S. Forthcoming. "The Superorganism Account of Human Sociality: How and When Human Groups Are Like Beehives." *Personality and Social Psychology Review*.

Kiehl, K. A. 2006. "A Cognitive Neuroscience Perspective on Psychopathy: Evidence for Paralimbic System Dysfunction." *Psychiatry Research* 142:107-28.

Killen, M., and J. G. Smetana. 2006. *Handbook of Moral Development*. Mahwah, NJ: Lawrence Erlbaum.

Kinder, D. E. 1998. "Opinion and Action in the Realm of Politics." In *Handbook of Social Psychology*, 4th ed., ed. D. Gilbert, S. Fiske, and G. Lindzey, 778-867. New York: McGraw-Hill.

Kinzler, K. D., E. Dupoux, and E. S. Spelke. 2007. "The Native Language of Social Cognition." *Proceedings of the National Academy of Sciences of the United States of America* 104:12577-80.

Kitayama, S., H. Park, A. T. Sevincer, M. Karasawa, and A. K. Uskul. 2009. "A Cultural Task Analysis of Implicit Independence: Comparing North America, Western Europe, and East Asia." *Journal of Personality and Social Psychology* 97:236-55.

Knoch, D., A. Pascual-Leone, K. Meyer, V. Treyer, and E. Fehr. 2006. "Diminishing Reciprocal Fairness by Disrupting the Right Prefrontal Cortex." *Science* 314:829-32.

Kohlberg, L. 1968. "The Child as a Moral Philosopher." *Psychology Today*, September, 25-30.

——. 1969. "Stage and Sequence: The Cognitive-Developmental Approach to Socialization." In *Handbook of Socialization Theory and Research*, ed. D. A. Goslin, 347-480. Chicago: Rand McNally.

——. 1971. "From Is to Ought: How to Commit the Naturalistic Fallacy and Get Away with It in the Study of Moral Development." In *Psychology and Genetic Epistemology*, ed. T. Mischel, 151-235. New York: Academic Press.

Kohlberg, L., C. Levine, and A. Hewer. 1983. *Moral Stages: A Current Formulation and a Response to Critics*. Basel: Karger. [『道徳性の発達段階――コールバーグ理論をめぐる論争への回答』片瀬一男・高橋征仁訳、新曜社、1992 年]

Kosfeld, M., M. Heinrichs, P. J. Zak, U. Fischbacher, and E. Fehr. 2005. "Oxytocin Increases Trust in Humans." *Nature* 435:673-76.

Kosslyn, S. M., W. L. Thompson, M. F. Costantini-Ferrando, N. M. Alpert, and D. Spiegel. 2000. "Hypnotic Visual Illusion Alters Color Processing in the Brain." *American Journal of Psychiatry* 157:1279-84.

Kuhlmeier, V., K. Wynn, and P. Bloom. 2003. "Attribution of Dispositional States by 12-Month-Olds." *Psychological Science* 14:402-8.

Kuhn, D. 1989. "Children and Adults as Intuitive Scientists." *Psychological Review* 96:674-89.

——. 1991. *The Skills of Argument*. Cambridge: Cambridge University Press.

Kunda, Z. 1987. "Motivated Inference: Self-Serving Generation and Evaluation of Causal Theories." *Journal of Personality and Social Psychology* 53:636-47.

——. 1990. "The Case for Motivated Reasoning." *Psychological Bulletin* 108:480-98.

Kurzban, R. 2010. *Why Everyone (Else) Is a Hypocrite*. Princeton, NJ: Princeton University Press.

Kurzban, R., J. Tooby, and L. Cosmides. 2001. "Can Race Be Erased? Coalitional Computation and Social Categorization." *Proceedings of the National Academy of Sciences* 98:15387-92.

Kyd, S. 1794. *A Treatise on the Law of Corporations*, vol. 1. London: J. Butterworth.

Lakoff, G. 1996. *Moral Politics: What Conservatives Know That Liberals Don't* Chicago: University of Chicago Press. [『比喩（メタファー）によるモラルと政治――米国における保守とリベラル』小林良彰・鍋島弘治朗訳、木鐸社、1998 年]

——. 2008. *The Political Mind: Why You Can't Understand 21st-Century American Politics with an 18th-Century Brain*. New York: Viking, 2008.

Lansing, J. S. 1991. *Priests and Programmers: Technologies of Power in the Engineered Landscape of Bali*. Princeton, NJ: Princeton University Press.

Larue, G. A. 1991. Ancient Ethics. In *A Companion to Ethics*, ed. P. Singer, 29-40. Malden, MA: Blackwell.

Latane, B., and J. M. Darley. 1970. *The Unresponsive Bystander*. Englewood Cliffs, NJ: Prentice Hall. [『冷淡な傍観者――思いやりの社会心理学』竹村研一・杉崎和子訳、ブレーン出版、1997 年]

Lazarus, R. S. 1991. *Emotion and Adaptation*. New York: Oxford University Press.

Leary, M. R. 2004. *The Curse of the Self: Self-Awareness, Egotism, and the Quality of Human Life*. Oxford: Oxford University Press.

——. 2005. "Sociometer Theory and the Pursuit of Relational Value: Getting to the Root

of Self-Esteem." *European Review of Social Psychology* 16:75-111.

Lechter. A. 2007. *Shroom: A Cultural History of the Magic Mushroom*. New York: Harper-Collins.

LeDoux, J. 1996. *The Emotional Brain*. New York: Simon and Schuster. [『エモーショナル・ブレイン――情動の脳科学』松本元・小幡邦彦・湯浅茂樹・川村光毅・石塚典生訳、東京大学出版会、2003 年]

Lee, R. B. 1979. *The !Kung San: Men, Women, and Work in a Foraging Society*. Cambridge, UK: Cambridge University Press.

Lepre, C. J., H. Roche, D. V. Kent, S. Harmand, R. L. Quinn, J. P. Brugal, P. J. Texier, A. Lenoble, and C. S. Feibel. 2011. "An Earlier Origin for the Acheulian." *Nature* 477:82-85.

Lerner, J. S., and P. E. Tetlock. 2003. "Bridging Individual, Interpersonal, and Institutional Approaches to Judgment and Decision Making: The Impact of Accountability on Cognitive Bias." In *Emerging Perspectives on Judgment and Decision Research*, ed. S. L. Schneider and J. Shanteau, 431-57. New York: Cambridge University Press.

Lilienfeld, S. O., R. Ammirati, and K. Landfield. 2009. "Giving Debiasing Away: Can Psychological Research on Correcting Cognitive Errors Promote Human Welfare?" *Perspectives on Psychological Science* 4:390-98.

Liljenquist, K., C. B. Zhong, and A. D. Galinzky. 2010. "The Smell of Virtue: Clean Scents Promote Reciprocity and Charity." *Psychological Science*, 21:381-83.

LoBue, V., C. Chong, T. Nishida, J. DeLoache, and J. Haidt. 2011. "When Getting Something Good Is Bad: Even Three-Years-Olds React to Inequality." *Social Development* 20:154-70.

Locke, J. 1979/ 1690. *An Essay Concerning Human Understanding*. New York: Oxford University Press. [『人間悟性論』加藤卯一郎訳、岩波文庫、1993 年]

Lord, C. G., L. Ross, and M. R. Lepper. 1979. "Biased Assimilation and Attitude Polarization: The Effects of Prior Theories on Subsequently Considered Evidence." *Journal of Personality and Social Psychology* 37:2098-109.

Lucas, P., and A. Sheeran. 2006. "Asperger's Syndrome and the Eccentricity and Genius of Jeremy Bentham." *Journal of Bentham Studies* 8:1-20.

Luce, R. D., and H. Raiffa. 1957. *Games and Decisions: Introduction and Critical Survey*. New York: Wiley.

Luo, Q., M. Nakic, T. Wheatley, R. Richell, A. Martin, and R. J. R. Blair. 2006. "The Neural Basis of Implicit Moral Attitude?An IAT Study Using Event-Related fMRI." *Neuroimage* 30:1449-57.

Maccoby, E. E. 1998. *The Two Sexes: Growing Up Apart, Coming Together*. Cambridge, MA: Harvard University Press.

Marcus, G. 2004. *The Birth of the Mind*. New York: Basic Books. [『心を生みだす遺伝子』大隅典子訳、岩波現代文庫、2010 年]

Marean, C. W., M. Bar-Matthews, J. Bernatchez, E. Fisher, P. Goldberg, A. I. R. Herries, et al. 2007. "Early Human Use of Marine Resources and Pigment in South Africa During the Middle Pleistocene." *Nature* 449:905-8.

Margolis, H. 1987. *Patterns, Thinking, and Cognition*. Chicago: University of Chicago Press.

Margulis, L. 1970. *Origin of Eukaryotic Cells*. New Haven, CT: Yale University Press.

Markus, H. R., and S. Kitayama. 1991. "Culture and the Self: Implications for Cognition, Emotion, and Motivation." *Psychological Review* 98:224-53.

Marshall, L. 1999. "Nyae Nyae !Kung Beliefs and Rites." *Peabody Museum Monographs* 8:63-90.

Mascaro, J. ed. 1973. *The Dhammapada*. Harmondsworth, UK: Penguin. [『ブッダの語る覚醒への光の道――原始仏典「ダンマパダ」現代語全訳』廣常仁慧訳、星雲社、2006 年]

Maslow, A. H. 1964. *Religions, Values, and Peak-Experiences*. Columbus: Ohio State University Press.

Mathew, S., and R. Boyd. 2011. "Punishment Sustains Large-Scale Cooperation in Prestate Warfare." *Proceedings of the National Academy of Sciences*, early edition, doi: 10.1073/pnas.1105604108.

Maynard Smith, J., and E. Szathmary. 1997. *The Major Transitions in Evolution*. Oxford: Oxford University Press. [『進化する階層――生命の発生から言語の誕生まで』長野敬訳、シュプリンガー・フェアラーク東京、1997 年]

Mazzella, R., and A. Feingold. 1994. "The Effects of Physical Attractiveness, Race, Socioeconomic Status, and Gender of Defendants and Victims on Judgments of Mock Jurors: A Meta-analysis." *Journal of Applied Social Psychology* 24:1315-44.

McAdams, D. P. 2006. *The Redemptive Self: Stories Americans Live By*. New York: Oxford University Press.

McAdams, D. P., M. Albaugh, E. Farber, J. Daniels, R. L. Logan, and B. Olson. 2008. "Family Metaphors and Moral Intuitions: How Conservatives and Liberals Narrate Their Lives." *Journal of Personality and Social Psychology* 95:978-90.

McAdams, D. P., and J. L. Pals. 2006. "A New Big Five: Fundamental Principles for an Integrative Science of Personality." *American Psychologist* 61:204-17.

McCrae, R. R. 1996. "Social Consequences of Experiential Openness." *Psychological Bul-*

letin 120:323-37.

McGuire, J., R. Langdon, M. Coltheart, and C. Mackenzie. 2009. "A Reanalysis of the Personal/Impersonal Distinction in Moral Psychology Research." *Journal of Experimental Social Psychology* 45:577-80.

McNeill, W. H. 1995. *Keeping Together in Time: Dance and Drill in Human History*. Cambridge, MA: Harvard University Press.

McWhorter, J. 2005. *Winning the Race: Beyond the Crisis in Black America*. New York: Gotham Books.

Meier, B. P., and M. D. Robinson. 2004. "Why the Sunny Side Is Up: Automatic Inferences About Stimulus Valence Based on Vertical Position." *Psychological Science* 15:243-47.

Meigs, A. 1984. *Food, Sex, and Pollution: A New Guinea Religion*. New Brunswick, NJ: Rutgers University Press.

Melis, A. P., B. Hare, and M. Tomasello. 2006. "Chimpanzees Recruit the Best Collaborators." *Science* 311:1297-300.

Mercier, H., and D. Sperber. 2011. "Why Do Humans Reason? Arguments for an Argumentative Theory." *Behavioral and Brain Sciences* 34:57-74.

Merton, R. K. 1968. *Social Theory and Social Structure*. New York: Free Press.

Mill, J. S. 2003/1859. *On Liberty*. New Haven, CT: Yale University Press. [『自由論』斉藤悦則訳、光文社古典新訳文庫、2012 年]

Miller, D. T. 1999. "The Norm of Self-Interest." *American Psychologist* 54:1053-60.

Miller, G. F. 2007. "Sexual Selection for Moral Virtues." *Quarterly Review of Biology* 82:97-125.

Millon, T., E. Simonsen, M. Birket-Smith, and R. D. Davis. 1998. *Psychopathy: Antisocial, Criminal, and Violent Behavior*. New York: Guilford Press.

Mineka, S., and M. Cook. 1988. "Social Learning and the Acquisition of Snake Fear in Monkeys." In *Social Learning: Psychological and Biological Perspectives*, ed. T. R. Zentall and J. B. G. Galef, 51-74. Hillsdale, NJ: Lawrence Erlbaum.

Moll, J., F. Krueger, R. Zahn, M. Pardini, R. de Oliveira-Souza, and J. Grafman. 2006. "Human Fronto-Mesolimbic Networks Guide Decisions About Charitable Donation." *Proceedings of the National Academy of Sciences of the United States of America* 103:15623-28.

Montaigne, M. de. 1991/ 1588. *The Complete Essays*. Trans. M. A. Screech. London: Penguin. [『エセー』宮下志朗訳、白水社、2005 年より刊行中（全 7 巻）]

Morhenn, V. B., J. W. Park, E. Piper, and P. J. Zak. 2008. "Monetary Sacrifice Among Strangers Is Mediated by Endogenous Oxytocin Release After Physical Contact." *Evolu-*

tion and Human Behavior 29:375-83.

Morris, J. P., N. K. Squires, C. S. Taber, and M. Lodge. 2003. "Activation of Political Attitudes: A Psychophysiological Examination of the Hot Cognition Hypothesis." *Political Psychology* 24:727-45.

Motyl, M., J. Hart, T. Pyszczynski, D. Weise, M. Maxfield, and A. Siedel. 2011. "Subtle Priming of Shared Human Experiences Eliminates Threat-Induced Negativity Toward Arabs, Immigrants, and Peace-making." *Journal of Experimental Social Psychology* 47:1179-84.

Muir, W. M. 1996. "Group Selection for Adaptation to Multiple-Hen Cages: Selection Program and Direct Responses." *Poultry Science* 75:447-58.

Muller, J. Z. 1997. "What Is Conservative Social and Political Thought?" In *Conservatism: An Anthology of Social and Political Thought from David Hume to the Present*, ed. J. Z. Muller, 3-31. Princeton, NJ: Princeton University Press.

Munro, G. D., P. H. Ditto, L. K. Lockhart, A. Fagerlin, M. Gready, and E. Peterson. 2002. "Biased Assimilation of Sociopolitical Arguments: Evaluating the 1996 U.S. Presidential Debate." *Basic and Applied Social Psychology* 24:15-26.

Murray, C. 1997. *What It Means to Be a Libertarian: A Personal Interpretation*. New York: Broadway.

Mussolini, B. 1932. The Doctrine of Fascism. *Enciclopedia Italiana*, vol 14. In *Princeton Readings in Political Thought*, ed. M. Cohen and F. Fermon. Princeton, NJ: Princeton University Press.

Needleman, H. L. 2000. "The Removal of Lead from Gasoline: Historical and Personal Reflections." *Environmental Research* 84:20-35.

Neisser, U. 1967. *Cognitive Psychology*. New York: Appleton-Century-Crofts.

Neuberg, S. L., D. T. Kenrick, and M. Schaller. 2010." Evolutionary Social Psychology." In *Handbook of Social Psychology*, ed. S. T. Fiske, D. T. Gilbert, and G. Lindzey, 5th ed., 2:761-96. Hoboken, NJ: John Wiley and Sons.

Nevin, R. 2000. "How Lead Exposure Relates to Temporal Change in IQ, Violent Crime, and Unwed Pregnancy." *Environmental Research* 83:1-22.

Newberg, A., E. D'Aquili, and V. Rause. 2001. *Why God Won't Go Away: Brain Science and the Biology of Belief*. New York: Ballantine. [『脳はいかにして「神」を見るか——宗教体験のブレイン・サイエンス』木村俊雄訳、PHP エディターズ・グループ、2003]

Nickerson, R. S. 1998. "Confirmation Bias: A Ubiquitous Phenomenon in Many Guises." *Review of General Psychology* 2:175-220.

Nisbet, R. A. 1993/1966. *The Sociological Tradition*, 2nd ed. New Brunswick, NJ: Trans-

action.［『社会学的発想の系譜』中久郎監訳、アカデミア出版会、1975-1977 年］
Nisbett, R. E., G. T. Fong, D. R. Lehman, and P. W. Cheng. 1987. "Teaching Reasoning." *Science* 238:625-31.
Nisbett, R. E., K. Peng, I. Choi, and A. Norenzayan. 2001. "Culture and Systems of Thought: Holistic Versus Analytical Cognition." *Psychological Review* 108:291-310.
Nocera, J. 2011. "The Last Moderate." *New York Times*, September 6, A27.
Norenzayan, A., and A. F. Shariff. 2008. "The Origin and Evolution of Religious Prosociality." *Science* 322:58-62.
Nowak, M. A., and R. Highfield. 2011. *SuperCooperators: Altruism, Evolution, and Why We Need Each Other to Succeed*. New York: Free Press.
Nucci, L., E. Turiel, and G. Encarnacion-Gawrych. 1983. "Children's Social Interactions and Social Concepts: Analyses of Morality and Convention in the Virgin Islands." *Journal of Cross-Cultural Psychology* 14:469-87.
Nussbaum, M. C. 2004. *Hiding from Humanity*. Princeton, NJ: Princeton University Press.［『感情と法――現代アメリカ社会の政治的リベラリズム』河野哲也監訳、慶應義塾大学出版会、2010 年］
Oakeshott, M. 1997/1947. "Rationalism in Politics." In *Conservatism*, ed. J. Z. Muller, 292-311. Princeton, NJ: Princeton University Press.
Okasha, S. 2006. *Evolution and the Levels of Selection*. Oxford: Oxford University Press.
Olds, J., and P. Milner. 1954. "Positive Reinforcement Produced by Electrical Stimulation of Septal Areas and Other Regions of Rat Brains." *Journal of Comparative and Physiological Psychology* 47:419-27.
Osgood, C. E. 1962. "Studies on the Generality of Affective Meaning Systems." *American Psychologist* 17:10-28.
Ovid. 2004. *Metamorphoses*. London: Penguin.［『変身物語』中村善也訳、岩波文庫、1981/1984 年］
Oxley, D. R., K. B. Smith, J. R. Alford, M. V. Hibbing, J. L. Miller, M. Scalora, et al. 2008. "Political Attitudes Vary with Physiological Traits." *Science* 321:1667-70.
Pahnke, W. N. 1966. "Drugs and Mysticism." *International Journal of Parapsychology* 8:295-313.
Panchanathan, K., and R. Boyd. 2004. "Indirect Reciprocity Can Stabilize Cooperation Without the Second-Order Free Rider Problem." *Nature* 432:499-502.
Pape, R. A. 2005. *Dying to Win: The Strategic Logic of Suicide Terrorism*. New York: Random House.
Patterson, J. T. 2010. *Freedom Is Not Enough: The Moynihan Report and America's Strug-*

gle over Black Family Life?from LBJ to Obama. New York: Basic Books.

Pavlov, I. 1927. *Conditioned Reflexes: An Investigation into the Physiological Activity of the Cortex*. Trans. G. Anrep. New York: Dover.

Paxton, J. M., L. Ungar, and J. Greene. Forthcoming. "Reflection and Reasoning in Moral Judgment." *Cognitive Science*.

Pennebaker, J. 1997. *Opening UP: The Healing Power of Expressing Emotions*. Rev. ed. New York: Guilford. [『オープニングアップ――秘密の告白と心身の健康』余語真夫監訳、北大路書房、2000 年]

Pennebaker, J. W., M. E. Francis, and R. J. Booth. 2003. *Linguistic Inquiry and Word Count: LIWC2001 Manual*. Mahwah, NJ: Lawrence Erlbaum.

Perkins, D. N., M. Farady, and B. Bushey. 1991. "Everyday Reasoning and the Roots of Intelligence." In *Informal Reasoning and Education*, ed. J. F. Voss, D. N. Perkins, and J. W. Segal, 83-105. Hillsdale, NJ: Lawrence Erlbaum.

Perugini, M., and L. Leone. 2009. "Implicit Self-Concept and Moral Action." *Journal of Research in Personality* 43:747-54.

Piaget, J. 1932/1965. *The Moral Judgement of the Child*. Trans. M. Gabain. New York: Free Press.

Pickrell, J. K., G. Coop, J. Novembre, S. Kudaravalli, J. Z. Li, D. Absher, et al. 2009. " Signals of Recent Positive Selection in a Worldwide Sample of Human Populations." *Genome Research* 19:826-37.

Pildes, R. H. 2011. "Why the Center Does Not Hold: The Causes of Hyperpolarized Democracy in America." *California Law Review* 99:273-334.

Pinker, S. 2002. *The Blank Slate: The Modern Denial of Human Nature*. New York: Viking. [『人間の本性を考える――心は「空白の石版」か』山下篤子訳、日本放送出版協会、2004 年]

――. 2011. *The Better Angels of Our Nature: Why Violence Has Declined*. New York: Viking.

Plato. 1997. *Timaeus*. Trans. D. J. Zeyl. In *Plato: Complete Works*, ed. J. M. Cooper. Indianapolis: Hackett. [『ティマイオス』種山恭子訳、岩波書店、1975 年]

Pollan, M. 2006. *The Omnivore's Dilemma: A Natural History of Four Meals*. New York: Penguin. [『雑食動物のジレンマ――ある 4 つの食事の自然史』ラッセル秀子訳、東洋経済新報社、2009 年]

Poole, K. T., and H. Rosenthal. 2000. *Congress: A Political-Economic History of Roll Call Voting*. New York: Oxford University Press.

Potts, R., and C. Sloan. 2010. *What Does It Mean to Be Human?* Washington, DC: Na-

tional Geographic.

Powell, R., and S. Clarke. Forthcoming. "Religion as an Evolutionary Byproduct: A Critique of the Standard Model." *British Journal for the Philosophy of Science.*

Premack, D., and A. J. Premack. 2004. "Moral Belief: Form Versus Content." In *Mapping the Mind: Domain Specificity in Cognition and Culture*, ed. L.A. Hirschfeld and S. A. Gelman, 149-68. Cambridge, UK: Cambridge University Press.

Price, G. 1972. "Extensions of Covariance Selection Mathematics." *Annals of Human Genetics* 35:485-90.

Putnam, R. D. 2000. *Bowling Alone: The Collapse and Revival of American Community.* New York: Simon and Schuster. [『孤独なボウリング――米国コミュニティの崩壊と再生』柴内康文訳、柏書房、2006 年]

Putnam, R. D., and D. E. Campbell. 2010. *American Grace: How Religion Divides and Unites Us.* New York: Simon and Schuster.

Pyszczynski, T., and J. Greenberg. 1987. "Toward an Integration of Cognitive and Motivational Perspectives on Social Inference: A Biased Hypothesis-Testing Model." *Advances in Experimental Social Psychology* 20:297- 340.

Rai, T. S., and A. P. Fiske. 2011. "Moral Psychology Is Relationship Regulation: Moral Motives for Unity, Hierarchy, Equality, and Proportionality." *Psychological Review* 118:57-75.

Ramachandran, V. S., and S. Blakeslee. 1998. *Phantoms in the Brain: Probing the Mysteries of the Human Mind.* New York: William Morrow. [『脳のなかの幽霊』山下篤子訳、角川書店、1999 年]

Rappaport, R. 1971. "The Sacred in Human Evolution." *Annual Review of Ecology and Systematics* 2:23-44.

Rawls, J. 1971. *A Theory of Justice.* Cambridge, MA: Harvard University Press. [『正義論 改訂版』川本隆史・福間聡・神島裕子訳、紀伊國屋書店、2010 年]

Reyes, J. W. 2007. "Environmental Policy as Social Policy? The Impact of Childhood Lead Exposure on Crime." Working Paper No. 13097, National Bureau of Economic Research, Washington, DC.

Richards, K. 2010. *Life.* New York: Little, Brown.

Richerson, P. J., and R. Boyd. 1998. "The Evolution of Human Ultra-Sociality." In *Indoctrinability, Ideology, and Warfare: Evolutionary Perspectives*, ed. I. Eibl-Eibesfeldt and F. K. Salter, 71-95. New York: Berghahn.

——. 2004. "Darwinian Evolutionary Ethics: Between Patriotism and Sympathy." In *Evolution and Ethics: Human Morality in Biological and Religious Perspective*, ed. P. Clayton

and J. Schloss, 50-77. Grand Rapids MI: Eerdmans.

——. 2005. *Not by Genes Alone: How Culture Transformed Human Evolution*. Chicago: University of Chicago Press.

Rieder, J. 1985. *Canarsie: The Jews and Italians of Brooklyn Against Liberalism*. Cambridge MA: Harvard University Press.

Rilling, J. K., D. R. Goldsmith, A. L. Glenn, M. R. Jairam, H. A. Elfenbein, J. E. Dagenais, et al. 2008. "The Neural Correlates of the Affective Response to Unreciprocated Cooperation." *Neuropsychologia* 46:1256-66.

Roes, F. L., and M. Raymond. 2003. "Belief in Moralizing Gods." *Evolution and Human Behavior* 24:126-35.

Rosaldo, M. 1980. *Knowledge and Passion: Ilongot Notions of Self and Social Life*. Cambridge, UK: Cambridge University Press.

Rosenberg, N. 1990. "Adam Smith and the Stock of Moral Capital." *History of Political Economy* 22:1-17.

Rosenzweig, M. R. 1999. "Welfare, Marital Prospects, and Nonmarital Childbearing." *Journal of Political Economy* 107:S3-S32.

Rothman, S., S. R. Lichter, and N. Nevitte. 2005. "Politics and Professional Advancement Among College Faculty." *The Forum* (electronic journal), vol3, iss. 1, article 2.

Rozin, P. 1976. "The Selection of Food by Rats, Humans, and Other Animals." In *Advances in the Study of Behavior*, ed. J. Rosenblatt, R. A. Hinde, C. Beer, and E. Shaw, 6:21-76. New York: Academic Press.

Rozin, P., and A. Fallon. 1987. "A Perspective on Disgust." *Psychological Review* 94:3-41.

Rozin, P., J. Haidt, and K. Fincher. 2009. "From Oral to Moral." *Science* 323:1179-80.

Rozin, P., J. Haidt, and C. R. McCauley. 2008. "Disgust." In *Handbook of Emotions*, ed. M. Lewis, J. M. Haviland-Jones, and L. F. Barrett, 3rd ed., 757-76. New York: Guilford Press.

Rozin, P., L. Lowery, S. Imada, and J. Haidt. 1999. "The CAD Triad Hypothesis: A Mapping Between Three Moral Emotions (Contempt, Anger, Disgust) and Three Moral Codes (Community, Autonomy, Divinity)." *Journal of Personality and Social Psychology* 76:574-86.

Ruffle, B. J., and R. Sosis. 2006. "Cooperation and the In-Group-Out-Group Bias: A Field Test on Israeli Kibbutz Members and City Residents." *Journal of Economic Behavior and Organization* 60:147-63.

Russell, B. 2004/1946. *History of Western Philosophy*. London: Routledge. [『西洋哲学史——古代より現代に至る政治的・社会的諸条件との関連における哲学史』市井三郎訳、

みすず書房、1970年]
Saltzstein, H. D., and T. Kasachkoff. 2004. "Haidt's Moral Intuitionist Theory." *Review of General Psychology* 8:273-82.
Sanfey, A. G., J. K. Rilling, J. A. Aronson, L. E. Nystrom, and J. D. Cohen. 2003. "The Neural Basis of Economic Decision-Making in the Ultimatum Game." *Science* 300:1755-58.
Schaller, M., and J. H. Park. 2011. "The Behavioral Immune System (and Why It Matters)." *Current Directions in Psychological Science* 20:99-103.
Scham, S. 2008. "The World's First Temple." *Archaeology* 61, November/December, online article.
Scherer, K. R. 1984. "On the Nature and Function of Emotion: A Component Process Approach." In *Approaches to Emotion*, ed. K. R. Scherer and P. Ekman, 293-317. Hillsdale, NJ: Lawrence Erlbaum.
Schmidt, M. F. H., and J. A. Sommerville. 2011. "Fairness Expectations and Altruistic Sharing in 15-Month-Old Human Infants." *PLoS ONE* 6:e23223.
Schnall, S., J. Haidt, G. L. Clore, and A. H. Jordan. 2008. "Disgust as Embodied Moral Judgment." *Personality and Social Psychology Bulletin* 34:1096-109.
Schwitzgebel, E. 2009. "Do Ethicists Steal More Books?" *Philosophical Psychology* 22:711-25.
Schwitzgebel, E., and J. Rust. 2009. "Do Ethicists and Political Philosophers Vote More Often than Other Professors?" *Review of Philosophy and Psychology* 1:189-99.
——. 2011. "The Self-Reported Moral Behavior of Ethics Professors." Unpublished ms., University of California at Riverside.
Schwitzgebel, E., J. Rust, L. T.-L. Huang, A. Moore, and J. Coates. 2011. "Ethicist' Courtesy at Philosophy Conferences." Unpublished ms., University of California at Riverside.
Scruton, R. 1982. *Kant*. Oxford: Oxford University Press.
Secher, R. 2003/1986. *A French Genocide: The Vendee*. Trans. G. Holoch. South Bend, IN: Notre Dame University Press.
Seeley, T. D. 1997. "Honey Bee Colonies Are Group-Level Adaptive Units." *American Naturalist* 150:S22-S41.
Settle, J. E., C. T. Dawes, N. A. Christakis, and J. H. Fowler. 2010. "Friendships Moderate an Association Between a Dopamine Gene Variant and Political Ideology." *Journal of Politics* 72:1189-98.
Shariff, A. F., and A. Norenzayan. 2007. "God Is Watching You: Priming God Concepts Increases Prosocial Behavior in an Anonymous Economic Game." *Psychological Science*

18:803-9.

Shaw, V. F. 1996. "The Cognitive Processes in Informal Reasoning." *Thinking and Reasoning* 2:51-80.

Sherif, M., O. J. Harvey, B. J. White, W. Hood, and C. Sherif. 1961/1954. *Intergroup Conflict and Cooperation: The Robbers Cave Experiment.* Norman: University of Oklahoma Institute of Group Relations.

Sherman, G. D., and J. Haidt. 2011. "Cuteness and Disgust: The Humanizing and Dehumanizing Effects of Emotion." *Emotion Review* 3:245-51.

Shweder, R. A. 1990a. "Cultural Psychology: What Is It?" In *Cultural Psychology: Essays on Comparative Human Development*, ed. J. W. Stigler, R. A. Shweder, and G. Herdt, 1-43. New York: Cambridge University Press.

——. 1990b. "In Defense of Moral Realism: Reply to Gabennesch." *Child Development* 61:2060-67.

——. 1991. *Thinking Through Cultures: Expeditions in Cultural Psychology.* Cambridge, MA: Harvard University Press.

Shweder, R. A., and E. Bourne. 1984. "Does the Concept of the Person Vary Cross-Culturally?" In *Culture Theory*, ed. R. Shweder and R. LeVine, 158-99. Cambridge, UK: Cambridge University Press.

Shweder, R. A., and J. Haidt. 1993. "The Future of Moral Psychology: Truth, Intuition, and the Pluralist Way." *Psychological Science* 4:360-65.

Shweder, R. A., and R. A. LeVine, eds. 1984. *Culture Theory: Essays on Mind, Self, Emotion.* Cambridge, UK: Cambridge University Press.

Shweder, R. A., M. Mahapatra, and J. Miller. 1987. "Culture and Moral Development." In *The Emergence of Morality in Young Children*, ed. J. Kagan and S. Lamb, 1-83. Chicago: University of Chicago Press.

Shweder, R. A., N. C. Much, M. Mahapatra, and L. Park. 1997. "The 'Big Three' of Morality (Autonomy, Community, and Divinity), and the 'Big Three' Explanations of Suffering." In *Morality and Health*, ed. A. Brandt and P. Rozin, 119-69. New York: Routledge.

Sigall, H., and N. Ostrove. 1975. "Beautiful but Dangerous: Effects of Offender Attractiveness and Nature of the Crime on Juridic Judgment." *Journal of Personality and Social Psychology* 31:410-14.

Singer, P. 1979. *Practical Ethics.* Cambridge: Cambridge University Press. [『実践の倫理』山内友三郎・塚崎智監訳、昭和堂、1999 年]

Singer, T., B. Seymour, J. P. O'Doherty, K. E. Stephan, R. J. Dolan, and C. D. Frith. 2006.

"Empathic Neural Responses Are Modulated by the Perceived Fairness of Others." *Nature* 439:466-69.

Sinnott-Armstrong, W., ed. 2008. *Moral Psychology*. 3 vols. Cambridge, MA: MIT Press.

Smith, A. 1976/ 1759. *The Theory of Moral Sentiments*. Oxford: Oxford University Press. [『道徳感情論——人間がまず隣人の、次に自分自身の行為や特徴を、自然に判断する際の原動力を分析するための論考』高哲男訳、講談社学術文庫、2013 年]

Smith, C. 2003. *Moral, Believing Animals: Human Personhood and Culture*. Oxford: Oxford University Press.

Sober, E., and D. S. Wilson. 1998. *Unto Others: The Evolution and Psychology of Unselfish Behavior*. Cambridge, MA: Harvard University Press.

Solomon, R. C. 1993. "The Philosophy of Emotions." In *Handbook of Emotions*, ed. M. Lewis and J. Haviland, 3-15. New York: Guilford Press.

Sosis, R. 2000. "Religion and Intragroup Cooperation: Preliminary Results of a Comparative Analysis of Utopian Communities." *Cross-Cultural Research* 34:70-87.

Sosis, R., and C. S. Alcorta. 2003. "Signaling, Solidarity, and the Sacred: The Evolution of Religious Behavior." *Evolutionary Anthropology* 12:264-74.

Sosis, R., and E. R. Bressler. 2003. "Cooperation and Commune Longevity: A Test of the Costly Signaling Theory of Religion." *Cross-Cultural Research: The Journal of Comparative Social Science* 37:211-39.

Sowell, T. 2002. *A Conflict of Visions: The Ideological Origins of Political Struggles*. New York: Basic Books.

Sperber, D. 2005. "Modularity and Relevance: How Can a Massively Modular Mind Be Flexible and Context-Sensitive?" In *The Innate Mind: Structure and Contents*, ed. P. Carruthers, S. Laurence, and S. Stich, 53-68. New York: Oxford University Press.

Sperber, D., and L. A. Hirschfeld. 2004. "The Cognitive Foundations of Cultural Stability and Diversity." *Trends in Cognitive Sciences* 8:40-46.

Stampf, G. 2008. *Interview with a Cannibal: The Secret Life of the Monster of Rotenburg*. Beverly Hills, CA: Phoenix Books.

Stearns, S. C. 2007. "Are We Stalled Part Way Through a Major Evolutionary Transition from Individual to Group?" *Evolution: International Journal of Organic Evolution* 61:2275-80.

Stenner, K. 2005. *The Authoritarian Dynamic*. New York: Cambridge University Press.

Stevenson, C. L. 1960. *Ethics and Language*. New Haven: Yale University Press. [『倫理と言語』島田四郎訳、内田老鶴圃、1990 年]

Stewart, J. E. 1980. "Defendant's Attractiveness as a Factor in the Outcome of Criminal

Trials: An Observational Study." *Journal of Applied Social Psychology* 10:348-61.

Stolberg, S. G. 2011. "You Want Compromise. Sure You Do." *New York Times*, Sunday Review, August 14.

Sunstein, C. R. 2005. "Moral Heuristics." *Brain and Behavioral Science* 28:531-73.

Taber, C. S., and M. Lodge. 2006. "Motivated Skepticism in the Evaluation of Political Beliefs." *American Journal of Political Science* 50:755-69.

Taleb, N. 2007. *The Black Swan: The Impact of the Highly Improbable*. New York: Random House. [『ブラック・スワン――不確実性とリスクの本質』望月衛訳、ダイヤモンド社、2009 年]

Tan, J. H. W., and C. Vogel. 2008. "Religion and Trust: An Experimental Study." *Journal of Economic Psychology* 29:832-48.

Tattersall, I. 2009. *The Fossil Trail: How We Know What We Think We Know About Human Evolution*. 2nd ed. New York: Oxford University Press. [『化石から知るヒトの進化』河合信和訳、三田出版会、1998 年]

Tetlock, P. E. 2002. "Social Functionalist Frameworks for Judgment and Choice: Intuitive Politicians, Theologians, and Prosecutors." *Psychological Review* 109:451-57.

Tetlock, P. E., O. V. Kristel, B. Elson, M. Green, and J. Lerner. 2000. "The Psychology of the Unthinkable: Taboo Trade-offs, Forbidden Base Rates, and Heretical Counterfactuals." *Journal of Personality and Social Psychology* 78:853-70.

Thomas, K. 1983. *Man and the Natural World*. New York: Pantheon. [『人間と自然界――近代イギリスにおける自然観の変遷』中島俊郎・山内彰訳、法政大学出版局、1989 年]

Thomson, J. A., and C. Aukofer. 2011. *Why We Believe in God(s): A Concise Guide to the Science of Faith*. Charlottesville VA: Pitchstone Publishing.

Thórisdóttir, H., and J. T. Jost. 2011. "Motivated Closed-Mindedness Mediates the Effect of Threat on Political Conservatism." *Political Psychology* 32:785-811.

Thornhill, R., C. L. Fincher, and D. Aran. 2009. "Parasites, Democratization, and the Liberalization of Values Across Contemporary Countries." *Biological Reviews of the Cambridge Philosophical Society* 84:113-31.

Tishkoff, S. A., F. A. Reed, A. Ranciaro, et al. 2007. "Convergent Adaptation of Human Lactase Persistence in Africa and Europe." *Nature Genetics* 39:31-40.

Todorov, A., A. N. Mandisodza, A. Goren, and C. C. Hall. 2005. "Inferences of Competence from Faces Predict Election Outcomes." *Science* 308:1623-26.

Tomasello, M., M. Carpenter, J. Call, T. Behne, and H. Moll. 2005. "Understanding and Sharing Intentions: The Origins of Cultural Cognition." *Behavioral and Brain Sciences* 28:675-91.

Tomasello, M., A. Melis, C. Tennie, E. Wyman, E. Herrmann, and A. Schneider. Forthcoming. "Two Key Steps in the Evolution of Human Cooperation: The Mutualism Hypothesis." *Current Anthropology.*

Tooby, J., and L. Cosmides. 1992. "The Psychological Foundations of Culture." In *The Adapted Mind: Evolutionary Psychology and the Generation of Culture*, ed. J. H. Barkow, L. Cosmides, and J. Tooby, 19-136. New York: Oxford University Press.

——. 2010. "Groups in Mind: The Coalitional Roots of War and Morality." In *Human Morality and Sociality: Evolutionary and Comparative Perspectives*, ed. H. Høgh-Olesen. New York: Palgrave Macmillan.

Trivers, R. L. 1971. "The Evolution of Reciprocal Altruism." *Quarterly Review of Biology* 46:35-57.

Trut, L. N. 1999. "Early Canid Domestication: The Farm Fox Experiment." *American Scientist* 87:160-69.

Turiel, E. 1983. *The Development of Social Knowledge: Morality and Convention*. Cambridge, UK: Cambridge University Press.

Turiel, E., M. Killen, and C. C. Helwig. 1987. "Morality: Its Structure, Function, and Vagaries." In *The Emergence of Morality in Young Children*, ed. J. Kagan and S. Lamb, 155-243. Chicago: University of Chicago Press.

Turkheimer, E. 2000. "Three Laws of Behavior Genetics and What They Mean." *Current Directions in Psychological Science* 9:160-64.

Turner, V. W. 1969. *The Ritual Process: Structure and Anti-Structure*. Chicago: Aldine. [『儀礼の過程』冨倉光雄訳、新思索社、1996年]

Valdesolo, P., J. Ouyang, and D. DeSteno. 2010. "The Rhythm of Joint Action: Synchrony Promotes Cooperative Ability." *Journal of Experimental Social Psychology* 46:693-95.

Van Berkum, J. J. A., B. Holleman, M. Nieuwland, M. Otten, and J. Murre. 2009. "Right or Wrong? The Brain's Fast Response to Morally Objectionable Statements." *Psychological Science* 20:1092-99.

Van Vugt, M., D. De Cremer, and D. P. Janssen. 2007. "Gender Differences in Cooperation and Competition: The Male-Warrior Hypothesis." *Psychological Science* 18:19-23.

Van Vugt, M., R. Hogan, and R. B. Kaiser. 2008. "Leadership, Followership, and Evolution: Some Lessons from the Past." *American Psychologist* 63:182-96.

Viding, E., R. J. R. Blair, T. E. Moffitt, and R. Plomin. 2005. "Evidence for Substantial Genetic Risk for Psychopathy in 7- Year-Olds." *Journal of Child Psychology and Psychiatry* 46:592-97.

Voegeli, W. 2010. *Never Enough: America's Limitless Welfare State*. New York: Encounter

Books.
Wade, N. 2007. "Is 'Do Unto Others' Written Into Our Genes?" *New York Times*. September 18, p. 1 of Science Times.
——. 2009. *The Faith Instinct: How Religion Evolved and Why It Endures*. New York: Penguin. [『宗教を生みだす本能――進化論からみたヒトと信仰』依田卓巳訳、NTT 出版、2011 年]
Walster, E., G. W. Walster, and E. Berscheid. 1978. *Equity: Theory and Research*. Boston: Allyn and Bacon.
Wason, P. C. 1960. "On the Failure to Eliminate Hypotheses in a Conceptual Task." *Quarterly Journal of Experimental Psychology* 12:129- 40.
——. 1969. "Regression in Reasoning?" *British Journal of Psychology* 60:471-80.
Weedon, M. N., H. Lango, C. M. Lindgren, C. Wallace, D. M. Evans, M. Mangino, et al. 2008. "Genome-Wide Association Analysis Identifies 20 Loci That Influence Adult Height." *Nature Genetics* 40:575-83.
Westen, D. 2007. *The Political Brain: The Role of Emotion in Deciding the Fate of the Nation*. New York: Public Affairs.
Westen, D., P. S. Blagov, K. Harenski, S. Hamann, and C. Kilts. 2006. "Neural Bases of Motivated Reasoning: An fMRI Study of Emotional Constraints on Partisan Political Judgment in the 2004 U.S. Presidential Election." *Journal of Cognitive Neuroscience* 18 :1947- 58.
Wheatley, T., and J. Haidt. 2005. "Hypnotic Disgust Makes Moral Judgments More Severe." *Psychological Science* 16:780-84.
Wilkinson, G. S. 1984. "Reciprocal Food Sharing in the Vampire Bat." *Nature* 308:181-84.
Wilkinson, R., and K. Pickett. 2009. *The Spirit Level: Why Greater Equality Makes Societies Stronger*. New York: Bloomsbury.
Williams, B. 1967. "Rationalism." In *The Encyclopedia of Philosophy*, ed. P. Edwards, 7-8:69-75. New York: Macmillan.
Williams, G. C. 1966. *Adaptation and Natural Selection: A Critique of Some Current Evolutionary Thought*. Princeton, NJ: Princeton University Press.
Williams, G. C. 1988. Reply to comments on "Huxley's Evolution and Ethics in Sociobiological Perspective." *Zygon* 23:437-38.
Williamson, S. H., M. J. Hubisz, A. G. Clark, B. A. Payseur, C. D. Bustamante, and R. Nielsen. 2007. "Localizing Recent Adaptive Evolution in the Human Genome." *PLoS Genetics* 3:e90.
Wilson, D. S. 2002. *Darwin's Cathedral: Evolution, Religion, and the Nature of Society*.

Chicago: University of Chicago Press.
Wilson, D. S., and E. O. Wilson. 2007. "Rethinking the Theoretical Foundation of Sociobiology." *Quarterly Review of Biology* 82:327-48.
——. 2008. "Evolution 'for the Good of the Group.' " *American Scientist* 96:380-89.
Wilson, E. O. 1975. *Sociobiology*. Cambridge, MA: Harvard University Press. [『社会生物学』坂上昭一・宮井俊一・前川幸恵・北村省一・松本忠夫・粕谷英一・松沢哲郎・伊藤嘉昭・郷采人・巌佐庸・羽田節子訳、新思索社、1999 年]
——. 1990. *Success and Dominance in Ecosystems: The Case of the Social Insects*. Oldendorf, Germany: Ecology Institute.
——. 1998. *Consilience: The Unity of Knowledge*. New York: Alfred A. Knopf. [『知の挑戦——科学的知性と文化的知性の統合』山下篤子訳、角川書店、2002 年]
Wilson, E. O., and B. Hölldobler. 2005. "Eusociality: Origin and Consequences." *Proceedings of the National Academy of Sciences of the United States of America* 102: 13367-71.
Wilson, T. D. 2002. *Strangers to Ourselves: Discovering the Adaptive Unconscious*. Cambridge, MA: Belknap Press. [『自分を知り、自分を変える——適応的無意識の心理学』村田光二監訳、新曜社、2005 年]
Wilson, T. D., and J. W. Schooler. 1991. "Thinking Too Much: Introspection Can Reduce the Quality of Preferences and Decisions." *Journal of Personality and Social Psychology* 60:181-92.
Wiltermuth, S., and C. Heath. 2008. "Synchrony and Cooperation." *Psychological Science* 20:1-5.
Wobber, V., R. Wrangham, and B. Hare. 2010. "Application of the Heterochrony Framework to the Study of Behavior and Cognition." *Communicative and Integrative Biology* 3: 337- 39.
Wolf, S. 2010. *Meaning in Life and Why It Matters*. Princeton, NJ: Princeton University Press.
Woodberry, R. D., and C. Smith. 1998. *Fundamentalism et al.: Conservative Protestants in America*. Palo Alto, CA: Annual Reviews.
Wrangham, R. W. 2001. "The Evolution of Cooking." Conversation with John Brockman on Edge.org.
Wrangham, R. W., and D. Pilbeam. 2001. "African Apes as Time Machines." In *All Apes Great and Small*, ed. B. M. F. Galdikas, N. E. Briggs, L. K. Sheeran, G. L. Shapiro, and J. Goodall, 1:5-18. New York: Kluwer.
Wright, R. 1994. *The Moral Animal*. New York: Pantheon. [『モラル・アニマル』小川敏子訳、

講談社、1995 年]

——. 2009. *The Evolution of God*. New York: Little, Brown.

Wundt, W. 1907/1896. *Outlines of Psychology*. Leipzig: Wilhelm Englemann.

Wynne-Edwards, V. C. 1962. *Animal Dispersion in Relation to Social Behaviour*. Edinburgh: Oliver and Boyd.

Yi, X., Y. Liang, E. Huerta-Sanchez, X. Jin, Z. X. P. Cuo, J. E. Pool, et al. 2010."Sequencing of 50 Human Exomes Reveals Adaptation to High Altitude." *Science* 329:75-78.

Zajonc, R. B. 1968. "Attitudinal Effects of Mere Exposure." *Journal of Personality and Social Psychology* 9:1-27.

——. 1980. "Feeling and Thinking: Preferences Need No Inferences." *American Psychologist* 35:151-75.

Zak, P. J. 2011. "The Physiology of Moral Sentiments." *Journal of Economic Behavior and Organization* 77:53-65.

Zaller, J. R. 1992. *The Nature and Origins of Mass Opinion*. New York: Cambridge University Press.

Zhong, C. B., V. K. Bohns, and F. Gino. 2010. "Good Lamps Are the Best Police: Darkness Increases Dishonesty and Self-Interested Behavior." *Psychological Science* 21:311-14.

Zhong, C. B., and K. Liljenquist. 2006. "Washing Away Your Sins: Threatened Morality and Physical Cleansing." *Science* 313:1451-52.

Zhong, C. B., B. Strejcek, and N. Sivanathan. 2010. "A Clean Self Can Render Harsh Moral Judgment." *Journal of Experimental Social Psychology* 46:859-62.

Zimbardo, P. G. 2007. *The Lucifer Effect: Understanding How Good People Turn Evil*. New York: Random House.

原注
Notes

はじめに

*1——— キャッチフレーズと化した何よりの証拠は、この言葉（Can we all get along?）が変化していったことだ。グーグルでは「can we all get along」より「can't we all get along」（キングはそうは言っていない）で検索したほうが3倍ヒットする。

*2——— 20世紀の戦争や集団殺戮を含めても、文明は暴力や残虐性を大幅に緩和してきたことについては、Pinker 2011を参照。文明が誕生する前は、集団間の暴力が絶えなかったことに関しては、Keeley 1996を参照。

*3——— オックスフォード英語辞典。

*4——— ウェブスター国際英英辞典第3版。これは「righteous」の三番目の定義である。第一の定義は「正しいことをする。正しく公正に行動する。神聖な、あるいは道徳的な規則に従う」。

*5——— ウェブスター国際英英辞典第3版。

*6——— 進化とは設計のプロセスである。ただし何らかの知性が実行する設計プロセスではない。Tooby and Cosmides 1992を参照。

*7——— 学術論文では、道徳心理学は三つではなく四つの原理としている。本書では、単純さと覚えやすさを考慮して、最初の二つ「直観が第一だが、それは独裁者ではない」「道徳的な思考は社会的な実践のためのものだ」を統合した。それらはいずれも、社会的直観モデルの一側面である（Haidt 2001）。四つの原理については、Haidt and Kesebir 2010を参照。

*8——— 「適応的な無意識」については、T. D. Wilson 2002を参照。

*9——— Kurzban 2010のタイトルより。

*10——— 英自由民主党のリーダー、ニック・クレッグは次のように言う。「しかし私たちは左派でもなければ右派でもない。私たちには独自の名前がある。それはリベラルだ」（2011年3月13日にシェフィールドで開催された自由民主党春期会議での演説より）。ヨーロッパのリベラルは、アメリカのリバタリアンほど自由市場や小さな政府を強く支持することはめったにない。リバタリアンに関しては、Iyer, Koleva, Graham, Ditto, and Haidt 2011を参照。

*11——— 僧璨《そうさん》の『信心銘』より。

第1章　道徳の起源

*1―― 大学卒業時の結論は、「若者が生きる意味を探求するにあたっては、心理学や文学のほうが役立つだろう」というものだった。しかしそれ以来、哲学も役立つと次第に考え直すようになった。Wolf 2010を参照。

*2―― たとえば旧約聖書「エレミア書」第31章33節「(……) すなわち、わたしの律法を彼らの胸の中に授け、彼らの心にそれを記す」〔新共同訳〕。および Darwin 1998/1871を参照。

*3―― 「経験主義（empiricism）」という言葉には二つの意味がある。ここでは、生得主義（nativism）とは対照的に、「誕生時、心は多かれ少なかれ〈白紙（blank slate）〉の状態にあり、ほぼすべての内容は経験を通して獲得される」とする見方を指すものとして用いる。心理学者の多くは、この意味で「経験主義」という用語を使っているが、それは間違いだと私は考えている。また、経験主義という用語は、科学哲学者によって、経験的な方法、すなわち世界を観察、測定、操作することで、それに関する信頼できる結論を引き出そうとする方法への献身を意味するものとして使われる。この意味での経験主義については、私は科学者として100%支持する。

*4―― Locke 1979/1690.

*5―― Piaget 1932/1965.

*6―― 現在では、物理の知識がある程度は生得的なものだとわかっているが（Baillargeon 2008）、道徳的な知識の多くにも同様なことが言える（Hamlin, Wynn, and Bloom 2007）。これに関しては第3章で検討する。

*7―― この点に関してピアジェは間違っているようだ。言葉による反応を要求しない、より慎重な測定手段を用いれば、子どもは3歳になる頃には（LoBue et al. 2011）、あるいはおそらく生後15か月の段階ですら（Schmidt and Sommerville 2011）、公正に関するルールの侵犯に反応を示すようになることが示されている。言い換えると、道徳基盤理論（第6章を参照）などの生得主義的な理論を支持する証拠がますます増えつつある。

*8―― 私の合理主義（rationalism）の定義は、たとえば「合理主義者は、世界の本質を把握するために、先天的な理性の力を必要とすると考える（B. Williams 1967, p. 69）」などの哲学者の定義とそれほど変わらない。ただし、私のアプローチは、生得的な観念に関する18世紀の論争にではなく、合理的な思考、とりわけ自立した個人の合理的な思考が、法や公共政策を選択するうえで（危険ではなく）信頼できる手段なのか否かを問う20世紀の関心

に結びついている。Oakeshott 1997/1947 を参照。また、ハイエク（Hayek 1988）は、「理性的な反省に基づいて社会や道徳の秩序を築けると考えるタイプの合理主義は、〈社会構築主義（constructivism）〉と呼ぶほうが正確であろう」と主張している。事実、コールバーグは、自身を合理主義者ではなく社会構築主義者と呼んでいる。とはいえ、直観主義（intuitionism）との対照を際立たせるために、本書では合理主義者としてコールバーグ、ピアジェ、テュリエルに言及する。

*9—— Kohlberg 1969, 1971.

*10—— Kohlberg 1968.

*11—— たとえば Killen and Smetana 2006 を参照。

*12—— テュリエル（Turiel 1987, p. 3）は社会的な慣習を、「特定の社会システムの文脈に結びつき、社会的なやり取りを調整する行動の一様性」と定義している。

*13—— Turiel 1983, p. 3.

*14—— Hollos, Leis, and Turiel 1986; Nucci, Turiel, and Encarnacion-Gawrych 1983.

*15—— 道徳心理学の実験のほとんどはコールバーグとテュリエルの業績に影響されていたが、もう 2 名ほど大きな影響力を持っていた人物をあげておこう。キャロル・ギリガンは、「コールバーグは、男性よりも女性により一般的に認められる〈ケアの倫理〉を無視している」と主張した（Gilligan 1982）。またマーティン・ホフマンは、ほとんどの研究が道徳的な思考に焦点を絞っていたときに、道徳的な情動を強調し、共感の発達に関する重要な研究を行なった（Hoffman 1982）。悲劇的なことに、コールバーグは 1987 年 1 月に自ら命を絶っている。彼は抑鬱に悩まされ、寄生虫感染症による慢性的な痛みに苦しんでいた。

*16—— A. P. Fiske 1991.

*17—— Evans-Pritchard 1976.

*18—— この考えは、エミール・デュルケームの理論を援用しながら第 11 章で詳しく説明する。

*19—— Rosaldo 1980.

*20—— Meigs 1984.

*21—— 旧約聖書「レビ記」第 11 章を参照。

*22—— 旧約聖書「申命記」第 22 章 9-11 節を参照。メアリー・ダグラスは、ユ

ダヤ教の食物に関する宗教的規則の背景に存在するもっとも重要な原理として、各カテゴリーを純粋に保つ必要性をあげている（Douglas 1966）。私はこの見解に同意しない。嫌悪がもっと大きな役割を果たすと考えている。Rozin, Haidt, and McCauley 2008 を参照。

*23—— この言葉の最初の記録は、1778 年にジョン・ウェスレーが行なった説教に見られるが、明らかに旧約聖書「レビ記」に遡る。

*24—— Shweder, Mahapatra, and Miller 1987.

*25—— Geertz 1984, p. 126.

*26—— Shweder and Bourne 1984.　シュウィーダーは、「個人主義的（individualistic）」ではなく「自己中心的（egocentric）」という用語を使っているが、後者は負の意味が強すぎ、また利己主義に密接に関連するので前者の言い方を採用した。

*27—— Shweder, Mahaparta, and Miller 1987.　各被験者は 39 のストーリーのうちの 13 話に関する質問に答えている。

*28—— Turiel, Killen, and Helwig 1987.

*29—— 「道徳的に唖然とする」という用語を考え出した、UVA の恩師で同僚のダン・ウェグナーに感謝する。

*30—— Hume 1969/1739-40, p. 462.　ヒュームが意味するところは、「理性は、情熱が選んだ目的なら何であれ、それを達成する手段を見つけ出す」ということである。理性的な思考の機能を事後の正当化ととらえることに、特に焦点を置いているわけではない。とはいえ、のちの章で説明するように、自分の行動や判断の正当化は、私たちの誰もが熱意を持って行なう大きな目的の一つだ。

*31—— Haidt, Koller, and Dias 1993.

第 2 章　理性の尻尾を振る直観的な犬

*1—— これは『しあわせ仮説』の基盤となる真理で、同書第 1 章で詳述した。

*2—— Media, in *Metamorphosis* (Ovid, 2004), Book VII. [『変身物語』中村善也訳、岩波文庫、上 1990 年、下 1984 年]

*3—— Plato 1997.　引用は *Timaeus*, 69d より。ティマイオスはプラトンの考えを代弁していることに注意されたい。彼は単にソクラテスに否定される役回りを演じているわけではない。

*4—— Solomon 1993.

*5—— ヒュームは「奴隷（slave）」という語を使っているが、私は不快な響きが少なく、より正確な言葉「召使い（servant）」を用いることにした。ちなみにヒュームは、フランシス・ハチソン、シャフツベリ伯爵らの、イングランドとスコットランドの感情主義者（sentimentalists）の考えを基にしている。他の著名な感情主義者、反合理主義者としては、ルソー、ニーチェ、フロイトがあげられる。

*6—— Ellis 1996.

*7—— Jefferson 1975/1786, p. 406.

*8—— Ibid., pp. 408-9.

*9—— 実際には『ティマイオス』におけるプラトンのモデルは、『パイドロス』と同様、魂には三つの部分があるとしている。理性（頭部に存在する）、精神（名誉に対する欲求を含み胸部に存在する）、嗜好（快楽と金銭への愛、腹部に存在する）の三つである。しかし本章では、理性（首から上）対感情（首から下）という二つのプロセスモデルに単純化した。

*10—— この有名な言葉はハーバート・スペンサーによって作られたものだが、ダーウィンも使っている。

*11—— Darwin 1998/1871, part I, chapter 5. 詳細は第9章を参照。

*12—— この考えは19世紀後半にハーバート・スペンサーによって展開されたが、18世紀のトマス・マルサスまで遡ることができる。ダーウィンは部族間の競争を考慮に入れていたが（第9章参照）、デズモンドとムーア（Desmond and Moore 2009）によれば、社会進化論者ではなかった。

*13—— ヒトラーは菜食主義者《ベジタリアン》でもあったが、菜食主義者を支持することはナチスに入党するにも等しいなどとは誰も主張しないはずである。

*14—— Pinker 2002, p. 106.

*15—— ロールズは現在でももっとも引用されることの多い政治哲学者の一人であり、彼が1971年に提起した「自分が将来占めるはずの位置がわからないような〈無知のヴェール（veil of ignorance）〉に覆われた状態で社会を設計しなければならないとするなら、それはどのようなものか？」と問う思考実験はとりわけ有名だ。合理主義者にはロールズを偏愛する傾向がある。

*16—— ウィルソンの、未来予見的な非難を正確に引用する価値はあるだろう。それは次のようなものだ。「倫理哲学者は、自分自身の視床下部辺縁系システムの情動中枢と相談することで、道徳義務論の規範を直観的に認識した。このことは、いかに厳格な客観主義者であったにしろ、（コールバーグらの）発

達主義者（developmentalist）にも当てはまる。それらの規範の意味は、情動中枢の活動を生物学的な適応として解釈することによってのみ解明し得るのだ」（E. O. Wilson 1975, p. 563）

*17—— E. O. Wilson 1998.

*18—— スティーブン・ジェイ・グールドやリチャード・ルウォンティンらの世界的な生物学者は、科学を社会正義という政治的な問題に結びつける社会生物学に激しい非難の言葉を浴びせている。たとえば Allen et al. 1975 を参照。

*19—— Pinker 2002, chapter 6.

*20—— その例外として、共感に関するマーティン・ホフマンの研究があげられる（Hoffman 1982 他）。

*21—— De Waal 1996.　私はこの本を大学院卒業後に読んだが、ドゥ・ヴァールの業績には大学院に通っていた頃から興味を持っていた。

*22—— Damasio 1994.

*23—— 道徳に感情を持ち込んだ三つの重要な著作として、経済学者ロバート・フランクの『オデッセウスの鎖 —— 適応プログラムとしての感情』、哲学者アラン・ギバードの『*Wise Choices, Apt Feelings*』、哲学者オーウェン・フラナガンの『*Varieties of Moral Personality*』があげられる。また社会心理学者ジョン・バージの業績は、自動プロセスを、つまり第 3 章の主たるテーマである直観と微細な感情の突発を再評価する重要な契機となった（Bargh and Chartrand 1999）。

*24—— 復活の年を 1992 年とした理由は、『*The Adapted Mind: Evolutionary Psychology and the Generation of Culture*』という刺激的なタイトルの重要な本がその年に刊行されたからだ。この本はジェローム・バーコウ、レダ・コスミデス、ジョン・トゥービーによって編集されている。この分野の他の著名な研究者には、デイヴィッド・バス、ダグ・ケンリック、スティーブン・ピンカーらがいる。進化心理学は、最初から道徳（とりわけ協力と欺瞞）を重要な研究対象にしてきた。

*25—— 私がこの考え方を「ジェファーソンモデル」と呼ぶ理由は、コズウェイに宛てたジェファーソンの手紙に見て取れるように、「〈頭〉と〈心〉は独立し、互いに対立する道徳判断に至る場合がある」という見方を可能にするからだ。ただし、〈頭〉は道徳的な判断にはあまり向いておらず、その役割は計算によって決定できる問題の解法に限定されると、ジェファーソンは考えていたことをつけ加えておく。ジェファーソン自身は、道徳に関して感情主義者だっ

た。

*26—— この研究は、スティーブン・ストース、フレデリク・ビョルクルントと共同で行なった。これまでこのデータを活字にしたことはなかった。というのも、変化がないという結果は発表できないと思っていたからだ。

*27—— このシナリオは、バートが友だちのミルハウスに自分の魂を売るという『ザ・シンプソンズ』のエピソードをもとにダン・ウェグナーが考案したものである。

*28—— 実際にジュースを飲ませたわけではなく、被験者の口がコップに触れる直前に、スコットは飲むのを中止させた。

*29—— この文は会話をそのまま書き取ったものであり、基本的に編集はされていない。ただし、いくつか被験者が口にした余談は削除した。また掲載した部分は、この被験者に対するインタビューの前半部にすぎない。インタビューの記録には隠しビデオカメラを使っているが、一例を除き、インタビュー後に被験者から分析の許可を得ている。

*30—— たとえば、無害なタブー侵犯ストーリーでは、「よくわからない」という言い回しが、ハインツのジレンマに比べてほぼ 2 倍の頻度で出現している。また 2 倍以上の頻度で、(「とにかく間違っている!」「とにかくそんなことをしてはならない!」など）根拠をまったく示さずに何らかの主張をしている。さらに言えば、10 倍の確率で、本文の例の最後の部分のように説明に窮し、7 割以上の確率で議論が袋小路に陥っている（いったん始めた議論を、うまくいかないために途中で中止している)。後者は、本文の例で言うと、被験者が「この兄妹は誰を相手にするにしろ、セックスするには若すぎる」という議論を始めようとしたときに起こったことだ。議論が袋小路に陥ったときには、私たちが「自らを疑っている顔」と呼ぶ表情が現れることもある。これは、相手が話している最中に額にしわを寄せて眉をしかめるなど、他の誰かがばかげた議論をしているときに私たちがよくする表情で、その表情を自分が話しているあいだにするのだ。

*31—— Wason 1969.

*32—— Johnson-Laird and Wason 1977, p. 155.

*33—— Margolis 1987, p. 21.　誰似の議論として Gazzaniga 1985 も参照。

*34—— Margolis 1987, p. 76.　言語を持たない動物によっても可能な思考の形態は存在し得る。しかし、そのような能力を持つ動物でも、「理由を考えること」はできないはずだ。なぜなら、その種の思考は、特に他の個体を説得する準備を整えるために実行されるからである。

＊35――― コールバーグは、晩年の主要な著作のなかで、彼のアプローチの基軸が「道徳的な思考は通常の道徳言語を用いるプロセスである」という前提にあったと述べている（Kohlberg, Levine, and Hewer 1983, p. 69）。彼は無意識や非言語的な推論（すなわち直観）には関心を持っていなかった。

＊36――― このような、「道徳的な思考は、社会的な正当化を行なう機能を果たすものとして理解されるべき」という考えを提起する哲学者が何人かいる。Gibbard 1990; Stevenson 1960; 心理学では、Mercier and Sperber 2011 を参照。

＊37――― Neisser 1967.　グリーン（Green 2008）は、情動との対比が際立つよう、より狭く認知を定義するよう注意を払っているが、これはきわめて例外的である。

＊38――― Ekman 1992; Ellsworth and Smith 1985; Scherer 1984.

＊39――― Lazarus 1991.

＊40――― 情動は直観の完全な下位カテゴリーではない。それには身体中のホルモンの変化などを含め、適応的な行動を準備するためのすべての身体変化が含まれるとされる場合が多い。ホルモン反応は直観ではないが、できごとの評価、あるいは注意や警戒の程度の変更などの、情動の認知的な要素は、直観の下位タイプである。それらは自動的に生じ、意識的な気づきによって、その出力はとらえられるが、プロセス自体はとらえられない。

＊41――― ダニエル・カーネマンは、かなり以前から、これら二種類の認知を、それぞれ「システム 1（〈象〉に相当）」、「システム 2（〈乗り手〉に相当）」と呼んできた。思考と決断を 2 つのシステムの観点から見た、とてもわかりやすい解説書としてカーネマン（Kahneman 2011）があげられる。

＊42――― 神経科学者マイケル・ガザニガは、これを「インタープリターモジュール」と呼んでいる。

＊43――― 確証バイアスと呼ばれる。これについての概観は第 4 章を参照。

＊44――― 社会的直観モデルに対する哲学者からのよくある批判の一つは、点線で描いたリンク 5、6 が、実際には私が主張する以上に日常生活で頻繁に生じているのではないかというものだ。たとえばグリーンの近刊（Green, forthcoming）を参照。これらの批判は証拠をあげていないが、公平を期すと、人々が日常生活のなかで、どれだけ頻繁に思考を通じて直観に反する結論に至ったり（リンク 5）、道徳的な問題に関して個人的な反省によって考えを改めたりしている（リンク 6）のかについて、私も確たる証拠を持っているわけではない。もちろん道徳的な問題に関して、人は考えを変えることがある。しか

し私は、多くのケースでは、胎児の超音波画像を見たなど、直観的に納得のできる新たな経験をしたか（リンク1）、他者の議論によって直観的に説得されたか（リンク3）のいずれかが変更の原因ではないかと考える。また、クーン（Kuhn 1991）の発見に鑑みると、哲学者はそうでない人より、容易に最初の直観を破棄できるであろうと思っている。

*45—— Zimbardo 2007.

*46—— Latane and Darley 1970.

*47—— Haidt 2001.

*48—— とりわけ次の著作を参照。Hauser 2006; Huebner, Dwyer, and Hauser 2009; Saltzstein and Kasachkoff 2004.

*49—— Hume 1960/1771, Part I, the opening paragraph.

*50—— Carnegie 1981/1936, p. 37.

第3章 〈象〉の支配

*1—— このとき書いていた論文はHaidt 2007である。実際のところ、この論文は道徳心理学の四つの原理について書いたもので（学術論文ではすべて「四つの原理」としている）、最初の二つは「直観が第一だが、それは独裁者ではない」「道徳的な思考は社会的な実践のためのものだ」である。本書では、この二つを統合して「まず直観、それから戦略的な思考」とした。そのほうが覚えやすく、簡単に適用できると思ったからだ。

*2—— この言い回しは、人が判断を下そうとするとき、最初の数秒間に何が起こるかを要約したものである。したがって、複数の人々が議論し、ときに互いの判断を変えるなど、時間の経過につれて起こる対話者同士の影響の及ぼし合いを説明するものではない。

*3—— Wheatley and Haidt 2005.

*4—— 被験者として、私の講座の受講者のなかから催眠術にかかりやすい学生だけを選抜した。1980年代には、催眠は真の現象ではなく、与えられた役割を被験者が演じているだけだと科学者が考えていた時期があった。しかし一連の研究によって、催眠術にはかかったふりをすることが不可能な効果があると示されている。たとえば、黒と白しか見えなくなると暗示をかけておいた被験者をfMRIスキャナーに横たわらせ、カラー画像を見せると、色覚を処理する脳領域の活動が通常よりも大幅に減少していることがわかった

(Kosslyn et al. 2000)。

*5 —— 『*Dhammapada*』252 節。この偉大なる真実の心理学については、『しあわせ仮説』の第 4 章を参照。

*6 —— これは、行動主義の中心的な主張にうまく合わせようとした表現である。二つの基本的な定位反射については Pavlov 1927 を参照。少し変更を加えれば、「無意識のさまざまな部分は、ときに対立しながらも、環境をつねに精査し、すばやい自動的な反応を引き起こす」と説くフロイトにも当てはまる。カテゴリー化の三つの基本的な次元（その最初のものは、「悪いこと 対 よいこと」の誘意性）については Osgood 1962 を参照。

*7 —— Wundt 1907/1896.

*8 —— 何かが起きたとき、大脳皮質の処理に先立って、扁桃体が情動反応を引き起すことについては LeDoux 1996 を参照。

*9 —— この効果は、被験者が特定の刺激を受けたことを思い出せるかどうかに関係なく生じた。ザイアンスはある研究で、意識的には誰にもとらえられないように 0.001 秒間だけイメージを画面に表示させた。ところがそのあとでテストをすると、被験者はそれまで一回も「見て」いない、あるいは一回だけ「見た」イメージより、五回「見た」もののほうを好んだ（Zajonc 1968）。

*10 —— Zajonc 1980. 〈象〉と〈乗り手〉のたとえは、ザイアンスに多くを負っている。

*11 —— Ibid., p. 171.

*12 —— Fazio et al. 1986; Greenwald, McGhee, and Schwartz 1998.

*13 —— Morris et al. 2003.

*14 —— Greenwald, Nosek, and Banaji 2003.

*15 —— Morris et al. 2003.　差異は N400 コンポーネントに見出され、脳が不整合を検出したときに、すなわち情動的な意味が異なる二つの言葉を読ませたときに、より大きくなった。もっと最近のオランダの研究では、安楽死などの問題に賛成もしくは反対する文章を党派心の強い被験者に読ませている（Van Berkum et al. 2009）。この研究でも、N400 に同じ効果が、またそれに加えて、一般に情動反応に結びつく、より大きく緩慢な後期陽性電位（LPP）の出現が検出されている。これは、特定の政党を支持する被験者がカギとなる言葉を読んだ直後の 0.5 秒以内に、おのおの異なった何かを感じ始めていることを示す。

*16 —— Dion, Berscheid, and Walster 1972.

*17 —— 模擬陪審員を使った実験については Efran 1974 を、魅力的な被告の刑

が軽いことを示した調査についてはStewart 1980を、またメタ分析についてはMazzella and Feingold 1994をそれぞれ参照。ほとんどの犯罪に関しては、魅力的であることは被告に有利に働くが、詐欺など、魅力が犯罪の実行を促進する要因になるケースでは当てはまらない（Sigall and Ostrove 1975）。

*18—— Todorov et al. 2005.　被験者がどちらかの候補者をすでに知っているケースは除外されている。

*19—— 最初の研究では、判定の精度は1秒間の表示によっては落ちなかった。0.1秒のテストは追試の際に行なわれたもの（Ballew and Todorov 2007）。追試では、現職候補であるという事実が、その政治家を有能に見せる要因になる可能性を検討した。その結果、その点は要因になっていないことがわかった。顔による能力の判定は、現職議員がいない、もしくは敗れたケースでも、勝ったケースと同じ程度に正確だったのだ。

*20—— 直観と自動的な「モラルヒューリスティック」の役割については、Gigerenzer 2007; Sunstein 2005も参照。

*21—— Damasio 2003; Green 2009a.　公正と島皮質に関しては、Hsu, Anen, and Quarts 2008; Rilling et al. 2008; Sanfey et al. 2003を参照。

*22—— Schnall et al. 2008, Study 1.　四つの判断のすべてに関して、予測した結果が得られた。ただしすべての比較が統計的に有意であったわけではない。四つのストーリーを合わせると（これはそのようなデータの分析をする際には普通に行なわれている）、おならスプレーの効果は高度に有意なものであった（$p < 0.001$）。おならスプレーを1回だけ噴霧するという条件もあったが、結果は2回噴霧の場合と変わらなかった。

*23—— Eskine, Kacinic, and Prinz 2011.　いかに良い匂いが良い行動を促すかについては、Liljenquist, Zhong, and Galinsky 2010を参照。

*24—— Clore, Schwarz, and Conway 1994.　何か外部的な要因によって不快感が引き起こされていることに気づくと、効果は通常、減退または消失する。感情反応は通常、その人の好悪を読み取る際の良い手がかりになるが、無関係な情動を引き起こすことで心理学者が被験者に「トリックを仕掛ける」と、「情報としての感情」という便法的《ヒューリスティック》なとらえ方は誤りを招く。

*25—— Zhong, Strejcek, and Sivanathan 2010.

*26—— Zhong and Liljenquist 2006.

*27—— Helzer and Pizarro 2011.　消毒液のディスペンサーを用いた実験を報告す

るこの論文の最初の研究は、ディスペンサーの近くに立っていると、より保守的に感じるという被験者の概括的な自己報告に基づいている。二番目の研究でも、同じ効果が再現されているが、おもに性的な潔癖さに関する質問に対して、清潔さや手洗いを思い起こさせることが、被験者の道徳的な判断をより厳格なものにするという結果が得られている。

*28—— Hare 1993.

*29—— Ibid., p. 54.

*30—— Ibid., p. 91.

*31—— Beaver et al. 2011; Blonigen et al. 2005; Viding et al. 2005.

*32—— 脳のスキャニングを用いた研究によって、サイコパスは、扁桃体や前頭前野腹内側部（vmPFC）などの多くの情動領域に、正常人に比べてわずかな反応しか検出されないということが確認されている（Blair 2007; Kiehl 2006）。サイコパスにうそ発見器のように皮膚コンダクタンスメーターを装着し、口を開けたサメの写真を見せると、メーターは通常の反応を示す。ところが手足を切断された身体や、苦痛にあえぐ子どもの写真を見せても、まったく動かない（Blair 1999）。サイコパスについての、また、彼らの他者（両親を含む）に対する無関心についてのもっとも評価の高い臨床的な記録は Cleckley 1955 を参照。

*33—— James 1950/1890, I:488.

*34—— Baillargeon 1987.

*35—— 乳児は、意図を推測する能力や傷害に反応する能力を含め、社会環境を理解する能力を先天的に備えているという点を最初に示したのは、デイヴィッド・プレマックとアン・プレマックであった。道徳的な認知の起源については、Premack and Premack 1994 を参照。

*36—— Hamlin, Wynn, and Bloom 2007.　凝視する時間の差は、生後 10 か月の幼児にのみ見られ、6 か月の幼児には確認されなかった。しかし手を伸ばす実験における差は、どちらの年齢グループにも見られた。人形は通常のものではなく、色とりどりで、木れんがの形状をしていた。この人形ショーは www.yale.edu/infantlab/In_the_Media.html で実際に見ることができる。幼児の特性を測定するこのテクニックは、クールマイアー、ウィン、ブルームによって最初に開発された（Kuhlmeier, Wynn, and Bloom 2003）。

*37—— Hamlin, Wynn, and Bloom 2007, p. 559.

*38—— この見方を示した初期の研究は、Hoffman 1982; Kagan 1984.

*39—— トロッコ問題は、哲学者のフィリッパ・フットとジュディス・ジャーヴィス・トムソンによって最初に提起された。

*40—— 橋から突き落とすケースでは、目的を達成するための手段として犠牲者をとらえているのに対し、スイッチを倒す例ではそうではなく、その死は不運な副作用によるものであると主張する哲学者がいる。そのためグリーンらは、一人の男が線路上に立つ、ループして本線に再合流する側線へとトロッコをそらせるスイッチを倒すべきか否かを尋ねるバリエーションを考案している。この場合、犠牲者はある目的のための手段として利用されていると見なせる。というのも、彼が線路から離れれば、トロッコはループ線上を走り続け、やがて再び本線に合流して五人の命を奪うはずだからだ。このバリエーションでは、被験者はもとのスイッチシナリオと橋のシナリオの中間の反応を示す傾向が見られた。

*41—— Greene et al. 2001.　この研究はまた、「功利主義的な選択をした被験者は、あたかも思考が情動を克服しようと格闘しているかのように、より長い時間をかけた」と報告している。ただしこの発見は、一般的な原則ではなく、ストーリーによっても異なることがのちに示されている（McGuire et al. 2009）。これに対するグリーンの回答（Greene 2009b）も参照。

*42—— Rilling et al. 2008; Sanfey et al. 2003.

*43—— Greene 2009a; Greene, forthcomingを参照。活性化が頻繁に報告されている領域として、前頭前野腹内側部、島皮質、扁桃体がある。例外については、Knoch, Pascual-Leone, Meyer, Treyer, and Fehr 2006を参照。

*44—— Greene 2008.　以下の引用は63ページにある。私はグリーンに、ウィルソンの『*Sociobiology*』の563ページの記述を知っていたかどうか尋ねてみたが、答えは「ノー」だった。

*45—— Haidt and Kesebir 2010.

*46—— この学際的なコミュニティによる三巻からなる論文集Sinnott-Armstrong 2008を参照。

*47—— Paxton, Ungar, and Greene, forthcoming.

*48—— 直観の強さ、思考能力、そして他人の思考にオープンになれる程度は、人によって異なる。これらの個人差についてはBartels 2008を参照。

第4章　私に清き一票を

*1—— 『*Republic*』, 360c., trans. G. M. A. Grube and C. D. C. Reeve. In Plato 1997.

*2—— 360e-361dでそう挑戦しているのはグラウコンの兄弟、アデイマントスだが、彼はグラウコンの議論を詳しく述べているだけである。グラウコンとアデイマントスは、ソクラテスに彼らの議論を受けて否定してほしいのだ。いずれにせよ、以後「現実よりも名声のほうが重要だ」という考え方の代弁者としてグラウコンを用いる。

*3—— 『*Republic*』, 443-45.

*4—— Ibid., 473ff.

*5—— 少なくともプラトンは、人間の本性に関して自分が立てている前提について長広舌を振るっている。カントやロールズらの他の多くの道徳哲学者は、心の機能、人間の欲求、何が「道理にかなっている」かを、単純に断定しているが、これらの断定は、彼ら自身の特異な個性や価値観の省察といった程度の根拠に基づいているにすぎないかのように思われる。たとえば、ロールズの前提のいくつかがテストされているが（「自分が将来占める位置を見通せなくする〈無知のヴェール〉に覆われた状態で社会を設計しなければならないとすれば、ほとんどの人は、平均的な生活をしている人々より、最悪の生活を送る人々の状況を改善することに配慮するだろう」などの前提）、それらは誤りであることが判明している（Frohlich, Oppenheimer, and Eavey 1987）。

*6—— 彼の正確な言い回しは、「私の思考は、第一に、最終的に、そしてつねに私の行動のためにある」というものだ（James 1950/1890, p. 333）。スーザン・フィスク（Fiske 1993）は、「思考は行動のためにある」という簡略化した言い方で、ジェイムズの機能主義を社会的な認知に適用している。社会科学における機能主義については、Merton 1968を参照。

*7—— 確かに合理主義者は、理性が簡単に崩壊し得ることを、また、理性を正しく用いられない人も多いことを理解しているのかもしれない。しかし、義務は能力を前提にするとし、（プラトンの言うように）完全なる理性が魂の真の本性だから、理性は彼らの主張するように機能し得ると確信している。

*8—— Lerner and Tetlock 2003, p. 434.

*9—— Gopnik, Meltzoff, and Kuhl 2000.

*10—— 本書を通じて「グラウコン主義」の代わりに「マキャベリ主義」という用語を使うこともできた。ただ「マキャベリ主義」と言うと、暗い側面が誇張され、

トリックを駆使しながら人民を支配する統治者のイメージを喚起する。道徳的な生き方とは、権力や支配より、協力や協調に関わるものだと私は考える。道徳的な思考における不誠実や偽善は、他人をして、自分に好意を抱かせ、協力させることを目的とする。よってグラウコン主義という言葉を用いた。

*11—— Lerner and Tetlock 2003 を参照。また Tetlock 2002 では、直観的な政治家、検事、神学者という三つのたとえがあげられている。ここでは直観的な政治家に焦点を絞り、直観的な検事についてはそれに関連するものとしてあとで触れる。直観的な神学者には、第 11 章で言及する。

*12—— Ariely 2008; Baron 2007 を参照。

*13—— Lerner and Tetlock 2003, p. 438.

*14—— Ibid., p. 433.　傍点はつけ加えた。

*15—— Leary 2004.

*16—— Leary 2005, p. 85.　もちろん他人の意見を気にする程度は人によって異なる。しかしリアリーの研究によって、それがどの程度なのかを、私たちは正確に自己評価しているわけではないことがわかる。

*17—— Millon et al. 1998.　サイコパスは他人の考えを気に掛けることも多々あるが、それはその人を操り、利用するためである。サイコパスは恥や罪などの感情を持っておらず、誰かに嘘を見破られ、憎まれるようになっても苦痛を感じない。彼らは無意識下で自動的に機能するソシオメーターを備えていない。

*18—— Wason 1960.

*19—— Shaw 1996.　確証バイアスは、社会心理学、臨床心理学、認知心理学で広範に確認されている。それはすでに幼児に見られ、生涯続く。Kunda 1990; Mercier and Sperber 2010; Nickerson 1998; Pyszczynski and Greenberg 1987.

*20—— Kuhn 1989, p. 681.

*21—— Perkins, Farady, and Bushey 1991.

*22—— Ibid., p. 95.　ハイスクールの 4 年生には、1 年生より総体的にわずかながら改善が見られているが、その原因は教育の効果よりも、単なる知的な成熟にあるのかもしれない。この改善は大学では見られなかった。

*23—— 『デイリー・テレグラフ』紙は、情報公開法に基づく要求に応じて、何年もそれをはねつけてきた下院によって作成された、経費の完全な報告書のコピーを手に入れた。

*24—— Bersoff 1999.　ダン・バトソンの「道徳的な偽善」に関する研究も参照（Batson et al. 1999など）。

*25—— Perugini and Leone 2009.

*26—— Ariely 2008, p. 201.　傍点はつけ加えた。

*27—— この言葉は『しあわせ仮説』で私が用いたものである。

*28—— Gilovich 1991, p. 84.

*29—— Ditto, Pizarro, and Tannenbaum 2009; Kunda 1990.

*30—— Frey and Stahlberg 1986.

*31—— Kunda 1987.

*32—— Ditto and Lopez 1992; Ditto et al. 2003も参照。私たちは、何かを信じたいとき、わざわざその証拠を探そうとすらしない場合が多々あることが示されている。つまり、無批判にそれを受け入れるのだ。

*33—— Balcetis and Dunning 2006.

*34—— Brockman 2009.

*35—— Kinder 1998を参照。この原則には次のような例外がある。政策の物質的な恩恵が「実質的で、ただちに得られ、よく宣伝されている」場合には、その恩恵を受けると考えられる人は、それによって損害を被《こうむ》るはずの人よりその政策を支持する傾向にある。「利己主義の規範」に関しては、D. T. Miller 1999を参照。

*36—— Kinder 1998, p. 808.

*37—— この言葉は、スミス、ブルナー、ホワイトによるもので、Kinder 1998に引用されている。

*38—— ハストルフとキャントリルの古典的な研究を参照（Hastorf and Cantril 1954）。この研究では、フットボールゲームの、物議を醸したいくつかの微妙な判定が映ったフィルムを見せられたダートマス大学とプリンストン大学の学生に、何が起こったのかを尋ねたが、両者は互いに大きく異なる結論に至った。

*39—— Lord, Ross, and Lepper 1979; Munro et al. 2002; Taber and Lodge 2006.　態度の極性化は、あらゆる研究に見られるわけではない。しかしテーバーとロッジが主張するように、この現象を見出せなかった研究では、一般に、党派的な動機を十分に喚起することのない、より穏やかでそれほど感情に訴えることのない刺激が用いられていた。

*40—— Westen et al. 2006.

*41—— 活性化された領域は、島皮質、内側前頭前皮質、腹側前頭前皮質、前頭

前野腹内側部、後帯状皮質など。ネガティブな情動に関連する領域は、とりわけ左側島皮質、外側眼窩前頭皮質、前頭前野腹内側部。最初のうちは、怖れと脅威に密接に関連する扁桃体に、より大きな活動が見られたが、やがて「慣れる」ようになった。これらすべての発見は、支持する候補者の偽善に対する反応から、(たとえばトム・ハンクスなどの) 中立的な人物の偽善に対する反応を引くことで得られている。

*42—— グリーン (Greene 2008) は、この領域を脳の「ミル」と呼んでいる。というのも、この領域には、被験者が情動に基づく倫理的な選択をした場合よりも、冷静で功利的な判断をしたときのほうが、活動が増加する傾向があったからだ。

*43—— dlPFC は、弁明となる情報を与えられて被験者が安堵したあとで、活動が増加した。それはあたかも、情動的に受け入れられる明確な説明が得られるまで、確認思考が開始し得ないかのようだった。

*44—— Olds and Milner 1954.

*45—— ウェブスター国際英英辞典第 3 版。関連する定義に「誤った信念、あるいは誤った信念や精神錯乱によって引き起こされる持続的な認識の誤り」とある。

*46—— Dawkins 2006; Dennett 2006; Harris 2006.　彼らの議論は、第 11 章で詳しく取り上げる。

*47—— プラトンの『国家』第 3 巻、およびドーキンスの『神は妄想である』第 9 章には、子どもの養育に関するアドバイスがある。

*48—— Schwitzgebel and Rust 2009, 2011; Schwitzgebel et al. 2011.

*49—— Schwitzgebel 2009.

*50—— Mercier and Sperber 2011, p. 57.

*51—— 人間の思考からバイアスを取り除く方法を構築することがいかに困難かを報告する論文として、Lilienfeld, Ammirati, and Landfield 2009 を参照。「批判的思考」の研究でわずかながら成果が得られても、それは学校の教室を越えて適用されることがほとんどない (そもそもその意図すらない)。

*52—— Wilson 2002; Wilson and Schooler 1991.

*53—— Baron 1998。

*54—— Heath and Heath 2010.

*55—— 「経路変更」に関する研究を集めたサイト (www.EthicalSystems.org) を参照。それらの多くは簡単に実行できる。一例に、経費報告書は、最後ではなく先頭に署名欄を設け、誠実さの証としてサインさせると、経費の過剰請

求が大幅に減るというダン・アリエリーの発見がある（Ariely 2008）。

第5章　奇妙（WEIRD）な道徳を超えて

＊1——Mill 2003/1859, p. 80.

＊2——Henrich, Heine, and Norenzayan 2010.

＊3——Markus and Kitayama 1991.

＊4——このような文化間の相違については、Kitayama et al. 2009 を参照。

＊5——Nisbett et al. 2001.

＊6——『論語』衛霊公第15-23で孔子は、人の一生を導くただ一つの言葉があるか否かを尋ねられている。彼は「助け合いではないだろうか？　自分が望まぬことを他人にしてはならない」と答える（Lays 1997）。だが『論語』の教えを黄金律に置き換えることはできない。私の理解が間違っていなければ、『論語』は第7、8章で提示する六つの道徳基盤のすべてに依拠している。

＊7——たとえば『信仰の終焉（*The End of Faith*）』『道徳の風景（*The Moral Landscape*）』など、サム・ハリスの著書を参照。

＊8——まったく新しかったわけではない。Shweder 1990a が述べるように、心理学では数回にわたって興隆している。だが今日文化心理学者を名乗る人は、おそらくShweder and LeVine 1984の刊行後10年のうちに再登場した分野を志向しているはずだ。

＊9——Shweder 1990a.

＊10——三つの倫理はShweder 1990bで最初に言及されている。この理論を扱った重要な業績に、Shweder et al. 1997がある。

＊11——ピーター・シンガーは現代のもっとも著名な功利主義哲学者である。P. Singer 1979を参照。

＊12——それは必ずしもキリスト教的な意味での魂ではない。ポール・ブルームが述べるように、私たちは「生まれつきの二元論者」なのである（Bloom 2004）。宗教の多様性にもかかわらず、無神論者を含め多くの人々は、心、精神、魂が身体とは分かたれ、そこに住まうものだと考えている。

＊13——これはたとえば、1940年代に2年間アメリカで学んだエジプト人サイイド・クトゥブが出した結論である。彼はアメリカの文化に嫌悪を感じ、この道徳的な嫌悪感がイスラムの哲学者、理論家としてのその後の業績に影響している。ウサーマ・ビン・ラーディン、アル・カーイダは、彼の業績に感化を

受けている。

*14—— これらのテキスト分析は、Haidt et al. 1993に報告されている。レネ・アルネット・ジェンセンの研究（Jensen 1997, 1998）も参照。そこでは、シュウィーダーの三つの倫理を適用して、インドとアメリカにおける進歩主義者と伝統主義者の見解の相違を分析した結果、同様な結論が得られている。

*15—— この親切と寛大さに対して、カタクとブヴァネーシュヴァルの、故スクマル・センと息子のスロジット・センにお礼を述べたい。

*16—— 『コーラン』については第2章222節、第4章43節、第24章30節を、『ヘブライ語聖書』については、とりわけ「レビ記」を、キリスト教に関しては、Thomas 1983の第1章をそれぞれ参照。またイエスと使徒の浄《きよ》めに関する新約聖書の記述は、たとえば「ヨハネ書」第3章25節、第11章55節、「使徒行伝」第14章9節、第20章26節、第21章26節、第24章18節にある。

*17—— 私たちはまた、なぜ多くの言語において「嫌悪」を意味する語が、単に糞尿のような物質的なものばかりでなく、道徳的な侵犯にも適用されるのか（ただしすべての侵犯に対して適用されるわけではなく、また、同じ侵犯がすべての文化に適用されるわけでもない）を説明したかった（Haidt et al. 1997）。

*18—— 人は直観的に「上」を善きもの、「下」を悪しきものに結びつける。そのことは「上」と「下」がコンピューターのモニター上の相対的な位置関係にすぎなかったとしても当てはまる（Meier and Robinson 2004）。この心理的な次元の研究については、Brandt and Reyna 2011; Rozin, Heidt, and McCauley 2008および『しあわせ仮説』の第9章を参照。

*19—— 私が行なった道徳的な高揚と嫌悪の研究については、『しあわせ仮説』の第9章で述べた。またwww.ElevationResearch.orgも参照。

*20—— 嫌悪の処理に重要な役割を果たしている脳領域、前部島皮質が、道徳的な侵犯によって活性化することが何度も報告されている（Rilling et al. 2008; Sanfey et al. 2003）。ただしこれまでのところ、実験対象はほとんどが欺瞞であり、ロジン、マコーリー、私が道徳的な嫌悪と呼ぶものには相当しない。Rozin, Haidt, and Fincher 2009を参照。

*21—— アンドレ・セラーノの「Piss Christ」は、とりわけ判断がむずかしい。というのも、この写真の見た目はすばらしいからだ。強い光線が黄色い尿を通して輝いている様は、あたかも神聖な光を放っているかに見える。1999年にニューヨーク市の展覧会に展示され物議をかもした、クリス・オフィリの絵画

「The Holy Virgin Mary」も参照。この絵は、聖母マリアを黒人女性として描き、ポルノ雑誌から切り取った女性器のイメージで囲み、本物の象の糞をその上に塗りたくったものである。

*22—— これを書いたあとで、ブルース・ブキャナンが私に、1988 年にシカゴでそれに似たできごとがあったと教えてくれた。ウィキペディアの「Mirth & Girth」という項目を参照。そこで、シカゴ市長を務めたアフリカ系アメリカ人で、尊敬されつつ最近亡くなったハロルド・ワシントンを風刺した絵を見ることができる。

*23—— マーサ・ヌスバウムは、Kass 1997 以来のレオン・カスとの長い論争のなかで、この点を強調している（Nussbaum 2004）。

*24—— これらについては、ローマ教皇ベネディクト 16 世と、ヨハネ・パウロ 2 世がとりわけ雄弁に語っている。また、Bellah et al. 1985 も参照。

*25—— たとえばヒンズー教の「マーヤーのヴェール」、プラトンの形相《けいそう》の世界と洞窟の比喩など。

*26—— アメリカ全国選挙調査データによる。ユダヤ人はアフリカ系アメリカ人の次に民主党支持者が多い。1992 年から 2008 年のあいだ、82 パーセントのユダヤ人は、民主党支持者か、民主党寄りだった。

*27—— 第 8 章で述べるように、保守主義者はリベラルと少なくとも同程度に公正さを配慮していると私が認識するようになったのは最近のことで、彼らは平等（equality）より比例配分（proportionality）を重視すると今では理解している。

*28—— すべての道徳的な考え方やイデオロギーは等しくよきものだ、あるいは人間的で道徳秩序の整った社会を同じように効率的に築けると言いたいわけではない。私は相対主義者ではない。いかにしてイデオロギーは人間の本性に適合し得るのかという問題は第 12 章で取り上げるので、ここでは次の点を指摘しておくに留める。これまで長く続いてきたイデオロギー論争は、ほぼつねに自分たちの道徳観を熱烈に、そして誠実に追求する人々のあいだで繰り広げられてきた。私たちは、たとえば論敵に金儲け主義者などのレッテルを貼ろうとする衝動に駆られることがよくあるが、そのような行為は通常誤りだ。

*29—— Shweder 1991, p. 5.

*30—— これに関する討論に参加したことがある。以下の URL に、この討論に関係する資料を掲載しておいた。
http://people.stern.nyu.edu/jhaidt//postpartisan.html

第 6 章　〈正義心〉の味覚受容器

＊1——— 哲学における例として、ジェレミー・ベンサム、R. M. ヘア、ピーター・シンガーらがあげられる。心理学では、道徳はしばしば利他主義や「向社会的行動」として操作主義的にとらえられている。それは、より多くの人々の、理想的に言えばより多くの外部者の援助を促進するよう導くこととして道徳をとらえる。ダライ・ラマさえ、倫理的な行為を「他者の経験や幸福への期待を損なわない行為」と定義している（Dalai Lama XIV 1999, p. 49）。

＊2——— 例として、哲学ではイマヌエル・カント、ジョン・ロールズ、心理学ではローレンス・コールバーグがあげられる。エリオット・テュリエルは、福祉と正義が競合する関心領域であるとしている。

＊3——— 一元論の危険性については、Berlin 2001 を参照。

＊4——— Chan 1963, p. 54.

＊5——— はるかに複雑な嗅覚システムも同時に満足させなければならないが、たとえを単純化するために嗅覚は無視した。

＊6——— 経験主義（empiricism）という用語を使いたいところだが、この語には二つの意味があり、第 1 章ですでに「先天論」との対照でその一つを用いた。私は、白紙《ブランクスレート》を示唆する、この意味の経験主義は否定するが、もう一つの意味、すなわち観察や経験に基づく手段を使って科学者が知識を獲得する、その方法という意味では支持する。

＊7——— E. O. ウィルソンは『知の挑戦』の第 11 章で、その点を指摘している。ヒュームや私と同様、彼は超越主義（transcendentalism）ではなく自然主義（naturalism）／経験主義（empiricism）を擁護する。

＊8——— 情熱や感情には、とても冷静なために、理性と取り違えられる場合があるものも存在すると、ヒュームはコメントしている（『人間本性論』第 2 巻）。この言葉ゆえ、私は「直観（intuition）」という語が、ヒュームの用語「感情（sentiment）」の、最善の現代的な言い換えだと考えている。

＊9——— ヒュームの理論は、彼よりも以前の時代に活躍した「道徳感覚」の理論家フランシス・ハチソンの議論に基づいている。この文は、『人間知性研究』の最初の二つの版に見られる。最終版からは削除されているが、味覚のたとえについてヒュームが考えを変えたことを示す証拠はまったく発見できなかった。たとえば最終版の sec. xii, pt. 3 で、彼は次のように述べている。「道徳と批評は、理解より味覚や感情の対象としてふさわしい。美は、道徳的なものにしろ自然のものにしろ、理解するより感じることで適切にとらえられる」。

*10―― とりわけアダム・スミスとエドマンド・バーク。Frazier 2010 を参照。
*11―― 第 3 章は、これらの研究についての私の概観である。専門的な論文 Haidt and Kesebir 2010 も参照。
*12―― Baron-Cohen 1995.
*13―― Baron-Cohen 2002, p. 248.
*14―― Ibid.
*15―― Baron-Cohen 2009.　出生前の要因の一つにテストステロンがあり、このホルモンは胎児の脳にさまざまな影響を及ぼす。私たちは皆、受胎後 2 か月間は女子としてその生命を開始する。そして Y 遺伝子が存在すると、8 週目以後テストステロンの生産が引き起こされる。それによって、脳と身体が男子のパターンへと変換されていく。自閉症は女子より男子に数倍多く見られる。
*16―― Bentham 1996/1789, chapter I, section 2.
*17―― Lucas and Sheeran 2006.
*18―― Ibid., p. 5.　ウィリアム・ハズリットの引用。
*19―― Ibid.　ミルの引用。
*20―― Lucas and Sheeran 2006, p. 1.　もちろん本人の死亡後に精神医学的診断を下すのは容易なことではない。ベンサムが実際にアスペルガー症候群を抱えていたか否かは別として、ここで私が言いたかったのは、彼の思考方法が普通ではなく、人間性に対する理解が乏しかったということだ。
*21―― Denis 2008.
*22―― Kant 1993/1785, p. 30.
*23―― Fitzgerald 2005.　カントは 47 歳のとき脳腫瘍を抱えるようになった可能性がある。頭痛を訴え始め、その直後に左目の視力を失っているからだ。表現方法や彼の哲学そのものも変化している。左側前頭前皮質の情動処理機能を阻害する腫瘍が発達し、高度のシステム化に対して通常の共感による歯止めが効かなくなったのではないかと考える研究者もいる。Gazzaniga 1998, p. 121 を参照。
*24―― Scruton 1982.
*25―― これがすべての科学的な調査に当てはまると言いたいわけではない。化学者に共感は無用である。しかし人間の内面を観察するときには、偉大な小説家や劇作家同様、共感を働かせることが役に立つ。
*26―― WEIRD な人々に関する論文（Henrich et al. 2010、および本書第 5 章）を執筆した研究者たちは、欧米の思考様式がいつ WEIRD になったかについて

何もコメントしていない。ただ、論文の内容からすれば、産業革命が進展し、（少なくともエリート階級に関して）富、教育、個人主義のレベルが上昇した19世紀中に、WEIRDな思考様式が次第に浸透していったと推論できる。

＊27—— 私の見るところ、最近の20年で道徳心理学は改善された。というのも、心理学を含め、自然世界に対する古くからの関心への回帰がいくらか見受けられるようになったからだ。今日の哲学者の多くは、神経科学、心理社会学、進化論に精通している。たとえばFlanagan 1991; Gibbard 1990など、1990年代以来、「心理的リアリズム」に対する関心が深まっている。最新の見解に関しては、Appiah 2008と3巻の論文集Walter Sinnott-Armstrong 2008を参照。

＊28—— たとえばブッダのみが、感覚能力を持つすべての生物に対する思いやりを説いている。文化と美徳の理論の概観は、Haidt and Joseph 2007を参照。

＊29—— 実際には嗅覚受容器も関係するが、話を単純化するために無視した。また、果物ジュースは酸味受容器も刺激するが、この事実も味覚受容器のたとえにうまくマッチする。すなわち、道徳侵犯の多くは、おもにある一つの基盤を刺激するが、それ以外の一つまたはそれ以上の基盤もわずかに刺激する。

＊30—— Sperber and Hirschfeld 2004. モジュールは、通常は脳の特定の領域に対応するわけではなく、それがどんな機能を果たすかによって定義される。フォーダー（Fodor 1983）は、モジュール性に関して、一連のきわめて厳密な条件を提起しているが、クレイグと私はそれに同意しない。その代わりにスペルベル（Sperber 2005）の「大規模なモジュール性（massive modularity）」を支持する。これには、生得的な「学習モジュール（leaning modules）」が含まれ、それによって子どもの発達時に、その他多くの特定のモジュールが生成される。Haidt and Joseph 2007, 2011を参照。

＊31—— 霊長類では、事情はもう少し複雑である。霊長類はヘビに対する生得的な恐れそのものではなく、ヘビとの運の悪い1回の遭遇によって、あるいは同じ種の他の個体がヘビに直面して恐れを示しているところを単に見ることによって、ヘビに対する恐れを学習する生得的な「備え（preparedness）」を持って生まれてくる（Mineka and Cook 2008）。この備えはヘビに特化しているので、他の動物が別の何かを恐れるところを見ても、霊長類はそれを恐れるよう学習したりはしない。

＊32—— スペルベルとヒルシュフェルトは、「固有の領域（proper domain）」と「実際の領域（actual domain）」という用語を使っているが、私を含めた多くの研

究者にはこれらの言い回しが覚えにくいため、私は「オリジナル・トリガー」「カレント・トリガー」と言い換えている。なお「オリジナル・トリガー」と言うことで、かつては、それが誤りを犯さなかったことを意味するわけではない。進化に意図は含まれないという点を無視するなら、「意図されたトリガー（intended trigger)」としたいところだ。

＊33—— 自然選択は設計プロセスであり、生物世界に豊富に認められる設計の要因である。しかし、それは知性や意識を持つ設計者なのではない。Tooby and Cosmides 1992 を参照。

＊34—— この理論の起源と詳細は、Haidt and Graham 2007; Haidt and Joseph 2004, 2007 を参照。この理論はリチャード・シュウィーダーとアラン・フィスクの業績に強い影響を受けている。五つの基盤の選択は、シュウィーダーの三つの倫理に近い。また、文化によって異なる方法で肉づけされる、進化した認知モジュールの特定という私たちの全体的なアプローチは、アラン・フィスクの関係モデル理論（Relational Models Theory）に触発されたものだ。この理論の道徳心理学への適用については、Rai and Fiske 2011 を参照。

＊35—— 最新の一覧は、Neuberg, Kenrick, and Schaller 2010 を参照。

＊36—— 最初の論文（Haidt and Joseph 2004）では、〈苦痛（Suffering)〉〈階層制（Hierarchy)〉〈相互依存（Reciprocity)〉〈清浄（Purity)〉という四つの基盤を提示した。ただしおそらくもっと多くの基盤があるかもしれないとコメントし、とりわけ五番目の候補として脚注に〈集団－忠誠（group-loyalty)〉と記しておいた。論文執筆中、Eメールで「集団への忠誠は階層制とは別物である（クレイグと私は前者を後者の範疇に入れて考えていた）」と指摘してくれたジェニファー・ライトに感謝する。2005 年以来、よく見受けられた誤解を減らすために、五つの基盤の名称を、一つの基盤について関連する二つの用語を組み合わせて表現することにした。かくして 2005 年から 2009 年まで、〈危害（Harm）／ケア（care)〉〈公正（Fairness）／相互依存（reciprocity)〉〈内集団（In-group）／忠誠（loyalty)〉〈権威（Authority）／敬意（respect)〉〈清浄（Purity）／神聖（sanctity)〉という名称を使っていた。2010 年になると、私たちは拡張のため、さらには第 8 章で述べる欠点の修正のために理論を再編成した。理論形成の経緯を説明するにあたって、同じ基盤に言及するのに複数の呼び方があると混乱するので、初期の段階の説明に関しても 2010 年以後の名称で統一表記した。権威に関しては、ここでは従属者の心理、つまり権威に対する敬意の心理に焦点を絞った。次章では、上位

に位置するリーダーの心理も探究する。

*37—— たとえば、トリヴァース（Trivers 1971）が互恵的利他主義の背後にあるメカニズムとして提案した、道徳的な情動の「一式」があげられる（受け取った好意に対する感謝、返礼されなかった好意に対する憤り、好意に対する返礼をしないことへの罪の意識など）。たとえば〈ケア〉基盤について言えば、苦痛、意図的な危害、親族関係、ケアや慰安をそれぞれ検出する四つのモジュールが存在するかもしれない。重要なのは、協調しながら機能することで、適応挑戦に対応できるよう人々を導く、一連の生得的な「if-then」プログラムが存在するということである。スペルベルが主張するように、それらのなかには「学習モジュール」として機能する生得的なモジュールもあり、また、これらのモジュールは、子ども期の発達を通して、より特殊なモジュールを生成する。道徳のモジュール性に関する詳細な議論は、Haidt and Joseph 2007を参照。

第7章　政治の道徳的基盤

*1—— たとえば、Luce and Raiffa 1957.

*2—— Marcus 2004, p. 12.

*3—— Marcus 2004.　原文の34ページと40ページに書かれていた二つの文をつなぎ合わせた。いずれにしても、どちらも第3章の議論の一部分である。

*4—— 狩猟採集民の集団における親族関係は、人類学者がこれまで想定してきたほどの高い頻度で認められるわけではないことが、最近見出されている（Hill et al. 2011）。しかし、この親族関係の衰退は、文化の複雑性が増大した、ここ数十万年間に起こったことだと、私は考えている。また、〈ケア〉基盤は、それより以前の数百万年間に、すなわち脳の大きさと子ども期の長さが増大した時期に、すでに修正され強化されていたと考えている。

*5—— たとえば近親度を追跡するモジュール、意図的な傷害を偶然的なものから区別し、子どもを泣かせた者に対して怒るべきか否かを教えてくれるモジュールなど。前章の注でも述べたが、これらは1983年にフォーダーが定義した意味でのモジュールではない。彼の定義は厳密すぎるので、高度な認知でそう呼べるものはほとんど何もなくなってしまう。高度な認知が部分的にモジュール化され得るかについてはHaidt and Joseph 2007を、脳の特定の場所ではなく機能システムとしてのモジュールに関してはBarrett and Kurz-

ban 2006をそれぞれ参照。

*6—— Bowlby 1969.

*7—— Sherman and Haidt 2011.

*8—— 共感の進化と神経学に関する最新の成果は、Decety 2011を参照。

*9—— 暴力に嫌悪を感じる度合いの長く一貫した上昇に関しては、Pinker 2011を参照。たとえば1960年代までは、アメリカの映画やテレビ番組において、妻への暴力をジョークのネタにするケースは多かった。

*10—— 恐れや金銭的な興味に訴える政治的な宣伝を記したバンパーステッカーを見かけることはあるが（たとえば「ここを掘れ。今掘れ。余計な金は払うな！」という2008年の共和党の宣伝）、それは道徳的なアピールに比べればまれにしか見られない。

*11—— アメリカ人以外の読者のためにもう一度述べると、「リベラル」という用語は政治的な左派を意味する。次章で紹介するデータによれば、私たちが調査したどんな国でも、左派に属する人々は、右派より〈ケア／危害〉基盤のスコアが高い。

*12—— キリスト教徒の保守主義者は、対外援助のために多額の寄付をし、貧しい人々に多大の支援を提供するが、一般には、帰依者を増やすことを目的とする伝道団体を通してそうしている。よって万人救済的ではないが、郷党的なケアと見なせる。

*13—— これは『種の起源』と『人間の進化と性淘汰』におけるダーウィンの主要な関心事の一つであった。ダーウィンによるこの謎の解決方法は第9章で検討する。

*14—— Trivers 1971.

*15—— この点は、ロバート・アクセルロッドが1984年に行なった、有名なトーナメントに示されている。彼はこのトーナメントで、戦略同志を競争させる進化のシミュレーションをコンピューター上で実行している。その結果、「しっぺ返し」を打ち負かせる戦略はなかった。（ただし2010年のノヴァクの「勝てばそのまま、負ければ変える（Win Stay, Lose Shift）」戦略に関する議論も参照。それによると、エラーや誤認識を考慮に入れると、この戦略のほうがすぐれている）。

*16—— Rozin et al. 1999; Sanfey et al. 2003.

*17—— 本書が印刷に回される直前に訪問した。道徳基盤理論を「ウォール街を占拠せよ運動」のメッセージに適用したエッセイを、下記アドレスに公開している。http://reason.com/archives/2011/10/20/the-moral-foundations-of-

occup

*18—— ティーパーティーの道徳的な動機は、「比例配分としての公正さ」と「因果応報」だと私は論じてきた。あるリバタリアンのグループが主張するように、「自由」だとは考えていない。Haidt 2010.

*19—— Sherif et al. 1961/1954, p. 94.

*20—— たとえばチーム競技では、男子は女子より自発的に組織を形成することが多い（Maccoby 1998）。また男子大学生は、グループ間の競技として課題を位置づけると、より互いに協力するようになるが、女子学生はそのような操作に影響されない（Van Vugt, De Cremer, and Jansen 2007）。

*21—— Baumeister and Sommer 1997; Maccoby 1998.

*22—— Boehm 2012; Goodall 1986.

*23—— Keeley 1996.

*24—— Glover 2000.

*25—— 『コーラン』第 4 章 56 節。背信者を殺すことについては他にも『コーラン』第 4 章 89 節や、『ハディース』〔イスラム教の預言者ムハンマドの言行録〕のたとえば「ブハーリー」52:260、84:58 などにある。

*26—— リベラリズムの研究者はこの点をよく指摘する（たとえば Gray 1995）。また、www.YourMorals.org での多くの研究でも見出されている。Iyer et al. 2011 を参照。

*27—— Coulter 2003.

*28—— この点は、社会学者ロバート・ニスベットによって強調されている（Nisbet 1993/1966, chapter 1, 4）。

*29—— Boehm 1999; de Waal 1996.

*30—— De Waal 1996, p. 92.

*31—— www.holyebooks.org/babylonia/the_code_of_hammurabi/ham04.html を参照〔2014 年 1 月現在リンク切れ〕。

*32—— この文は、以下のウェブサイトにあるフィスクの理論の概要説明から引用。理論の全容は、Fiske 1991 を参照のこと。
www.sscnet.ucla.edu/anthro/faculty/fiske/relmodov.htm

*33—— 進化のストーリーは、実際にはもっと複雑であり、次章では、人類は長い平等主義の期間を経てきたという重要な事実を検討する。さしあたっては、上下関係や敬意をうまく検出し、それに配慮できるよう多くの人々を導く、いくつかの認知モジュールが存在する可能性を念頭に置いてほしい。

*34—— De Waal 1996; Fiske 1991.

*35—— 序列の低い人々であっても、一般に階層制を支持する理由はこのためだと私は考えている。詳細は Haidt and Graham 2009 を参照。別の見方としては、「システム正当化理論（system justification theory）」に関する業績を参照（Jost and Hunyady 2002 など）。

*36—— 故殺の判決に抗議の声が上がったため検察は上告し、最終的に殺人罪による終身刑の判決が下された。このケースの詳細な記録は、Stampf 2008 を参照。

*37—— この用語はロジンが最初に使った（Rozin 1976）。マイケル・ポーランのベストセラーのタイトル『雑食動物のジレンマ』はロジンから拝借したものである。

*38—— McCrae 1996.

*39—— Rozin and Fallon 1987. 嫌悪の情動が、進化のどの段階で生じたのかは不明だが、他の動物には存在しないものであることはわかっている。人間以外の哺乳類も、味覚や嗅覚に基づいて食物の良し悪しを判定するが、触覚、あるいは誰が取り扱ったのかに基づいて判定するのは人間だけである。

*40—— Schaller and Park 2011.

*41—— Thornhill, Fincher, and Aran 2009. シャラーが率いるチームは、疾病や感染に関する画像を見せるだけで、未知の移民に対するカナダ人学生の恐れを高めることができた。感電などの他の脅威に関する画像を見せられた学生は、それほど恐れを示さなかった（Faulkner et al. 2004）。

*42—— 神聖化と宗教の進化的な起源については、第 9 章、第 11 章で検討する。

*43—— この事件を知った人に嫌悪を催させ、不快な思いをさせたと反論する人もいるかもしれない。しかしその論法を適用すると、同性愛や異人種間の性交渉、あるいは自宅で鶏の足や魚類の目を食べることに嫌悪を感じる共同体では、これらの行為を禁じる立場に立たねばならないだろう。

*44—— リバタリアンは一般に、共感や嫌悪をあまり強く感じない（Iyer et al. 2011）。また、タブーの侵犯を許容するケースが多い（Tetlock et al. 2000）。

*45—— ドイツ出身の画家ハンス・メムリンクの 1475 年の作品。パリにあるジャックマール＝アンドレ美術館の所蔵。この絵の情報は下記 URL を参照。
http://www.ghc.edu/faculty/sandgren/sample2.pdf

*46—— 例として D. Jensen 2008 を参照。

*47—— Kass 1997.

第８章　保守主義者の優位

*1——— 類似の議論に、Lakoff 2008; Westen 2007 がある。

*2——— 「民主党」は「リベラル」「左派」と、「共和党」は「保守主義」「右派」と同等であると私は見なす。この同一視は、両党が広く連合していた 1970 年以前には当てはまらない。しかし 1980 年代に南部が民主党支持から共和党支持へと切り替えて以来、両党はほぼ完全に左右に分かれるようになった。アメリカ全国選挙調査データは、この再編成をはっきりと示している。人々の自己認識における「リベラル―民主党支持」と「保守主義―共和党支持」の相関関係は、1972 年以来着実に高まり続け、1990 年代になると急激に高まっている（Abramowitz and Saunders 2008）。もちろん、誰もがこの一次元的なスペクトル上のどこかにきっちりと位置するわけではなく、また、位置する人もそのほとんどは両極付近ではなく中間部のどこかを占めるはずである。とはいえ政治は、強い党派心を抱く人々の手でおもに牽引されている。本章、および第 12 章では、この種の正義心の理解に焦点を絞る。

*3——— この研究の被験者は、「強くリベラル（strongly liberal）」から「強く保守的（strongly conservative）」の尺度で回答しているが、図 8.2 に合わせるために「強く（strongly）」を「非常に（very）」に置き換えた。

*4——— もう少し詳しく言うと、「状況に応じて誰もが五つの基盤のいずれをも用いることができるが、リベラルは〈ケア〉〈公正〉基盤を選好し、ほぼこの二基盤に依拠して道徳マトリックスを形成する」。

*5——— Graham et al. 2011 のテーブル 11 を参照。アメリカ、イギリス、カナダ、オーストラリアに加え、それ以外の国が地域別（西ヨーロッパ、東ヨーロッパ、ラテンアメリカ、アフリカ、中東、南アジア、東アジア、東南アジア）にまとめられている。この基本的なパターンは、これらすべての国、地域に確認されている。

*6——— それから数年後の 2011 年１月に、私はこれと同じ会議で、イデオロギーの共有が、人々を結びつけると同時に盲目にするという事実を正しく認識する必要性について講演した。その内容とそれに対する反響は、下記 URL で確認できる。
http://people.stern.nyu.edu/jhaidt//postpartisan.html

*7——— Wade 2007.

*8——— 「私は非常に保守的だ」と回答した人のところでは、線は交差し逆転している。すなわち、少なくとも MFQ に従えば、そう答えた人々は、〈ケア〉〈公正〉基盤より〈忠誠〉〈権威〉〈神聖〉基盤をわずかに重要視している。このバージョ

ンの MFQ の質問は、図 8.1 のグラフが得られたときのものとは、多くが異なっている。したがって、これら 2 バージョンの MFQ を正確に比較するのは難しい。重要なのは、各線の傾きがすべてのバージョンにおいて一様である点と、被験者の多いこのバージョンでは、五本の線はほぼまっすぐであり、五つの道徳基盤のそれぞれに対する政治的なイデオロギーの影響が、単純に直線的に現れている点である。

*9—— 「言語調査と語数カウント (Linguistic Inquiry and Word Count)」というソフト。Pennebaker, Francis, and Booth 2003.

*10—— Graham, Haidt, and Nosek 2009.　1 回目の単純な語数カウントでは、〈忠誠〉基盤を除くすべての基盤に関して予測されていた結果が得られた。2 回目は、アシスタントにそれらの単語が使われている部分を文脈のなかで読ませて、道徳基盤が肯定されているのか否定されているのかを調査させ、その結果をコードに反映した補正プログラムを作成してカウントした。するとリベラルと保守主義者の差は大きくなり、〈忠誠〉基盤を含むすべての基盤に対して予測通りの結果が得られた。

*11—— N400 と LPP コンポーネントを調査した。Graham 2010 を参照。

*12—— 2008 年 6 月 15 日、イリノイ州シカゴの使徒教会で行なった演説。

*13—— 2008 年 6 月 30 日、ミズーリ州インディペンデンスで行なった演説。

*14—— 2008 年 7 月 14 日、オハイオ州シンシナティで全米黒人地位向上協会 (NAACP) に対して行なった演説。

*15—— 2008 年 7 月 24 日の演説。彼は「アメリカ合衆国の誇り高き一市民、そして世界市民の一人」と自己紹介しているが、アメリカの保守派の刊行物は、「世界市民」というくだりに注目して、「誇り高き一市民」の部分を引用しなかった。

*16—— 論文は以下の URL で参照できる。ブロックマンは最近、私の出版エージェントになった。
www.edge.org/3rd_culture/haidt08/haidt08_index.html

*17—— たとえば、Adorno et al. 1950; Jost et al. 2003.　レイコフは、それに類似する分析を提示している (Lakoff 1996)。ただし彼は、保守主義者の「厳格な父親」道徳を病理とは見なしていない。

*18—— 第 5 章で述べたように、私はデュルケーム流の見方を、デュルケーム自身の著作からばかりでなく、リチャード・シュウィーダーとの共同研究や、インドでの暮らしからも学んだ。のちになって、デュルケーム流の考え方の多くの

部分は、アイルランド出身の哲学者エドマンド・バークにも帰されるということを知った。

*19—— この分析は社会保守主義者にしか適用できない点を強調したい。リバタリアンや、古典的自由主義者《リベラル》としても知られる「レッセフェール」保守主義者には適用できない。第12章を参照のこと。

*20—— もちろんこのプロセスは、北欧の国々など、長い歴史と単一の言語を有し、人種構成が均質な国家ではきわめて容易に生じるであろう。これらの国々がアメリカよりはるかに世俗的でリベラルなのは、おそらくそのためではないかと考えられる。詳細は第12章を参照。

*21—— 議会では、民主党員はうまく振る舞ってきたという点は興味深い。国会議員は聖職者ではない。立法は、神聖なシンボルを尊重する能力より、地元に金と仕事を誘導する能力が重要視されるような、強欲で堕落したビジネスだとも言えよう。

*22—— Bellah 1967.

*23—— ウェステンは、デュルケームによる神聖と世俗の区別に基づきながら、類似の助言をしている（Westen 2007, Chapter 15）。私は彼の分析を参考にした。

*24—— これとその次のEメールは、紙幅を考慮して一部を削除したことと、書き手の匿名性を守るために多少編集したことを除けば、そのまま掲載した。

*25—— 私たちは長いあいだ、リバタリアンから、最初の五つの道徳基盤のみでは彼らの道徳は説明できないというクレームを受けていた。リバタリアンと、リベラルおよび保守主義者を比較する大きな調査を終えたあと、彼らの言い分は正しいという結論に達した（Iyer et al. 2011）。また、道徳基盤の一覧を変更する決断は、www.MoralFoundations.org に掲載した「挑戦」の結果にも影響を受けている。これは、道徳基盤理論を批判し、追加の基盤を提案するよう訪問者に「挑戦」するものだった。それによって〈自由〉が強力な候補としてあがった。また、現在でも検討中のその他の基盤には、〈誠実（honesty）〉〈所有（Property/ownership）〉〈浪費／非効率（Waste/inefficiency）〉がある。六番目の基盤〈自由／抑圧（Liberty/Oppression）〉は、自由に対する関心を測定するいくつかの方法を考案中であり、もとの五つの基盤とMFQに統合するための十分な検証がまだ行なわれていないという意味で暫定的である。ここにこの基盤を取り上げる理由は、それに対する理論的な根拠が堅実であり、かつ、実際に自由が、政治心理学者にはまったく無視されているにも等しい重要なサブグループ、リバタリアンの主要

な関心事であることがわかっているからだ（Iyer et al. 2011）。とはいえ、実験によって反証される可能性は残っている。これに関する最新情報は www.MoralFoundations.org を参照。

*26―― Boehm 1999.

*27―― Ibid.　ブライアン・ハイデンも参照（Hayden 2001）。彼は、階層制と不平等を示す考古学的な証拠の多くが、農耕文化への移行に数千年先立つという事実を発見している。そしてこの移行は、他の技術革新によって、「拡大主義者」が生産手段を支配し、集団で農耕作業を行なえるようになったことで起こったと指摘している。

*28―― De Waal 1996.

*29―― De Waal 1982.　ベームは、ヒト、チンパンジー、ボノボのもっとも近い共通祖先の特徴を再構成しようとしている（Boehm 2012）。ベームの結論によれば、それはより平和なボノボより、攻撃的でなわ張り争いをするチンパンジーに近いとのことだ。ランガムも同じ見解を持ち、「ヒトとボノボは類似の〈自己家畜化〉の過程を経て、両者とも子どもの頃の特徴を成人（成体）に持ち越すことで、より平和で遊び好きになったがために、多くの特徴を共有している」と示唆する（Wrangham 2001; Wrangham and Pilbeam 2001）。しかし確かなことはまだわかっておらず、ドゥ・ヴァールとランティングは、もっとも近い共通祖先が、チンパンジーよりボノボに類似する可能性を示唆している（De Waal and Lanting 1997）。ただしこの論文も、チンパンジーよりボノボのほうが、子どもの特徴をその後も維持する傾向をより強く有しているとコメントしている。

*30―― 第 9 章で、この移行をもっともよく示すのが、およそ 70 〜 80 万年前に出現し、火の使用や槍の製作など、新しい重要な技術を獲得し始めたホモ・ハイデルベルゲンシスであるということを説明する。

*31―― Dunbar 1996.

*32―― ドゥ・ヴァール（De Waal 1996）は、チンパンジーには、行動規範を学習し、それに違反する個体に反応する、初歩的な能力が備わっていると主張する。ヒトにはチンパンジーの持つ能力の発展形態らしきものを多々見出せるが、規範に関しては、種の境界を越えて徐々に発展していったとはとても考えられない。ドゥ・ヴァールは、チンパンジーが道徳能力を備えているとは思えないとはっきり述べている。次章で述べるように、ホモ・ハイデルベルゲンシスが登場する以前に関して、真の「道徳共同体」の存在は前提にできないと私は考える。

*33—— Lee 1979.　Boehm 1999, p. 180 に引用されている。

*34—— この言葉は、1852 年に、『ニューヨーク・タイムズ』紙の、マルクスに関する記事のなかで最初に用いられたものと考えられる。マルクスとマルクス主義者はすぐにそれを取り入れ、マルクスの著書『ゴータ綱領批判』(1875 年)で用いられた。

*35—— Brehm and Brehm 1981.

*36—— ただ乗り《フリーライダー》の問題は当然生じる（Dawkins 1976）。最善の戦略は、自分は一歩下がって、他の誰かに危険ないばり屋に対する命懸けの抵抗をさせることではないだろうか？　確かにこれは、言語、規範、懲罰を欠く生物に関しては差し迫った問題だ。しかし次章で検討するように、人間に関しては、その重要性はむしろ強調されすぎている。道徳の大部分は、フリーライダー問題に対する解決方法として進化した。狩猟採集民の集団や大規模な部族は、フリーライダーを罰することで、メンバーをして集団のために働き、献身させることができる。Mathew and Boyd 2011 を参照。

*37—— 専制に対する闘争の過程で出現したリーダー自身が、やがて独裁者になるケースは多い。ロックバンド、ザ・フーの言うとおり「新しいボスに会ったら、前のボスと同じだった」ということだ。

*38—— E メールの文面を本書に掲載することを許可してくださったメロディ・ディクソンに感謝する。なお、本章に掲載されている、E メールやブログ記事からの 2 行以上の引用は、すべて書き手（匿名を希望した）の許可を得ている。

*39—— この名称は、アメリカ植民地による英国に対する反抗の第一幕となった、1773 年のボストン茶会事件にちなんでいる。

*40—— Hammerstein 2003.

*41—— 私も、『しあわせ仮説』で Wilkinson 1984 に言及して、この神話を広げるのに手を貸した一人である。しかしウィルキンソンのコウモリは、おそらくは血縁関係にあったことが判明している。Hammerstein 2003 を参照。

*42—— S. F. Brosnan 2006 を参照。オマキザルにおける公正に対する関心について報告する実験では、サルは主要な対照条件を満たせなかった（S. F. Brosnan and de Waal 2003）。サルは自分の手中にないぶどうを見ると、他のサルにそれを与えようが与えまいが、つねに動揺した。私の考えでは、チンパンジーとオマキザルは、好意や侮辱を記憶する能力を持ち、原始的な公正の感覚を備えているとする点に関しては、ブロスナンとドゥ・ヴァールはおそらく正しい。しかし、これらの動物は道徳マトリックスのもとで生きているわけではない。

明確な規範やゴシップの能力を欠くこれらの動物は、実験で一貫して公正の感覚を示すことはない。

*43—— トリヴァースは「道徳的な互恵（moralistic reciprocity）」を論じているが、このプロセスは互恵的利他主義とは大きく異なる。Richerson and Boyd 2005, chapter 6 を参照のこと。

*44—— Mathew and Boyd 2011.

*45—— Fehr and Gächter 2002.

*46—— フェールとゲヒターは、最初の 6 ラウンドのみに懲罰ルールを適用する、この実験のバリエーションを実施している（それ以外のルールは同じ）。結果は同じで、最初の 6 ラウンドのプレイヤー間の協力の度合いは高く、また上昇し続けたが、第 7 ラウンドで急激に下がり、以後下降し続けた。

*47—— PET（ポジトロン断層法）装置を用いた研究によって、利他主義的な懲罰を実行する機会を与えられると、脳の報酬領域が活性化するという結果が得られている（de Quervain et al. 2004）。また、復讐の喜びはときに「感情予測エラー（affective forecasting error）」なのであり、期待していたほど快いものではない場合が多いという報告もつけ加えておくべきだろう（Carlsmith, Wilson, and Gilbert 2008）。とはいえ、重要なことは、あとで快く感じようが感じまいが、「ズルをされると、人は罰したくなる」という点だ。

*48—— これはベームの見解だが、このことは、1980 年以後のアメリカにおける不平等の異常な拡大によっても、左派が国民を動かせなかった事実にも示されている。2011 年になってようやく、「ウォール街を占拠せよ」運動によって単に不平等の指摘以上を目指す動きが見られるようになった。つまり〈公正／欺瞞〉基盤（「いかに 1 パーセントの人々が国民を騙してトップに上りつめたか」「いかに彼らには私たちが与えた企業救済の借りがあることか」など）と〈自由／抑圧〉基盤（「いかに 1 パーセントが政府をコントロールし、権力の濫用によって残りの 99 パーセントを傷つけたり、奴隷にしたりしているか」など）に基づく要求をし始めたのだ。欺瞞や抑圧に言及せず単に不平等を指摘するのみでは、人々の怒りを大してかきたてられないように思われる。

*49—— YourMorals.org で採集したデータの因子分析およびクラスター分析では、平等に関する質問は、ケア、危害、思いやり（〈ケア〉基盤）についての質問には照応し、比例配分に関する質問には照応しないという結果が繰り返し得られている。

*50—— 公平理論（equity theory）と呼ばれる、社会心理学の一大分野の研究を参照。

その中心的な原理は、「投入に対する純利益（結果マイナス投入）の割合は、全参加者に対して等しくなければならない」というものだ（Walster, Walster, and Bersheid 1978）。これは比例配分の定義である。

*51―― 子どもは思春期を迎えるまでは一般に平等を好む。しかし社会的な知性が成熟するにつれ、厳格な平等主義者であることをやめ、比例配分を重視し始める。Almas et al. 2010 を参照。

*52―― Cosmides and Tooby 2005.

*53―― 道徳基盤理論と YourMorals.org の目的は、人類学と進化心理学の（完全なではなく）最良の連携を見出すことにある。これまでに特定した六つの基盤はもっとも重要なものであると、また、それらを適用してほとんどの道徳的、政治的論争を説明できると、私たちは考えている。しかし、それらとは異なる道徳的な直観を引き起こす、さらなる生得的なモジュールは確実に存在するだろう。現在検討中の基盤には、誠実（honesty）、所有（ownership）、自制（self-control）、浪費（waste）などの直観に関するものがある。これらについては MoralFoundations.org を参照。

*54―― 子どもが痛がっているところを見れば、あなたは可哀想に思うだろう。それは舌にレモンの汁を垂らすようなものだ。不平等を目撃したときの感覚はこのようなものではない。誰かが苦しんだり（〈ケア／危害〉基盤）、いばり屋によって抑圧されたり（〈自由／抑圧〉基盤）、だまされたりしている（〈公正／欺瞞〉基盤）ということを認識したときにのみ、私たちの心は痛む。私の見方に対する反論、および平等を基本的な基盤と見なす見解については、Rai and Fiske 2011 を参照。

*55―― この発見は Iyer et al. 2011 のいくつかの調査で見られる。

*56―― この種の自由、つまり干渉されない権利を、バーリンは「消極的自由」と呼んでいる（Berlin 1997/1958）。また、20 世紀になって左派は、自由を享受するために必要な権利と資源についての新たな概念である「積極的自由」という考え方を発展させたと指摘する。

*57―― 2004 年 10 月 26 日にピュー・リサーチセンターがリリースした調査報告では、中小企業の経営者には、ケリー（37 パーセント）よりブッシュ（56 パーセント）を支持する傾向が見られる。2008 年にはやや左寄りにシフトしたが、その動きは 2010 年までで止まった。HuffingtonPost.com で「Small business polls: Dems get pummeled」を検索してみてほしい。

*58―― これは Iyer et al. 2011 に発表した私たちの発見と同じであり、これについ

てはMoralFoundations.orgで参照できる。

*59—— 未出版のデータによる。YourMorals.orgのMFQバージョンBを参照。また、YourMoralsブログの、公正に関するデータについての議論も参照。

*60—— Bar and Zussman 2011.

*61—— Frank 2004.

第9章 私たちはなぜ集団を志向するのか？

*1—— 社会科学や人文の領域では、保守主義者は、第二次世界大戦後の数十年間は少数派を維持していたが、1990年代までには経済学を除きほぼ絶滅した。この変化のおもな原因の一つは、第二次世界大戦に参加し、二極化をそれほど被《こうむ》っていなかった「偉大な世代」の大学教授が、1980年代に入ると、政治的により二極化したベビーブーマー世代の教授によって徐々に置き換えられていったからである（Rothman, Lichter, and Nevitte 2005）。

*2—— グラウコンはプラトンの『国家』に登場する。第4章冒頭の議論を思い出されたい。

*3—— Dawkins 1976. 遺伝子は、それ自身のコピーをより多くもたらしてくれる特徴を暗号化するにすぎないのであって、利己的な遺伝子は徹底的に利己的な人間を生むとドーキンスは主張しているわけではない。

*4—— 集団を好み、それに引きつけられるという最低限の意味において私たちが集団を志向するという点は、あえて指摘するまでもない。この意味では、群れをなして生きている動物はすべて、集団を志向すると言える。ここで私が言いたいのは、何らかの自己犠牲を払ってでも、人は自集団に配慮し、その利益に貢献しようとするということだ。これは通常、群居性であっても動物には当てはまらない（Williams 1966）。

*5—— 人が愛国主義や、それ以外の形態の集団への忠誠を示すとき、そこにはグラウコン主義的な要素がそれなりに含まれることを認めるのにやぶさかではない。だが、ここで私が主張したいのは、「私たちのチーム精神は、純粋にグラウコン主義的なものではない」ということだ。ときに私たちは集団を神聖なものと見なし、自分だけがこっそりと大儲けできることがわかっていても、なお自集団を裏切ろうとはしないのが普通である。

*6—— Dawkins 1999/1982. また Dicks 2000で、異端という言葉のドーキンスの用法を参照。

*7—— これは「相利共生（mutualism）」と呼ばれ、動物の複数の個体が協力し合い、それにより全個体が利益を得られるケースを指す。これは利他主義の一形態でも、進化論の謎でもない。相利共生は、人類における超社会性進化の初期の過程で非常に重大な役割を果たした可能性がある（Baumard, André, and Sperber, unpublished; Tomasello et al., forthcoming）。

*8—— 本章は、利他主義より協力に焦点を置く。ただし私は、真に利己的なグラウコン主義者なら協力しないようなケースでの協力に最大の関心を持っている。それは、個体レベルで作用する自然選択によって容易に説明し得る戦略的な協力と区別するために「利他主義的協力」と呼ばれるべきものである。

*9—— Part I, chapter 4, p. 134.　傍点はつけ加えた。ドーキンスは、これを真の集団選択の例とは見なしていない（Dawkins 2006）。というのも、ダーウィンは、ミツバチのコロニーが複数の「娘コロニー」に分裂するがごとく、まず部族が成長し、しかるのちに「娘部族」に分かれることを想定していないからだ。しかしこの要素を加味すれば（一般にこのことは、成人の数がおよそ150人になると分裂する場合が多い狩猟採集社会には当てはまる）、これは確かに集団選択の一例と見なせるだろう。オカーシャは、この種の集団選択を、「主要な移行」の初期に一般的に見られるはずと彼が考える、より緩やかなMLS-1に対し、MLS-2と呼んでいる（Okasha 2005）。これらに関しては、本章の原注*39も参照。

*10—— Darwin 1998/1871, chapter 5, p. 135.　傍点はつけ加えた。ドーキンスが『神は妄想である』の第5章で、集団選択に対して加えている唯一の反論は、フリーライダー問題に関するものである。

*11—— Price 1972.

*12—— それぞれの特徴に対応する遺伝子が存在するという古い考え方は、遺伝学が進展した現在では通用しない。心理的な特徴の変化を広範に説明する、たった一つの遺伝子など、あるいはその意味では数十の遺伝子からなるグループすら存在しない。とはいえ、ほとんどどんな心理的な特徴も遺伝の対象になり得る。本書では、ときに「XXの特徴に対応する遺伝子」などの表現を使う場合があるが、これは便宜的なものにすぎない。それによって言いたいのは、全体としてのゲノムが数々の特徴を暗号化し、自然選択によって、種々の特徴を暗号化する方向にゲノムが変更されるということだ。

*13—— ここで言う集団選択、すなわちコロニーレベルの選択は、包括適応度理論（Hamilton 1964）や、ドーキンスの「利己的な遺伝子」の概念とまったく矛

盾しない。しかし、ミツバチ、アリ、あるいはその他の高度に社会化された生物を研究する学者には、マルチレベル選択の概念は、遺伝子の視点からではとらえにくい現象の理解に役立つと言う者もいる（Seeley 1997）。

*14—— これは単純化した言い方で、超個体の達成度は、ミツバチ、アリ、スズメバチ、シロアリなど、生物種によって異なる。とりわけ、特定の状況下では繁殖能力が保たれるミツバチやスズメバチに関しては、利己主義の度合いが完全にゼロになることはまれである（Hölldobler and Wilson 2009）。

*15—— 本章の草稿を読んでこの点を指摘してくれたスティーブン・ピンカーに感謝する。彼のコメントによれば、前国家社会の戦争は、理念のために自らの命を捧げるなどといった現代的なイメージとはほど遠い。兵士が自己の名声に磨きをかけようと躍起になっていた当時にあっては、うわべを立派に見せかけようとするグラウコン主義的な行動に満ち溢れていたのだ。自爆テロは、人類の歴史のなかでまれにしか発生していない。ペイプによれば、そのような事件は、ほぼ間違いなく、特定の集団が文化的な外敵から神聖な国土を守ろうとして生じる（Pape 2005）。自爆テロにおける神聖なものに対する価値観の影響については Atran 2010 も参照。

*16—— Darwin 1998/1871, chapter 5, p. 135.

*17—— 性選択が道徳の進化に貢献したことについては、とりわけ Miller 2007 を参照。人間は、配偶者候補に自分の美徳を宣伝しようと骨を折るものだ。

*18—— Darwin 1998/1871, part I, chapter 5, p. 137。ダーウィンは基本的に正しいとする Richerson and Boyd 2004 を参照。

*19—— Wynne-Edwards 1962.

*20—— Williams 1966, p. 4.

*21—— ウィリアムズは、目的と呼べるような少なくとも一つの結果を生む生物学的なメカニズムとして適応を定義している（Williams 1966, pp. 8-9）。

*22—— Williams 1966, pp. 92-93.

*23—— Ibid., p. 93.

*24—— Walster, Walster, and Berscheid 1978, p. 6.

*25—— 私は、遺伝子がつねに利己的であるという理論に同意するし、この理論に同意する者は皆、利己的な遺伝子が寛大な行動を戦略的にとる人間を生む場合があることを認める。むしろ議論の焦点は、「人間の本性には、自己の利害より集団の利益を優先させるようにその人を導く心理的なメカニズムが、いかなるものであれ備わっているのか、そしてそれが真なら、そのようなメカ

ニズムは集団レベルの適応と見なせるのか」という点をめぐるものだ。

*26—— この見方は正しくないことが判明している。ヒルらは、32の狩猟採集社会を調査し、どんな個人に関しても、その人が属するグループのメンバーのおよそ10パーセントのみが近親関係にあるにすぎないことを見出している（Hill et al. 2011）。つまり大多数のメンバーは血縁関係にないのだ。アチェ族のハミルトン血縁度は、0.054にすぎなかった。この事実は、人間の協力関係を血縁選択によって説明しようとする理論には不利な証拠になる。

*27—— Williams 1988, p. 438.

*28—— Dawkins 1976, P. 3.　30周年記念版への序文で、ドーキンスは言葉の選択を誤ったことを後悔している。というのも、利己的な遺伝子は互いに協力する能力を持ち、人間をその媒体として利用できるからだ。とはいえ、依然として彼の現在の見解は、本章と次章で私が述べるタイプの集団志向性やチーム精神とはかみ合わないように思われる。

*29—— いくつかの霊長類に関して、利他的に見える自発的なやり取りが観察されたという報告がこれまで何度か霊長類学者によってなされてきたが、チンパンジーを用いた、コントロールされた環境下での実験では、最近になるまで誰も利他的な行動を確認できなかった。しかし現在では、チンパンジーは、自らにコストがかからなければ、パートナーに大きな利益を与える選択をする場合があることを示した研究が一例存在する（Horner et al. 2011）。チンパンジーは自分が利益を生み出せることに気づき、実際にそうするのだ。この実験は、選択者にコストが課されないので、利他主義の定義には当てはまらない。私はチンパンジーの利他主義に関する逸話がうそ偽りだとは思っていないが、人間が利他主義の「キリン」だ〔＝人間は他の動物には見られないレベルで利他主義を発達させた〕という主張を固守する。チンパンジーやその他の霊長類が多少の利他的な態度を示せたとしても、人間はそれをはるかに上回る頻度で利他的な行動を実践する。

*30—— 私は、大統領在任期間を通じてジョージ・W. ブッシュに好意を持ったことは一度もない。だが、アフガニスタン侵攻を含め、テロ攻撃に対する彼の力強い対処は正しいものだと確信していた。もちろんリーダーは、旗のもとに馳せ参じようとする人々の反応を自分の目的のために簡単に利用できる。多くの人々が考えるように、それがイラク侵攻の際に起こったことだ。Clark 2004を参照。

*31—— 反射反応は旗を必要としないが、旗は集まる場所を指し示し、外敵に対し

て自グループが結束するよう合図する。この効果については、Dion 1979; Kesebir, forthcomingを参照。

*32—— この見解を支持する代表的な研究者には、デイヴィッド・スローン・ウィルソン、エリオット・ソーバー、エドワード・O. ウィルソン、マイケル・ウェイドらがいる。専門的な概要はSober and D. S. Wilson 1998; D. S. Wilson and E. O. Wilson 2007を、またわかりやすい入門解説はD. S. Wilson and E. O. Wilson 2008を参照。

*33—— 人種差別、集団殺戮、自爆テロはすべて、集団志向性の顕れである。これらの行為は、仲間内の競争に勝つためではなく、自集団が他集団に勝つ手助けのためになされる。狩猟採集社会より文明社会のほうが、暴力の発生率がはるかに低いことについては、Pinker 2011を参照。ピンカーは、20世紀における戦争とジェノサイドを含めても、強力な国家の出現と資本主義の拡大によって、暴力のレベルが次第に低下したと主張する（ただしこれはまったく直線的に起こったわけではなく、後戻りした国もある。しかし全体的に見れば、暴力の度合いは着実に低下してきたと見なせる）。

*34—— Margulis 1970.　植物細胞では、葉緑体も独自のDNAを持つ。

*35—— Maynard Smith and Szathmary 1997; Bourke 2011.

*36——「ボートレース」のたとえには大きな欠陥が一つある。新しい乗り物は、実際にレースに「勝つ」わけではない。現在でも原核生物は、重さと数において地球上の生命の大部分を占め、依然として繁栄している。とはいえ、新しい乗り物はどこからともなくやってきて、地球上の有用な生物エネルギーのかなりの部分を占めるという点に変わりはない。

*37—— メイナード＝スミスとサトマーリは、人類社会への移行を言語に関連づけ、4万年前に起こったとしている。最新の議論はBourke 2011を参照。彼は6種類の「主要な移行」を特定し、真社会性への移行など、そのなかのいくつかは独立して数十回起こったとコメントしている。

*38—— Hölldobler and Wilson 2009.　多くの研究者は「超個体」以外の用語を使っている。たとえばBourke 2011では、単に「個体（individuals）」とされている。

*39—— オカーシャはこれをMLS-2と呼んでいるが（Okasha 2006）、私は安定した集団間の選択と呼ぶ。これは、私が変化しつつある集団間の選択と呼ぶMLS-1に対比される。この区別は、集団選択が実際に起こったかどうかを議論する専門家のあいだでは重要である。本文で説明するにはあまりにも

微妙な区別だが、概略は次のとおり。「安定した集団間の選択」について語る場合、研究者は一つの実体としての集団に焦点を置き、それが他集団と争う際の適応度を追跡する。この種の選択が作用するには、多世代にわたり、各集団の内部では高度な遺伝的関連性が、また、集団間では確固とした境界が維持されなければならない。現在の狩猟採集民グループは、結婚やその他の理由によって個々のメンバーが出たり入ったりするので、この条件を満たさない（以下に説明するように現在の狩猟採集民は、10万年前、それどころか3万年前の狩猟採集民と比べても生活様式が異なる）。それに対し、「変化しつつある集団間の選択」が遺伝子頻度に影響を及ぼすには、おそらくは数日か数か月のあいだだけにしろ、互いに争う複数の集団によって社会的な環境が構成されていればよい。この選択について語る場合、研究者は集団の適応度ではなく、集団レベルの適応の如何にかかわず個人に焦点を絞る。少なくとも集団の構造が、同一チームに集団を志向する個人が集まり易いような様態で不均等な場合には、集団レベルの高い適応能力を備えた個人は、勝利を収めるチームに属すケースが多くなるはずだ。これは「真の」集団選択ではない、あるいは、結局のところ個体レベルの選択と同じだと批判する研究者もいる。しかしオカーシャはこれらの反論には同意せず、次のように指摘する。「変化しつつある集団間の選択」は、「主要な移行」の初期の段階で起こり、結束力を高め、フリーライダーを抑制する適応へと導く。そしてそれによって、「主要な移行」の後期の段階において「安定した集団間の選択」への道が開ける。また、人類は「主要な移行」の途中で「立ち往生」していると言う研究者もいる（Stearns 2007）。思うにこれは、「私たちの90パーセントはチンパンジーで、10パーセントはミツバチだ」と言うに等しい。MLS-1とMLS-2の詳細な説明は、オカーシャの著書（Okasha 2006）の第2章と第6章を参照。

*40—— 複雑性と協力関係がつねに増大する方向に生命が全体的に、あるいは必然的に発展すると言いたいのではない。マルチレベル選択では、さまざまなレベルで作用する、対立し合う複数の選択の力がつねに存在する。超個体から、より単独の形態の有機体へと逆戻りする生物種もある。しかしミツバチ、アリ、スズメバチ、シロアリ、ヒトが生きる世界では、2億年前よりはるかに多数の協力的な個体が存在する。

*41—— Bourke 2011; Hölldobler and Wilson 2009.

*42—— Hölldobler and Wilson 2009; E. O. Wilson 1990.　フリーライダー問題

が解決され次第、新たな超個体が支配し始めるわけではない。超個体は、新たな協力関係によって最大限の利益を享受できるようになるまで、洗練の期間を経過する。その際、協力関係は他の超個体と争うなかで、集団レベルの選択によって改善されていく。真社会性の膜翅目は、1億年以上前に出現しているが、5000万年前近くになるまで、世界中で優位を占めるには至らなかった。おそらく同じことは、更新世後期に集団を志向する心を十分に発達させながら、完新世後期になるまで優位を占めるに至らなかった人類にも当てはまる。

＊43—— Richerson and Boyd 1998.

＊44—— 昆虫の研究で使われ始めた「真社会性」という用語は、人間には適用し得ないように定義されている。それによれば、真社会性は、ほぼすべてのメンバーに繁殖能力が備わっていなくても有効に機能するような形態で、生殖の役割が分化していることを条件とする。したがって、昆虫のみならず人間の行動にも適用できる、より包括的な用語「超社会性」を使うことにした。

＊45—— Hölldobler and Wilson 2009, p. 30. 傍点はつけ加えた。「もっとも初期の段階の真社会性を示す既知のすべての生物種」とあるところは、もとは「対応する現存の生物種が初期の段階の真社会性を示す既知のすべてのクレード〔共通の祖先から進化した生物群〕」という表現であった。

＊46—— Wilson and Hölldobler 2005, p. 13370.

＊47—— 人類は攻撃的なチンパンジーと同程度に、より温和なボノボと近い関係を持つ。しかし、これら三種の生物のもっとも近い共通祖先は、よりチンパンジーに類似すると、また、より温和な性質や成体における遊び好きなどの、ヒトとボノボに共通する特徴は、収束進化によると、すなわち二つの生物種が共通祖先から分かれたあとで、同じ方向へと変化した結果と見なすベーム（Boehm 2012）とランガム（Wrangham 2001; Wrangham and Pilbeam 2001）に私は従う。こうしてヒトもボノボも、成体になっても子どもの特徴を維持するようになった。Wobber, Wrangham, and Hare 2010 を参照。

＊48—— この時期にヒトの脳や遺伝子が劇的に変化したと言いたいわけではない。都市国家での生活を可能にした遺伝子のほとんどは、狩猟採集民生活が続いていた数十万年間に形作られたとする、リチャーソンとボイド（Richerson and Boyd 2005）、およびトゥービーとコスミデス（Tooby and Cosmides 1992）に従う。しかし以下に述べるように、私は完新世に別の何らかの遺伝的な進化があった可能性を考慮に入れる。

*49—— 文字通りに言えば、人類は全哺乳動物の総重量の大部分を占めているわけではない。しかしそれは、人間が無数のウシ、ブタ、ヒツジ、イヌを飼育しているからである。2009年4月にアリゾナ州立大学で開催された会議でのドナルド・ジョハンソンの報告によれば、ヒトと家畜の重量を足し合わせれば、人類の文明は全哺乳類の重さの98パーセントを占める。

*50—— もとの集団にきわめてよく似た複数の新しい集団を「発芽」させることを含め、集団は自己増殖しなければならないという基準を、集団選択の批判者は追加する。この基準はMLS-2（安定した集団間の選択）には当てはまっても、MLS-1（変化しつつある集団間の選択）には必ずしも必要でない。Okasha 2006および本章の原注*39を参照。

*51—— 2010年10月、トマセロはUVAで大きな講演を3回行なった。ここにあげた引用を含め、彼の基本的な主張は、Tomasello et al. 2005を参照。エサを手にするには2頭が協力し合わねばならない課題で、チンパンジーは手助けをしてくれる協力者を募ることができる（Melis, Hare, and Tomasello 2006）。しかし、チンパンジーは募った協力者と意図を共有し、真に協力し合っているとは思えない。

*52—— Herrmann et al. 2007.　課題の全文とビデオは、下記URLからダウンロードできる。ただし、ビデオではチンパンジーはつねに課題を解決しているが、社会的な課題をチンパンジーが解決するのはまれであることをつけ加えておく。また実験には第3のグループ「オランウータン」が含まれているが、成績は単純な課題でも社会的な課題でもチンパンジーに劣る。
http://www.sciencemag.org/content/317/5843/1360/suppl/DC1

*53—— Tomasello et al. 2005.　トマセロは、正常な子どもには発達するが、自閉症の子どもには発達せずに「盲目の心」をもたらす「注意共有のメカニズム（shared attention mechanism）」について論じた、自閉症研究者サイモン・バロン＝コーエンの著作（Baron-Cohen 1995）を引用している。

*54—— Boesch 1994.

*55—— Tomasello et al., forthcoming.　チンパンジーが政治的な提携をするのは確かだ。ドゥ・ヴァールによって報告されているように、アルファメイルに対抗するために二頭のオスがチームを組む場合がある（de Waal 1982）。しかし、そこでの協調関係はせいぜい弱いと言える程度のものである。

*56—— ドゥ・ヴァールは、チンパンジーの集団が規範を生み、侵犯した個体を罰すると主張している（de Waal 1996）。しかし、チンパンジーのあいだで規範が

通用していることを示す例はまれにしかなく、チンパンジーが規範のネットワークを徐々に築き上げていくなどということはない。文化的な能力など他のさまざまな側面に関しても言えることだが、チンパンジーは道徳の「構成要素」をいくつか持っているように見えても、それらを組み合わせて道徳システムを構築することはないようだ。

*57—— 進化論研究者の議論の大きなテーマの1つは、罰せられた者から暴力的な反応が返ってくる可能性があるのに、なぜ誰かを罰しようとする人がいるのかというものだ。しかし、たとえばゴシップを広めたり、単に協業のパートナーに選ばなかったりなど、懲罰にともなうコストが低ければ話は別である（Baumard, André, and Sperber, unpublished)。また、コンピューターモデルによって、懲罰的な傾向が生まれる種々のあり方が示されている（Panchanathan and Boyd 2004)。ただ乗りのコストが増大し、その頻度が次第に減少し始めると、集団レベルの選択は、個体レベルの選択に比べてますます強力になる。

*58—— 文化の蓄積と、遺伝子と文化の共進化については、リチャーソンとボイドの『遺伝子だけでなく（*Not by Genes Alone*)』を参照。本章のアイデアの多くは、この著作に負う。

*59—— これらの生物が何らかの道具を製作していた可能性はある。チンパンジーでさえ、道具を製作する。しかしヒト属が出現する頃までに関して言えば、道具の使用を示唆する化石証拠はあまり発見されていない。

*60—— Lepre et al. 2011.

*61—— リチャーソンとボイドは、そう指摘している（Richerson and Boyd 2005)。文化的な製作物には、時代と場所を超えた不変性をほとんど見出せない。たとえば、博物館に展示されている剣や壺について考えてみればよい。同じ基本的な機能を果たす道具を製作するにあたり、文化ごとにさまざまな創意工夫が凝らされている点に気づくはずだ。

*62—— ホモ・ハイデルベルゲンシスについては、Potts and Sloan 2010 と Richerson and Boyd 2005, chapter 4 を参照した。

*63—— これはあくまでも推測である。ある特定のできごとがいつ起こったのか、またはある特定の能力がいつ獲得されたのかを推測することには、つねに危険がともなう。私より慎重なトマセロは、意図の共有が最初に生じたのは、いつ、どの種《しゅ》においてかをまったく特定していない。とはいえ、ホモ・ハイデルベルゲンシスはその第一候補ではないだろうかと私が尋ねたところ、「イエス」と答えてくれた。

*64—— ただし二つの大きな違いがある。(1) 文化的な革新は、見てまねるという形態で平面的に拡大していくが、遺伝的な革新は親から子へと直線的にしか伝わらない。(2) 文化的な革新は、知的な設計者《デザイナー》、すなわち問題の解決を図ろうとする人々によって推進されるが、遺伝的な革新は突然変異という偶然によってしか生じない。Richerson and Boyd 2005 を参照。遺伝的進化と文化的進化は類似するという見方を最初に広めたのは、後者を「ミーム」という概念で表現したドーキンスだが (Dawkins 1976)、リチャーソンとボイドは、遺伝子と文化の共進化が持つ意味をさらに徹底的に検討した。

*65—— Tishkoff et al. 2007. 興味深いことに、アフリカ人とヨーロッパ人では該当する遺伝子が異なる。ゲノムは非常に柔軟で適応力があるので、一つの適応課題に対し複数の方法で対応する場合が多々ある。

*66—— 現代の産業社会は部族的ではなく世界主義的《コスモポリタン》ではないのかと反論したくなるかもしれない。しかし、そのような社会のなかで集団を形成しようとする私たちの傾向は、部族主義という社会的な本性に結びついている (Dunbar 1996)。また逆に、狩猟採集民は、多くの人が考えているように単なる小規模の近親集団なのではない。そこでは、人々は婚姻やその他の理由によって複数の集団に出たり入ったりする。また、交換や交易のために、直接的な親族関係にはない集団同士が密接な関係を結ぶこともある (ただし、もとの親族関係が切れないようにしながら、他の集団へ子どもを結婚させることで、交換や交易に基づく関係がさらに強化される場合もある)。婚姻による交換は、関係する個々の家族の範囲を超え、集団同士を結びつける。Hill et al. 2011 を参照。

*67—— 着色された粉末や顔料が 16 万年前の人類の野営地で見つかっている。これらは、象徴的、祝祭的な目的で用いられたと考えられている (Marean et al. 2007)。

*68—— Kinzler, Dupoux, and Spelke 2007; Kesebir, forthcoming.

*69—— Richerson and Boyd 2005, p. 214. 恥が、権威への服従の情動から規範の遵守の情動へと進化していったことについては Fessler 2007 を参照。

*70—— Hare, Wobber, and Wrangham, unpublished; Wrangham 2001. 自己家畜化 (自動家畜化と呼ばれることもある) は社会選択として知られる、より一般的なプロセスの一形態で、自身が属する生物種のメンバーによってなされた選択によって結果が生じる。

*71—— Hare, Wobber, and Wrangham, unpublished.

*72—— 人類より古い霊長類の本性がより利己的であったと言うことで、チンパンジーやボノボにおける、共感などの道徳的感覚の基礎構成要素の存在を報告するフランス・ドゥ・ヴァールの業績に反対するわけではない。私が言いたいのは、「これらの基礎構成要素はすべて、個体が集団内でうまく振る舞えるよう導くメカニズムとして簡単に説明できる」ということにすぎない。チンパンジーの本性を説明するのに集団選択の概念は不要だが、人間の本性の説明には必要だと考えている。ドゥ・ヴァールは、「道徳は私たちの真の本性、つまり利己性を覆う薄板である」と主張する〈薄板理論家〉を批判しているが（de Waal 2006）、私はこの意味における薄板理論家ではない。とはいえ、「人類はより古い霊長類の本性から進化しながらも、他の霊長類とはきわめて異なる存在に変えた、集団レベルの選択に基づく適応を新たに経てきた」と主張する点では、薄板理論家と言えるだろう。

*73—— Bourke 2011, pp. 3-4.

*74—— 真社会的と言える唯一の哺乳類であるデバネズミ科の二種を除く。デバネズミは、ミツバチやアリと同様な方法で、すなわちコロニーのすべてのメンバーが近親同志になるように、一組を除いたすべての個体の繁殖を抑制することで、真社会性を達成している。また、デバネズミは広範囲にわたって地下にトンネルを掘り、防御可能な巣を共有する。

*75—— 一部のホモ・サピエンスは7万年前までにはアフリカ大陸を出て、現在のイスラエル、およびその周辺に居住していた。この期間に、ネアンデルタール人との異種交配が生じたと考えられている（Green et al. 2010）。また一部の人類は、7万年から6万年前にアフリカを出て、イエメンから南アジアを経由し、やがてニューギニアやオーストラリアに居住するようになったと考えられる。とはいえ、5万年前頃にアフリカとイスラエルを出たグループが、ユーラシア大陸やアメリカ大陸に渡ったと考えられている。したがって、すでにそれよりも2万年前にアフリカを出たグループがあったとはいえ、5万年前を人類史上もっとも重要な拡散期とした。Potts and Sloan 2010を参照。

*76—— 『*Leader to Leader Journal* 15』（Winter 2000）のインタビュー。下記URLで参照できる。傍点はつけ加えた。
http://www.hesselbeininstitute.org/knowledgecenter/journal.aspx?ArticleID=64

*77—— ラマルキズムとして知られている。ダーウィンも誤ってこの考えを支持していた。ラマルキズムは「ソビエト人」という新たな人間の系統を作り出そうとし

ていた独裁者には好都合で、メンデルよりトロフィム・ルイセンコが好まれた。

*78—— Trut 1999.

*79—— Muir 1996.

*80—— Hawks et al. 2007; Williamson et al. 2007.　簡単に説明すると次のとおり。減数分裂によって染色体の組み換えが行なわれるとき、各遺伝子が隣接するDNAをどの程度一緒に引っ張るかを調査する。ランダム浮動の場合には、隣接するヌクレオチドは一緒に引きずられない。

*81—— 数千年ごと程度のサイクルで環境が急激に変化する場合には、遺伝子はそれに反応せず、すべての適応は文化的な革新によってなされると、リチャーソンとボイドはコメントしている（Richerson and Boyd 2005）。しかし二人が理論を定式化したのは、遺伝的な進化には1万年から10万年が必要だと誰もが考えていた頃のことだ。遺伝子が1000年以内でも反応し得るとわかった現在では、私の記述は間違いではないと思う。

*82—— Yi et al. 2010.

*83—— Pickrell et al. 2009.

*84—— たとえばClark 2007を参照。

*85—— 遺伝子の進化が過去5万年間続いていたのなら、人種間には遺伝的な相違が存在するのではないかという恐れを抱く人もいるのではないだろうか（おそらくグールドはそう感じていたのだろう）。その懸念はもっともだが、おおげさすぎると私は思っている。第一に、すべてのヨーロッパ人、アフリカ人、あるいはアジア人に作用する選択の圧力など、まず存在しない。大陸規模の人種を想定し、それを道徳の進化を分析する単位にすることは適切ではない。むしろ、新たなニッチに移動した、もしくは新しい生活様式を採用した、あるいはもっと具体的に言えば婚姻を統制する特殊な方法を発達させた、それぞれの集団に対してさまざまな選択の圧力が作用するのである。第二に、遺伝子と文化の共進化が特定の特徴を選好する場合、通常これらの特徴は、何らかの挑戦に対する適応と見なせる。したがって集団間の相違は、欠陥を意味するのではない。最後に、遺伝子の差異に基づく道徳的態度の相違が、人種間に実際に存在することが仮に判明したとしても、それに対する遺伝子の影響は、文化の効果に比べればきわめて小さいはずである。1945年には、ドイツ人が軍事力によって他の民族を支配する能力を進化させたのに対し、アシュケナージ系ユダヤ人が温厚な平和主義者に進化した理由を説明しようとして、誰もが頭を悩ませたことだろう。だが、それか

ら半世紀後のドイツとイスラエルを比べるなら、今度は逆の行動パターンを説明しなければならないだろう（この例に関してスティーブン・ピンカーに感謝する）。

*86—— Potts and Sloan 2010.　50万年前頃、不安定な気候に駆り立てられることで、初めて人類が文化的な動物になったとする理論については、Richerson and Boyd 2005を参照。

*87—— Ambrose 1998.　この火山の噴火が実際に人類の進化の過程を変えたかどうかはさておき、シミュレーションで通常想定されているように、進化は滑らかで漸進的な過程ではないという、もっと大きな論点を指摘しておきたい。タレブの言う「ブラックスワン」が（Taleb 2007）、つまり二、三の変数と、「正常な」条件に基づくいくつかの前提を用いてプロセスをモデル化しようとする私たちの努力を挫く、ほとんど起こりそうにないできごとが、おそらくは何回か発生したのではないだろうか。

*88—— Potts and Sloan 2010.

*89—— この期間の後半に関しては、象徴的で準宗教的な活動や部族的な行動の兆候をはっきりと示す考古学的な証拠（より具体的に言えば装飾された道具やビーズなど）が見つかっている。およそ7万5000年前の遺跡、南アフリカのブロンボス洞窟の出土品を論じたHenshilwood et al. 2004を参照のこと。またKelly 1995; Tomasello et al., forthcoming; Wade 2009も参照。8万年から7万年前にかけてアフリカで何か注目すべきできごとが起こったようだ。

*90—— 集団選択という概念を用いずに人間の集団志向性を説明しようとする試みは、Tooby and Cosmides 2010; Henrich and Henrich 2007を参照。彼らは文化的な集団選択については考慮に入れているが、遺伝子の効果は考慮していない。これらのアプローチは、人間の集団志向性の多くは説明できようが、次章で述べるミツバチスイッチなどの現象を説明できるとは思えない。

*91—— これらの議論はすべてとても複雑なものであり、また、社会心理学者の私は、四つの証拠のいずれに関しても専門家ではない。そのようなわけで、刑事裁判を模すのではなく、新たな証拠に基づいて専門家の手でこのケースを再考すべき根拠を説明する、科学の法廷に対する審査請求として四つの証拠を提示したほうが、より実情に合っていたかもしれない。

*92—— 90パーセント、10パーセントという数値は文字通りとるべきではない。それによって私が言いたいのは、「人間の本性の大部分は、チンパンジーの本

性と同様、個体レベルのプロセスによって形作られたものだとはいえ、わずかながらもその一部は、一般にミツバチ、アリ、あるいはその他の真社会的な生物と関連づけて考えられている集団レベルの選択によって形成された」ということだ。もちろんミツバチの心理は、人間の心理と何の共通性もなく、道徳や道徳的情動に類するものは何も用いずして、並はずれた協力関係を維持している。ここでは、集団レベルの選択がいかにチームプレイヤーを生むかを示す単なる例としてミツバチを取り上げたにすぎない。

第 10 章　ミツバチスイッチ

*1 —— McNeill 1995, p. 2.

*2 —— J. G. Gray 1970/1959, pp. 44-47.　引用はグレイ自身のもので、数ページにわたり古参兵として語っている。引用した部分は、マクニールによって編集されている（McNeill 1995, p. 10）。

*3 —— 第 4 章を参照のこと。繰り返すが、グラウコン自身はグラウコン主義者ではない。彼はプラトンの兄で、『国家』では、ギュゲスの指輪の話をソクラテスにうまく説明してもらいたいと思っている。しかし、自分の評判に傷がつく可能性がなければ、人はひどい態度をとることが多いという、私の見解と一致する考えをはっきりと述べているので、彼を代弁者として起用した。

*4 —— G. C. Williams 1966, pp. 92-93.　前章ウィリアムズの議論を参照。

*5 —— この議論は、Haidt, Seder, and Kesebir 2008 で最初に提起した。そこでは、ポジティブ心理学と公共政策との関連で、ミツバチ的な心理学の可能性を探った。

*6 —— この考え方は、それ以前にもフリーマン（Freeman 1995）とマクニール（McNeal 1995）が発展させていた。

*7 —— WEIRD という呼称と概念は、Henrich, Heine, and Norenzayan 2010 による。

*8 —— Ehrenreich 2006, p. 14.

*9 —— Durkheim 1992/1887, p. 220.

*10 —— 第 9 章で述べたとおり。「社会的な選択」については、Boehm 2012 を参照。

*11 —— Durkheim 1992/1887, pp. 219-20.　傍点はつけ加えた。

*12 —— Durkheim 1995/1915, p. 217.

*13 —— Durkheim 1995/1915, p. 424.

*14—— Emerson 1960/1838, p. 24.

*15—— ダーウィンの自伝より。Wright 1994, p. 364 に引用されている。

*16—— Keltner and Haidt 2003.

*17—— キノコと人類の歴史の関係についてなされた大胆な主張に関する、慎重でときに批判的な概要は、Lechter 2007 を参照。アステカ族のキノコの使用に関する証拠は非常に強力だと、レクターは述べている。

*18—— 麻薬体験の包括的な報告は www.Erowid.org を参照。おのおのの幻覚剤について、数多くの神秘体験、ひどい体験、恐ろしいトリップ体験が紹介されている。

*19—— 加入儀礼の例と分析については、Herdt 1981 を参照。

*20—— Grob and de Rios 1994.

*21—— とりわけ Maslow 1964, Appendix B を参照。マズローは 25 の特徴を列挙している。それには「統合された一つの全体として全宇宙が認識される」「世界は（……）もっぱら美として見られる」「至高体験を経た者はより愛情深く寛容になる」などがある。

*22—— Pahnke 1966.

*23—— Doblin 1991.　服用していないグループでは、ただ一人が実験は有益な結果をもたらしたと答えているが、皮肉にもその理由は、実験に参加したことでただちに幻覚剤を試すべきだと確信したからというものであった。また、ドブリンの研究には、パーンキのもとの研究では報告されていなかった、次のような重要な事項がつけ加えられている。シロシビンを服用した被験者の全員が、総括すればその経験がとてもポジティブだったと述べているとはいえ、おおかたの被験者は何らかの恐れやネガティブな感覚もあったと答えている。

*24—— Hsieh 2010, p. 79.　傍点はつけ加えた。

*25—— 私の目的は、ミツバチスイッチの神経生物学的な説明を十分に行なうことではなく、私が提示するミツバチスイッチの機能の記述と、社会神経科学における二つの活発な研究領域（オキシトシンとミラーニューロン研究）の成果には大きな一致が見られるという点を示すことにある。集団を志向し互いに同調しようとする人間の行動に、脳と身体がどのように関わっているのかが、神経科学の専門家によって、より明らかにされることを私は望んでいる。宗教と同調性の神経科学については、Thomson 2011 を参照。

*26—— 研究がまだ少ないので詳しくは述べないが、他にも二つ候補をあげておこう。V. S. ラマチャンドランは、電気的な刺激を与えると、ときに宗教体験の感覚

を引き起こす左側頭葉の箇所を特定している（Ramachandran and Blakeslee 1998）。また、ニューバーグ、ダキリ、ラウスは、瞑想によって意識の状態を変えられる人々の脳を調査している（Newberg, D'aquili, and Rause 2001）。この調査によって、身体の空間配置に関するメンタルマップを保つ、頭頂皮質の二つの領域の活動が低下することが発見されている。これらの領域の活動が低下すると、その人は快い自我の喪失を体験する。

*27―― Carter 1998.

*28―― Kosfeld et al. 2005.

*29―― ザクは、この生物学的システムについて、ある程度詳しく述べている（Zak 2011）。特筆すべきこととして、オキシトシンは、別の二つの神経伝達物質の力を借りて、集団の結束や利他主義をもたらしているとのことだ。一つは、行動に動機を与え、それを一種の報酬にする働きを持つドーパミンと、もう一つは不安を軽減し人をより社交的にするセロトニンである。プロザックなどの薬剤は、セロトニンレベルを上げる効果を持つ。

*30―― Morhenn et al. 2008.　この研究では、信用の兆候がともなっていた場合にのみ、背中をさすることで、オキシトシンのレベルが上昇している。身体の接触には、結束を高めるさまざまな効果がある（Keltner 2009）。

*31―― 「郷党的《パロキアル》な」とは、「ローカルな」「限られた」「教区内のことであるかのような」という意味である。郷党的な利他主義という概念は、サム・ボウルズらによって提唱された。たとえば Choi and Bowles 2007 を参照。

*32―― De Dreu et al. 2010.

*33―― De Dreu et al. 2011.　引用は 1264 ページより。

*34―― この実験の最初の報告は、Iacoboni et al. 1999 を参照。最新の報告は Iacoboni 2008 を参照のこと。

*35―― Tomasello et al. 2005.　第 9 章参照。

*36―― Iacoboni 2008, p. 119.

*37―― T. Singer et al. 2006.　複数回の「囚人のジレンマゲーム」が行なわれた。

*38―― 男性には共感の大きな低下が見られ、また平均して、報酬に関係する神経回路も活性化した。あたかも利己的なプレイヤーが電撃を受けるところを見たいかのように。女性については、共感反応の低下はわずかで、統計的に有意ではなかった。とはいえ私は、特定の状況下では、共感を遮断する能力を女性も持っている可能性が高いと考えている。もっと被験者の人数が多いか、あるいはより重大な侵犯行為を受ければ、必ずや女性にも統計的に

有意な共感の低下が見られることだろう。

*39—— もちろんこのケースでは、利己的なプレイヤーは被験者本人をだましたので、怒りを感じる者もいたはずだ。まだ実施されていないが、重要なテストとして、利己的なプレイヤーが被験者本人ではなく、他の誰かをだました場合、それを見ていた被験者の、利己的なプレイヤーに対する共感反応が低下するか否かを検証するというものがある。私の予想では、この場合にも共感度は下がると思う。

*40—— Kyd 1794, p. 13.　傍点はつけ加えた。

*41—— Burns 1978.

*42—— Kaiser, Hogan, and Craig 2008.

*43—— Burns 1978.

*44—— Kaiser, Hogan, and Craig 2008; Van Vugt, Hogan, and Kaiser 2008.

*45—— 150 という数値は、ロビン・ダンバーが、1 つの集団のなかでメンバー全員が互いを知り、他のメンバーの人間関係を把握できる人数の、おおよその最大値として取り上げて以来、「ダンバー数」と呼ばれることがある（Dunbar 1996）。

*46—— Sherif et al. 1961/1954.　第 7 章で説明している。

*47—— Baumeister, Chesner, Senders, and Tice 1989; Hamblin 1958.

*48—— 類似性の感覚を強めて、暗黙的、明示的な先入観を減らせることの例証として、内集団のアイデンティティに関する研究を参照（Gaertner and Dovidio 2000、Motyl et al. 2011）。道徳の多様性の問題については、Haidt, Rosenberg, and Hom 2003 を参照のこと。

*49—— 類似性がどのように利他性を促すかに関しては、Batson 1998 を参照。

*50—— 「人種を消去」できること、すなわち、人種が「連合体の一員であること」の有益な合図にならない場合、人種について気づかせない、また思い出させないようにすることが可能である点を示した実験は、Kurzban, Tooby, and Cosmides 2001 を参照。

*51—— Wiltermuth and Heath 2008; Valdesolo, Ouyang, and DeSteno 2010. エンドルフィンの分泌を促すがゆえに、大勢で同期してボートを漕ぐと（同程度に一人で一生懸命漕いだ場合と比べて）苦痛に対する耐性が上がるということについては、Cohen et al. 2009 を参照。

*52—— Brewer and Campbell 1976.

*53—— www.RighteousMind.com と www.EthicalSystems.org も参照。

*54—— Kaiser, Hogan, and Craig 2008, p. 104.　傍点はつけ加えた。

*55—— Mussolini 1932.　最後の省略した部分は、もとは「まさに死すことによって」であった。この文はムッソリーニ自身によって書かれたものではないかもしれない。というのも、このエッセイの大部分、あるいはもしかするとすべては、哲学者ジョヴァンニ・ジェンティーレによって書かれているからだ。しかしムッソリーニの名で出版されている。

*56—— とりわけ V. Turner 1969 を参照。

*57—— 人々が、足並みを揃えて行進する軍隊に見とれ、リーダーに身を委ねるファシスト集会の効果と、マクニールが報告している、小隊が隊列を組んで行進するときに感じた効果を比べてみるとよい。基礎訓練は兵士同志の絆を強めるのであって、兵士を新米訓練係の鬼軍曹に結びつけるのではない。

*58—— これらの問いによって、価値判断が求められているのではないかと思ったなら、それは正しい。これは規範理論であるデュルケーム流功利主義の一例であり、それについては次章で詳説する。集団を志向することは、個人同士をあまりにも強く結びつけてしまう危険のない現代の民主主義社会においては、安寧と礼儀正しさの維持に貢献していると、私は考える（Haidt, Seder, and Kesebir 2008）。最近の実験的な証拠は、Putnam and Campbell 2010 を参照。

*59—— 『1787 年の憲法制定会議の記録（*The Records of the Federal Convention of 1787*）』で、6 月 6 日のジェームズ・マディソンによる注には次のように記されている。「（多数派による抑圧の危険に対する）唯一の解決策は、領域を拡大し、その上で、第一に、多数派が全体や少数派とまったく異なる利益を共有する可能性がなくなるまで、そして第二に、万が一そのような利益が生じた場合、その追求のために多数派が進んで団結しようとしなくなる程度まで、共同体を無数の利益集団と党派に分割してしまうことだ」。建国の父たちは、ミツバチのコロニーのような団結を達成することがめったにない政治的な派閥について語っているが、それにもかかわらず、地域的なグループや制度への人々の献身を力の源泉とする国家を思い描いている。これは社会関係資本に関するパットナムの分析（Putnam 2000）と軌を一にする。

*60—— Putnam 2000, p. 209.

第 11 章　宗教はチームスポーツだ

*1——— McNeill 1995, Chapter 10. もっとあからさまに攻撃性を示す大学もある。たとえばチャントを唱えているあいだ、トマホーク〔小型の斧〕を振りかざす真似をするフロリダ州立大学や、スタジアムの反対側に陣取った相手チームのファンに向かって、ワニが大口をあけて嚙むのを真似るフロリダ大学など。

*2——— 私はこのアナロジー、および本章に提示するアイデアの多くをジェシー・グラハムとともに考案した（Graham and Haidt 2010）。

*3——— Durkheim 1995/1915, p. 62.

*4——— あるいは極左は、アメリカ自身に責任があると主張する。たとえば、ウォード・チャーチルは 2003 年に、あのときツインタワーにいた人たちは死に値したと主張している。マルクスや 18 世紀のフランスの哲学者以来、宗教に対する左翼の敵意には長い歴史がある。現代の欧米諸国における左翼のイスラム擁護は、どのような意味でも宗教の弁護ではなく、イスラム教徒をヨーロッパとパレスチナにおける犠牲者と見なす左派の見方の延長であると、私は考える。つけ加えておくと、同時多発テロが発生した直後、ブッシュ大統領は、イスラム教が平和の宗教であると主張する人々の側に断固として立っていた。

*5——— 仏教は、容易に世俗化可能で、〈ケア／危害〉基盤に強く依存する哲学や倫理のシステムと見なされているためか、通常批判の対象からはずされ、たとえばサム・ハリスらによって擁護すらされている。ダライ・ラマは、1999 年の著書『幸福論』でまさにそうしている（〈ケア／危害〉基盤に強く依存している）。

*6——— Harris 2004, p. 65.

*7——— Ibid., p. 12.　ハリスは、信念を人間性の真髄として称揚する。「ヒトの脳の人間らしさは、新たに聞いた言明の真理を、それまでに知っていたその他無数の言明に照らして評価する能力におもに求められる」（Ibid., p. 51）。合理主義者の定義としてはこれでよいのだろうが、社会的直観主義者の私は、「ヒトの脳の人間らしさは、互いに意図を共有し、協力的な道徳共同体を生む共同幻想（consensual hallucination）、つまり道徳マトリックスに染まる能力にある」と考えている。トマセロの業績に関する第 9 章の議論を思い出されたい。また Harris et al. 2009 も参照のこと。

*8——— Dawkins 2006, p. 31.

*9——— Ibid.

*10—— デネットは、「宗教とは、一つもしくはいくつかの超自然的な行為者への信

念を構成員が公言し、その承認を得ようとする社会的なシステムである」と述べており、少なくとも宗教が「社会的なシステム」である点を認めている (Dennett 2006, p. 9)。しかし、彼の著書の残りの大部分は、個人が抱く偽りの信念の起源や影響に焦点を置いている。また脚注では、自分の定義とデュルケームの定義を明示的に対比させている。

*11—— たとえば、Ault 2005; Eliade 1957/1959 を参照。宗教心理学の偉大な学徒ウィリアム・ジェイムズも、「個々の信者」の視点をとっていた (James 1961/1902)。彼は宗教を「神聖と見なすすべてのものとの関係に立つ者として自らを理解する限りでの、一個人の感情、行為、経験」と定義している。信念に焦点を置くのは、何も新無神論者ばかりではない。その傾向は、心理学者、生物学者、あるいはその他の自然科学者にも多々見られる。それに対し、社会学者、人類学者、および宗教研究者は、デュルケームが「社会的事実」と呼ぶものについて考察することに、もっと熟達している。

*12—— たとえば、Froese and Bader 2007; Woodberry and Smith 1998 を参照。

*13—— Dennett 2006, p. 141.

*14—— Dawkins 2006, p. 166.

*15—— ミームとは、遺伝子と同様な方法で進化する、一片の文化的な情報である (Dawkins 1976)。

*16—— Barrett 2000; Boyer 2001.

*17—— この考えはガスリーによって広められた (Guthrie 1993)。

*18—— Dawkins 2006, p. 174.　しかし宗教的な献身や転向の経験は、大人の言うことをもっとも聞かない時期と見なせる10代の頃に本格的に生じ始める。

*19—— Dennett 2006, chapter 9.　デネットは正しいと思う。

*20—— Bloom 2004, 2012.　ブルームは新無神論者ではない。彼の示唆は正しいと思う。「かりそめの身体に不死の魂を宿している」と信じ込むことは、超自然的な何かを信じることの、もっとも重要な心理的前兆を示すものだと考えられる。

*21—— Dennett 2006, p. 123.

*22—— Blackmore 1999 も参照。ブラックモアは当初、宗教をウイルスのごとく広がるミームと見なすドーキンスの考えを支持する、ミーム理論家であった。しかし宗教の信奉者は、より幸福で、寛大、かつ豊かであるという証拠を得た彼女は、考え方を改めた (Blackmore 2010)。

*23—— Dawkins 2006, p. 188.

*24—— Atran and Henrich 2010.

*25—— 神々と宗教がいかに進化したかの詳細は、Wade 2009; Wright 2009 を参照。

*26—— Roes and Raymond 2003; Norenzayan and Sharif 2008.

*27—— Zhong, Bohns, and Gino 2010.

*28—— Haley and Fessler 2005.

*29—— Shariff and Norenzayan 2007.

*30—— Sosis 2000; Sosis and Alcorta 2003.

*31—— Sosis and Bressler 2003.

*32—— Rappaport 1971, p. 36.

*33—— ここでいう「合理的」とは、「集団は、長期的な利益が個々のメンバーの利己主義的な行動によって損なわれるのではなく、促進されるように振る舞える」ことを意味する。いかに道徳的な情動が、人々を「戦略的に不合理」にすることで、「献身の問題」の解決へと導くかを示した類似の分析として、Frank 1988 を参照。

*34—— もしトルコの謎に満ちたギョベクリ・テペ遺跡で、道徳的な神々が崇拝されていた証拠が見つかれば、農業の登場の数千年前ということになる。

*35—— 遺伝的進化の速度については、Hawks et al. 2007 および本書第 9 章を参照。副産物の理論によって、それに続く生物学的な適応の可能性が除外されるわけではないとする同様な指摘については、Powell and Clark, forthcoming を参照。

*36—— Richerson and Boyd 2005, p. 192.

*37—— Sober and Wilson 1998 なども参照。

*38—— ドーキンスは、宗教がこれらの特殊条件を満たす可能性があることを認めている（Dawkins 2006, p. 171）。また彼は、宗教が集団選択を促した可能性に対する反証をあげていない。その可能性があるのなら、それは「宗教は適応ではなく寄生虫」とする彼の議論を論駁する結果になるにもかかわらずである。

*39—— 私が集団選択に過剰に入れ込んでいると思う向きもいるかもしれないが、私のこの熱狂は『しあわせ仮説』の最終章を執筆していた 2005 年に、D. S. ウィルソンの『ダーウィンの大聖堂』を読んだことに負っている。彼の著書を読み終わるまでには、幸福が「あいだ」からやってくる理由ばかりでなく、道徳が人々を結びつけると同時に盲目にしてしまう理由を説明するミッシングリンクを発見できたと私は感じていた。

＊40―― D. S. Wilson 2002, p. 136.

＊41―― Lansing 1991.

＊42―― Hardin 1968.

＊43―― D. S. Wilson 2002, p. 159.

＊44―― Marshall 1999.　ウェイドに引用されている（Wade 2009, p. 106）。

＊45―― Hawks et al. 2007; Roes and Raymond 2003.

＊46―― Wade 2009, p. 107.　傍点はつけ加えた。

＊47―― G. C. Williams 1966.

＊48―― Muir 1996.　第 9 章を思い出されたい。繰り返しになるが、人間に対する選択の圧力は、育種実験で作用する選択に比べ、強力でも一貫したものでもないと考えられる。したがってここでは、5 世代や 10 世代で生じる遺伝的な進化を意味しているのではない。しかし 30、あるいは 40 世代なら、人間の集団に見出され、コクランとハーペンディングがあげる遺伝的変化の多くを説明できるだろう（Cochran and Harpending 2009）。

＊49―― Bowles 2009.

＊50―― この言明は、ハリスとヒッチンスにもっともよく当てはまり、デネットにはそれほど当てはまらない。

＊51―― これらの調査の要約は、Norenzayan and Shariff 2008 を参照。

＊52―― Putnam and Campbell 2010.

＊53―― Tan and Vogel 2008.

＊54―― ラフルとソシスは、イスラエルの宗教的、および非宗教的キブツに所属するメンバーを対象に、一ラウンドのペアによる協力ゲームを実施している（Ruffle and Sosis 2006）。一緒によく祈りを捧げる男性のペアは、利己心をうまく抑制して、ゲーム終了時に分配される金額を最大化できた。

＊55―― Larue 1991.

＊56―― Norenzayan and Shariff 2008 の議論を参照。

＊57―― Coleman 1988.

＊58―― パットナムとキャンベルは、得られたデータの相関関係から因果関係を導き出すことに慎重な態度をとっている。しかし、数年にわたってデータを集めてきた彼らは、礼拝への参加回数の増減が、その人の翌年の行動の変化を予測するものかどうかを評価できた。そして、データは因果的な説明にほぼ合致し、第三変数の影響を受けた擬似相関によるものではないと結論している。

*59—— アーサー・ブルックスも、同じ結論を得ている（Brooks 2006）。

*60—— Putnam and Campbell 2010, p. 461.

*61—— Ibid., p. 473.

*62—— Pape 2005.　ほとんどの自爆テロが民主主義社会をターゲットとする理由は、民主政治が民意に左右されやすい政体だからである。独裁制をターゲットに自爆テロを仕掛けても、テロリストの祖国から独裁者の軍隊を撤退させることはできないだろう。

*63—— とはいえ、そのようなより弛緩した社会は、たとえば保守的なキリスト教徒やイスラム教徒の支配する地域に住む同性愛者など、宗教的な道徳秩序から締め出された人々にとっては恵みになるのは確かであろう。

*64—— Durkheim 1951/1897.　自殺率に関するデュルケームの観察が今日でも有効な証拠として、Eckersley and Dear 2002 を参照。また、1960 年代のアメリカでアノミーが昂進するにつれ、若者の自殺率が急上昇し始めたという事実がある。下記 URL を参照。
www.suicide.org/suicide-statistics.html

*65—— Durkheim 1984/1893, p. 331.

*66—— 以前の出版物でも、この定義を提示し、その根拠を説明した（Haidt and Kesebir 2010 など）。

*67—— Turiel 1983, p. 3.　また、第 1 章を思い出されたい。

*68—— 個人的には、徳倫理学（virtue ethics）が人間の本性にもっとも近い規範的な枠組みであると考えている。Haidt and Joseph 2007 を参照。

*69—— 功利主義を選択することでは、私はハリスと同意見である（Harris 2010）。しかし 2 つの大きな相違がある。（1）利益の合計の最大化に貢献する義務が個人にあるとは考えていないので、私は公共政策に関してのみ功利主義を支持する。（2）ハリスは一元論を標榜している。正しいこととは、意識を持つ生物の幸福を最大化するすべてのものを指すと、また、幸福度は fMRI などの客観的な手段によって測定できると彼は考えている。これらの見解には賛成できない。私は一元論者ではなく多元論者だ。ときに対立し合う複数の善や価値が存在すると、また、たった 1 つの尺度で社会の優劣を測定できるような単純な算術的方法などないと見なす点で、シュウィーダー（Shweder 1991; Shweder and Haidt 1993）やバーリン（Berlin 2001）の考えに従う。何が良き社会を育むのかについて、哲学的な省察なしでは済ませられないというのが私の考えだ。

*70—— これは、長い目で見たときに最大の善を生むシステムや規則の構築を目指すべきとする、「規則功利主義（rule utilitarianism）」として知られる功利主義の一つのバージョンである。この見方は、一例ごと、一行為ごとに功利性を最大化すべきと考える「行為功利主義（act utilitarianism）」とは異なる。

*71—— 抽象的に定義された功利主義が、デュルケームの見解を包含することは認めよう。人間を豊かにする方法に関してデュルケームの見方が正しいことが証明されれば、多くの功利主義者はデュルケーム流の政策を採用すべきことに同意するだろう。だが実践面においては、功利主義者は、個人に焦点を置き、集団を見ようとしない過度のシステム思考に陥り易い。また、彼らは政治的にリベラルである比率が高く、したがって〈忠誠〉〈権威〉〈神聖〉基盤を軽視する傾向がある。人間はホモ・デュプレックスであり、どちらの本性も功利主義の思考に含めねばならないという教訓を心に銘記しておくためには、デュルケーム流功利主義（Durkheimian utilitarianism）という用語が適切だと私は考える。

第12章　もっと建設的な議論ができないものか？

*1—— フィンリー・ピーター・ダンの言葉。1895年の『シカゴ・イブニング・ポスト』紙に掲載された。1898年のアイルランドなまりバージョンは、「政治はお手玉遊びなんかじゃねえ。男の仕事だ。女、子どもと禁酒法賛成論者はすっこんでろ」というものだ。

*2—— Fiorina, Abrams, and Pope 2005.

*3—— 最新の情報はGallup.comで「U.S. Political Ideology」を検索されたい。本書にあげた数値は「2011 Half-Year Update」からのデータである。

*4—— 政治的な民度の低下の原因は、メディアにおける変化、「偉大な世代」がベビーブーマー世代によって置き換えられたこと、政治資金の役割の増大など、きわめて複雑である。これについては、CivilPolitics.orgの分析を参照。私が会った、もしくは講演を聞いた、両党の何人かの元下院議員は、1995年にニュート・ギングリッチが下院議長に就任してから実施された手続きや慣例の変更を指摘している。

*5—— テネシー州選出の民主党議員ジム・クーパーの言葉。Nocera 2011に引用されている。

*6—— Jost 2006.

*7—— Poole and Rosenthal 2000.

*8—— Erikson and Tedin 2003, p. 64. Jost, Feredico, and Napier 2009, p. 309 に引用されている。

*9—— Kinder 1994. 詳細は第 4 章を参照。

*10—— たとえばザラーは、政治エリートの意見の影響に焦点を絞っている（Zaller 1992）。

*11—— Converse 1964.

*12—— Bouchard 1994.

*13—— Turkheimer 2000. ただしタークハイマーは、環境もつねに関与することを示している。

*14—— Alford, Funk, and Hibbing 2005, 2008.

*15—— Hatemi et al. 2011.

*16—— Helzer and Pizarro 2011; Inbar, Pizarro, and Bloom 2009; Oxley et al. 2008; Thórisdóttir and Jost 2011.

*17—— McCrae 1996; Settle et al. 2010.

*18—— Montaigne 1991/1588, Book III, section 9, on vanity.

*19—— 単一の遺伝子の効果は小さく、また、特定の環境条件が満たされた場合にのみ発現する遺伝子もある。遺伝学の大きな謎の一つは、次のようなものだ。遺伝子は集合的に見れば、ほとんどの特徴に関してばらつきの 3 分の 1 以上を説明するが、単一の遺伝子に限ると（あるいはいくつかの遺伝子でも）、身長などの見かけは単純な特徴に関してすら、数パーセント以上を説明するものはほとんど存在しない。たとえば Weedon et al. 2008 を参照。

*20—— Jost et al. 2003.

*21—— McAdams and Pals 2006.

*22—— Block and Block 2006. 保守主義者は子どもの頃、リベラルよりはるかに魅力に欠ける性格を有していたことを示すものとして、この研究は誤って言及される場合がよくある。これは男子に関しては真であるように思われるが、将来リベラルになる女子の示す性格特徴はまったくさまざまである。

*23—— Putnam and Campbell 2010.

*24—— すぐれた物語、とりわけかつて経験した挫折や苦悩を将来の成功に結びつける物語をつむぎ出せる人は、そのたぐいの「救済」の物語を欠く人に比べ、より大きな満足を感じ、生産的であることが多い（McAdams 2006; McAdams and Pals 2006）。もちろん、単純な相関関係を見出しただけで、すぐれた物

語を書くことが、よい結果を引き起こすと結論づけられるわけではない。しかしペネベーカーの実験では、トラウマ経験を理解するためにそれについて書く機会を被験者に与えると、心の健康や、身体の健康すら改善するという結果が得られている（Pennebaker 1997）。

＊25—— McAdams et al. 2008, p. 987.

＊26—— Richards 2010, p. 53.

＊27—— C. Smith 2003.　スミスは「道徳秩序」という用語を使っているが、これは私が言う「道徳マトリックス」を意味する。

＊28—— Ibid., p. 82.

＊29—— 道徳善としての平等の重要性を否定するつもりはない。第8章で述べたように、政治的な平等とは、〈ケア〉基盤とそれから派生する犠牲者への関心とともに、〈自由〉基盤とそれに由来する、権威や抑圧に対する情動的な反応から発展した感情に基づくという点を強調したかっただけである。私は、政治的な平等への情熱が、〈公正〉基盤とそれに由来する相互依存や比例配分に起源を持つとは考えていない。

＊30—— Westen 2007, pp. 157-58.

＊31—— Iyer et al. 2011.

＊32—— Graham, Nosek, and Haidt 2011.　私たちは現実をなるべく正しく把握するためにいくつかのベースラインを用いた。一つ目は、この実験で収集したデータで、「リベラル」または「保守主義」であると自己申告した被験者からのもの、二つ目は、同じくこの実験からのデータだが、「まったくのリベラル（very liberal）」「まったくの保守主義者（very conservative）」であると申告した被験者からのもの、そして三つ目は、道徳基盤質問票（MFQ）を使った国民代表データからのもの。いずれの分析でも、リベラルより保守主義者のほうが正確だった。

＊33—— M. Finegold, "Foreman's Wake-Up Call," 2004.　以下のURLから引用。最後の行は本気だとは思わないが、ファインゴールドはパロディを意図しているようには見えない。
http://www.villagevoice.com/2004-01-13/theater/foreman-s-wake-up-call/

＊34—— Muller 1997, p. 4.　ラッセル・カークの引用。オーソドキシーの類似の定義はHunter 1991を参照。そこでは進歩主義と対比されている。

＊35—— Muller 1997, p. 5.

*36—— 有権者を満足させる必要がある政党政治は一筋縄ではいかない営みであり、政党は純粋な形態でイデオロギーを掲げることは決してない。私の見るところでは、民主、共和両党とも大きな問題を抱えている。民主党員はもっとデュルケーム主義者に、また、共和党員はもっと功利主義者になればよいのにと思う。しかし現在のところ、共和党員が変わる可能性は小さいように思われる。というのは、ティーパーティーの人々を結びつける（そして盲目にする）情熱にあまりにもとらわれすぎているからだ。2009 年以来（とりわけ 2011 年になって）共和党は、民主党より妥協の姿勢を見せようとはしなくなりつつある。残念なことに、共和党が神聖視する問題は税金に関するものだ。神聖なものには交換条件など存在しない。彼らは、最富裕層にかかる税率を低く抑えるためには、政府によって実行可能なあらゆる有益な政策を進んで犠牲にしようとする。共和党のこの態度は、社会的な信頼関係や道徳資本にとって有害な、ただでさえ急速に拡大しつつある収入格差をさらに悪化させている（Wilkinson and Pickett 2009）。私はデュルケーム流功利主義者として、保守主義に対しては多くの良い点を認めるのにやぶさかではないが、共和党には見るべきところが少ないように感じる。

*37—— Putnam 2000.

*38—— パットナムの定義による。

*39—— Coleman 1988.

*40—— Sosis and Bressler 2003.　第 11 章を思い出されたい。

*41—— Sowell 2002.

*42—— 道徳資本という用語は、これまでは通常、他人をしてその人を信用し、尊敬せしめる、誠実さのような個人の特質という意味で使われてきた。Kane 2001 を参照。ここではそれとは違い、共同体の、つまり社会システムの特質としてこの用語を使う。ローゼンバーグもこの意味で使っている（Rosenberg 1990）。彼は、用語そのものではないが、その考えの起源をアダム・スミスに求めている。

*43—— McWhorter 2005; Rieder 1985; Voegeli 2010.

*44—— Mill 2003/1859, p. 113.　次のように続く。「これらの考え方のおのおのは、その効用を他方の足りない部分から得ている。しかし、互いが理性と健全性の範囲にとどまっていられるのは、他方からの反対によるところが大きい」

*45—— Russell 2004/1946, p. 9.

*46—— Ibid.

*47 —— アメリカに関しても、他のすべての国や地域に関しても、YourMorals.org を利用して調査した。Graham et al. 2011 を参照。

*48 —— たとえば、黒人家族に関するダニエル・パトリック・モイニハンの報告（1965年）に対する反応、そして彼が受けた攻撃や排斥（Patterson 2010）。

*49 —— 第 6 章で述べたように、リベラルの立場をとる哲学者の道徳の定義は、ケア、危害の削減（功利主義グリル）、個人の権利や自立（義務論ディナー）に焦点を置く。またゲワース（Gewirth 1975）とシンガー（P. Singer 1979）の道徳の定義も参照。

*50 —— Keillor 2004, p. 20.

*51 —— アメリカの食品産業のひどさについては Pollan 2006 を参照。彼らは市場をゆがめて混乱させ、外部性を家畜、生態系《エコシステム》、納税者、そして消費者の腰まわりに押しつけている。

*52 —— *Citizens United v. Federal Election Commission*, 558 U.S. 08-205.

*53 —— Kahan 2010.　資本主義と活気に満ちた民間部門のみが、大勢の人々を貧困から救えるだけの富を生産できる。

*54 —— 米国環境保護庁（EPA）の当時の計算による。Needleman 2000 を参照。

*55 —— Needleman 2000.

*56 —— Nevin 2000.

*57 —— Carpenter and Nevin 2010; Nevin 2000; Reyes 2007.　段階的な規制は、州によって実施の時期が異なる。そのため研究者は、鉛含有率の減少と犯罪発生率の減少のあいだの、タイミングのずれを見極めることができた。

*58 —— 無鉛ガソリンに転換したことで製造コストが上がったのは事実である。しかしレイズの計算によれば、有鉛ガソリン精製の禁止は「犯罪率減少による生活の質の改善などを含めればおよそ 20 倍のコスト減をもたらした」と考えられる（Reyes 2007）。この計算には、救われた生命や、鉛排出量の削減による健康への直接的な効果に対する考慮は含まれていない。

*59 —— Carpenter and Nevin 2010.

*60 —— 独占や、公共財の枯渇など、市場の失敗や非効率性のその他の主要な原因とともに、この問題は市場の効率を回復するために政府の介入を必要とする場合が多い。

*61 —— マレー（Murray 1997, p. xii）は「私の世界観に正確に対応する用語は〈リベラル〉である」と述べている。

*62 —— Wilkinson 2010.　私信による。

*63―― 他には（1）権力の腐敗。政府を含め、いかなるものへの権力の集中も警戒しなければならない。（2）秩序ある自由は、欧米の民主主義が繁栄するための最善のレシピである。（3）「ゆりかごから墓場まで」を標榜する過保護国家は、国民を子ども扱いし、無責任に振る舞わせる。そのために、さらなる政府の保護が必要になる。Boaz 1997 を参照。

*64―― Goldhill 2009.

*65―― ゴールドヒルは、政府にしかできないことがあるので、市場をベースとする医療システムでも、政府が数多くの役割を担えるという点を認めている。特に、安全性基準の制定、供給者間での公正な競争の保証、真に壊滅的な事態が生じたときのための保険プールの運営、価格が 50 パーセント下がったとしても健康保険を購入できない貧者の補助を例にあげている。

*66―― 『エコノミスト』誌の記事「ヨーロッパにおけるヘルスケアの未来」を参照（下記 URL）。
http://www.janssen-emea.com/sites/default/files/The-Future-Of-Healthcare-In-Europe.pdf

*67―― ハイエクは、「秩序は合理的計画に由来する」というこの信念を「致命的な思いあがり」だとしている（Hayek 1988）。

*68―― 人々は大規模な集団のなかで協力し合うと仮定する、マルクス主義や社会主義の原理に沿って労働を組織化することが、通常は道徳心理学の知見に反する点については、Cosmides and Tooby 2006 を参照。他の大勢の人々がただ乗りをしているのではないかと疑っていると、人間は大規模な集団のなかでうまく協力し合えないのが普通だ。それゆえ、共産主義国や重度の社会主義国は、協力を強制するために、次第に脅迫や力による抑圧に訴え始めることが多い。5 か年計画が見えざる手ほど効率的に機能したためしはほとんどない。

*69―― 「イデオロギーとしての保守主義」より。Muller 1997, p. 3 で引用されている。

*70―― Burke 2003/1790, p. 40.　小部隊への愛が一般に人類愛に至るとするバークの見解が正しいとは思わない。とはいえ、内集団に対する愛は通常、外集団に対する憎しみを増大させるわけではないはずだ（Brewer and Campbell 1976; de Dreu et al. 2011）。そういうわけで私は、より豊かな郷党心に満ち、人類愛がほとんど低下しない社会で暮らすことで満足している。

*71―― Smith 1976/1759, PartVI, section ii, chapter 2.

*72―― McWhorter 2005; Rosenzweig 2009.

*73—— Arum 2003.

*74—— ステナーは、自身の権威主義の研究に基づき次のように結論する。「結局のところ、人々を結びつける共有された信念、実践、儀式、制度、プロセスの豊かさ以上に、偏狭な人々に寛容の精神を目覚めさせるものはない。また残念なことに、〈多文化教育プログラム〉のような試みほど、確実に各人の潜在的な偏見を表面化させるよう仕向けるものはない」(Stenner 2005, p. 330)。

*75—— 「極端な二極化」の状態を引き起こしたいくつかの要因に関する最新の研究は、Pildes 2011 を参照。ピルデスによれば、政界再編成は、他の歴史的な傾向とともに、二極化の増大を十分に説明する。彼はまた、その傾向を逆転させる手立てはないと主張する。この見解には同意できない。たとえ歴史的な変化が二極化の原因のすべてであったとしても、だからといって制度を変えることが何の効果ももたらさないと結論できるわけではない。むしろ私は、「作法不作法は、望む結果を手に入れるために人々が採用する戦略である」と指摘するヘルブストの見解に同意する(Herbst 2010)。不作法が見合わない社会にするためには、さまざまなことができる。www.CivilPolitics.org を参照。

*76—— しゃれが意図されているわけではない。マニ教的な二極化はゾウにとってもロバにとっても問題である。〔ゾウは共和党、ロバは民主党を指す〕

*77—— Bishop 2008.

*78—— Stolberg 2011 で報告されている、『クック政治リポート(*The Cook Political Report*)』のデイヴィッド・ワッサーマンの調査に基づく。

結論

*1—— Berlin 2001, pp. 11-12.

*2—— Ibid., p.12. 傍点はつけ加えた。Shweder 1991; Shweder and Haidt 1993 も参照。

*3—— このアドバイスは信じられないほどひどい。そんなことをすれば、周囲の人々は混乱し、何が何やらわからないまま、手をこまねいて見ているだけであろう(Latane and Darley 1970)。状況をはっきりと見極めて、どう行動すればよいかを決めるべきだ。たとえば「助けて、レイプされる! 警察を呼んだらこっちへきて!」と叫ぶなどの方法をとるとよい。

［図版クレジット］

以下にない写真や図版は、ジョナサン・ハイトによって撮影または作成されたものである。

図7.3 ——— Mirrorpix

図7.5 ——— Emily Ekins

図7.7上段— 雑誌『*The Nation*』の広告

図7.7下段— Sarah Estes Graham 撮影

図9.2 ——— ©Robert Harding Picture Library Ltd/Alamy

図9.3 ——— Lyudmila Trut の好意により許可を得て掲載

図10.1 —— St. Martin's Press

図10.2 —— Codex Magliabechiano, facsimile edition, Adeva, Graz, 1970

図11.3 —— 当時の新聞紙上よりジョナサン・ハイトがスキャン

図12.1 —— ジェフ・ゲイツより許可を得て掲載

図13.1 —— ©Frank Cotham/*The New Yorker* Collection/www.cartoonbank.com

索引

index

［カ行］

［**サ行**］

［タ行］

［**マ行**］

［ヤ行］

［ラ行］

著者

ジョナサン・ハイト Jonathan Haidt

1963年生まれの社会心理学者。ヴァージニア大学准教授を経て、ニューヨーク大学スターンビジネススクール教授（倫理的リーダーシップ）。2001年にポジティブ心理学テンプルトン賞を受賞。2012年に『*Foreign Policy*』誌の100 Top Global Thinkers 2012に入り、翌年には英国『*Prospect*』誌でWorld Thinkers 2013に選ばれた。邦訳された著書に『しあわせ仮説——古代の知恵と現代科学の知恵』（新曜社、2011年）がある。

訳者

高橋 洋（たかはし・ひろし）

翻訳家。同志社大学文学部文化学科卒（哲学及び倫理学専攻）。訳書に、ニールセン『オープンサイエンス革命』、グリーンフィールド『〈選択〉の神話——自由の国アメリカの不自由』、ブレイスウェイト『魚は痛みを感じるか？』、ミッチェル『ガイドツアー　複雑系の世界——サンタフェ研究所講義ノートから』（以上、紀伊國屋書店）、ベコフ『動物たちの心の科学』（青土社）ほか。

社会はなぜ左と右にわかれるのか
対立を超えるための道徳心理学

2014年4月30日　第1刷発行
2025年6月30日　第15刷発行

発行所　株式会社紀伊國屋書店
東京都新宿区新宿 3-17-7

出版部（編集）電話 03-6910-0508
ホールセール部（営業）電話 03-6910-0519
〒153-8504　東京都目黒区下目黒 3-7-10

索引編集協力　有限会社プロログ
装丁　中垣信夫+中垣呉（中垣デザイン事務所）
組版　中垣デザイン事務所
印刷・製本　中央精版印刷株式会社

ISBN978-4-314-01117-4 C0011 Printed in Japan

定価は外装に表示してあります

紀伊國屋書店

正義論〈改訂版〉

ジョン・ロールズ
川本隆史、他 訳

正義にかなう秩序ある社会の実現にむけて、社会契約説を現代的に再構成しつつ独特の正義構想を結実させたロールズの古典的名著。

A５判／８５２頁・定価８２５０円

殺す理由
なぜアメリカ人は戦争を選ぶのか

リチャード・E・ルーベンスタイン
小沢千重子 訳

戦争が常態化する国アメリカの歴史から、集団暴力が道徳的に正当化されてきた文化・社会的要因を、国際紛争解決の専門家が探る。

四六判／３５２頁・定価２７５０円

囚われし者たちの国
世界の刑務所に正義を訪ねて

バズ・ドライシンガー
梶山あゆみ 訳

刑務所とは懲罰施設なのか、更生施設なのか。受刑者の社会復帰を支援する著者が９か国の刑務所を訪ね歩いた必読のルポルタージュ。

四六判／４６０頁・定価２３１０円

バレット博士の脳科学教室 7½章

リサ・フェルドマン・バレット
高橋洋 訳

脳を知れば、人と社会は変わる。世界で引用された上位１％に入る科学者が最新の研究成果を平易に語った、「希望に満ちた」脳科学入門。

四六判／２００頁・定価１９８０円

情動はこうしてつくられる
脳の隠れた働きと構成主義的情動理論

リサ・フェルドマン・バレット
高橋洋 訳

嬉しいとき、悲しいとき、怒りに震えるとき、人の内部では何がどう動いているのか？ 従来の理論を刷新するパラダイムで心の謎に迫る。

四六判／６２０頁・定価３５２０円

利己的な遺伝子
40周年記念版

リチャード・ドーキンス
日高敏隆、他 訳

すべての生物は遺伝子を運ぶための生存機械だ——世界の見方を一変させた革命の書。新たなあとがきを付した世界的ベストセラーの最新版。

四六判／５８４頁・定価２９７０円

表示価は10％税込みです